<u>dtv</u>

W0176441

Helmut Domkes Führer durch die Provence ist ein Klassiker der Reiseliteratur. Kenntnisreich und mit echter Begeisterung führt er durch Kultur und Geschichte, zu Land und Leuten. Ob es der Palast der Päpste in Avignon ist oder die Zeugnisse römischer Antike in Orange, ob die Landschaft Cézannes bei Aix oder Van Goghs Nachtcafé in Arles, ob ein mittägliches Zikadenkonzert oder eine nächtliche Besteigung des Mont Ventoux – immer verbindet Domke praktische Hinweise, Tips und Wissenswertes mit der poetischen Aufforderung, diese Urlandschaft im Süden Frankreichs selbst zu erleben und sie für sich zu entdecken.

Helmut Domke (1914–1986), promovierter Kunsthistoriker, schrieb zahlreiche, zu Klassikern avancierte Reisebücher, u. a. das dreibändige Werk ›Der Weg nach Santiago‹.

Helmut Domke

Provence

Ein Reisebegleiter

Mit Karten und Abbildungen

Deutscher Taschenbuch Verlag

Prestel-Landschaftsbücher bei <u>dtv</u>

Für die 9. Auflage 1994 war eine Aktualisierung
erforderlich. Da der Verlag in den Text des 1986
verstorbenen Autors Helmut Domke jedoch nicht
eingreifen wollte, hat er den Provence-Kenner
Hans Gercke um Ergänzungen mit Hinweisen
auf die neueren Gegebenheiten gebeten.
Sie sind durch Kursiv-Schrift vom Grundtext abgehoben.

Für Johanna und Herman Luithlen

April 1999
Deutscher Taschenbuch Verlag GmbH & Co. KG,
München
© Prestel-Verlag, München 1961
9., überarbeitete Neuauflage 1994
ISBN 3-7913-1378-9
Umschlagkonzept: Balk & Brumshagen
Umschlagfoto: © Sean Gallup/VISUM, Hamburg
Gesamtherstellung: C. H. Beck'sche Buchdruckerei,
Nördlingen
Gedruckt auf säurefreiem, chlorfrei gebleichtem Papier
Printed in Germany · ISBN 3-423-30718-8

Inhalt

Für Johanna und Herman Luithlen

*Dieses Buch ist längst ein Klassiker
der Reiseliteratur.
Die Veränderungen der Zeit erforderten bei der
nunmehr neunten Neuauflage
eine Aktualisierung. Da der Verlag in den Text
des 1986 verstorbenen Autors Helmut Domke
jedoch nicht eingreifen wollte,
hat er den Provence-Kenner Hans Gercke
um Ergänzungen mit Hinweisen
auf die heutigen Gegebenheiten gebeten.
Sie sind durch Kursiv-Schrift vom Grundtext
abgehoben.*

München, 1994

Ouverture

Zikadenkonzert

Die Zikade ist das Wappentier der Provence, mithin zu des Landes guten Geistern gehörig. In Terrakotta, Glas, Silber oder auf Abbildungen nimmt sie sich dementsprechend aus – gesittet und poetisch. Aber in Wirklichkeit?

Man denke sich einen allzu oft von seinem mißgestimmten Dirigenten zurechtgewiesenen, alten Orchestergeiger, der jeden Einsatz verpatzt, weil ihm einige Töne, vor allem das dreigestrichene C, nicht gelingen wollen, und der sich voller Ranküne daran gibt, seine Mitmenschen entgelten zu lassen, was ihm das Schicksal versagt hat. Der also übt, übt, übt. Immer wieder und immer nur den einen, verrückt machenden, schrillen Ton, das dreigestrichene C. Der Teufel des Wahnsinns hat ihn in den Klauen. Alle Einwände der Vernunft nützen nichts mehr, er übt, übt, übt immer denselben Ton. Ritsch, ritsch, ritsch, das dreigestrichene C. Schneller, immer schneller werden die Passagen, je mehr der Tag auf den Spätnachmittag vorrückt. Sie überstürzen sich fast, aber sie verhaspeln sich nie.

So also der hartnäckige, vielgescholtene Diskantgeiger unter den Insekten, die Zikade, die sich gleichwohl in diesem Punkt ihrer Sache ganz sicher weiß. Schmerzenden Ohres wartet man darauf, daß sie ein Einsehen hat.

Aber sie endet erst, wenn sich die Sonne ermüdet dem Abend zuneigt. Nicht daß die Zikade aus Bosheit so handelt. Indessen, dieser schwelgerische Trinker, der außer seiner Musik nichts zu tun hat, als die aromatischen Säfte der Bäume anzuzapfen, um sich daran zu berauschen, muß eben üben, unaufhörlich üben. Damit er den Einsatz nicht verpatzt.

Zum ersten Mal erlebte ich den Gesang der Zikaden in einem südlichen Landstrich voller Kräuter und Öl-bäume; es war nahe dem Kloster St-Paul-de-Mausole bei St-Remy, der als Irrenhaus dient. Van Gogh wurde ein Jahr hier behandelt. Die Luft bebte von flimmernder Wärme, die Sinne taumelten und die Ohren erfüllte ein Schrillen, das den gesamten Kosmos zu durchbeben schien. Es war das Konzert der durchgefallenen Geiger. Es war ihr Benefiz, ihre Galavorstellung. Sie hatten sich zu einem ungeheuren Orchester vereinigt und spielten, was das Zeug hielt, immer den einen, denselben Ton. Das Wunderbare aber war, daß dieses Konzert plötzlich aufzuhören vermochte. Es nahm sich aus, als wäre ein Stück Erde einfach ins Nichts weggebrochen. Eine schwierige bedrängende, durch nichts gerechtfertigte Stille klaffte sodann. Hatte man eben noch voll Überdruß um jeden Preis begehrt, des Lärmens der Zikaden ledig zu sein, die ihren Teufelswalzer des einen Tones spielten – nunmehr wünschte man innig, daß sie von neuem begännen. Und wie sie anhoben! Mit einem einzigen Schlage setzte das volle Orchester ein. So ging es den lieben langen Mittag fort. Schrillen, Pause, Schrillen, Pause. Das ganze Leben der Zikaden, scheint es, liegt darin beschlossen. Der Himmel hat sie zu nichts anderem ausersehen, als diesen einen Ton hervorzubringen.

Wer sich auskennt, wer ihn öfter gehört hat, ihn über alle Bitternis der Ablehnung hinweg lieben gelernt hat, weiß, was dieser Ton bedeutet. Die Geige des kleinen Musikanten ist in Wirklichkeit das Instrument Pans, ist der Erde hingegebener Gesang, der so von Entzückungen überfließt, daß der Künstler, dem er aufgegeben ward, im Bestreben das Äußerste zu sagen, nur noch auf einem einzigen, höchsten Ton zu spielen vermag. Zick – zick – zick! In der Tat, dem Musizieren der Zikaden haftet etwas Elektrisches an. Es sind zuckende Stromstöße, geboren aus den Spannungen des Überschwanges, und mir scheint es durchaus nicht rätselhaft, warum sich mit ihnen immer die Vorstellung von überhellem Licht verbindet.

Sage ich zuviel, wenn ich meine, der berauschte Gesang der Zikade sei der maßlose, verschwenderisch pochende Pulsschlag des Südens schlechthin? Jenes doppelgesichtigen Südens, dessen Überschwang zugleich geheime Drohung und Gefährdung bedeutet. Des gleicherweise überströmenden wie kargen Südens, dessen Zikadenorchester, widerhallend in den sanfteren Grillenchören des Abends, den triumphalen Gesang der Erde anstimmen.

Das Zikadenschrillen erscholl auch an jenem Tag, an dessen Beginn mir ein Mißgeschick widerfahren war. Mir nichts, dir nichts hatte ich meine Uhr vom Handgelenk verloren; als ich es merkte, war es zu jeder Nachsuche zu spät. Sobald die Zikaden zu musizieren begannen, erkannte ich in dem Verlust die geheime Bestimmung. Auf eine unerklärliche Weise vermittelt ihr Schrillen das Gefühl von Außersichsein und Dauer. Es macht einleuchtend, daß uns die Empfindung der Dauer nur im Außerunssein gewährt wird. Es ist ein Vorgeschmack der Ewigkeit. Ich sollte also hinfort der Skandierung des Tages in Stunden, Minuten, Sekunden ledig bleiben. Der Süden winkte mir großmütig zu, nahm mir das

Meßinstrument des Verfalls vom Arm und schleuderte
es irgendwo hin. Er hatte mich angenommen, und ich
war ihm dankbar dafür.

Wiederkehr

Anfangs allerdings, wie das so gehen kann, wenn die Erwartung sich überspannt hat, schien es mit meiner Rück-
kunft in die Provence nicht günstig bestellt. Vielleicht,
weil in meinen Gedanken ein allzu verklärtes Bild der
Erinnerung lebte und ich vergessen hatte, daß auch Geliebte Runzeln ansetzen. Es machte mir sehr zu schaffen, daß bei Donzère-Mondragon, wo sich mit der Pünkt-
lichkeit eines Uhrenschlages der blaue Himmel des Südens einstellt, ein System von Kanälen und Staustufen
entstanden war. Überall hat man angefangen, die Rhône,
diesen Tiger unter den Strömen, zu bändigen. Auf der
Route Nationale rasten unterdessen immer größere Rudel von Wagen dem Mittelmeer zu. Tanker donnerten
durch enge, zerbröckelnde Ortschaften. Aufgescheuchte
Menschen huschten furchtsam von Tor zu Tor hart an
die Straße verdammter Häuser, und Auslagen mit buntem Ramsch machten sich breit. Das Jahrhundert zeigte
sein wahres Gesicht!

In Bourg-St-Andéol, einem Städtchen südlich Viviers,
begriff ich endlich, was es mit diesem ominösen Getrie-
bensein, das wir Fortschritt nennen, auf sich hatte.

Im Abend waren wir auf eine Kirmes am Rhôneufer
geraten. Über einen matt erleuchteten Platz wehklag-
ten die sehnsüchtigen Weisen einer Tanzkapelle, angeführt vom näselnden Saxophon. Trotz der späten Stunde
standen bei den hingegeben schwebschreitenden Paaren
Sonnenbrillen in Gunst. Unter der schmalhüftigen Schönen kokett gestrafftem Röckchen zeichnete sich ein Mi-

nimum an Dessous ab. Seitab fand sich unter riesigen
Uferplatanen ein Losstand aus etlichen Bretterestraden.
Dort konnte man Federvieh gewinnen, Enten und Gänse, die in einem mit Maschendraht überspannten, flachen
Kasten staken. Die Köpfe angstvoll durch das weite Geflecht gereckt, schnatterten sie einander Unheilsbotschaf-
ten zu. Als Anlockung diente dem Unternehmen ein kleines Mädchen, das auf dem Gerüst vor den Gänsen tanzte.
Es trug ein provenzalisches Männergewand nebst breit-
krempigem Hut. Unter die winzige Nase war ein Bärt-
chen gemalt, der Mund rot geschminkt. Die Kleine warf
ihre Kinderärmchen empor wie eine Operndiva, preßte
gefühlvolle Hände gegen die Brust, breitete abermals
weit die Arme aus und sang – sang Liebesschnulzen in
schluchzendem Bariton. Wenigstens schien das so, und
darauf war es auch abgesehen. Natürlich entstammten
Musik und Stimme einer Schallplatte hinter der Szene.
Aber was ein amüsierender Trick hätte sein sollen, tat
weh. Der Anblick des grimassierenden Kindes in der Maske des Jahrmarktscharlatanes wurde zum Inbegriff der
Schändung, die diesem Land unaufhörlich widerfährt...

Schwülwarme Mitternacht. Die meisten Paare hatten
sich bereits im Dunkel der Gassen verloren, von der träge gleitenden Rhône her roch es peinlich, und das kleine
Mädchen mit dem Minenspiel einer alt gewordenen Ka-
barettistin markierte noch immer.

Es ist also möglich, daß ich die Biographie einer Ster-
benden, einen Nekrolog schreibe. Wer kann das in der
öden Helligkeit der Neonleuchten eines abendlichen
Gasthofes wissen, während Teller klappern, Stuhlbeine
über den Steinboden scharren und eilige Kellnerinnen
flöten »tout de suite, monsieur!«
Übrigens, damit kein Mißverständnis entsteht: die Pro-

vence ist ein hintergründiges Land und von jeher ein Totenacker gewesen. Schon als die Römer die glatten Monumente ihrer Staatskunst – Amphitheater, Aquädukte, Arenen, Sarkophage und Säulen samt ganzen Städten – in der Selbstsicherheit erfolgreicher Tatsachenmenschen errichteten, die keinerlei Zweifel hegen, daß diese Welt zum Vorwärtskommen geschaffen ist. Ihre lebensgewisse Siegergebärde hätte beruhigen sollen. Aber in einem Lande, dessen Mittagshitze allzu flimmernd ist und dessen Zikadenschrillen die Wirklichkeit in akustische Vibrationen verwandelt, löste sie nur Erschauern darüber aus, daß jemand auf solche Anmaßung verfallen war. Die Hinterlassenschaft der Römer vermag man wohl bewundern, aber wohin sie eigentlich geraten waren, haben diese Militärs nie gespürt. Man merkt gleich, das war keine weise Rasse wie die Griechen, die gar nicht daran dachten, ihren Lebensstil aus den provenzalischen Pflanzstädten an der Küste ins platte Land zu exportieren. Wenn sich die Römerbauten auch höchst gekonnt präsentieren. Aber wer weiß denn, welcher Herkunft die römischen Baumeister wirklich waren!

Hingegen in den Bergen der Alpilles oder bei Gordes, ein Stündchen Saumpfad durch Kalkklippen und Maquis in entlegene Hochtäler hinein, da gibt es ›Grottes des Fées‹ zu sehen, uralte leergenagte Schalen von etwas, das nicht mehr ist, aber tief mit der Erde in Korrespondenz steht. Korridore in den Schoß der Felsen, noch erfüllt von den Geheimnissen keltoligurischer Zeit. Hohlformen des Verschollenen, des Göttlichen Wohnsitz. Da springt plötzlich das Irreale auf den Plan, das Numinose, die begnadende Macht: Gott hat hier gewohnt. Mehr wissen wir kaum, erblicken nur noch Schürfung und Spur, der Mysterien Abdruck.

Oder es ließe sich von Gorgonenhäuptern sprechen,

um die Doppelbödigkeit der Provence sichtbar zu machen, Ritzzeichnungen an verborgenen Felswänden. Von seelenverschlingenden, löwengestaltigen Tarasquen an romanischen Kirchenportalen wäre zu reden. Von der siebenhundertjährigen Anbetung in der Kapelle der Grauen Büßer zu Avignon. Vom Tod der Stiere in den Arenen und selbst vom gefährlichen, bannenden Starren der Mantis empusa, der Gottesanbeterin, die reglos auf ihre Opfer lauert. Da rinnen überall Zuströme aus dem Urgeheimnis des Lebens bis in unsere Tage, die sich dem verdeutlichenden Wort fast entziehen und eigentlich nur offenbaren, wie armselig es doch mit unserm Verstand und seiner mägerlichen Freundin Logik bestellt ist. Höchstens Versenkung und Meditation vermögen hier etwas. Wenigstens erkennt man sodann, warum das Irreale in diesem Land so unbefangen zu Tage tritt.

Also, was ist's mit der Provence?

Schon wahr, ihren Dichtern von der letzten Jahrhundertwende darf man nicht so ganz glauben. Die haben getan, als wäre ihr Land eine Krambude voll hübscher Anekdoten, tausenderlei buntem Gerät und verschollener Vokabeln. Gut, drücken wir's respektabler aus, darauf kommt es schließlich nicht an. Eine Glasvitrine haben sie also aus ihr gemacht, vollgestellt mit Santons, diesen kleinen provenzalischen Krippenfiguren, die man hierzulande im Dutzend verfertigt, dem Christuskindchen, dem heiligen Paar, Ochs, Esel, dem Flötenspieler Mamai, dem Tambourinisten Valmajour, der schönen Arlesierin und vielen, vielen braven Hirten mit dem Lämmlein unter dem Arm...

Die Hirten, die Schäfer? Deren Wirklichkeit sieht doch ganz anders aus: am zweiten Tage unserer Wanderung zu den Sommerweiden im Vercors war es. Der alte Maître

Chastet hielt plötzlich inne, ging ein paar Schritt beiseite, griff ein Lamm, das von einem Stein gestürzt war und mühselig mit einem gebrochenen Beinchen dahinhumpelte. Er befühlte es aufmerksam, zuckte die Schultern, »nichts zu machen«. Worauf er ein rostiges Taschenmesser aufklappte und dem kleinen Opfer gelassen den Hals durchsäbelte. Chastet, der keiner Fliege etwas zuleide tat. Schließlich, was will man, dergleichen ist doch der Hirten Amt. Alle Herden werden mit dem eisernen Stabe geweidet.

Abermals, was ist's mit der Provence?

Marius
oder Gespräche in Saumane

Kurz vor dem Kessel von Fontaine de Vaucluse zweigt eine Straße nach Norden ab. Wenige Kilometer landein und bergan und man ist in Saumane, einem kleinen Nest am Rand des Plateaus von Vaucluse. Es liegt nicht ganz oben, aber hoch genug, in die Weite von Cavaillon wie ins Gelobte Land zu blicken. Denn in Saumane gedeihen selbst die Oliven schlecht, die doch von franziskanischer Anspruchslosigkeit sind. Man hat nichts um sich als nach Südwesten fallende Hänge mit dichtem Maquis, einige knappe Terrassen nebst einem Minimum an Bewuchs und einen verschwenderischen Reichtum an Steinen. Das Örtchen auf seiner vorspringenden Bergbastion wird beiderseits von verdurstenden Tälchen gerahmt, die sich nach rückwärts im Hochplateau verlieren. Die einzige Zufahrt ist eine schwungvolle Straßenkehre. Das einzig Bemerkenswerte der Glockenstuhl auf dem Türmchen der Bürgermeisterei, ein Eisengestänge, an dem an nationalen Feiertagen die Trikolore flattert. Das einzig Großartige ein Schloß auf der Höhe, freilich so gut hinter langen Mauern und unter Pinienwipfeln versteckt, daß man nicht ein Zipfelchen davon sieht.

Ich hatte mich in die Armut und Stille des Ortes vernarrt, kehrte wieder, so oft ich konnte und begegnete gelegentlich Freunden dort oben. Schließlich begannen wir uns regelmäßig auf dem Vorplatz eines verlassenen Häuschens oberhalb des Rathauses zu treffen, der über kein Gegenüber als den Himmel und kein Mobiliar außer einem Feigenbaum, zwei Steinbänken und einigen Schöpfen lohender Blumen verfügte. Wir, das waren Roger, Buchhalter in einer Papierfabrik, der für den ›Midi Libre‹ schrieb, Léon und ich. Léon hatte sich durch seinen Beruf als Immobilienagent zum Experten in provenzalischer Familiengeschichte entwickelt. Wiewohl der Antiklerikalismus derzeit in Blüte stand, fand ich ihn eines Tages, wie er nachdenklich über seine Bürstenfrisur strich: »Wäre ich nicht Voltairianer, weiß Gott, man hätte mich vielleicht zum Professor in Aix gemacht.« Er gab sich gern als Mann der Skepsis, aber hinter seiner gelegentlich demonstrativ zur Schau gestellten Ablehnung verbarg sich uneingestandene Zuneigung. Vor allem gegenüber François-Pierre, einem jungen Kaplan, den Léon unter allerlei spitzigen Reden als Vierten in unsern Dreibund geschleppt hatte. Es war ein Spaß besonderer Art, die beiden miteinander streiten zu sehen, den ungeschlachten, linkischen, zum Erröten geneigten Kleriker in der bräunlich verschossenen Soutane und Léon, diesen jungen, geistesscharfen Südfranzosen, klein von Statur, stets sorgfältig angezogen, eine grünlich getönte Brille auf der Nase und von jenem gelblichen, bleichen Ton der Haut, der ein Kennzeichen der Stadtmenschen ist.

François-Pierre seinerseits wurde von einer bedrükkenden Armut geplagt, über die er mit erstauntem Kin-

derblick hinwegging. Er besaß nichts als ein rostiges
Fahrrad und einen winzigen Weingarten. Es ging die
Sage, daß er zuhause, ungeachtet der feierlichen Soutane, schwarzgestrichene Holzschuhe trug, um die rinds-
ledernen, ihres Schaftes beraubten Knobelbecher zu scho-
nen, die er als Maquisard im Kriege einem deutschen
Küchenunteroffizier abgejagt hatte. Wir waren meist
schon zur Stelle, wenn er an der Steilkurve vom Rad
stieg und es samt seiner Weinlast schwitzend und lachend die Straße hinanschob. François-Pierre nämlich
hatte ungeachtet seiner Bedürftigkeit des Rebackers wegen für den Wein zu sorgen. »Besonders gut ist er nicht«,
lachte er, »man kann ihn nicht zu Geld machen. Trinken wir ihn also selber.«

Wir tranken, wir rauchten Zigaretten, die Roger mit-
zubringen pflegte, der meist mit angezogenen Knien auf
dem Mäuerchen saß und ins Ferne hinaussah, und wir
aßen ein paar Bissen, die aus Isle-sur-la-Sorgue stammten. Unser Konvivium begann.

»Eigentlich solltest du Marius heißen«, sagte Léon
dem Kaplan. »Dein Wein ist besser als du ihn machst.«
Er trank. »Ist es übrigens nötig, daß du diese gräßlichen
Stiefel trägst? Der Pfarrer von Ars spukt dir im Blut.
Du bist tatsächlich ein Marius. Du gibst an.«

»Laß ihn«, sagte Roger, »besser als du mit deinen
Haaren à l'américain.« Roger war ein Verfechter der
›klassischen‹ Mode, wie er es nannte, und trug die Haare dicht, gewellt und am Hinterkopf zusammengestri-
chen. »Auch du bist ein Marius«, fuhr er fort. »Übrigens sind wir das alle. Es liegt uns im Blut.«

Das Gespräch steuerte auf ein Thema zu, das mir am
Herzen lag. »Und was ist das, ein Marius?« warf ich beiläufig ein.

Sie fuhren alle drei herum. François-Pierre machte

seine Kinderaugen. »Er weiß nicht, was ein Marius ist!«

»Hör mal gut zu«, begann Léon, »wenn einer Holz-
pantinen trägt, um auf die Notlage des französischen
Klerus hinzuweisen, ist er ein Marius, verstehst du? Er
übertreibt.«

François-Pierre hielt sich prachtvoll. »Oder wenn jemand behauptet, ein Voltairianer gebe keinen guten Universitätsprofessor ab. Er stapelt tief.«

Léon sprang hoch. »Ah toi, toi, toi!« rief er aufge-
bracht. Dann murmelte er geschlagen: »Wer hätte das
von diesem Himmelsbrigadier vermutet.« Aber er sah
François-Pierre beinahe zärtlich an.

»Still mit euerm Flicflac«, mischte sich Roger ein. »Ich
werde es ihm erklären.« Er nahm mich beim Arm und
wies mit dem Finger ins Ferne hinaus. »Wenn du jemand fragst, siehst du die Ameise dort hinten auf dem
Kamm der Alpilles am Horizont, und er antwortet dir
darauf, indem er lauschend eine Hand hinters Ohr legt,
ich sehe sie nicht, aber bei Gott, ich höre ihre Schritte,
dann ist er ein Marius!«

Nun gut, aber war es nicht Eitelkeit von ihnen, diese
Schwäche so freudig zur Schau zu stellen?

»Unsinn«, antwortete François-Pierre sehr bestimmt.
»Nimm uns alle, nimm sogar das Land – auch die Provence übertreibt. Du mußt nur die Nuance sehen: es ist
keine Unwahrheit im Spiel.«

»A merveille, mon petit frère«, sagte Léon, worauf der
Kaplan ein wenig errötete. Ich begriff, es handelte sich
also um Steigerung!

Wir saßen und schwiegen. Einmal schlug unten im
rosa gestrichenen Haus mit der Palme im Vorgarten
jemand die ultramarinblauen Läden auf; ein junger
Mann spielte bei offenem Fenster Geige. Der Abend
sank. Alles wurde nunmehr rosa und blau. Rosa scheiden-

der Tag und blau steigende Nacht. In der Ferne gingen
die Lichter an, die der Erde und die des Himmels. Am
Firmament freilich vorerst nur eins der Gestirne.

»Abendstern, Belle Magelone, Stern der Provence«,
sagte François-Pierre sehr andächtig.

Auch mich überkam es – in diesem Augenblick empfand ich die wundervolle Harmonie der Provence, die
aus lauter harten Gegensätzen besteht, aus schwanker
Küste und stürmendem Meer, verdurstenden Karsthöhen und üppigen Fruchtgärten, lodernder Fröhlichkeit
und todesbereiter Glaubensinbrunst. Und ich begriff in
dieser verzauberten Stunde des Abends, daß man ihrer
nur mit der hingerissenen Seele inne werden konnte.

Ockerfarbene Erde

Die Grundtöne der Provence sind Silbergrau und zuweilen ein transparentes Grün, das seinerseits wieder von
Grau getränkt scheint. Man muß dieses Grau beileibe
nicht als Farbe der Traurigkeit verstehen. Es bleibt licht
und durchscheinend; es ist die Couleur des Gebrauches
durch himmlische Mächte, die Wind und Tagesgestirn
heißen. Der Mistral, der die kahlen Hänge der Cevennen als Spielplatz benutzt, die Sonne, welche Stein wie
Pflanze gleicherweise ausdörrt, das Wetter, die Zeit –
alle prägen sie dem Land ihr Kolorit auf, ein spirituel-
les Silbergrau. In Augenblicken höchster Einsicht hat
Cézanne die Provence sogar als völlig entmaterialisier-
tes, zart laviertes Aquarell empfunden, dessen bestim-
mender Ton der durchscheinende, weiße Grund des
Papieres war!

Gebrauchsspur und Patina bedeuten also hierzulande
dasselbe. Wie töricht wirkt ein neu errichtetes, frisch
verputztes Haus in dieser Landschaft. Damit ein Wohn-

gebäude zur Hausung werde, den Willen zur Dauer bekunde und seiner Umgebung als zugehörig erachtet wird,
benötigt es wenigstens einiger Spuren der Zeit oder ge-
linden Verfalles, was ja dasselbe ist – des unter dem ab-
bröckelnden Verputz hervortretenden Steines, des Ver-
bleichens der Dachziegel.

Im Milieu dieser Tönungen bricht freilich manchmal
eine von anderen Mächten bestimmte Farbe mit der jähen Kraft einer Offenbarung hervor. Gleichgültig ob in
den sanften Hügeln des Nordens, an den Hängen des
Tricastins, des Plateaus von Vaucluse, des Luberons, der
Weingärten des Venaissins oder im Schoß der Alpilles,
an der Montagne Ste-Victoire oder zwischen den Kieseln
der flachen Crau. Es ist das Ocker. Bei seiner Entstehung
hat ebenfalls die Zeit Pate gestanden, die der Erdzeit-
alter, welche die Materie, aus denen diese Farbe besteht,
Sedimente und Sande, intensiv mit Chemikalien getränkt
hat. Derbkräftiges Ocker unter dem Grün eines jungen
Kiefernhaines, dem lichten Kasseler Braun des Holzes, dem
bläulichen Silbergrau des Lavendels; intensives Ocker
zwischen grauen Felsbuckeln oder neben einer durch ein
ganzes Dorado von Verwitterungen bergan kriechenden
Straße, auf der die Hitze ihren Schlangenkopf bläht.
Ocker, das zu den Kostbarkeiten der Provence gehört.

Nahe St-Restitut wandelte ich an einem frühen März-
morgen an einer so gefärbten Erdwand vorüber. Oben
schauten etwas Akaziengestrüpp und einige Krüppelkie-
fern hernieder. Kermeseichen wuchsen im Grunde. Durch
eine sanfte Delle mahlte meines Fußes Spur über nach-
giebigen Sand und Rindenstückchen. Seitab lachte ein
Specht voll Musikalität, und es schwirrte vom Flügeln
unzähliger Insekten, die als goldene Tropfen durch die
von Harzdüften wölkende Morgenwärme sausten. Einen
ganzen Bergzug zogen sich hier die Ockerschichten ent-

lang. Zwischen schweren, gelben Bänken fanden sich ge-
preßte Lagen altroten Geschilfers. Die Materie war kör-
nig, brockig, schwer und verrieb sich in der Hand sogleich als Farbe.

Gelegentlich verwandelt sich das Ocker sogar in reinen Purpur. Bei Valauris zwischen Orange und Grignan
kann man das sehen. So weit das Auge reicht, bricht aus
klaffenden Erdhängen unter dem Silbergrau einer müden Pflanzendecke und unter Bänken weißen Sandes der
Purpur ans Licht. Er steht dort in leuchtenden, gezack-
ten Erdklippen gegen den tiefen Azur des Himmels. Er
rinnt in farbstrotzenden Auswaschungen zu Tal. Er ist
der provenzalischen Erde erlauchtes Blut. Übrigens fand
ich auf dem solcherart geadelten Boden eine erlesene
kleine Orchidee, wie ich sie nie mehr sah. Ihre Blütchen
waren wächserne, durchscheinende Wundergebilde, die
der Erde Farbkraft in luzide Gelb- und Brauntöne verwandelt hatten.

Es bleibt einzugestehen, daß jenes erstaunliche Rot,
wie man es auch bei Roussillon findet, zu den Ausnahmen gehört. Das gelbe, höchstens in Orange und Chromgelb abgewandelte Ocker wiegt vor. Man muß es sich
unmittelbar neben dem Farbton denken, den die igel-
förmigen Lavendelstauden um Weihnachten besitzen,
wenn nichts Blütenhaftes und Flirrendes mehr an ihnen
ist, wenn sie nicht duften, sondern zurückhaltend und
ernsthaft ihrem Alltag obliegen, um Kräfte zu sammeln.
Angesichts ihres noblen, bläulich überfangenen Silber-
graus kommt das Ocker erst zu sich selbst. Ocker. Schwe-
res, dingliches Ocker, das plötzlich zwischen lauter spirituellen Tönungen hervorbricht – hellen Kiefern, dem
Beige verrotteter Gräser, silberbleichen Stämmen, aus-
gelaugten, bräunlichen Schoten des Judäabaumes und
den ins Violette, gar Bläuliche spielenden Rindenstück-

chen zahlloser Bäumchen. Ockerfarben zu sein, ist ein
schwerwiegender Triumph der Erde.

Ah, wie überschwenglich haben ihn die Maler mit-
empfunden! Bei van Gogh verwandelt sich das Ocker gelegentlich in ein noch sieghafteres Orange. Das ist eine
sehr expressionistische Ausdeutung der Farbe; sie steckt
voller Ausrufe, Bekundungen und Botschaften. Bei Cézanne wird das Ocker viel geistiger. Er scheut sich nicht,
es mit Terra di Siena zu unterlegen und jenseits eines
leuchtenden Höhepunktes in ein blasses Bleu mit einer
Nuance von Violett übergehen zu lassen. Es haucht, atmet, wird zur Seele der Erde.

Wie sich versteht, handelt es sich hierbei um Erhö-
hungen der Ausdruckskraft, zu welcher die Künstler umso mehr ermächtigt waren, als alles in der Provence auf
Steigerung beruht. In der Wirklichkeit der Natur bleibt
das Ocker materieller. Es gehört der Erde an. Es ist als
Farbqualität in einer mittäglichen Landschaft so gewich-
tig wie ein Stein, den man ins Wasser wirft. Es ist so
intensiv, daß man es trinken möchte, um des Landes
ganz inne zu werden.

Altstadt von Viviers

Aber schon wahr, trotz dieser Gegenwärtigkeit tut die Provence nur so als ob sie heutig wäre. Niemand entgeht dem Sturz in die Abgründe von Zeit, der sich als Pilger naht. Das sind freilich nur wenige, aber die einzigen, die hoffen dürfen etwas zu finden.

Was hat es denn mit der Vergangenheit auf sich, gegen die wir uns heute so heftig sträuben, weil wir ganz von der Zukunft erfüllt zu sein glauben? Unser aller Zukunft heißt doch Vergangenheit. Und weshalb lohnt es sich wohl zu leben, wenn nicht, um Vergangenheiten zu schaffen? Das ist doch der Anteil, den wir an der Selbstverwirklichung Gottes besitzen, die wir Welt nennen.

Vergangenheit wäre also eines der Leitmotive dieser Landschaft. Da ist es am besten, gleich von Norden aus über die rechte Uferstraße der Rhône in sie hineinzuwandern, damit man merkt, wie bleischwer das Wort sein kann.

Unerläßlich, den letzten Schimmer von Sonnenglanz, der im Worte Provence schwingt, aus diesem Landstrich fortzudenken! Schon um der wundervollen Transparenz der Mittagslandschaft willen, die wenig später anheben wird. Im Vivarais regiert erst einmal die Unerbittlichkeit, die allen großen Bekenntnissen vorausgeht.

Um das Vivarais handelt es sich nämlich, vor allem

um Viviers, die Hauptstadt des ehemaligen Bistums. Aber es ist auch in Bourg-St-Andéol, in Pont-St-Esprit dasselbe. Da merkt man gleich, man muß sich schon tief auf das Gewesene einlassen, um dem Heute etwas abzugewinnen.

Als ich das erste Mal in Viviers erschien, es war kurz nach dem Kriege, fand ich die meisten Häuserzugänge und Fenster mit Brettern verbarrikadiert. Was die Verschanzungen betrifft, sie waren lediglich Ausdruck einer vagen Hoffnung weggezogener Hausbesitzer, die alten Gemäuer möchten sich doch noch an den Mann bringen lassen. Durch Gassen und Gäßchen mit Katzenkopfpflaster zog ich bergan in die Altstadt. Oben begann eine höchst ruinöse Wildnis. In leeren Zimmern vergangener Häuser hausten Brennessel und Holunder, Schnecke und Insekten ersahen sich ein Dorado. Ein Turm stieß inmitten der Enge empor, überwuchert von Unkraut. Ganz oben kippte der Blick über klaffende Mauern ins Rhônetal. Das fügte in die Symphonie des Unterganges eine heroische Note. Ein Gäßchen weiter gelangte man auf ein Plateau, das auf Steinwurfweite dem Bischofsdom gegenüber liegt.

Natürlich, die Kathedrale mit der blassen Silhouette des Mont Ventoux, des Götterberges der Provence, im Hintergrund, das hatte denn doch mehr als nur Tod zu besagen. Von Wetterspuren gefleckt und von Licht besprüht, wächst ihr Turm aus dem Milieu starrender Fensterleere und hohler Gassenschluchten – gedrungen, mächtig, quadratisch im Sockel und erst im letzten Drittel der Höhe zu einem Achteck verwandelt. Eine schwere Masse von Mauerwerk mit romanischen Kapellen im Innern. Dabei währt des Ortes Geschichte nach hiesigen Maßen gar nicht so lange. Wichtig ist Viviers erst vor rund tausend Jahren geworden. Da widerfuhr ihm das

erstaunliche Schicksal, einen Brückenkopf des mittelalterlichen deutschen Reiches gegen den Westen abzuge-
ben. Konrad III., Barbarossas Onkel, schenkte es einem
seiner Vertrauten. Das war, französischem Sprachgebrauch nach, ein Guillaume de Franconi, der aus Bayern
stammte. Es ist schon sehr seltsam, der Ruhm Viviers,
eines der bedeutenden Bistümer Frankreichs geworden
zu sein, neben Toulouse sogar das größte des Südens,
geht auf einen Bayern zurück.

Die Bedeutung ihrer Kirchenfürsten sieht man der
Kathedrale nicht an; man erkennt auch nur in seltenen
Aufblicken, daß ihr Turm mit den Blendarkaden des
schwerleibigen Sockels oder den Bogenfenstern und über-
schlanken Halbsäulen des Mittelgeschosses ein sehr no-
bel gegliedertes Bauwerk ist.

Masken

Die Kathedrale stammt also aus jenem großen Jahrhundert, das ganz Frankreich mit einer ›Robe blanche‹ von
Sakralbauten überzog. Die erlesenste dieser Kirchen im
provenzalischen Norden wird immer die von La Garde-
Adhémar bleiben. Die Kathedrale von Viviers besitzt
dafür etwas anderes. Sie hat die Magie noch. Die Macht,
die Versuchung waren ihr nahe, und somit auch Beschwörung und Abwehr. Sie ist voll shakespearschen Geistes,
ehrgeiziger Träume und sorgenvoller Erwägungen. »Sein
was ich bin, ist nichts, in Sicherheit muß ich es sein.«
Daher also die Masken. Faustgroß oder kopfgroß. All-
überall in Viviers Masken. Sogar noch am köstlichen
Maison des Chevaliers im Schoß der Altstadt, einem
Prunkbau der Renaissance inmitten hoher Armeleute-
häuser. Masken, die heute, wo die Stadt beinahe gestorben ist, eine merkwürdige Faszination ausströmen. Aus-

gelaugte, verwitterte Masken, Gesichter, von denen man nur noch die Bohrungen der Augen, der Mundwinkel und die Wellungen der Haare erkennt. Mehr nicht. Aber grade darum berühren sie so. Man ist versucht, sie vor dem Zurücksinken in die Materie des Steines zu bewahren; man steht atemlos vor ihnen und glaubt die Binde von ihrer Undeutlichkeit lösen zu können. Aber die Schleier des Untergangs geben nicht mehr frei, was sie einmal verhüllen.

Masken. Tragik und Dämonie sind gleicherweise im Spiel. Versunkenes, Versinkendes allenthalben in dieser Stadt. Selbst das Leben scheint hier erstarrt und zur Maske geworden. Da zeugt es doch von Einsicht, wenn man in Viviers gleich zum Friedhof wandert, der sich, jenseits der großen Straße, welche die Stadt durchschneidet, in den Berghängen des Ardèche hochzieht. Da kann man sehen, wie tüchtig in diesem halbleeren Ort noch heute gestorben wird und welch ein gekonntes Fest das für die Angehörigen ist. Die Religiosen eines Ordens erweisen sich darin am konsequentesten: sie haben für sich und die Feier des Ausgelöschtwerdens einen zimmergroßen, halb in die Erde gelassenen Gemeinschaftsraum anlegen lassen, in dem ihre entseelten Körper Konvent halten. Werden sie hier beigesetzt, legen sie ihren Namen für immer ab. Keine Gedenktafel nennt ihn.

Eine ähnliche Lust, sich ins Anonyme zurückzuziehen und ungeschehen zu machen, fand ich in der Provence immer wieder. Nicht bei den kleinen Leuten und nicht bei den großen, die ja zu der nämlichen Gesellschaftsgruppe gehören und nur Spielarten sind. Die zeigen sich stets um ihr Stückchen Persönlichkeit besorgt und haben, je nach Vermögen, ein Bildwerk oder eine Fotografie von sich auf dem Grabe anbringen lassen. Die Einsichtigen, die Klugen aber, um nur von Frédéric Mistral,

Jean Henri Fabre oder der Sévigné zu reden, belästigen
niemand mehr mit ihrer Identitätserklärung. Sie waren
weise genug einzusehen, daß es nun mit dem Persönlichen nichts mehr auf sich hatte.

Saint-Montant

Wenig stromab wird das große Thema von Viviers, das
Vergangenheit heißt, mit einer Unbedingtheit durchge-
spielt, die erschauern macht. Dort liegt, seitab der Uferstraße und einige Kilometer landein, St-Montant, ein
fast menschenleerer Ort, der eigentlich nur noch Spur
ist. Immerhin, ehe er erreicht war, erblickte ich eine alte
Frau mit schwarzem Kopftuch; sie hatte den Küchen-
stuhl mit aufs Brachfeld genommen, um es beim Hüten
leichter zu haben. Die Beine taten es nicht mehr recht.
Als ich sie ansprach, zeigte sie nur für ihre Ziegen Interesse. So, von Viviers kam ich? Das lag da oben im Norden, nicht wahr? Wenn ich die Namen wissen wollte: Manon und Minou hießen die Geißen. Manon, die schmeich-
lerische, und Minou, die diebische. Vielleicht, daß sich
ein Stück Brot im Dorf für mich fand? Konnte schon
sein. Vielleicht auch nicht. Ich sollte es ruhig beim Bäk-
ker hinter dem Kirchlein versuchen. Vielleicht hatte er
seinen guten Tag und grade gebacken, was beides nicht
immer zutraf. Aber ein Wirtshaus? Sie wußte nicht so
genau, ob sich noch eines fand. Woher auch? Die meisten Einwohner waren ohnehin »die da«. Sie wies mit
der Hand zum Friedhof hinüber, der hoch ummauert
und dicht mit Zypressen bewachsen an der Straßenkehre
Posto gefaßt hatte, dort, wo man zum Dorf hinabschritt.
»Sie sehen alles von hier oben, die Toten«, krächzte sie
heiser zum Abschied. »Da muß man sich vorsehen.« Das
Dorf war eben zu alt, alt wie die Erde, noch älter viel-

leicht. Die Partei der Toten hatte natürlich das Übergewicht bekommen. Wie denn auch nicht!

Ob soviel gesammelter Einsicht erschöpft, verstummte sie gänzlich und wandte sich wieder den Ziegen zu. Minou, die diebische, hatte sich grade daran gemacht, die Tragtasche der Alten zu revidieren, während Manon, die zärtliche, ihr braunes Köpfchen gegen den Rock der Herrin stieß. »Eh, eh, immer fressen wollen sie, diese Kleinen«, murmelte die Ziegenmutter, wobei sie ihre Residenz humpelnd und seufzend zwanzig Meter weiter ins Grüne verlegte.

War man an den wenigen Häusern des Ortes und einer endlosen Zahl verfallener, längst verlassener Gemäuer, in deren ehemaligen Gärtchen noch Portulac, Skabiosen und Iris blühten, vorüber und bergwärts geschritten, gewahrte man von einer Kapelle im Rückschauen etwas Phantastisches. Da ragten die hinabschwingenden Mauerscherben einer Burg auf dem Berghang – vom Friedhof aus nur als Bagatelle empfunden – plötzlich drohend und gewaltig ins Licht. Die Berge traten ganz eng zusammen.

Die Kapelle liegt, beinern wie alles, ganz einsam im beißenden Licht. Was zugängig war, wies sich als Schöpfung der frühen Romanik aus. Man sah es an den Kannelüren einiger Lisenen, welche die Außenwand gliederten, einem winzigen Vorhallengewölbe samt einem Altärchen, das fast mehr Nische als Opfertisch war, dem Schnitt der Steine und den verkümmerten Schmuckformen. Leider gab selbst der Blick durch das Schlüsselloch nichts vom verschlossenen Innern des Gotteshauses preis. Aber kein Zweifel, es hatte sich bei dieser Kapelle um eine Einsiedelei gehandelt. Die Kartause trägt noch heute das Stigma äußerster Dürftigkeit. Nur eines besitzt sie – Wasser, das selbst ein Eremit braucht, so lang er auf Erden wandelt. Die Kapelle ist über einer Höhle errichtet, die tief in den Bergesschoß führt. Mein Fuß glitt auf schlüpfrigen Steinen aus, die dicht mit Algen bewachsen waren, als ich mit einer Laterne bewaffnet eindrang. Einmal blickte ein Schlänglein mich bannend an wie des verschwiegenen Ortes Wächterin und glitt dann zwischen den Steinen fort. Da konnte ich's leibhaft sehen, auf welch magische Weise die Heils- und Glaubenskräfte mit den Segensmächten der Erde Verbindung hielten. Das heißt, was den Lebensquell selbst betrifft — der hatte sich jetzt, im steigenden Frühjahr voll Demut und Schutzbedürfnis bereits tiefere Kanäle gegraben. Unerklärlich, woher dieser Born sein Wasser nahm. Aus der vollkommenen Trockenheit. Aus der Dürre, dem Nichts. Es war ein Wunder.

Dort, wo er gegenwärtig zutage trat, hatte sich sein Bett natürlich begrünt. Einige Judäabäume wachsen dort schräg über der felsigen Schlucht, einige Feigenbäume und etliche Pinien, die ein kleines, zweites Heiligtum umstehen, das der Kapelle gegenüber liegt und wahrscheinlich die eigentliche Kartause war. Es besteht aus einem geschützten Plateau unter überhängendem Gebirge. Ein Altärchen hebt sich da heute und Votivtafeln sind an die Felswand geheftet. Da es ganz still war, vollkommen still, denn kein Windhauch erreicht diesen Grund je, vernahm man als einziges Lebenszeichen nur das ganz leise Sprudeln des aus dem Fels quellenden Wassers…

Von der Kapelle aus quält sich ein Sträßchen in langen, sonnenverbrannten Kehren weiter hoch ins Ardèche durch entsetzliche Stürze von grauem Steingeröll. Unterhalb St-Montant dagegen, nur etliche hundert Meter seitab vom Dorf zwischen beginnenden Weinäckern, findet sich eine regelrechte Oase. Der Platz schien in einen Rausch der Fülle versunken. Aus dem Wässerlein war ein strömender, übervoller Bach geworden, der unter süßem Frühlingslaub und tausendfältigem Knospen dahinschwoll. Zahllose Traubenhyazinthen blühten im Gras. Rings vollkommene Stille. Nur Bienensummen, dies freilich sogleich wie Orgelgebraus, ließ sich in der eben erblühten Krone eines Kirschapfelbaumes vernehmen, darunter wir lagen und rubinroten, von der Sonne durchfunkelten Rosé tranken. Nichts erschien so unmöglich wie die trockene Todesschlucht und die vollkommene Leblosigkeit, aus der das Wasser einige hundert Meter zuvor zutage getreten war.

Vieles hat sich in Viviers, Saint-Montant und Pont-Saint-Esprit verändert, seitdem Helmut Domke diese Orte beschrieb. Und doch wird auch dem heute Reisenden noch der Unterschied auffallen, der zwischen den gepflegten, für den Fremdenverkehr sorgsam herausgeputzten Altertümern links der Rhône und den vergleichsweise heruntergekommenen rechts des Stromes besteht – im einst königlichen, viel eher als die eigentliche Provence an Frankreich geratenen und damit schon früh zur ›Provinz‹ abgesunkenen Westen. Offensichtlich ist man sich hier noch immer weit weniger als jenseits des Flusses der Bedeutung der eigenen Vergangenheit bewußt, was diese freilich nur umso eindringlicher vor Augen führt. Doch der Prozeß der Aufbereitung ist heute auch in den Departements Ardèche und Gard in Gang gekommen – mit all seinen Vor- und Nachteilen. Dornröschen wird wachgeküßt, die Prinzen sind unterwegs, engagierte Idealisten und brieftaschenschwere Investoren mühen sich um die Wette. Leben regt sich wieder in verlassenen, vergessenen Siedlungszentren, behutsame Reanimierung ist ebenso anzutreffen wie kommerziell überzogenes Face-Lifting. Domkes Erfahrung der Vergangenheit jedenfalls ist selbst Vergangenheit geworden.

Da ich nicht nur aus ökonomischen Gründen einfach reise, sondern des Lebens Pulsschlag nah bleiben möchte, schließlich, das Wohlstandsgebaren macht aus dem umgänglichsten Biedermann einen hochnäsigen Gernegroß, um also der Dutzendware Mensch zu entgehen, steige ich lieber in bescheidenen Gasthöfen ab. Das wiederum hat eigene Gefahren.

Am ersten Abend gerieten wir in ein Etablissement, in das ein Starenschwarm von Holländern eingefallen war. Eine Reisegesellschaft, die sich hierhin ganz offenbar nur verlaufen hatte. Man nahm das mit Lustigkeit. Bis zur Stunde des unvermeidlichen Wilhelmus-Liedes folgten sich improvisierte Solodarbietungen, Chorgesänge, Polonaisen nebst viel Gelächter. Noch lange nach Mitternacht dauerte ein dröhnendes Türenschlagen an.

Am nächsten Tag glaubten wir bereits ein Anrecht auf Frieden zu haben.

Indessen schienen wir am zweiten Abend in eine Art Maison Tellier geraten, in dem eine schwer überschaubare Zahl von reizenden jungen Mädchen aufwartete. Sie sagten alle zu der Patronin ›maman‹ oder ›ma tante‹. Schon daß im Speisesaal Dutzende von Offiziersbildnissen hingen, die ein Kasinotalent auf große Blätter geworfen – Physiognomien von beklagenswerter Leere übrigens –, hätte uns warnen sollen. Die Hübschen sangen freilich das Loblied der Krieger. Die Beschaffenheit des Hauses war weder ein- noch zweideutig genug, um es in einer der üblichen Kategorien unterzubringen. Es speiste hier nämlich ein Kirchenchor zu Abend, der um acht konzertieren sollte, worauf wir zu bleiben beschlossen. Doch waren wir kaum zu Bett, als ein geschäftiges Kichern, Flüstern und Treppenlaufen begann, das sehr lange anhielt. Zudem begehrte jemand nachts halb drei mit unablässigem, schrillem Schellen Einlaß. Mit der Ruhe war es abermals nichts.

Der dritte Abend erwies sich als schlimmster. Vorsichtig geworden, hatte ich nach kurzer Rekognoszierung das Grand Hotel eines winzigen Rhôneortes verlassen. Vornehmlich, weil die Wände mit Grasgrün bemalt waren, worauf sich mächtige braune Tiergestalten tummelten. In dunkler, nur zu begründeter Sorge, einer Menagerie ins Garn zu gehen, zogen wir ins Hotelchen nebenan. Der nach bewährter Methode um Rat gefragte Apotheker in der nächsten Pharmacie hatte uns voller Emphase zugeraten, »mais c'est très, très bon!« Wirklich, man aß dort vortrefflich! Die Zimmer erwiesen sich allerdings als verfänglich. Sie lagen über einem Garagenbau, den man auf dunkler Treppe bestieg, und waren um einen dürftig erhellten Dielenraum angeordnet. Das Teuflische dieses Systems bestand darin, daß sich die Zimmer auch untereinander verbunden zeigten. Dem Lichtschein des Nachbarn unter der Tür hinweg ließ sich mit vorgestopftem Morgenmantel noch wehren, nicht hingegen den Schlafgeräuschen. Zudem setzte alsbald vor dem Fenster ein wehmütiges Hundeklagen ein. Es schwoll an, erklomm ganze Gebirge von Leid, stürzte wimmernd in Abgründe, stieg aufs neue und stärker – ah, die Menagerie! Ich verwünschte mich, nicht daran gedacht zu haben, daß unser Zimmer zum Garten des Nebenhotels lag. Ein zweiter Hund setzte ein. Sie sangen so lange Duett gegen den Mond, bis eines der Nachbarfenster aufging und jemand unter Verwünschungen eine Flasche hinabschmetterte. Als es zwei Stunden später tagte, begann das Konzert von neuem. Ein ungeheuer geschwätziges Vogelvolk gesellte seine Stimmen dazu. Im ersten Morgenlicht sah man die Urheber nächtlicher Qualen, die Hunde, die der Besitzer des Grand Hotels in einem Betonzwinger in Pension hielt, und die Vögel in ihrer Volière.

Beim Frühstück klagte ich Gaston, dem Kellner, mein Leid. Er sah mich mit tiefem Mitgefühl an. »O monsieur«, sagte er endlich, »auch wenn ich selbst mein Schlafzimmer nach der anderen Seite verlegt habe, um Ruhe zu finden, ich verstehe Sie. Eine Nacht, die man nicht schläft, das kann eine Ewigkeit sein. Aber schließlich eine Nacht nur! Ich hingegen höre die nämlichen Beschwerden der Gäste Morgen um Morgen.« Worauf er mich abermals schmerzlich ansah, noch ein »à votre service« flötete und lächelnd entschwand.

Semiramis in Pont-Saint-Esprit

Wie schlecht habe ich sie wegkommen lassen, meine Freunde, die demütigen Hunde der Provence, diese unermüdlichen Begleiter aller Tartarins aus Tarascon, die fünfzehn Kilometer neben dem Fahrrad ihres Herrn herlaufen, die neben ihren trinkenden Gebietern in der Kneipe ausharren, höchstens durch einen Klaps ermuntert, und die dennoch ihre braunen, honiggelben Augen vertrauensvoll auf ihn richten, jeden Winkes gewärtig... Hätte ich nicht vielmehr bei den Katzen beginnen müssen?

Es war in Pont-Saint-Esprit, immer noch nahe der Grenze des Südens, wo die Wolkenfront mit dem Rasiermesser abgeschnitten scheint. Sooft ich hindurch kam, sah ich eine Katze im Schaufenster eines kleinen Brotladens liegen. Sie erinnerte mich an die Königin der Sage: ob Frühling oder Herbst, stets schlief sie den Schlaf der Mythe. Lebte sie überhaupt? Einmal habe ich tatsächlich ihretwegen angehalten. Weiß Gott, einfach war es nicht. Es fand Markt statt, und alle die großväterlichen Citroëns, Simcas, Peugeots, in denen man Kisten mit Hühnern, Körbe voll Gemüse, Hälften blutigen Fleisches und Berge von Käse befördert hatte, ruhten beiderseits von der Fahrbahn in den Gossen von der Mühsal ihres Alters aus. Sich hindurch zu winden war bereits eine Kunst, aber sich gar in einen frei gewordenen Parkplatz zu manövrieren...

Indessen, ist man einmal in den Sog einer südlichen Kleinstadt geraten, gibt es kein Zurück. Gut! Ich wollte also sehen, ob meine Königin nicht von Stein war. Sie lag hingegossen zwischen Croissants und Brioches von der verflossenen Woche. Nichts vermochte ihre Ruhe zu stören. Als ich sie lange genug angestarrt hatte, um sie für das Machwerk eines Pfuschers unter den Ausstopfern zu halten, öffnete sie träge ihr linkes Auge. Man erkannte eben den senkrechten Spalt der Pupille – ein Tor in lauter Unergründlichkeit. Sie hatte geruht, von mir Notiz zu nehmen. So, wie ich mir die zu sommerlicher Siesta hingestreckte Semiramis vorstellte. Semiramis, ausgezeichnet! Genau der Name, den sie verdiente.

Semiramis war nur eine Katze unter den unzähligen der Provence. Man muß gerecht sein, ihr Ruf, ihre Beliebtheit gründen sich nicht allein auf die Passionen der Colette oder das Zärtlichkeitsbedürfnis der Concierges, wie bei den Katzen von Paris oder im übrigen Frankreich. Die Katzen sind in den alten Städten der Provence vielmehr die Polizei der unteren und oberen Regionen, der Keller, Gossen und Dachböden. Ah, was wird aus den zärtlich schnurrenden Lieblingen der Frauen, sobald sie das Dunkel der Nacht umfängt. Zittert Mäuse, seid gewarnt Ratten, in der erbarmungslosen Kälte der Mordlust zieht Semiramis Nacht um Nacht auf ihre Ronde!

Oder ich gedenke jenes Katers, der allmorgendlich in gespielter Langeweile auf der zur Rhône führenden Gasse zwischen den toten Ratten seiner nächtlichen Strecke umherstolzierte. Italien wird keinen überlegeneren Cesare Borgia, Spanien keinen vollendeteren Matador hervorbringen. Ich gedenke der siamesischen Schönen, die allabendlich auf der Hofseite eines alten Palastes kauerte und mit durchdringender Monotonie ein Mißvergnügen von unbekannter Widrigkeit über die Gasse schrie. Niemand, der gegen sie eingeschritten wäre. Vielmehr blieb ein altes Weib in Umschlagtüchern voll Mitgefühl unter der klagenden Schönen stehen und murmelte so etwas wie »Moppetikö...moppetikö...!« Ah, mon petit coeur! Brave Gemüsefrau, sie sprach aus, was alle empfanden. Die Katze ist das heilige Tier des provenzalischen Südens wie der Skarabäus das der Ägypter. Sie weiß es genau.

Man sitzt bei einer dieser provenzalischen Mahlzeiten, die voller Gaumengenüsse anheben, hat kaum eine schwarze Olive in den Mund geschoben, einen Schluck Rosé folgen lassen – schon ist sie da. Natürlich nicht in den Hotels erster Klasse, aber in jenen Brasserien, in denen ich verkehre, etwa ›Chez Henry‹, wo die flinken, hübschen Kellnerinnen für jeden ein Lächeln haben. Sobald ich bestellt hatte, erschien unfehlbar ›Bobine‹ und sprang auf meinen Schoß, um mit der Spitze ihres steil hoch gestellten Schwanzes meine Nasenlöcher zu kitzeln. Ein nur zu bekannter Trick! Sie ging sicher, daß man ihr sogleich einen fleischernen Tribut auf die Erde warf, um sie loszuwerden. Wie denn sonst? – Man hat hierzulande für alles Verständnis, nur nicht für mangelnde Katzenliebe.

Kein Zweifel, die Katzen des französischen Südens, zärtlich oder grausam, regieren mittels des Terrors –

eines Terrors der Samtpfoten oder der Krallen. Sie herrschen mit der Unbedingtheit, die alle nur sich selbst ver-
antwortlichen Geschöpfe besitzen. Sie regieren also mit
Überlegenheit und verteidigen ihren Rang, in die Enge
getrieben, mit beispielloser Tapferkeit. Der Mut der Löwen ist der der Katzen. Da sie des Menschen blinde Neigung obendrein zu höheren Wesen stempelt, regieren sie
mit dem Stolz der Götter.

Um den Mont Ventoux

Zusammenhänge

Um die Provence im Innersten zu verstehen, muß man auf ihre Berge steigen. Aus der Höhe der Adler betrachtet, nimmt sich die Dimension des Gewesenen wie ein Zaubergarten aus. Nicht des klärenden Abstandes wegen, sondern ob einer Erkenntnis. Im Talblick gewahrt man, angesichts der gleich Raubvogelhorsten auf Hügel und Hang gesiedelten Orte, des Südens Unwandelbarkeit. Im Grunde wird immer noch gebaut wie vor ein-, zweitausend Jahren. Das Menschendasein ist keine Sprossenleiter, die es mühsam emporzuklimmen gilt, um vorwärts zu kommen, wie des Nordens Moral will. Vielmehr befindet sich der Mensch von vornherein auf der ihm vorbestimmten Ebene des Seins. Er denkt daher auch nicht in Rangordnungen, sondern in Zugehörigkeiten, also in weiblichen Zusammenhängen.

Nicht nur von dieser Erkenntnis aus gesehen gleicht die Provence einer Frau. Zu allen Zeiten hat sie ebenso durch ihre Preisgabe gesiegt wie beschenkt. Sooft ich wiederkehrte, empfand ich diesen erotischen Grundzug, dessen Beglückung allerdings stets etwas Schicksalhaftes zu eigen ist. Sie unterwirft mit den Waffen der Liebe und verdirbt für anderes. Das ist der Preis, den sowohl Venus wie Magna Mater verlangen. Da die Provence zudem, als Landschaft betrachtet, ungefähr jeden Arche-

typus verkörpert, den die Schöpfung hervorgebracht hat,
und zwar allemal in klassischer Gestalt wie exemplari-
scher Eindringlichkeit: Fels, Tal, Quelle, Hain, Strom,
Ebene, Sumpf und Meer, da sie darüber hinaus ihre
Bauelemente in wundervollem Spiel der Kontraste zur
Geltung bringt, vermag man sich in die geringere Vielfalt anderer Landschaften nicht mehr recht zu schicken.
Dabei sind ihre Maße weder groß noch gar imponie-
rend. In dieser Beziehung bleibt die Provence weit hinter anderen Gebieten zurück. Ganz im Gegenteil ist alles
nah, überschau- und erreichbar. Aber natürlich bedeutet
das grade das Geheimnis ihrer Wirkung!

Und das Vergangene, die Geschichte? Nun gut, aber was
ist's schon damit! Griechen, die einst Marseille und Arles
gründeten und heimfuhren, wenn sie genug verdient
hatten. Römer, die untergingen, nachdem sie ihr halbes
Millenium abgesessen hatten. Stimmt soweit, und auch,
daß sich Roms Zivilisation nebst ihren Denkmälern und
Spuren dem annoch ungeprägten Raum so tief eingrub
wie selbst im italischen Mutterlande kaum. Aber was
wiegt, ist eigentlich nur die Epoche des Augustus, die
man besser als Beginn einer Romania, einer mittelmee-
rischen Latinität, denn als Hochblüte des Imperium Ro-
manum wertet. Wenigstens für die Provincia oder Provence, die an den römischen Erfolgen vornehmlich als
Schlachtfeld, Friedhof und mit den Schößen der Frauen
beteiligt war. Dieser Umstand bleibt.

Der Provence übrige Geschichte nämlich bedeutet kaum
mehr als Vollzug. Hannibals Durchmarsch, das tragische
Irrelaufen der Cimbern und Teutonen, die immerhin
Boten eines Jahrtausends der Schrecken sind, West- und
Ostgoten, Franken – nichts als hingenommene Leiden.
Noch schwerer wiegt die Not von der See; die Sarazenen

sind während langer Jahrhunderte die Geißel Gottes. Was wir Provence nennen, wird seit dem Zerfall des karolingischen Reiches mit wechselnden Grenzen von eigenen Grafen regiert, die, wie das so üblich ist, erst abhängig sind und dann selbständig werden – Angehörigen der Häuser Toulouse, Aragon und Anjou bis zur berühmten Königin Jeanne, die Ludwig I. von Valois-Anjou adoptiert, womit spätere Ansprüche der französischen Krone begründet sind. Schon ein Jahr nach dem Guten König René wird der letzte der Grafen, Karl I. von Maine, sterben und die Provence an Charles VIII. von Frankreich übergehen. Man schreibt 1486, und damit ist, was man kaum eine eigene Geschichte nennen kann, schon zu Ende.

Denn was sollte in jenem unaufhörlichen Wandlungsprozeß wohl bemerkenswert sein, darin die Provence lotharingisch, burgundisch, für lange Zeit sogar dem Heiligen Römischen Reich zugehörig und schließlich französisch-kapetingisch wird, womit die Liste ihrer Abhängigkeit noch keineswegs erschöpft ist! Zudem entstehen oder vergehen hier und dort Regionalherrschaften, deren Namen in einigen Teilen der Provence fortleben, so im Vivarais des Nordwestens, im benachbarten Tricastin und weiter südlich im Comtat Venaissin, das aus tolosanischem Besitz an die Päpste fällt. Was will das anders besagen, als daß die Provence, im Ganzen betrachtet, trotz gelegentlicher Autonomie Spielball und Zankapfel der Mächte bleibt, bis zur Besiegelung ihres politischen Schicksals und der Eingliederung in Frankreich. Wodurch freilich weder die ganze Provence betroffen noch Friede im Lande ist. Erst 1663 fällt das Comtat aus Kirchenbesitz an Frankreich, ein halbes Jahrhundert später Orange, das lange Zeit selbständig war, und abermals ein halbes Saeculum hernach Avignon. Auch nimmt die Bevölkerung des Landes die Annektion keineswegs schweigsam hin, was die französische Krone wiederum veranlaßt, sich ihrer Botmäßigkeit in zum Teil äußerst grausam geführten Religionskriegen zu versichern. Abermals wird die Provence Walstatt und Opfer zugleich.

Mit einer eigenen, auf einen provenzalischen Staat zielenden Geschichte ist es also nicht viel geworden. Hingegen gibt es bedeutende Mächte und faszinierende Gestalten die Fülle; sie haben im Raum der Provence sogar Weltgeschichte gemacht. Die Provence besitzt mithin weniger eine eigene Geschichte als eine Vergangenheit von bunter Vielfalt, deren Geschehnisse meist örtlich gebunden bleiben. Daß es diesem durchweg von fremden Herren regierten, unkriegerischen Lande dennoch
gelang, Europens andere Möglichkeit, die einer rein geistigen und kulturellen Evolution, gelebte Wirklichkeit
werden zu lassen und das Weltbild von innen her zu
verändern wie im Zeitalter der Troubadours, ist eigentlich gegen die Geschichte geleistet worden. Aus derselben verwunderlichen Kraft, welche dieses Land befähigt
hat, sich seine Besieger durch Assimilation gefügig zu
machen.

Das Wort Provence besitzt also eigene Gewalt; seinem
Orgelklang ist Suggestivkraft eigen. Doch wohnt auch
Milde darin, der Platanen gefiltertes Licht. Lebt man
lange genug im Lande, bemerkt man, daß die Provence
im Grunde freilich viel härter, spröder und karger, aber
auch reicher und großartiger ist als erwartet. Unerläßlich, alles Harmlose und Niedliche aus ihr fortzudenken.
Hat man sich für sie entschieden und dem Staub ihrer
Straßen, der flimmernden Hitze ihrer Mittage, der Höhe
ihres Sternenhimmels überantwortet, hebt ein Leben
und Denken im Lichte an, das natürlich einige Über

windung voraussetzt. Vor allem, man muß um Hintergründe wissen, um die Angst ihrer Vergangenheit, die
Härte des Daseins, die Mühsal des Tages, um ihre Sü-
ßigkeit und Verlockung zu spüren; man muß durch die
Zone der Gräber geschritten sein, und man muß in der
verwandelnden, nur magisch zu nennenden Kraft, die
der Überschau von Bergeshöhen innewohnt, erkannt haben, daß die Abstände schaffenden Perspektiven der Zeit
hierzulande nichts bedeuten, sondern alles Gegenwart ist.

Verwandlung

Um mir selbst das unvernünftige Maß meiner Zuneigung zu erklären, denke ich oft, Magna Mater, des Weiblichen Lockung, Macht und Berauschung sei der Provence
innerste Kraft.

Eines Tages war der karge Zugang des Landes durch-
schritten – Viviers, Bourg-St-Andéol, Pont-St-Esprit. Die
Erde begrünte sich üppig, trug schwer an der Süße des
Frühlings. So zu begegnen, heißt aus harter Verbannung
ohne Übergang in den Zustand der Gnade fallen. Alsbald stellte sich bei mir auch die ›Krankheit zum Süden‹ ein, jenes unstillbare Verlangen, von dem man sofort weiß, daß es nie enden kann.

Dergleichen Überwältigungen vollziehen sich ohne Da-
zutun. Sie finden sich allerdings gern in den Stunden
geistigen Schweifens ein, besonders an den Nahtstellen
der Tageszeiten. Als blühten die Blumen im Verdäm-
mern oder Erwachen betörender!

Wirklich, es war eine verzauberte Nacht. Die Leuchtkraft der Sterne minderte sich nicht; sie schien sich mit
Anbruch der ersten Tagesstunde eher zu steigern. Myriaden von Gestirnen, ungeheure Streuungen von leuch-
tendem Staub auf dem Purpurdunkel des Himmels. Da-

zwischen die Fixsterne und Planeten gleich lodernden Fackeln eines unsichtbaren Zuges verschollener Götter.

Mein Weg führte durch eine Landschaft, die ich nicht kannte. Es war nahe St-Victor-la-Coste. Der Morgen kam. Im Wechselspiel zwischen Tiefgrün und Violett hob sich ein Berg gegen das Firmament, das von den Rändern her durchsichtig zu werden begann. Das Leuchten des vorfrühen Tages wuchs schnell. Der Bergkegel trug einen Burgscherben, der Karte nach ›Le Castella‹ geheißen. Büschel von Licht strahlten bereits dahinter hervor, während mein Fuß noch immer durch die Schwärze einer Schlucht von Zypressen vorwärts tastete. Durch Olivengärten, Gestrüpp, über Mäuerchen ging es bergan. Sprunghaft schwoll jetzt die Helligkeit. Schon schwebte der Ball des Tagesgestirns im Osten neben dem Mont Ventoux empor. Eine rote Lichtflut brandete über die erschauernde Landschaft. Sie weckte ein Echo in zahllosen Sternen – nicht jenen des Himmels, sondern denen der eben erblühten Zistrosen. Der Berg war über und über damit besät.

Die Provence erwachte im Zustand der Fülle. Der Morgen zeigte sich von so schmerzhafter Schönheit, daß ich die Hände ballte und meine Fingernägel sich tief in die Handflächen gruben.

Judäabaum

Um diese Zeit blühte es in jeglichem Winkel; rot vor allem. Von Pfirsichen rot, schien es mir anfangs. Dennoch, das Blühen war um etliche Grade vergeistigter und auch betörender, war bläulich durchweht, von Violett getränkt. Der Arbre de Judée, den die deutsche Sprache gewöhnlich Judasbaum nennt, weil sich an ihm nach der Legende der Verräter des Herrn erhängt hat –

der Judäabaum also hatte seine große Zeit. Vor siebenhundert Jahren soll er mit dem Kreuzfahrerheer, sozusagen als Mitbringsel des neunten Ludwig aus dem Heiligen Land nach Frankreich gekommen sein.

Er ist ein eigenwilliges Stück Pflanzenleben und macht
es seinen Lobrednern gar nicht leicht, den Panegyrikus
anzustimmen, indem er den ehrwürdigsten Gleichnissen
zuwiderhandelt. Er blüht nämlich am alten Holze; die
rosavioletten Spindelchen der Knospen, mit denen er
über und über besät ist, sitzen büschelweise direkt am
Stamm und Ast und öffnen sich sternenhaft, um sich
später in lange, bräunliche Fruchtschoten zu verwandeln.

Was mich betrifft, bewundere ich alles an diesem Baum,
sein grauschwarzes, allenfalls bräunlich durchschimmer-
tes Holz, die kleine Märchenblüte und das grüngelbe
Blättergeflirr, das zwischen dem Farbengepränge erst
aufbricht, wenn die hochzeitlichen Tage sich in ein
elegisches Verblassen und Welken verwandeln. Ganze
Landstriche bedeckt der leuchtende Schmelz des Arbre
de Judée. Über allen alten Gärten mit den Wedeln der
Phönix-Palmen und dem schwarzgrünen Laub der Lor-
beergebüsche steht er als Fanal des Frühlings. Die weit-
geschwungenen Äste gleichen im seidigen Blau des jungen Jahres Korallenzweigen, sie besitzen keinen ersicht-
lichen Zweck, bringen nicht Frucht, nicht Lohn, sondern dienen der Schönheit. Einzig, daß man aus dem
festen Holz allerlei Dinge zu drechseln vermag. Aber
damit läßt man den Judäabaum und sein Gezweig an
der staubüberwaberten Landstraße oder in der Gluthitze
einer felsigen Schlucht schon lieber in Frieden und freut
sich seines verschwenderischen Singsangs von Farbe.

Der Judäabaum hat mich von Le Castella bis an die
Rhône begleitet. Immer wieder stand hier oder dort
einer und winkte. Es riß nicht ab. Als ich die rumpeln-

den Bretterbohlen der Brücke von Pont-St-Esprit hinter mir hatte, lösten ihn die Platanen mit dem süßen Gebimmel der jungen Früchte ab. Aber in den Gärten von Pierrelatte und Donzère fand ich ihn wieder. Sogar in Grignan, wo er souverän das Zepter über Thujen und wilde Orangen eines Gartens schwang. – Es schien mir damals ganz unerläßlich, noch einmal von vorn zu beginnen und abermals von Norden in die Provence zu wandern. Schließlich, dem Gelobten Lande begegnet man nicht so oft. Da wollte ich keine Paradiesespforte vergessen haben.

In Grignan

Man kann auch einen anderen Zuweg in die Provence nehmen, als den durch das Rhônetal, wenn man von Norden kommt. Beispielsweise jenen, den die Schafherden von der Sommerweide im Vercors zurückwandern. Da kreuzen sie eine Landschaft, die sich noch heute Les Baronnies nennt . . . richtig, es ist die Gegend vergangener Kleinherrschaften! Eine davon war die der Familie Adhémar, die sich am Flüßchen Berre festgesetzt hatte. In Grignan. Ein Kriegsfürst ist nicht aus ihren Reihen gekommen, immerhin aber, was schwerer wiegt, eine jener Gestalten, eine Frau zudem, die den Namen Frankreichs groß gemacht haben. Wohl verstanden, sie entstammte nicht dem Clan der Adhémars, indessen ihre Aufenthalte, ihr Tod in Grignan genügten, um Ort, Schloß und Familie noch heute Nachruhm zu sichern.

Es ist die Rede von Marie de Rabutin-Chantal, die man als Madame de Sévigné kennt.

Grignan. Also auch hier sogleich das Zurück in die Vergangenheit. Damit fängt in der Provence alles an. Das Château, dieser triangelförmige, immer einer Schauwand aus blinkenden Fenstern gleichende Bau auf der plattierten Bergeskuppe, wird von mächtigen Mauerflanken gestützt, um die sich die zwei, drei Rundsträßchen des gleichnamigen Ortes ringeln. Einmal, als noch Kerzenlicht in den Räumen des Schlosses brannte, Feuerwerke sprühten und Kavaliere in glänzender Tournure auf den Terrassen des heutigen Cour d'Honneur spazierten, der ehedem ein zierlicher Garten im Pariser Geschmack war – damals muß Grignan der Inbegriff französischen Adelslebens gewesen sein, dem Alltag entrückt, elegant und voller Grazie. Das heißt, das frühere Grignan. Das heutige ist Rekonstruktion, natürlich. Der rühmenswerte Monsieur Faure, der die Ruinen, welche die Französische Revolution übrig gelassen hatte, in seines Herzens Begeisterung erwarb und um 1840 wiederherstellte, begann seine Restauration damit, daß er gleich an den Eingang zwei jener Rundtürme klebte, die man in Frankreich sehr treffend ›Pfefferbüchsen‹ nennt. Das Schloß hatte nie dergleichen besessen. Monsieur Faure baute also seine romantischen Träume mit ein.

Was daher einzig als Dokument gelten kann, ist das Mobiliar der Bewohner von einst. Das wiederum hat des Herrn Faure Enkelin, soweit noch vorhanden, der Kommune Grignan vermacht. Es gibt somit heute zwei Konkurrenzunternehmen, was die Eintrittskarten zu den Sehenswürdigkeiten betrifft, das Schloß, das sehr echt wirkt, ohne es indessen zu sein – immerhin, es sieht schon wunderbar aus, wenn es gleich einer Erscheinung über der Ebene auftaucht –, und das Museum im Ort. Diese Gedenkstätte befindet sich in einem geräumigen Bürgerhaus, dessen schmaler, grauer Fassade man von außen nichts zutraut. Doch ich vergesse, die Kirche besitzt oder besaß ebenfalls ihr Teil. Etwas, das sich weder reparieren noch sammeln läßt, die Gruft der Adhémars, in der auch Marie de Rabutin-Chantal, Madame de Sévigné, beigesetzt war. Die Jakobiner von 1793 haben nämlich ganze Arbeit geleistet, die Gruft aufgebrochen und die Gebeine der Toten durcheinander geworfen. Das war noch eine Revolution, die verfolgte sogar die Erinnerungen!

Die Kirche, ein weitläufiger Hallenbau der späten Gotik, muldet sich in die Westflanke des gewaltigen Schloßfundamentes. Vorm Hochaltar erinnert eine Bodenplatte an jenen Menschen, dessentwillen man Grignan besucht: hier hat sie einmal geruht, die berühmteste Briefschreiberin ihres Saeculums...

Sie war keine Provenzalin, vielmehr 1626 in Paris zur Welt gekommen. Mit achtzehn Jahren heiratete sie einen Marquis von Sévigné, der ein verschwenderischer, wüster Taugenichts war und ihr Vermögen mit vollen Händen verschleuderte – nicht zuletzt für seine Maitressen. Zum Glück für die Geschichte des französischen Geistes blieb er 1651 bei einem Duell auf der Strecke. Mit fünfundzwanzig Jahren war die Sévigné also schon Witwe und Mutter einer 1646 zur Welt gekommenen Tochter, eben ihrer geliebten Françoise-Marguerite, sowie eines Sohnes. Zudem, sie war frei. Sie wandte sich nach der kurzen Episode ihres fragwürdigen Eheglücks wieder der Literatur zu, wohlgemerkt ohne jemals literarischen Ehrgeiz zu zeigen. Es war ihr Lebenselement. Ihr einziges, ihr unsterbliches Werk sind ihre Briefe, besonders die an ihre Tochter.

Françoise-Marguerite hatte mit neunzehn Jahren den Comte de Grignan geheiratet, der zeitweilig Vizegouverneur der Provence war. Die Trennung von der Tochter veranlaßte die verwitwete Marquise de Sévigné, von Paris oder der Normandie aus den berühmten Schriftwechsel zu führen, der ein geistvolles Spiegelbild ihres Zeit-

Olivenhain
Vincent van Gogh (Rijksmuseum Kröller-Müller, Otterlo)

alters und ein wundervolles Dokument französischer Sprache wurde. Ob der Sensibilität, Anmut, Natürlichkeit und Heiterkeit, kurz der vollkommenen Harmonie einer großen Frau. Die Briefe sind noch heute bewunderungswürdig.

1696 starb Marie de Rabutin-Chantal auf einem Besuch in Grignan, das das Ziel zahlloser ihrer Gedanken sowie einiger längerer Besuche gewesen war und nun das Ziel ihres Lebens wurde. Sie verschied nach vierzehntägigem Fieber ungeklärter Ursache, siebzig Jahre alt – keineswegs an den Blattern und keineswegs auch in Abwesenheit der Tochter, wie immer behauptet wird. Es umgab sie alles, was sie geliebt hatte.

Leider, weder das Schloß noch die Kirche besitzen greifbare Erinnerungen. Allenfalls das Museum. Wie üblich, macht man dort viel davon her. Der Führer rast im Geschwindschritt durch die Stockwerke und schleudert mit Bezeichnungen wie ›Louis XIII‹ oder ›Régence‹ um sich. Ich habe die Franzosen, die mit mir hinter ihm her stürmten, bewundert. Es waren junge, einfache Leute mit kleinen Kindern und zwei, drei ältere Frauen. Monteursmilieu. Nichts von den Rodomontaden des pfiffigen Dicktuers, der gleichwohl voller Gutmütigkeit war, vermochte sie in dem Gefühl zu erschüttern, daß sich hier Achtung gebührte – etwa vor einem Bild Pius VI., dem Antlitz eines Grimaldi oder einem Porträt der Sainte-Chantal, die zu den Gründerinnen des Visitantinnenordens gehört hat und die Großmutter der Sévigné war. Daneben gibt es beiläufiges Zeug die Menge zu sehen, wie es zu jedem Provinzmuseum gehört. Am Eingang freilich ... nun, es ist nicht ganz ohne Beigeschmack.

Dort nämlich findet sich eingerahmt von kunstvoll gefälteltem Papier und unter Glas geschützt, mit schriftlicher Expertise von 1793 versehen, eine Art ›Reliquiar‹,

zwei Knöchelchen der Madame de Sévigné, in Watte gebettet. Irgendein Wohlmeinender unter den Plünderern
hat sie offenbar aufgehoben und hierhin vermacht.

»C'est très, très intéressant«, sagt der Führer, wenn er
hier anlangt, Zeigefinger und Daumen der Linken zum
Rund geformt und dozierend erhoben.

Meine guten Franzosen waren sprachlos. Das ›très joli‹
blieb der blonden Dame aus Montélimar im Munde stek-
ken. Nur einer der Monteure, die so sympathisch aussahen, wußte ein Wort darauf. »Épatant«, sagte er, »c'est
le reste, la pauvre.«

Gleichwohl, der Stil der Sévigné und ihrer Zeit ließ
sich nicht unterkriegen, das Schloß war großartig, und
sogar der Führer war es auf seine Weise. Als am großartigsten erwies sich das Hotel ›Sévigné‹. Schattige Zimmer inmitten einer lichtübergossenen Landschaft, tape-
ziert mit den zarten Valeurs provenzalischer Stoffmu-
ster, ausstaffiert mit edlen provenzalischen Möbeln aus
massivem Nußbaum und gedielt mit einem Parkett aus
demselben Holz. Es war schon eine Freude. Ich blieb
gleich eine ganze Woche und schloß Herzensbündnisse
mit Hunden, Eseln und der Madame de Sévigné, deren
Briefe ich las, wo ich stand und ging.

»Si je vous écrivois toutes mes rêveries, je vous écri-
rois toujours les plus grandes lettres du monde...« Sie
hat sie dennoch geschrieben, die ›größten‹ Briefe der
Welt, diese bildschöne, elegante, hochgebildete Marie de
Rabutin-Chantal, zu deren Lehrern der Dichter Malherbe gehört hat.

*Neuerdings sind die Bestände des Museums aus dem Ort
ins Schloß zurückgekehrt. Dort werden dem Besucher
heute zwei ziemlich unterschiedliche, einander ergänzende
Führungen angeboten: eine recht ausführliche ›live‹ zur*

Geschichte des Bauwerks und seiner Bewohner, und eine
›audiovisuelle‹ mit Kerzenlicht, höfischer Musik, Pferde-
getrappel, Stimmengewirr und hallenden Schritten in ein-
samen Korridoren, bei der Madame de Sévigné höchstper-
sönlich postum zu Wort kommt.

Vaison-la-Romaine

oder

Das verschüttete Leben

Einige zwanzig Kilometer Luftlinie südöstlich von Grignan, und das Schweifen durch die Salons der Geschichte
wird abermals zum Sturz in die Brunnen der Zeit.

Vaison-la-Romaine ist eine kleine Stadt an der Ouvèze. Südlich des Flusses besitzt sie ein bergan steigendes
Quartier mit schmalen Sträßchen, malerischen Winkeln,
einem Bergfried und der zerklüfteten Burgruine der
Grafen von Toulouse, die wie der Froschkönig auf ihrem über das Flußtal geneigten Felsen hockt. Es gibt
auch noch eine Kirche des 15. Jahrhunderts mit einer
Barockfassade aus dem 18. Jahrhundert.

Die gegenwärtige hingegen befindet sich auf dem nördlichen Ouvèzeufer, mit dem älteren Schwesterteil durch
eine zweitausendjährige Brücke verbunden, und unter
dem neuen lag auch jenes Vaison, das die Brücke erbaut hat. Es verdankt einem Mann mit dem urproven-
zalischen Namen Burrus seine Wiederentdeckung. Monsieur Burrus ist der Schliemann von Vaison geworden.

Der Ort war in Römerzeiten eine der wichtigsten Städte der Gallia Narbonnensis und zuvor die Metropole
einer gallischen Völkerschaft, der Voconcer. Das ist an
sich weniger bedeutsam und bekommt erst durch Gegen-
überstellung Gewicht. Während die meisten alten An-

siedlungen im Süden der Provence griechischen Ursprungs sind, verdankt Vaison, ähnlich Orange, seine Herkunft den Römern. Nach der Eroberung verpflanzte man eine römische Oberschicht hierhin, die das künftige Patriziat bildete. Geschehen um das Ende des 2. Jahrhunderts vor Christus. Zwei-, dreihundert Jahre später war die Stadt zu Bedeutung und ihre Bürger zu Geld gekommen.

Nach der Entfernung zwischen den Thermen nahe dem Bahnhof und dem Theater im Norden, den römischen Miethäusern im Osten und dem Geschäftsviertel im Westen hat die antike Stadt damals ungefähr einen viertel Quadratkilometer bedeckt.

Übrigens war auf die Bequemlichkeit der Bürger Rücksicht genommen. Beim Geschäftsviertel von ›la Villasse‹ mit seinen Läden und Kolonnaden läßt sich das besonders deutlich erkennen. Neben der Hauptstraße verlief ein kleiner, überdachter Gehsteig. Da konnte man trokkenen Fußes und unbelästigt vom Fahrverkehr, von den Lastenträgern und -tieren auf Einkaufsbummel gehen.

Am Anfang dieser Bazarstraße ist bei den Ausgrabungen von 1924 im Peristyl eines Hauses eine Silberbüste des 2. Jahrhunderts n. Chr. gefunden worden, in der man ein Porträt des einstigen Hausherrn zu besitzen glaubt. Das Bildnis zeigt einen freundlichen Menschen mit stämmigem Hals, gutmütigem Mund, stumpfer Nase, nicht zu hoher Stirn. Da sich denken läßt, er habe nahe dem Ort seiner Profession gewohnt, wäre das also der Kommerzienrats- und der Geldverdienertypus von damals gewesen.

Wie großzügig die Häuser im Viertel von la Villasse freilich auch sein mögen, sie sind nichts gegen die pompösen Bauten vom Quartier de Puymin, dem Villenviertel von einst. Durchwandert man die Wohntrakte der Messier, einer Patrizierfamilie der römischen Zeit, ver-

blüfft die Großzügigkeit des Lebensstiles, der fern von
Rom gepflegt wurde. Bleibt nur die Erklärung, daß die
Römer in anderen Maßen als die Menschen von heute
dachten, und daß jeder von ihnen Rom in sich herum-
trug. So wie es Engländer gab, die zum Abendessen in
einem Zelt am Rande der Wüste den Smoking anzogen.

Im Innern dieses Hauses findet sich der Putz gelegentlich noch handbreit auf die Mauern gestrichen und pur-
purn bemalt; noch ist der Boden des Atriums mit Mosaiken ausgelegt; noch ragen die Säulenstümpfe aus dem
rötlich getönten Estrich des Oecus – einem der kleinen
Säle, die vielleicht als Empfangssalon dienten. Kein Wunder, daß es grade dieses Haus war, in dem 1925 der marmorne Venuskopf ans Licht kam, den man im Museum
der Stadt bewundern kann. Alles ist großzügig in diesem Viertel.

Wenig weiter folgt der ›Portikus der Pompeja‹ – ein
Portalbau mit Nischen für Standbilder und einem in
Vierpaßform angelegten, mächtigen Wasserbecken, der
sogar fürstliche Dimensionen besitzt. Von den zugehörigen Wohngebäuden wissen wir nichts mehr. Irgendeine Barbarenhorde mag sie zerstört, und der Hügel, der
sich heute über dem Quartier von Puymin wölbt, die
Reste verschlungen haben.

Seltsam genug, obwohl es sich grade im Angesicht der
ausgegrabenen Stadtteile beweist, wie schwer der Sturm
der Vernichtung über das antike Vaison hinwegfegte –
seltsam genug, der Tragik dieses Vollzuges wird man
sich erst im Theater richtig bewußt, das man vom Quartier de Puymin durch einen kleinen, unter dem Hügel
hinwegführenden Tunnel erreicht. Da fühlt man mit
einem Mal die bleischwere Schicksalsfracht in dem Stück,
das Vergangenheit heißt.

Der Tag war lastend geworden. Im Tunnel wehte es angenehm kühl. Der Weg stieg ein wenig bergan, senkte sich dann zwischen Mauern hinab. An des Theaters Eingang blühte ein dicker Strauch alten Efeus. Schwärme von Bienen umsummten die Fackel von Duft, Lebensfanal über morschen Ruinen.

Darum handelt es sich nämlich, trotz einiger fragwürdiger Rekonstruktionsversuche – um Ruinen. Noch sind die Löcher für die Bühnenaufbauten, die Gräben für die Maschinerie, das sogenannte Hyposzenium erhalten. Sie sehen nicht einmal aus wie zerstört, sondern wie mumifiziert und aus Gräbern erstanden. Das ungeheure Leid des Verfalls liegt über ihren verwischten Spuren. Es sind Runensteine, auf denen der Untergang seine Inschriften in jener Schrift niederlegte, welche die undeutlichste, aber auch die unmißverständlichste aller Skripturen ist – in den Dellen, Narben, Auskörnungen der Verwitterung.

Um 407, als des Kaisers Honorius Dekret hinausging, nach dem keiner heidnischen Gottheit oder Statue mehr Verehrung gezollt werden durfte, war das Schicksal dieses Theaters besiegelt. Portikus und Bühnenwände aller römischen Bühnen stellten mit ihren zahllosen Statuen wahre Tummelplätze heidnischer Vorstellungen dar. Einige dieser Bildwerke sind in Vaison in die Gräben des ›Hyposzeniums‹, des Maschinenraumes, gebettet worden, als des Theaters Stunde schlug. Dort kamen sie 1912 nach fünfzehnhundertjährigem Schlaf wieder ans Licht.

Das Theater für sich genommen bedurfte keiner weiteren Zerstörung mehr. Es diente hinfort ohnehin als Steinbruch.

Auch das kann man noch sehen. An den romanischen Kirchen von Vaison. Will sagen, wenn man mit dem Worte romanisch nur eine Epoche bezeichnet, sind sie mehr als das; ganze Zeitalter haben an ihnen gebaut. Als Geisteshaltung verstanden träfe es zu. In der Provence erweist sich, daß die Bezeichnung Romanik zuinnerst mit dem Worte Romania zusammenhängt. Sie verkörpert nicht nur ein architektonisches Empfinden, dem man mit wenigen Ausnahmen bis in die Neuzeit treu blieb, in der Provence schwingt der Bezug zum Römischen, schwingt eine Tradition mit, die nie abgerissen ist.

Da wäre Notre-Dame-de-Nazareth in Vaison zu nennen, eines der für die provenzalische Romanik bezeichnenden Bauwerke. Ursprünglich eine merowingische Kirche, die auf noch älteren Fundamenten ruht. Sie besitzt ein rechtwinkliges Schiff von gelassener Breite, nur wenig niedrigere Seitenschiffe und an der Chorwand drei Apsiden, deren mittlere, wiewohl im Innern halbkreisförmig, außen von viereckigem, massivem Mauerwerk eingeschlossen wird. Wie man es sonst an syrischen und nordafrikanischen Kirchen findet.

Nachgrabungen am Chor haben Licht in die Frage gebracht, was es mit dem Verbleib der römischen Bauwerke Vaisons, von denen die Rede ging, auf sich hat. Da sieht man prachtvolle Kapitelle und zersägte Säulenstücke ruhigen Gewissens als Basis für die Mittelapsis verwandt. Andere Steine, Theatersitze oder Sarkophage haben als Särge und Grabmonumente herhalten müssen. Die meisten aber sind untergegangen in der großen Masse des Baumateriales, mittels dessen sich das Vaison der zwei christlichen Jahrtausende von Mal zu Mal regenerierte.

Indessen – es finden sich auch ›materiale‹ Übernah-
men im ideellen Sinne. In St-Quenin, einer Kapelle nord-
westlich der Stadt in den Weinäckern. Wie man auch
rätseln mag, um den höchst seltenen und seltsamen
Triangelchor dieser Kapelle zu datieren, St-Quenin dürfte schwerlich vor 1200 entstanden sein. Darauf kommt
es auch gar nicht an. Vielmehr...

Es ging mir wie vielen Zweiflern. Mit einem Bild-
hauerfreunde stand ich vor der hellgelb ins Licht ragenden Kapelle, genauer vor dem leuchtenden Chor, dessen
makellose Dreikantgestalt ein Symbol der Trinität zu
sein schien. Der Freund wies mir an Hand des fast fu-
genlosen, mörtellosen Aufbaus der Wand sowie an den
Kannelierungen der Lisenen nach, diese Präzision des
Steinschnittes könne nur römische Arbeit sein. Angesichts der Überzeugungskraft dieser Steine hatten wir
durchaus vergessen, daß es grade ein Kennzeichen romanischer Baukunst in der Provence ist, die Antike weitergeführt, weitergedacht und mit ihren Mitteln weiter-
gestaltet zu haben.

Als ich von St-Quenin zurückkehrte nach Notre-Dame-
de-Nazareth und im Kreuzgang stand, der von fast zärtlichen Proportionen ist, war mir ein Glück beschieden.
Auf einer Art Opferstein im freien Mittelhof lag ein
Berg von Olivenzweigen. Der Kalender zeigte Palm-
sonntag. Der Ort begann sich mit Menschen zu füllen.
Kinder kamen, von Nonnen geführt, ganze Familien,
junge Mädchen von fragiler Anmut und jenem Gesichts-
schnitt, der immer ein wenig weh tut, so schön ist er,
alte Frauen, junge Burschen und Männer. Palmweihe
war, vielmehr, nach südlichem Brauch, Weihe der Oli-
venzweige. Ein Vortragekreuz schwankte durch die Menschen heran, dem zuerst eine Horde Meßbuben in wei-

ßen Gewändern mit roten Streifen folgte, sodann der
Mesner, der alles zu dirigieren hatte, und schließlich der
Priester in weinfarbenem, goldverbrämtem Meßgewan-
de, das rot paspelierte Birett auf dem grauen Kopf. Der
Morgen war seidig, von Lerchensingen und Finkenschlag
durchtönt, und die frischen Farben der Kleider, Roben,
Gewänder leuchteten vor dem edlen Grau des beschiene-
nen Steines als dufteten sie.

Wie hierzulande üblich, ging alles recht zwanglos zu.
Gebete klangen auf, zögernde Gesänge, ›oremüs‹ modu-
lierte die dünne Stimme des Geistlichen. In einem Winkel
des Kreuzgangs war zwischen halbwüchsigen Bürschlein
unterdessen eine regelrechte Schlacht um einige Oliven-
zweige entbrannt. Wenngleich Weihwasserwedel und
Räucherfaß grad in Aktion traten − es kümmerte die
Streiter nicht. Aber als ihnen beim abschließenden Gesang eine Gruppe von jungen Mädchen mit Spitzen-
tüchlein über dem Haar vor Augen kam, ließen sie
plötzlich ab, traten hinzu, der Gesang scholl mit einmal
doppelt so laut, und unter aufrauschenden Klängen zog
alles freudig von dannen.

Am Schluß der kleinen Prozession, die sich vom Kreuzgang über den Kirchplatz ins Gotteshaus begab, schritt
ein Mann, solch ein grimmer Schlagetot, dessen unge-
wohnt vierschrötige Statur und grobe Bewegung mich
glauben ließen, er sei der abgebrühteste Rauhbart und
Geldverdiener des Ortes. Indessen, er zeigte sich von allen am eifrigsten. Den eben gesegneten Olivenzweig in
Händen gleich einer Kerze, zog er hinter dem mählich
verstummenden Zuge her und sang − sang lauthals, sang
allein, ganz in sich versunken.

Es sind nicht die stets ein wenig ›internationalen‹ Wallfahrtskirchen – vollends nicht die an der Pilgerstraße
nach Santiago de Compostela –, die uns ermuntern, von
einer ›provenzalischen Schule‹ romanischen Bauens zu
sprechen. Hingegen jene, in denen die Seele den Alltags-
hunger stillt, die Pfarr-, die Dorfkirche und die Kapelle. Sie bekunden eine so lebhafte, nur der Provence
zugehörige Eigenart, daß schon ihr Lageplan darüber
orientiert, wie weit das Wort Provence Gültigkeit besitzt, insbesondere geographisch.

Die üblichen Ausnahmen, Einflüsse und Auswirkun-
gen ein- oder abgerechnet, reichen sie von Vienne südlich Lyon bis ans Mittelmeer. Das entspricht der mittelalterlichen Ausstrahlung der Provence rhodanienne, der
Rhône-Provence. Um sie nämlich ist es zu tun, wenn
heutzutage von der Provence im Sinne einer Landschaft
die Rede geht. Doch davon später.

Die Kennzeichen der ›provenzalischen Schule‹ sind einfach, gleichwohl besitzen sie starke Symbolkraft. Im Anblick ihrer mächtigen Mauern, im Dunkel ihrer Kir-
chenschiffe schwingen Urempfindungen mit; man glaubt
noch einmal die Erregung eines ersten Kontaktes der
Menschenhand mit dem behauenen, zur Wand gefügten
Stein zu erleben oder die staunende Freude an der ge-
lungenen Deckenwölbung. Dergleichen Fühlungnahmen
wiegen unendlich schwer. In der Tat stempeln sie das
anderwärts spürbare nervöse Mißbehagen über die Leere
der Wand, das sich mit Zierat und plastischen Dekora-
tionen nicht genug tun kann, als schwächlich ab. Der
Provenzale besitzt ein patriarchalisches Verhältnis zum
Bauen, eine innere Ungestörtheit, die ihn das Einfache,
wie die Flächenschübe, den Kubus, die Rundform, kurz

die Elemente romanischer Architektur um ihrer selbst
willen lieben läßt.

Auch in anderer Hinsicht äußert sich das patriarcha-
lische Empfinden der ›nacioun gardiano‹, des Hirten-
volkes, wie sich die Provenzalen selbst gern nennen. Auf
spürbare Höhenunterschiede zwischen den Schiffen wird
in den Kirchen zumeist verzichtet, trotz fehlender Em-
poren stehen die Seitenschiffe den mittleren also nur
wenig nach. Hingegen bleibt der Altarraum niedriger,
überwölbt von einem ›Cul-de-four‹, einer gedrückten
Halbkugel, und überragt von einer Stirnwand, in der
oft ein Rundfenster Licht spendet. Seitenfenster werden
schmal und schießschartenförmig angelegt. Den Him-
melsmächten Sonne und Wind eignet eine gewisse Ver-
fänglichkeit. Wer könnte sich beispielsweise vor der
Gewalt des Mistrals retten, dem einzig massives Mauerwerk imponiert! Doch sind zweifellos auch seelische Regungen im Spiel. Über der Vierung andererseits strebt
eine mit Rippen versehene, eckige Kuppel schachtartig
himmelan. Ein geknicktes Tonnengewölbe überzieht das
Mittelschiff, gegen das sich die Seitenschiffe, so weit vorhanden, zumeist mit einem Halbgewölbe anstemmen, um
den Druck des Mauerwerkes aufzufangen. Fast schmuck-
los wallen die Wände empor, indessen sind sie von einer
Schönheit der Proportion geadelt, welche die Schulung an
täglich vor Augen stehenden Vorbildern der Antike verrät.

Nur wenig Schmuckformen finden Einlaß. Etwa ein
gedrehter Pilaster am oberen Drittel der Innenwände
oder Arkaden im Halbrund der Chorapsis oder ein
Fries, eine Zierleiste, die in einer den Augen kaum noch
erreichbaren Höhe die Außenmauer so sparsam umsäumt
wie die schmale Borte das Leinenstück. Oder endlich
das Portal, das merkwürdig schwelgerisch und mit ausschließlich von der Antike übernommenen Dekors ge-

schmückt wird, wenn es sich nicht ganz und gar in einen
von korinthischen Säulen getragenen und üppig deko-
rierten kleinen Tempelgiebel verwandelt. Übrigens bilden auch die gelegentlich aus dem Lombardischen übernommenen, reich gegliederten und effektvoll verwende-
ten Türme eine Ausnahme. Die Provence hat keine eigene Turmarchitektur entwickelt, sie ist trotz gelegentlicher Bergfriede, Campaniles und Trutzfesten im Grunde
ein turmloses Land, was gewiß einige Rückschlüsse auf
ihre Bewohner gestattet.

Manche der ländlichen Kirchen freilich verzichten auf
jeglichen Schmuck. Ihre Anspruchslosigkeit scheint auf
den ersten Blick franziskanisch. Aber das ist es nicht. Sie
sind nicht demütig, vielmehr Haus, Gotteshaus gewordene Steinsetzungen. Welch ein Erlebnis vermag der
Stein zu werden, sieht man ihn zum Kubus oder Halbrund getürmt im scharfen Sonnenlicht liegen! Es ist
schon so, in der Provence sind Erlebnisse wach geblieben, welche die bildende Kunst erst zu Anfang unseres
Jahrhunderts wiederentdeckte.

Es liegen im Norden der Provence gleich eine ganze
Reihe charakteristischer Kirchen beisammen, als sei es
darauf angekommen, die verschiedenen Ausprägungen
der ›provenzalischen Schule‹ nebeneinander auszubreiten. Vom kleinen St-Quenin in den Weinäckern Vaisons
bis zu La Garde-Adhémar, dessen Kirche fast ein wenig
aus der Art geschlagen ist. Sie besitzt, welch seltener
Fund, an der Turmseite einen Gegenchor.

La Garde-Adhémar hoch über dem Rhônetal, Torpfeiler zu jener Welt, über die sich ein Himmel von tieferer
Bläue und unerbittlichem Lichte wölbt! Noch einmal
treten die Masken von Viviers als Schlußsteine der Dach-
rippen oder verkümmerte Wasserspeier auf. Wie in Stein

gestickt umsäumen zarte Zierleisten Wände, Dächer und
Giebel. Schlank strebt der lombardische Turm empor,
hoch schluchtet sich die Kuppel über der Vierung ins
Dunkel. Wie schmal, wie rassig wirkt das gegen die be-
schauliche Breite von Notre-Dame zu Vaison! – Oder
gegen jenes köstliche Nachbarkirchlein, nur ein wenig
weiter im Osten...

. Ich meine die Kirche vom Val-des-Nymphes – eine
Ruine gewiß, gleichwohl noch heute ein Kleinod in der
großen Einsamkeit der Hügel des Tricastins. Über einen
Weg durch vertrocknende Höhen zu erreichen, während
der Blick im Umschauen noch immer die Silhouette von
La Garde-Adhémar auf ihrer Bergnase gewahrt... Da
liegt es schon, das Tal der Nymphen! Unterhalb eines
Platzes, der in vorrömischer Zeit von Keltoligurern besiedelt war, und – welch ein Erlebnis – im Schoß eines
von Eichen umschatteten Wiesengrundes mit üppigem
Blattwerk und plätscherndem Wasser. Einsam, kühl, klar,
freilich das Dach aufgeborsten und der Sonne offen. Um
den Druck der Wände abzufangen, staken zwei Strebe-
bögen links und rechts aus der Fassade, die übrigens in
ihrem oberen, von einem Giebeldreieck bekrönten Teil
in drei durch Pilaster geteilte Felder gegliedert wird.
Ganz flächig, versteht sich, was dem Anblick eine merkwürdig griechische Note gibt. Im Innern richtet sich das
Augenmerk auf den Chor, eine der schönsten romanischen Apsiden, die ich je sah; sie wird von zwei aufein-
anderstehenden Arkaden umzogen, die keineswegs hoch,
nicht einmal von Menschengröße sind und eine Erkenntnis vermitteln. Die Maße erweisen sich in der Provence
sehr oft um ein geringes kleiner als üblich, hingegen die
Kraft des Ausdrucks nachdrücklicher und eindringlicher
wirkt. Was es mit dieser selbst für die provenzalische
Landschaft gültigen Wechselbeziehung von Ausdrucks-

steigerung und verringertem Maß auf sich hat? Ganz
einfach. Es ist die Dimension der Zärtlichkeit, in die
man hier eintritt.

Der bleiche Stein vom Val-des-Nymphes schien durch
das einflutende Sonnenlicht gradezu ausgelaugt. Stille
stand im Raum. Tiefgrünes Schöllkraut wucherte im
Grunde, sternstrahlig aufgeschossen und mit hellen Blüten getupft. Langsam wuchsen die Schatten an den Wänden empor. Ich vermochte mich nicht zu trennen, hockte
auf einem Stein, sah hier eine Grabplatte verschollener
Zeit und dort Quadern oder am Boden liegende Gewöl-
besteine und erkannte unter den abgestürzten Brocken
jenes durchlöcherte Stück, durch das einst das Glocken-
seil geglitten war. Es wies tief eingeschnittene Furchen
auf, Spuren zahllos wiederholter Andachtsrufe und nun
der Glocken einziger Nachhall...

Abermals ein wenig weiter, diesmal nach Süden und
über St-Paul-Trois-Châteaux hinaus, die Kapitale des
ehemaligen Tricastins, das den Tricastini gehört hat.
Hinter St-Paul-Trois-Châteaux kurvt der Weg nach St-
Restitut hinauf, einem kleinen, alten, halb verlassenen
Dorf mit schnurrenden Katzen, verschlafenen Häusern,
einem unbegreiflich prächtigen Renaissanceportal am
Treppenturm einer ganz durchschnittlichen Hausung,
süßen Mauerwinkeln und kleinen Terrassen. Vor allem,
es findet sich in dem Ort der mächtige, zwei Stockwerk
hohe Grabesturm des heiligen Restitutus nebst darange-
bauter Kirche. Welche Verwandlung! Hier ist die provenzalische Romanik plötzlich zu einem Spiel von Kubus
und Fläche geworden, hart und nackt trotzt der Leib des
Gotteshauses den Schauern der Sonnenpfeile, die unaufhörlich herabsprühen. Aber dann erblickt man mit einem
Mal das Portal und alles ist anders! Von hoher Wöl-
bung überfangen, ruht ein zierliches, antikes Giebeldrei-

eck auf reichen korinthischen Säulen, die sich dem Kircheninnern zu noch einmal wiederholen. Da begreift man mit einmal die Klugheit einer Ökonomie, welche den einzigen Akzent des Baues in ein Wunderwerk verwandelt. Es ist, als finge der Stein inmitten der großen, stillen Einsamkeit der Mauerflächen zu blühen an...

So verschlafen, wie Helmut Domke diese Gegend erlebt hat, ist sie heute nicht mehr. St-Paul-Trois-Châteaux versteht sich erneut als Zentrum der Region; sein recht aktives Fremdenverkehrsbüro fungiert zugleich als attraktives Heimatmuseum und gibt insbesondere Auskunft über einen ganz besonderen Schatz dieser Gegend, den schwarzen Trüffel. St-Restitut und La Garde-Adhémar sind fast ein wenig zu perfekt renovierte, blitzblanke Orte, und die in den Religionskriegen zerstörte Kirche im geheimnisvollen Val-des-Nymphes ist keine Ruine mehr: 1991 hat man ihr nicht mehr vorhandenes Dach durch eine hölzerne Tonne ersetzt.

Kapelle im Sturm

Meine besondere Liebe allerdings gehört Notre-Dame-d'Aubune.

Es war ein Tag, an dem der Mistral blies. Er beugte die Spitzen der Zypressen und wirbelte Staubfahnen durch die Straßen von Beaumes-de-Venise, das am Rande des Rhônetales liegt – dort, wo man entweder nach Carpentras oder nach Orange abbiegt. Er rüttelte an allen Läden. Als ich die Hauptstraße querte, machten sich zwei Burschen an mich heran, die im Schatten einer Garage Ausschau gehalten hatten. Sie wußten sofort, was mich herführte, ehe noch ein Wort gesprochen war, und erboten sich sogar, zur größeren Bequemlichkeit ihren Wagen einzuspannen.

Nahebei, an der Schwelle des Gebirges, liegt nämlich Notre-Dame-d'Aubune. Viel mehr gibt es in Beaumes-de-Venise nicht zu zeigen.

Meine Beteuerung, ich würde den Weg schon finden, stieß auf ungläubiges Staunen. Brauchte ich vielleicht keinen Schlüssel? Man mußte mir doch zeigen, wo er zu haben war, mußte mir helfen, das war ganz klar.

Den Schlüssel – war der nicht im nächsten Bauernhaus zu erhalten? Ich hatte meinen Guide fleißig studiert.

Die Gebärde der verblüfften Enttäuschung war zu großartig, als daß ich mein Schmunzeln unterdrückt hätte. Aber sie hielten sich wacker, die Braven. Dann freilich ließ sich nichts tun, resignierten sie – große Verbeugung und »à votre service!«

Über einen Feldweg, der auf einem Brückchen einen kleinen Kanal überspringt, kam ich dann hin. Da lag schon das Kirchlein, darüber ein felsiger Bergrücken. Hier, wo weder Häuser noch Hecken ihn hinderten, tobte der Mistral mit Orkanesstärke. Im Bauernhaus unterhalb der Kirche waren die Läden dicht verschlossen. Erst nach langem Klopfen, als die Hunde zu heulen begannen, rührte sichs drinnen. Zwei dunkle Augen eines Mädchens lugten tief aus dem Türspalt nach mir.

»La clef…«, begann ich. Aber der Wind donnerte und riß mir die Worte vom Munde. Die Kinderaugen wurden ganz ratlos.

»La clef pour la chapelle«, trompetete ich durch die gemuschelten Hände.

»Quoi donc?« piepste das Stimmchen zurück.

»La clef«, schrie ich abermals.

»Maman«, signalisierte das Hexchen ängstlich zurück ins Haus. Die Mutter ward hinter dem Kinde sichtbar.

»Ah la clef, la clef!« – sie lachte. Der Schlüssel, groß
wie ein Balken, wurde mir zu treuen Händen überreicht.
Nein, es kostete nichts. Sie strahlte aber doch, als ich ihr
für das hübsche Kleine ein Präsentchen gab. Das Kind
schaute mich hinter dem Rock der Mutter her ungläubig
an. Plötzlich begann es wie toll umherzuspringen. »La
clef, la clef«, es wollte sich ausschütten vor Lachen.
Der Mistral macht eben alle ein bißchen verrückt.

Man besucht Notre-Dame-d'Aubune, weil sich darin
die provenzalische Baugesinnung sehr rein, sehr edel
ausspricht. Es ist im Innern über und über bunt, voll-
gehängt mit Votivbildern und ausgemalt mit Sprüchen,
Szenen, Symbolen. ›Étoile du matin‹, ›Rose mystérieuse‹
steht es auf den Bögen geschrieben, und die Decke ist
voller Kassettierungen in Farbe. Man glaubt sich in
einer Schatulle gefangen. Das Mittelschiff wird, wenn
sich so sagen läßt, von vier Jochen geteilt, ist dazu
schmal, hoch und mit einem Tonnengewölbe bedeckt.
Es gibt ein kleines Querschiff und an der Nordseite ein
niedriges, winziges Nebenschiff; zur Höhe des Mittel-
schiffes stehen sie in jenem merkwürdigen geringen Verhältnis, wie man es auch in La Garde-Adhémar sieht.
Von der Stirnwand über der Apsis leuchtet das Rundfenster gleich Gottes Auge hernieder, und die Apsis
selbst, höchst erstaunlich, birgt vor roher Bruchstein-
mauer einen Hochaltar in den goldenen Schwelgereien
des Rokoko. Das ganze Innere ist voller Diskrepanzen.
Aber vielleicht liebt man es darum so; es besitzt die
quicke Formenfreude und Lebensfülle einer Provenzalin des Südens. Es besitzt aber daneben auch den Adel
des Wohlmaßes, eine Noblesse, die man nur großartig
nennen kann.

Zum Beichtstuhl hernieder hing eine kleine Kette, um
die Glocke in Bewegung zu setzen. Der Mistral blies

so heftig, daß sie selbst hier, im Innern und hinter den dicken Mauern des Bauwerkes, hin und her schwankte. Der Mistral tobte, schäumte und rauschte in böigen Stößen um den Turm der Kapelle, er benutzte die Schalllöcher und Durchbrüche als Megaphon, um sein wildes Lied noch lauter hinauszuheulen.

Der Turm, dies ist anzumerken, bildet ein wichtiges Attribut von Notre-Dame-d'Aubune. Er verleiht dem kleinen Bau schon von weitem Rang. Die Seiten des lombardischen Campaniles werden durch Lisenen in schmale Felder geteilt. Diese wiederum sind zweimal von Bogenstellungen durchbrochen. Ganz ähnlich wie in La Garde-Adhémar.

In der Tat besitzt das unbeschwerte, unreflektierte Bauen der Provence in den Dorfkirchen seine schönste Ausprägung. Es ist hier viel intensiver, viel inniger als in den Wallfahrtskirchen, die immer ein wenig hoch hinaus wollen.

Der Mistral blies den ganzen Morgen. Der Himmel war bleich und krank von dem unaufhörlichen Husten des Windes, der gegen das Kirchlein anstürmte, Zypressen beugte und die Zweige der Oliven wie Ströme Wassers fließen machte. Er sollte noch tagelang blasen.

Sarazenenfelsen

Von Notre-Dame-d'Aubune springt ein kleiner Saumpfad oder noch besser, eine Fußspur in steilem Zickzack zum ›Rocher du Diable‹ hinan, einer Klippe auf der Höhe eines grauen Gebirgsrückens, aus dessen kargem Bewuchs sich riesige, nackte Felsplatten heraustafeln.

Die Sarazenen haben zu den großen Plagen der Provence gehört. Ihre Schiffsbesatzungen saßen in Raubnestern an der Küste und machten die See unsicher, wäh-

rend ihre Reitergeschwader landein vordrangen, meist
ohne viel Widerstand zu finden.

Auf dem Bergrücken zu Häupten von Notre-Dame-
d'Aubune schlug Karl Martell, wie verbürgt scheint, eine
dieser Kavallerieabteilungen, die sich dort oben sehr sicher gewähnt haben dürfte. Das soll 732 gewesen sein.
Wie üblich hat sich später die Überlieferung der Krie-
gestat bemächtigt und den Untergang der Mauren mit
einem Gräberfeld auf der Höhe in Verbindung gebracht.
Es nennt sich daher Friedhof der Sarazenen. Nahe der
Kapelle St-Alary, deren Herkunft, Benamsung und Bedeutung nicht mehr ganz festzustellen sind. Die Provenzalen besitzen manche solcher zwielichtigen Bezeichnungen, die alles offen lassen.

Der Weg schloff eine Zeitlang über zerfallenes Haus-
gemäuer, durch blühendes Buschwerk ganz gemütlich
dahin. Ein Schöpfchen Immergrün blühte mit blauen Sternen und grasigen Halmen am Weg. Dann fielen die Felsplatten, die zu queren waren, immer steiler ab. Zwi-
schendurch folgte auf zehn Meter Spur ebensoviel Geröll. Einige hundert Meter ging das so aufwärts. Die
Rhône-Ebene versank, und die Überschau wurde gewaltig. Zuweilen vermochte man durch eine Lücke im Berg-
gehölz zum obersten Felsrand emporzublicken. Der Mistral, der schon auf halber Höhe überaus kräftig wehte,
peitschte dort Baum und Strauch mit der Gewalt einer
Sturmflut. Der Himmel war dabei ganz blau. Kam ein
geschütztes Sonnenwinkelchen hinter einem Felsen, dün-
stete es warm nach Harz und Kräutern. Die ferne Ebene
unten verschwand unterdessen völlig im Dunst. Nur an
ein, zwei Stellen blinkten noch die Bögen der Rhône
auf, und ein kleiner Bewässerungskanal zog sich am
Bergesfuß hin, wurde immer winziger; man sah grad
hinein. Seine Oberfläche war vom Winde schwarz-blau

schraffiert. Schwere, hohe Zypressen beugten sich höchst
servil vor des Sturmes Gewalt. Das war das einzige, das
sich noch genauer erkennen ließ.

Ein paar letzte Schritte, ein sperrender Baum, ein en-
ger Durchlaß – jäh faßte der Sturm zu und das Plateau
war da. Oder vielmehr, auf des Bergrückens Kuppe öffnete sich eine kleine Senke, deren Ränder mit mächtigen Steinbrocken gesäumt waren. Es nahm sich aus, als
schritte man durch ein tobendes Meer. Der Mistral
heulte, gurgelte, pfiff, jauchzte hinein und riß den Atem
vom Munde. Mächtige Kiefern neigten sich tief. Das
Kraut am Boden floß ergeben in Wellen dahin. Der Ort
war ganz offensichtlich ein regelrechter Turnierplatz
der Winde. Gestürzte Pinien mit ihrem sperrigen, nackten Geäst verkamen am Boden, glichen den Skeletten
riesiger Fische. Wenige Fußspuren liefen durchs Blach-
feld der Stürme, verzweigten sich, stiegen über Mäuerchen an. Ein aus Steinen zusammengesetztes Hüttchen
im geschützten Winkel des Grundes mochte vor Zeit
eines Hirten Behausung gewesen sein. Daneben lag ein
Sarkophag, der wohl einmal als Zisterne und Tränke
zugleich benutzt worden war. Neuerdings diente er dem
Weg als Treppenpodest, um auf eine etliche Meter hohe
Felsenterrasse zu gelangen. Droben mußte eine Kapelle
gewesen sein; man hatte Grundmauern freigelegt, deren
Risse Chor und Schiff erkennen ließen. Dabei waren
ganze Schichten von Steinsarkophagen zwischen den Fundamenten zutage gekommen, teils eingeschlagen, teils
aufgedeckt, gemütlich am Lichte liegend. Haufen von
Becken-, Gliederknochen, Gelenkkugeln, Rippen fanden
sich, ein Sammelsurium von Gewesenem, Reste unendlich vergangener Zeit. Auch gab es seitab direkt in den
Felsen gemeißelte Gräber. Möglicherweise hatte sich
hier also ein Konvent befunden, dessen gestorbene Fra-

tres die Mär vom Sarazenenfriedhof hatten entstehen lassen.

Es war mir vom hastigen Anstieg sehr übel geworden, so daß ich keuchend am Boden lag. Der Mistral bringt es mit sich, daß man seine Kräfte fortwährend überfordert. Eine Zeitlang ruhte ich so bäuchlings im Kraut, die Stirn auf den Unterarm gelegt, während der Sturm an mir herumzupfte.

Dann begab sich etwas Überraschendes. Als ich endlich ruhiger zu atmen vermochte und den Kopf hob, glaubte ich einer Vision teilhaftig geworden zu sein. Fern im Osten erhoben sich die Dentelles de Montmirail wie eine Götterburg gegen den Himmel. Über Hochtäler und Schlünde hinweg, hinter einer Todes- und Sperrzone von Trockenheit ragte ihr Klippenkranz auf, des Mont Ventoux äußerste Bastion gegen das Rhônetal. Ihr Grau war von hier aus ganz licht und durchsichtig, eingestreute ockerfarbene Flecken fast so klingend wie ein Geigenton.

Dentelles de Montmirail

Aber ich bin dann nicht von Westen, sondern von Osten zu ihnen hingewandert.

Le Barroux ist ein Schloß, halb Burg, halb Palas, das sich ein Edelmann italienischer Herkunft um 1540 bauen ließ. Die Umgebung wirkt vollkommen arm. Gleichwohl scheint der Platz zum Hinausjauchzen geschaffen, so hoch hebt er sich über die Ebene des Comtat. Die gelben Kuben des Fundamentes, aufgeführt in dem nämlichen Stein, aus dem Altane, Mauern und Türme erbaut sind, erstrahlen immer wie in helles Sonnenlicht getaucht. Man hat das Schloß vor einigen Jahrzehnten renoviert. Bellona, des Krieges Patronin, sorgte dafür, daß es nicht an Patina fehle. Will sagen, die abziehenden deutschen Truppen haben Le Barroux anno 44 verwüstet und angesteckt. Gott mag wissen, warum. Seitdem liegt das Schloß verödet und der eiskalte Mistral benutzt seine zugesperrten Kanonenwege, leeren Säle, Kamine und Fensterhöhlen als Blasbalg, um wie Satanas hindurchzufauchen. Im Windschatten der Mauern hingegen war es friedlich und warm. Levkojen und Löwenmäulchen standen jetzt, Ende März, bereits in voller Blüte und die Feigen schwollen.

Von hier aus zog ich den Dentelles entgegen. Es ging einen Sandweg in einem Tälchen zwischen Gehölzen und blühendem Rosmarin entlang. Dürres Piniengezweig hing wie strähniges Haar von den Abhängen. Mittag in Hitze und Glast. Dann kurvte mein Sträßchen aufwärts, gewann eine Höhe. Von der ganzen Menschenwelt ließ sich nichts sehen als einige verlassene Häuser. Es ist die einsamste, unbekannteste Gegend der Provence. Der Tag war leuchtend geworden. Fern, fern zog ein Eselskarren zu Tal. Sonst war ich im ungeheuren Raum ganz allein. Ringsum auf Sichtweite blutrote Schluchten, weißer Sand, ockerfarbene Weinhänge und graugrünes Maquis, welchem graue Kalkschroffen Kontur gaben. Es war eine Farbenpracht ohnegleichen. Der Mistral tobte noch immer und sog den letzten Rest Feuchtigkeit aus der Erde. In Himmelshöhen standen seine Menetekel-Runen.

Ein Hochtälchen kam, von einem mächtigen Steinklotz verschlossen, an dem in wasserloser Öde La Roque Alric klebt, eine Handvoll Häuser. Ein Stündchen weiter und, hoch auf Bergeskuppe, erschien der Weiler Suzette. Es ging schon auf Abend. Das Kirchlein war halb im Steilhang versunken, verkommen, verschüttet. Uralte Mühlsteine lagen in schwarzgrünem Eichenschatten. Auf die

Provenzalische Landschaft
Rohrfederzeichnung von Vincent van Gogh

Dächer der Häuser hatte man schwere Felsbrocken gelegt, damit sie nicht wegflogen. Katzen krümmten sich
schweigend durch Mauerwinkel. An einer der Steinzeit-
behausungen sägte ein altes Weiblein mit langsamen Bewegungen an einem krummen Stamm herum, den es als
Raub irgendwo fortgeschleppt hatte. Es gab in dem Nest
tatsächlich einen Gasthof. Die Wirtin war eine Hübsche, die sich in einem der höhlenartigen Gelasse zu
schaffen machte, welche den Hof umlagerten. Wein war
zu haben. Vin du pays, des Landes Erzeugnis? »Oui
monsieur«, flötete sie eilfertig. Wein, das war doch das
Beste. Die schwarzen Augen erstrahlten wie Sterne. Ich
sollte tunlichst den Rosé von Vincent aus der Gemarkung von La Roque Alric nehmen. Sie wischte dabei
hurtig den Tisch ab, an dem ich im Windschatten des
Höfchens sitzen konnte. Zu essen ließ sich ebenfalls etwas erhalten, ein Ziegenkäse, wenn ich den mochte. Ich
saß und tafelte. War das ihr Jüngstes, das Mädelchen an
ihrem Rock? Schönauge hob den verzaubernden Blick.
Ihr erstes. Aber ihr Mann wollte noch mindestens drei,
vier haben und sie auch. Es gab Platz genug. Nur die
Französinnen haben diese unbefangene, anmutige Of-
fenheit, die das Natürliche ohne Umschweife natürlich
findet. War es nicht manchmal sehr einsam hier oben?
Mais non, sie liebten sich, ihr Mann und sie, waren
jung. Zudem hatten sie, was sie begehrten, Wein, Oliven, das Brot, gelegentlich sogar Fleisch, was sie wollten, und natürlich Käse. Es ging ihnen nichts ab. Sie
war zart und schmalgliedrig, ein dunkler Typ. Eine unendliche Ahnenkette mochte zu den phokäischen Griechen, die einst Marseille besiedelt, oder den Sarazenen
von St-Alary führen. »Und schließlich«, beschloß sie mit
einem Lächeln, das ganz ernsthaft war, »notre beau
pays«, das besaßen sie auch. Eine Wendung, die man

sehr oft hört: notre beau pays. Die Provenzalen lieben
ihr Land. Schönauge wies dabei in die Richtung, gegen
die ich gewandt saß. Ich drehte mich um. Es durchfuhr
mich. Es durchrann mich noch mehr als auf dem Sara-
zenenfelsen. Durch eine geborstene Mauer gab sich ein
phantastischer Anblick preis. Da lagen sie, die Dentelles
de Montmirail, gewaltige Scherben um ungeheure Gründe, man glaubte sie greifen zu können.

Blickte ich von meinem Platz nach Osten, sah ich fern,
fern über all den durchwanderten, bunten Gründen wie
eine Vision Le Barroux auf dem Lande schweben, und
noch ferner, in gewaltiger, schweigsamer Majestät das
makellose Dreieck des Mont Ventoux. Sah ich zurück,
gewahrte ich die Dentelles. Keineswegs, wie ich angenommen hatte, bestanden sie aus einer fortlaufenden
Wand von Klippen, sondern zeigten sich im Rundbogen
um ungeheure Gründe geordnet, in deren Schluchten ich
tief hineinschaute. Schattengleich standen sie gegen die
sinkende Sonne und warfen mächtige, schräge Schächte
von Dunkel ins schluchttiefe Tal, ein Gral, eine gegen
den Himmel gehaltene Schale. Ich wußte nichts Besseres
zu tun, als ihnen mein Glas mit dem blutroten Wein
von La Roque Alric entgegenzuheben.

Ins Ouvèze-Tal

Einen Tag später schlug die Stunde des Abschieds. In
Séguret war's, das hoch in den Steilhängen des Rhône-
tals von Gigondas liegt. Dort, wo die Häuserzeile des
Felsennestes schon den Atem verloren hat und einzig das
tapfere Kirchlein aushält. Es zieht sich hier ein Band
von schmalen Terrassen im Berg entlang. Die letzte davon trägt wie ein Opferplatz Steintisch und Säulen-

stumpf. Da sah ich die Dentelles noch einmal als Götterburg gegen den Himmel ragen.

Mein Standplatz, überweht von Melissenduft, glich
einer Strophe in einem Gesang. Es schien mir ein hohes
Glück, über dem Stromtal der Rhône zu stehen, dessen
Hänge vollgeschrieben sind mit den Runen knorriger
Rebenstämmchen und den Majuskeln der Ölbäume. Alles verlockte zu bleiben. Aber einige Stunden später lagen bereits drei Bergesrücken hinter mir...

Sehr zerschlagen langte ich an der Gegenseite des Gebirges hoch überm Ouvèze-Tal an. Zuerst tauchte ein
Stück Ruine aus der Tiefe, sodann eine Klippe und nun
ein Örtchen, dessen kaum spurbreite Gäßchen ich vorsichtig wie eine Leiter hinabsteigen mußte. Es war Crestet. Ein Steinbrunnen spendete im Schattenwinkel vorm
halb in den Fels gebauten Kirchlein helle Silberstrah-
len. Durch den dunklen Torbogen des Ortes fiel der Blick
tief hinunter ins sonnige Tal. In Dachwinkeln nisteten
kleine Terrassen, Balkone, Altane hoch über dem Land.
Der Ort war wie eine Romanze. Fern umstellten Hö-
henrücken den Talgrund, und über allem und alles hob
sich hinter tintenblauen und violetten Gründen, greifbar nahe, das greise Haupt bedeckt mit Schnee, der mächtige Mont Ventoux.

Die Besteigung des Mont Ventoux

Der Wind hatte seit Anbruch der Nacht geblasen – landauf, landab durch die ganze Provence. Über die Ränder
des Hochplateaus von Vaucluse stürzte er wütend in
den engen Kessel, darin Fontaine de Vaucluse liegt und,
breit wie er ist, der Fluß Sorgue entspringt. Der Wind
geriet ins Kreiseln, schliff und scheuerte an den achtzig,

hundert Meter hohen Felswänden aus Kalkstein, um sodann tiefer und tiefer zu wirbeln, bis er die Baumwipfel inmitten des Grundes erfaßte. Im Garten des Hotels ›Pétrarque et Laure‹ ächzten die Kastanien; morsche Äste prasselten hernieder und schlugen mit hartem Knall auf Gesimse und Terrassen. Erst um die Morgendämmerung wurde es friedlicher. Diesmal wachte der Tag nicht seidig und neblig auf wie während der Woche zuvor, sondern nüchtern, klar und mit einem frischen, von Wolkenfetzen überhuschten Himmel. In einsamer Entrücktheit – ein-, zweimal höher als die Kalkwände des Kessels – schwammen Raubvögel darin.

An der Hotelzimmertür klopfte es; eine sanfte Stimme flötete: »Cinq heures et demi, monsieur.« Man konnte sich im ›Pétrarque et Laure‹ tatsächlich in aller Herrgottsfrühe wecken lassen. Allerdings lediglich freitags, weil der neue Besitzer des Hotels, der zum Wochenende nach Cavaillon einkaufen fuhr, jung verheiratet war. Die Liebe macht aus den Französinnen sogar Frühaufsteherinnen.

Fontaine de Vaucluse ist ein Ort, der es verdient, apostrophiert zu werden. Zwar besitzt er nur eine Handvoll Häuser am Rande der kristallklaren Sorgue und daneben ein Sträßlein, krumm wie ein Hufeisen. Kurz vor der hinausführenden Krümmung mündet ein winziges Nebensträßchen, besser gesagt ein Miniaturtunnel, ein begehbarer Stollen sozusagen, der unter einem gewaltigen Felsklotz hinwegführt. Gradewegs zu der Stelle, die den Ruhm des Ortes ausmacht. Denn Fontaine de Vaucluse ist nicht nur eine Oase der Schattenkühle und Erquickung im lohenden Provence-Sommer, sondern war für längere Zeit der Aufenthaltsort Petrarcas. Vor gut sechshundertundzwanzig Jahren. Im Häuschen jenseits des Tunnels kann man nicht nur die Stuben, sondern auch die Möbel und Bücher des Dichters bewundern. Ich habe niemand erlebt, der so unhöflich gewesen wäre, an der Echtheit dieser Dokumente zu zweifeln, die doch eigentlich längst in Staub hätten zerfallen sein müssen. Im Gärtchen drunten an der rauschenden Sorgue jedenfalls hat Petrarca an seinem ›Canzoniere‹ gedichtet. Daran ist nicht zu rütteln.

Berichtet man von der Provence, muß von Petrarca immer wieder die Rede sein. Er ist einer ihrer Kronzeugen. In Arezzo geboren, Sohn eines aus Florenz vertriebenen Juristen, begann er bereits früh ein Leben im Bannkreis der Exil-Päpste von Avignon. Er war siebzehn, als man Dante in Ravenna begrub. Wie jener wählte er sich nach der Mode des ›Dolce Stil Nuovo‹ eine hochgestellte Dame zur Herrin seiner Seele. Eben jene Laura, an die er von Vaucluse aus seine Canzonen richtete.

Es gibt von Francesco Petrarca ein erstaunliches Dokument. Den Brief über die Besteigung des Mont Ventoux, welcher der Gottvater unter den Höhen der Provence ist.

Verläßt man den Kessel, in dem Fontaine liegt, in der einzigmöglichen Richtung, um sodann bei erster Gelegenheit nach Norden abzubiegen, gelangt man auf die Höhen des Plateaus von Vaucluse. Von dort aus kann man den Gewaltigen bereits liegen sehen. Er trägt in den Übergangszeiten des Jahres oft ein Barett von Dunst auf dem Kopf, oder er hat wenigstens eine lustige Wolkenfeder am Hut. Mit den Dimensionen der Alpen verglichen, scheint er nicht besonders hoch – er mißt nur wenig über neunzehnhundert Meter. Aber er ragt ziemlich unmittelbar aus der kaum über den Meeresspiegel erhobenen Rhôneebene auf. Das absolute Maß sagt eben nie viel, sondern nur das erlebte.

Petrarcas Brief ist vom 26. April 1336 datiert und am Abend nach der Besteigung geschrieben. Liest man das an Francesco Dionigi aus Borgo San Sepolcro, derzeit Professor an der Sorbonne, gerichtete Skriptum, begreift man sofort, daß es hier vor allem um die literarische Umsetzung eines für die Zeit ungewöhnlichen Erlebnisses zu tun war. Früh morgens zieht der Dichter von Malaucène zum Anstieg über die Nordflanke los. Das ist durchaus der beste Weg. Es bedrängen ihn Erwägungen, die uns heute ein wenig seltsam anmuten. Vor allem, ob das Unterfangen für einen jungen Mann von seinen Ambitionen überhaupt entschuldbar sei. Sportliche Betätigung stand demnach nicht hoch im Kurs. Schließlich tröstet er sich damit, König Philipp von Mazedonien habe doch etwas Ähnliches getan und den Hämus bestiegen. Später, noch in den unteren Regionen des Berges, begegnet Petrarca einem greisen Hirten und geht ihn um Auskunft über die beste Route an. Aber der Alte gibt gar keinen Rat, er verwirft das ganze Unternehmen. Er selbst hat in seiner Jugend den gleichen Anstieg gewagt und nichts als zerrissene Kleider und Reue heimgebracht.

Reue? Bald wird der moralische Unterton des Briefes noch deutlicher. Zum Vergnügen seines Bruders, der mit von der Partie ist, weicht Petrarca immer wieder vom mühseligen Pfade ab, um einen bequemeren Weg einzuschlagen. Allein, er gerät nur auf noch steilere Umwege. Sogleich beginnt er zu meditieren: »Was du heute so oft bei Besteigung dieses Berges hast erfahren müssen – genau das tritt an dich und viele heran, die Zutritt suchen zum seligen Leben.« Der Ventoux wird also zum Läuterungsberg, zum Mons Domini. Auf jenen Berg des Herrn zu gelangen, auf den Gipfel als Ziel jeder Wanderung und also auch des irdischen Wallens, ist wünschenswerteste Tat. Neu beflügelt klimmt unser Dichter weiter, bis der Anstieg geschafft ist.

Zieht man die moralisierende Tendenz des Briefes ab, bleibt der Bericht von einer Bergwanderung übrig – der ersten in der Geschichte der Menschheit, über die wir genauer Bescheid wissen. Aber bezeichnend ist es eben doch, daß die Bezwingung des Berges und die innere Läuterung und Erhebung gleichgesetzt werden. Ein Romantiker hätte auf diese Einsicht verfallen können.

Um ihn nachzuempfinden, bin ich den Weg des Petrarca, seinen wenigen Angaben folgend, nachgegangen. Von Malaucène aus ging es gleich einige hundert Meter steil hinan, Kurve auf Kurve. Eine Hochgebirgswelt begann: Felstrümmer durchsetzt mit Nadelgehölzen, die sich immer mehr lichteten, ganze Gruppen schön gewachsener, junger Zedern darunter. Sehr unvermittelt gelangte ich auf den Kamm des Bergzuges, der unaufhörlich steigt. Gruppen von Pilzsammlern saßen hier und dort. Dann wurde es einsam, ganz einsam, und nichts mehr war da als der mit Buchsbaumgestrüpp bewachsene Kamm des Berges, von dem die Aussicht in eine Unendlichkeit schweifte. Durch einen Bergeinschnitt im Süden war freilich alles im Dunst verschwommen, nach Norden aber öffneten sich weite Gefilde kalkiggrauer Hochtäler, von schwarzgrünem, grau überhauchtem Buschwerk gleichsam überronnen. Hier und dort stießen auch Schroffen gegen den Himmel. Gelegentlich rauchten Nebelschwaden empor. Zur Linken buckelte ein kahler Berg seinen Ziegenrücken.

Später, als der Weg schon in steilen Serpentinen zum Col hinankroch, segelten Wolken heran, entluden peitschende Güsse, untermischt mit Schnee. Mit hängenden Zotten stürmten sie auf die Kuppe zu. Jede Kehre des Weges führte ins Leere hinaus. Nach Stunden der Mü-

he langte ich an. Aber auf dem Gipfel war nichts zu sehen. Kaum zehn Meter weit reichte der Blick. Götter-
schweigen ringsum, der Wolken Einsamkeit. Tief, tief
darunter, jenseits der Leere, im Unbekannten die Welt…

Freilich, heimzukehren ohne auch nur einmal hinaus-
geblickt zu haben? Der Rundblick vom Gipfel des Mont
Ventoux ist berühmt. Ich beschloß auszuharren. Aber
Stunde um Stunde verrann, ohne daß sich der Schwa-
den gelichtet hätte. Ich begriff, daß es auf eine Kraft-
probe zwischen dem Berg und mir abgesehen war. Es
wurde Nachmittag, wurde Abend. Wenigstens goß es
nicht mehr in Strömen. Da man im Observatorium auf
dem Gipfel nicht bleiben darf und ich derzeit im Gasthof knapp unterhalb des Gipfels nicht bleiben konnte –
da ich ferner eigensinnig darauf bestand, den Morgen
aus erster Hand zu erleben, stieg ich ein Viertelstündchen über den kahlen Grat nach Osten zu, talwärts, wo
der Berg gegen Brantes abstürzt. Zwischen krüppeligem
Gestrüpp fand sich eine kleine, immerhin etwas ge-
schützte Mulde, über die sich der Mantel als Schutzsegel
spannen ließ. Dennoch begann eine schlimme, sehr schlimme Nacht, in der es abermals ein moralisierendes Meditieren gab. Diesmal über des Menschen Torheit und
Leichtsinn. Denn ein Sturm hob an, den ich nicht mehr
vergessen werde, ein Weststurm, der den Berg als Ka-
russell benutzte und auch die Ostflanke umtobte. Die
Nacht schien endlos. Ein Streichhölzchen, zwischen schützenden Händen entzündet und dem Gesicht nahe gebracht, gaukelte für Sekunden etwas Behaglichkeit vor.
Gegen zwei Uhr war der Vorrat erschöpft. Das letzte
Flämmchen sah ich mit Wehmut verscheiden. Die ärgste Stunde begann. Der Morgen machte das freilich alles wett.

Erst zog nur ein Hauch von Licht über das Firmament. Dann begann es im Osten zu glühen, bis sich, tintendunkel vor der Lasur des Himmels, eine unerhörte Kulisse preisgab: die Gebirge von Lance, die Berge der Drôme, der Durance, der Ouvèze. Schon wurde es heller; die Alpen zeigten sich, schließlich sogar, schneeschimmernd und einem Göttergruß von Zeus zu Jupiter gleich, in äußerster Ferne der Montblanc.

Während ich eilig zum Col hinanstieg, glitt das Licht langsam die Hänge hinab, lohte auf Zinnen, durchhellte die Wände, durchglühte die Gründe. Nach Norden bot sich das Land jetzt wie eine ungeheure, hellgebrannte Tonschale mit grüner Glasur und blauem Rande dar – Berghängen und Kuppen. Nach Süden und Westen floß endlos die Ebene hin. Goldüberströmt gaben sich die Wunderländer der Tiefe preis, die Gefilde der reifenden, blauen Trauben und des wuchernden Bambus, während mir der Atem als Dampf vor dem Munde stand. Man sah die Rhône aufblinken, ahnte Marseille, gewahrte das schimmernde Meer und die Bucht von Aigues Mortes. Die Städte glichen von hier oben allesamt Metropolen der Toten. Beinern, wie sie im Süden nun einmal wirken, trugen sie sich dem Himmel an – Krönungen einer Landschaft, die nichts Größeres weiß, als sich auf Gnade und Ungnade der Sonne zu überliefern. Man umfaßt mit dem Auge von der Höhe des Mont Ventoux die ganze Provence. Das Ungeheure ist Gegenwart, die Gegenwart aufgehoben.

Es ging auf den späten Vormittag, als ich nach Stunden der Wanderung, zerschlagen und übermüdet von der unseligen Nacht, hinabkam in die Regionen der Hänge, Wälder und Täler. Aber es war eine Rückkehr voller Triumph. Chöre von Vögeln erschollen, je tiefer ich kam. Endlich nahm mich der Hain am Fuße des Berges auf, ein Platz, den die Alten heilig gesprochen hätten.

Unter Felswänden sprudelt hier ein Wasser hervor und fließt einem klaren Teich zu, darin sich Forellen tummeln. Platanen mit weitschweifigem Geäst, riesige Silberpappeln, schwunghaft geformte Linden freuen sich an des Ortes Feuchtigkeit.

Nur im Süden kann man den Zauber der Plätze und des Wassers so innig erleben!

Um den Teich war es geräumig. Er schien eines biblischen Geschehens zu warten. Der Wasserspiegel zeigte sich vielfältig von fortstrebenden Kreisen überzogen, die der neugierigen Fische Maul in die glatte Fläche stießen. Rings um den Grund standen steinerne Bänke und Tische. Selbst eine von altem Efeu überblühte, in den stürzenden Fels gefügte Nische gab es. Überall war ans Rasten gedacht. Das Bächlein rauschte sanft, Vögel sangen noch jetzt, und seitab hielt man in einer Bretterbude Apéritifs, Cognacs und Erfrischungen feil. Die Büdner, Mann und Frau, gingen gemächlich des Tages Pflicht nach, während der Sohn, die Büchse geschultert und zwei weißbauchige, dunkelbraune Eichhörnchen in der Hand, eben von der Jagd heimkehrte, um sich sogleich mit der Angelrute zu neuem Erwerb aufzumachen. Bukolisches Bild! Nach des Berges harter Höhe und der Wolken wildem Mähneschütteln der Friede der Täler, denen die Sonne ein sanft gefiltertes Licht spendete.

Da war es denn doch, als sei mir die Erde und das Leben wiedergeschenkt.

Es gibt noch einen anderen Weg als jenen von Malaucène, den Petrarca gemacht hat, um den Ventoux zu besteigen. Er führt von Bedoin empor, das die Vorliebe
zahlloser Nester des Südens für eine malerische Lage besitzt und sich um einen kegelförmigen Hügel staffelt.
Hier beginnt der kürzere Anstieg. Er ist keine Kamm-
wanderung, sondern steuert gradewegs, will sagen in
endlosen Serpentinen, auf sein Ziel los, die im Sommer
sandgelbe, im Winter verschneite, zu jeder Zeit allen
Bewuchses bare Kuppe des Mont Ventoux.

Vermag man einem Bild im Museon Arlaten zu Arles
zu trauen, hat Frédéric Mistral, des Landes großer Dichter, diese Route genommen. Die Besteigung des Ventoux war nämlich bis an die Schwelle unseres Jahrhunderts ein Ehrenpunkt für jeden Provenzalen von Bedeutung.

Der Weg führt an der in enormer Breite abfallenden
Südseite des Berges empor, auf der die ›Jas‹ genannten
Schafhaltereien liegen. Die Hänge wären in ihrem un-
teren Teil sanft zu nennen, würden sie nicht durch die
Schrunden der Schmelzwässer und Rinnsale einiger Erd-
zeitalter zerrissen.

Am Fuß des Südhanges liegen etliche Orte, die letzte
Stationen vor der großen Bergeinsamkeit sind. Zuhöchst
St-Estève, bei dem das seit Anfang dieses Jahrhunderts
über den Berg kurvende Autosträßchen einen seiner be-
stürzendsten Saltomortales macht; es ist schon kein Spaß.
Etwas niedriger folgt Ste-Colombe. Darauf am Fuß des
Berges Bedoin, das einigen Grund zu seiner emphati-
schen Lage besitzt. Auch ich singe sein Loblied. Nach
einer besonders harten Überfahrt im offenen Wagen, bei
der sich zu Gipfelnebel noch Schneetreiben gesellte, so

daß sich die verkrampften, fühllos gewordenen Hände
nur mühsam vom Steuer lösten, habe ich dort ins Leben zurückgefunden. Wie gut verstand ich damals jene
mittelalterlichen Prälaten, die in den Büchern einiger
Dichter dieses Landes nichts anderes begehren, als in
Seelenruhe ihr Bäuchlein zu mästen und immer zu sagen scheinen: »Laßt mir die flachen Straßen der Ebene
mit ihren trottenden Maultieren; mehr als einen bescheidenen Aussichtshügel und ein Büschel Pervenche
zum Kopfpolster begehre ich nicht. Laßt mir die kühle
Wirtsstube der hübschen Nanonette und die vollen Züge aus den Bechern, die weichen Betten, die verstohle-
nen Umarmungen der Frauen, die abendlichen Terrassen, aus deren Weinlaub die blauen Trauben schwellen
– gleichgültig, ob ich in euren Augen ein erbärmlicher
Wicht bin oder nicht, ich schleudere euch alle Helden-
taten, allen Ruhm dieser Erde hin. Da habt ihr sie!« –
Und ich fügte meinerseits in Gedanken an: Laßt mir
Bedoin. In Bedoin nämlich...

Es ist die Gegend ausgedehnter Eichenhaine, die nur
für kurze Zeit des Jahres einen Zug ins Rostbraune verliert. Es ist die Landschaft der Trüffeln, die in Symbiose
mit den Wurzeln der Eichen gedeihen. Der knollige,
faustgroße Pilz gehört zu den sublimsten Gaumengenüs-
sen der Provence. Was weiß man schon von ihm, wenn
man ihn einer Büchse entnimmt! Aber frisch der Erde
entrissen und zu einer Omelette-Füllung verwandt –
welch ein Aroma, welche Reife des Wohlgeschmacks.

Da wird die Trüffel plötzlich zu einer spirituellen Frucht.
Oder nebst Champignons zu einer Sauce verarbeitet, in
der man den Coq au Vin anrichtet! Coq au Vin, serviert in Bedoin...Man muß eben an einem späten Ok-
tobertag müde und durchfroren oder auch verschwitzt

und erschöpft heimgekehrt sein von einer Fahrt, einer
Wanderung über den Ventoux; zu jener Zeit also, wenn
die große, braune Bergzikade, Cicadetta montana, die
man in mehr als tausend Meter Höhe finden kann, ihre
Flügel verloren hat und traurig wie ein in der Schlacht
vom Gaul gestürzter Ritter umherstakt. Zu dieser Zeit,
an den Rändern des Jahres, da der abendliche Wind zu
heulen beginnt – der Mont Ventoux, der Mons Ven-
tosus, ist zu deutsch der Windberg. Wenn dann der Apéritif alle Unrast des Körpers behoben und die strapa-
zierten Glieder in Wohlbehagen gewiegt hat, wenn ferner die Hors d'Oeuvres genossen sind, die den Magen
auf ähnliche Weise begütigen, und nun ein Salat von
rohem Staudensellerie gefolgt ist, dünn geschnitten wie
Zwiebelscheiben – nach soviel gesteigerter Erwartung,
die Erfüllung, den berauschenden Wohlgeschmack des
Coq au Vin mit den Trüffeln des Ventoux und den
Champignons von Cavaillon zu genießen, entrückt für
Augenblicke der Erdenschwere. Das hat nichts mehr mit
Sättigung gemein, die ohnehin bei jeder provenzalischen
Mahlzeit ein mehr beiläufig erreichter und mit Mäßig-
keit vollzogener Nebenzweck ist. Vielmehr, im Coq au
Vin, unterstützt vom Feuer des Weines, in der locken-
den Würzigkeit der Trüffel werden Magen und Zunge
des Landes selber, und zwar auf eine besondere Weise,
inne. Sie steigen zum Rang von Erkenntnisorganen auf.

In der provenzalischen Küche, in der nur selten auf
die Abrundung des Geschmackes durch eine Fülle ge-
bende ›tête d'ail‹, eine Knoblauchzehe, verzichtet werden kann, glaubt man ohnehin immer das Land mitzu-
schmecken. Den Thymian und Rosmarin der Alpilles
und Montagnette, die Fruchtschwere der Petite Crau
um St-Remy oder die Olivengärten am Südwesthang
des Mont Ventoux. Anders ausgedrückt: in der Arti-

schocke spürt man das Erdhafte, im zarten Pintadon,
dem Perlhuhn, die vollkommene Harmonie, im Ragout
oder dem Riz camarguais, dem Reisgericht der Camargue, den würzigen Duft. Aber wie beliebig sich diese
Liste fortsetzen ließe – im Coq au Vin und seiner ge-
trüffelten Sauce genießt man eine selten erreichte Voll-
kommenheit.

Wie klug, ein solches Festmahl mit einem Banon d'or
abzuschließen, dem in Lorbeerblätter eingeschlagenen
Käse von den Hängen des Ventoux. Er muß immer noch
ein wenig quarkig sein und kann eine Prise Salz ver-
tragen. Was bewirkt, daß er nicht nach sonstiger Käse
Art ungeschehen macht und übertönt, sondern steigert
und zugleich erinnert. Von einem provenzalischen Tisch
darf man sich nämlich beileibe nicht hungrig erheben,
aber erst recht nicht übersättigt, sondern immer mit der
Bereitschaft, die Zwiesprache mit des Landes Erzeug-
nissen nach zugemessener Frist fortzusetzen ...

Natürlich, ich weiß schon, Schwärmereien! Aber das
geht in diesem Punkt nun einmal nicht anders.

Gorges de la Nesque

Der Götterberg hielt mich lange in seinem Bann.

Man vermag ihn nicht nur zu besteigen, sondern auch
in gewaltig ausholendem Bogen zu umfahren. Hinter
dem übergrünten Burghügel von Entrechaux mit seinen
phantastischen Ruinen wirft sich ein verschlissenes Asphaltband zwischen den Ventoux und seine nördlichen
Nachbarberge. Unten schäumt, spritzt lechzend das Wasser des Toulourenc. Wenige Häuser am Weg, bresthafte
Gemäuer und ausgelaugtes Holz, verraten das Stigma
harter Not. Dann zeigt sich seitab Montbrun-les-Bains,
bizarr um einen Hügel geschwungen, eine treppenartig

übereinander getürmte Traumstadt in der Einsamkeit einer Eifellandschaft von Wasser überlaufender Wiesen und verödeter Höhen. Über Aurel schwenkt die Straße nach Sault ein, das die Kapitale des Lavendels ist. Von Mühlen und Faktoreien wehen süßliche Düfte. Der Blick auf den Ventoux allerdings bleibt immer verstellt, man befindet sich fortwährend hinter der Szene. Schließlich, schon weitab von Sault, entschwindet die Straße unversehens zwischen zwei Felsen wie im Tor zur Unterwelt. Eingetreten, kann man nicht mehr zurück. Die Gorges de la Nesque beginnen, bodenlose Schlünde, welche die Nesque ins Kalkgebirge gefressen hat.

Für den, der zu Schwindel neigt, kommt eine schlimme Stunde.

Die Straße windet sich ziemlich hoch an den Abgründen entlang, zumeist ungebordet. Die zahllosen Kurven scheinen allemal in den freien Himmel zu führen, und die unabsehbare Tiefe besitzt lockende Gewalt. Es ist eine Erlösung, wenn die Felsen nach weit mehr als einem Dutzend Kilometern endlich zurückweichen, der Schlund sich abseits zwischen Gehölzen verkriecht und das Land weit wird. Dann taucht sogar der Ventoux wieder auf; gewöhnlich trägt er seine Wolkenfeder am Hut.

Auch von dieser Seite aus bleibt er sich treu – er ist hierzulande aller Dinge Maß und Ziel.

Stromab

Weg der Hirten

Provence, Land der Gegensätze — steigen wir hinab vom Ventoux in die Regionen deiner Hügel am Rande der fruchtbaren Ebene von Carpentras oder Cavaillon. Dorthin, wo die Herden aus den Weidegebieten des Winters, der Crau, sommerlichen Hochalmen der Durance oder des Vercors entgegenziehen. Jede von ihnen mit Tausenden von Tieren, Mutterschafen, Lämmern, Widdern, Hammeln, Eseln, Ziegen, ein Schicksalszug. Aber nicht wie die Stierherden der Camargue zum Sterben bestimmt. Ein schlechter Schafhirt, der seine Herde mit dem Gedanken an den Fleischmarkt aufzöge! Die königlichen Patriarchen aus der Steppe des Südens, die alle Welt mit dem Ehrentitel ›Maître‹ anredet, weiden ihre Herden um des Lebens willen. Wenn auch unter hartem Gesetz. Unerbittlich verfällt dem Tod, was sich auf der gefährlichen Wanderung von den Weidegebieten des Winters nach den sommerlichen Wiesen als schwach erweist. Die unterwegs geborenen Lämmer ausgenommen, deren Wiege der mitgeführte Planwagen oder der Tragkorb des Maulesels ist.

... Da ziehen sie hin! Noch liegt tiefe, tiefe Nacht über der Erde. Hoch leuchtet der Chemin de St-Jaques über ihnen. So nennen sie hier die Milchstraße, das Richtzeichen, das einst Sant Jago von Galizien an den Him-

mel schrieb, um dem guten Kaiser Carolus den Weg zu
weisen in den heiligen Kampf gegen die Sarazenen. Vor
den Augen der Hirten steht der ›Seelenwagen‹ am Himmel, der Große Bär. Nahebei in einsamem Schimmer
Arcturus, des Himmels großer Ochsenhirt. Im Herbst,
wenn die Hirten heimkehren, wird die Zeit für den
jährlichen Fall der Meteore gekommen sein – arme
Seelen, die eben ins Paradies eingehen! Hohe, ausge-
stirnte Hirtennacht: fern im Norden der Tramontan-
Stern, die Stella Polaris, nicht nur der wandernden
Herden Zeichen, sondern auch Blick- und Peilpunkt aller provenzalischen Schiffer, die von Afrika heimwärts
reisen. Geben sie ihrer Rückkehr nicht den Namen ›zum
Bären fahren‹? Oder im Süden, Jean de Milan, Johann
von Mailand, der glänzende Sirius; oder im Westen,
leuchtet dort nicht der Hirten eigentliches Gestirn, das
sie bei Tagesbeginn begrüßen, wenn sie die Herde aus-
treiben, und das beim Tagesende wieder am Himmel
steht, aller Sterne trostreichster, der Morgenstern, den sie
Magelone nennen, die schöne Magelone der Provence…

Schon blaßt der Himmel an den Rändern aus. Es schär-
fen sich die hügeligen Konturen der Landschaft. Unruhvoll hetzen bereits die Hunde umher, die bislang in
hechelnder Selbstbeherrschung am Knie der Schäfer mit-
getrottet sind. Endlich können sie ihrer Polizistennatur
die Zügel schießen lassen, die Herde umkreisen, nach
ängstlich gesetzten Beinen schnappen. Klagend und mit
hastigen Fluchten quittiert das Schaf ihren Biß, das der
Verlockung nicht widerstehen konnte, eben an einer
Fenchelstaude zu knabbern. Unablässig wie gierige Wespen schwärmen die Hunde umher. Das erste Ereignis
des mühseligen Wandertages bereitet sich vor. Die Mor-
genrast. Wie man bereits den wabernden Staub auf der
Zunge schmeckt!

Dort steht schon der Pfeiler, welcher die Flut der Leiber vom Wege ablenkt in einen Olivenhain, eine dunkle, unbewegliche Silhouette – der Maître! Nichts wird
ihn aus seiner Gelassenheit bringen, den Herrn über das
Schicksal von Tausenden. Wiewohl sich stets mehrere
Hirten in das Amt des Hüters teilen, er ist derjenige,
der die Erfahrung besitzt und alle Verantwortung trägt,
der König der wandernden Herde, die vor der Trockenheit der heißen Jahreszeit in die Grasparadiese der Berge flieht. Schnell flackert ein Feuer auf, erleuchtet eine
biblische Szene – harte, gegerbte Gesichter neigen sich
zu einem Becher mit dampfendem Kaffee...In der Tat,
es ist eine Frau darunter, ein junges Mädchen, eben aus
der Tiefe des Planwagens getaucht, wo das leise, flöten-
stimmige Plärren gerade geborener Lämmer ertönt. Wie
sich alles in sie verliebt hat, die neugierigen Ziegen vor
allem, die das Maul in ihre Hand zu schmeicheln suchen.
Selbst die Esel, die hoch bepackt gleich hinter den Männern stehen, merken auf. Jedesmal ist sie dabei, wenn
es den uralten Hirtenweg, die ›Draille‹, entlanggeht, die
sich von der Crau durch die Alpilles auf Avignon zu
hinzieht, die Durance quert und über Bédarrides nach
Norden vorstößt. Freilich, was ist das schon! Wenn es
aber über Valréas und Dieulefit ins Gebirge geht, der
Abstieg ins Drome-Tal kommt und endlich hinter Die
das eigentliche Abenteuer beginnt – mitten zwischen
Grand Veymont und Mont Aiguille, beide über zweitausend Meter hoch, ziehen sie übers Gebirge. Entlang
an schluchtigen Gründen mit Wildwassern, über Hänge mit lauerndem Steinschlag, auf Saumpfaden, quer
durch Geröllhalden, bis sie über die stürmische Paß-
höhe kommen, während die Regengüsse niederpeitschen
und die Winde heulen. Ein viele Kilometer langer Zug,
der jedes Jahr Opfer fordert; ein Tier in der Spur des

anderen, schwer unter ihrer Last schwankend die Esel.
Endlich, endlich ist Gresse zu sehen; noch ein Anstieg
von sechs oder sieben Stunden und sie sind da. Marie
Mauron hat davon berichtet.

Im Gebirge bleiben die Herden bis der erste Schnee
fällt unter freiem Himmel. Das ist kein Spaß in den
Wettern und der beißenden Nachtkälte des Hochgebir-
ges. Die Widder gehen während dieser Zeit auf ihre
eigene Weide. Erst, wenn man sich zur Abreise rüstet,
werden sie wieder mit den Schafen zusammengetrie-
ben...Man denke, wie sie aus der Verwilderung und
Einsamkeit eines Sommers zurückkommen, trotzig und
angriffslustig, machtvolle Tiere, die nur mühsam zu bändigen sind. Miteins nehmen sie Witterung von der er-
schauernden Herde und pflügen sich regelrecht hinein.
Welch eine Nacht erbarmungsloser, wilder Zeugung –
es ist die Nacht Pans, jene Nacht, in der sich die Herden erneuern...

Da! die Hirten löschen das Feuer. Schon jagen die
Hunde los. Laut tönt der Ruf zum Aufbruch, der alles wie
ein elektrischer Schlag durchfährt und ›Meunier‹, den
Müller – Gott weiß, warum sie den Eselhengst so genannt haben –, veranlaßt, in ein durchdringendes Geschrei auszubrechen: »Hü-ah, hü-ah.« Hat er in der im
Grund sichtbaren Ferne eine Stute gewittert? »Hü-ah,
hü-ah.« Unaufhörlich, während die Hunde sich mit Ge-
belfer nicht genug tun können und die riesige Herde
zu mächtigen Fluchten anspornen, bis sich der ganze
Troß dem Weg entgegendrängt. Schon marschiert man
auf. Die Leittiere, die Führungsaristokratie, die schwarz-
braunen Ziegen mit den Bimmelglöckchen, zuerst. Worauf die erfahrenen Hammel kommen, die ›Flocats‹, die
eigentlich noch besser Bescheid wissen, um was es zu
tun ist. Nunmehr der Riesenleib der wollig fließenden,

staubüberwaberten, von Hunden umkreisten Herde, in
deren Mitte wie schwankende Phantome die hochbela-
denen Esel mitwandern. Noch immer schreit der Müller
seinen werbenden Gruß in die seidige Frühe der Ler-
chen, Goldammern, Finken und Ortolane, während die
Widder – nicht nur durch ihre Größe, sondern auch die
auf dem Rücken gleich Endivien zu Büscheln zusam-
mengebundene Wolle kenntlich – doch tatsächlich noch
eine Liebesattacke versuchen…

Fern, fern verschwinden sie in einer Staubwolke am
Fuß der Alpilles. Wenn sie wiederkehren, müde, mit
vielen, vielen kleinen Lämmern, um alle Straßen zu ver-
stopfen und die Autofahrer auf der Rhônebrücke von
Trinquetaille nach Arles zur Verzweiflung zu bringen –
wenn sie wiederkehren, wird es später Herbst sein.

Olivenhain

Wenn es nach mir ginge, ob so vieler Demut und Be-
harrenskraft ihrer Bewohner und Geschöpfe würde dem
Wappenschild der Provence ein Symbol des Ausdauerns
zugefügt, der Ölbaum. Nebenbei gesagt stehen am Fuß
des Ventoux die schönsten Haine. Natürlich gibt und gab
es auch anderwärts berühmte Olivenquartiere. Überall,
wo das Thermometer im Winter nicht unter Null sinkt.
Geschieht das doch einmal, wie vor wenigen Jahren,
ereignet sich gleich eine Katastrophe. Noch heute sieht
man die verdorrten Gesträppe der toten Oliven allenthalben im Land. Einfach erstorben, zugrunde gegangen.
Bis nach Salon, das früher von den Oliven gelebt hat.

Wenn man weiß, wie lange solch ein Baum braucht,
nämlich ein gutes, volles Menschenalter, um wirklich
Frucht zu tragen, ermißt man das Maß an Tragik erst.
Auch die wunderbaren Kulturen im Hochtal der Alpil-

les hinter den Baux gingen zugrunde, die silbrig auf-
schimmerten, so oft der Wind hindurchstrich. Wirklich,
das war Urbilderinnern, ein biblischer Anblick, der tief
im Blut Resonanzen weckte.

Um Weihnachten, wenn noch die Rosen und schon
wieder die Iris blühen, besitzt die Provence ihre tiefsten,
leuchtendsten Farben. Sieht man dann solch einen Alten, Guten oder gar einen ganzen Hain von ihnen, die
grünsilbrige Krone über dem grausilbrigen, spiraligen,
aus lauter schweren Holzmuskeln gedrehten Stamm gleich
einer Trinkschale gegen den Himmel gehalten, darüber
den tiefdunklen Azur des Firmamentes und fern, ganz
fern des Ventoux weißen Gipfelschnee, wie von dem
Baum getragen, möchte man abermals und zu einem jeden Gottvater sagen. Was liefert solch ein Lebenserhalter
nicht alles! Aber das ist das Wunder noch nicht. Vielmehr, woher holt er das? Aus dem Steingeschilfer der
Felsritzen, aus dem bißchen vertrockneter Erdkrume,
aus der Armut, dem Nichts? Wirklich, dieser wundervolle, begnadete Baum, der sich grade dort ansiedelt, wo
nur noch die Hungerleider unter den Pflanzen ausharren,
an den magersten Stellen der Erde, um mit ihrem
letzten, halb versiegten Tröpflein mineralischer Lösung
zu wuchern und es in Ströme goldenen Öles zu verwandeln – der Olivenbaum ist zum andern Male das Sinnbild der Provence.

In solch einem Hain zu verweilen – einerlei ob bäuchlings träumend oder das Antlitz dem Flirren der Blätter zugewandt oder den Rücken gegen den knorrigen
Stamm gelehnt –, das ist allemal, wie wenn einen der
Stammvater Abraham bei der Hand nähme. Da stehen
sie, der ockergelben, wenn auch müden und erschöpften
Erde verläßliche Paladine und haben nichts dagegen,
daß der Mistral sie peitscht, die Sonne sie ätzt und der

Mensch sie schüttelt. Das Licht, das durch sie hingei-
stert, ist ganz unvergleichlich, wie in tausend Prismen
gebrochen, gefiltert und um seine Schärfe gebracht, so
daß der Tag in Milde, Fülle und bläulichen Schatten
hingeht. Ach, und was dort alles eine Heimstatt besitzt!
Die Schmetterlinge, die Vögelchen mit dem Schmetter-
gesang, das Lapin, Eidechse und Smaragdeidechse
Hirte und Herden gleichermaßen, wenn sie unterwegs
einen Rastplatz brauchen. Vor allem aber die Insekten
der Provence. Gepanzerte Käfer und bunte Wanzen,
die Zikaden natürlich und eine schier unerschöpfliche
Fülle an Heuschrecken. Vom winzigen grauen Grashup-
fer, der hochschnellend eine Haut zwischen den Hinter-
beinen entfaltet, ein graues Segel, das einen lichtblauen,
dunkel geränderten Saum besitzt und unser Heupferd-
chen zu einem Segelflieger macht, der über weite Meter hingleitet – von diesem Hochhinaus also bis hin zur
majestätischen Fangheuschrecke, jener faszinierenden,
etwas unbehaglichen Mantis-Art, der Empusa egena
oder Gottesanbeterin des Mittelmeeres, die freilich nur
ob unserer törichten Namensgebung mit den Saltatoria,
den Springern, in einen Topf geworfen wird, in Wirklichkeit aber eine geborene Blattoidea ist.

Die Provenzalen nennen sie übrigens, analog zu uns,
›Prigo Diou‹.

Mit einer von ihnen bin ich einmal in eine Auseinandersetzung geraten. An einem alten Hain von Ölbäumen
an den äußersten Hängen des Ventoux hatte ich müde
Halt gemacht. Das Frühstück war kaum hervorgekramt,
als unsere Empusa den Brotlaib bestieg, um sich in ihrer Fang- und Lauerstellung darauf einzurichten. Es war
ein fast zehn Zentimeter großes, beigefarbenes Weibchen, dessen rundes Bäuchlein mutmaßen ließ, daß es
ausreichend gevespert hatte. Nichts vermochte Empusa

zu bewegen, ihren Platz aufzugeben. Kein Zureden, kein vorsichtiges Antasten, kein Beiseiteschieben half; sie blieb hartnäckig sitzen, die Fangarme bereit vorzuschnellen, und versuchte mich starren Blickes einzuschüchtern.

Wie wundervoll hat der große Jean-Henri Fabre, der ›Homer der Entomologie‹, die Insektenwelt der Provence in seinen zehn hinreißend geschriebenen Bänden der ›Souvenirs entomologiques‹ erschlossen!

In Sérignan

War's nicht ein Fingerzeig, daß ich abermals und an dieser Stelle auf ihn gestoßen wurde?

Erste Fühlungen hatte ich bereits früher mit diesem Manne gehabt; will sagen, es war mir sein Bericht über den Skarabäus vor Augen gekommen, mit dem der erste Band der ›Souvenirs‹ anhebt, jener wahrhaften Summa seines ganzen Lebens, darin nicht nur die Insekten der Provence, vom Heiligen Pillendreher über die Mörtelbiene, den Rosenkäfer und den Skorpion bis zum Großen Nachtpfauenauge Platz gefunden, sondern zwischen den Zeilen und Kapiteln des zehnbändigen Werkes auch seine eigenen Lebensschicksale. Zudem, ich hatte, was viel bedeutet, in einer Zeitschrift ein ganzseitiges Bildnis von ihm gesehen, den Hut auf dem Kopf, was ihn mir gleich sympathisch machte, da auch ich solche Abschirmung liebe. Das feine, völlig von Rünzelchen durchzogene Altersgesicht betrachtend vornüber geneigt, die berühmte Lupe vor Augen. Menschen, die so aufmerksam nach innen leben und auf die ganze Umweltbemächtigung durch brillante Gespräche, bedeutendes Gesichterschneiden oder Ellenbogenbenutzung pfeifen – solchen Menschen bin ich, es hilft nichts, widerstandslos ausgeliefert.

Derzeit war eben Kurt Guggenheims Band ›Sandkorn für Sandkorn‹ erschienen und begann mir ans Herz zu wachsen. Es ist ein aufrichtiges, ohne jede Selbstüberhebung geschriebenes Buch, dem man sich von Zeile zu Zeile selbstvergessener hingibt. Abends im Gasthof las ich meiner Frau daraus vor, sobald des Tages Arbeit verrichtet war; Anne wiederum studierte noch lange im winzigen Schein ihres Taschenlämpchens darin, wenn ich auf dem mir zufallenden Teil des üblichen Zweischläfers bereits von Cicadetta montana und Empusa egena zu träumen begann. Kurt Guggenheims Buch interessierte, nein faszinierte uns nicht nur als Bericht über ein Schriftstellerleben, sondern ob der darin geschilderten Begegnung mit Jean-Henri Fabre. Einer Begegnung im Geiste, versteht sich. Fabre ist schon 1915 gestorben.

Der Ventoux verschwand unterdessen im Osten gleich einer schönen Erinnerung, und die Rhôneebene öffnete sich immer breiter. Wir gelangten nach Sérignan, auf dessen kleinem Marktplatz nahe der Mairie ein Denkmal den zierlichen, großen Gelehrten darstellt – den Hut trägt er wiederum auf dem Kopf, die berühmte Lupe hält er in seiner Hand.

Sérignan war der letzte, mit Glücksumständen am meisten gesegnete Schauplatz im Leben Jean-Henri Fabres, der am 22. Dezember 1823, als Goethe noch rüstig auf seinen Beinen stand, in St-Léons im Massif Central zur Welt kam. In Sérignan ist Jean-Henri Fabre geblieben. Mein erster Gang war der Besuch auf dem Friedhof draußen im Feld vor dem Ort, wo er linkerhand an der Mauer ruht. Das heißt, es gibt nur ein Familiengrab und keinerlei Eigennamen. Einfach ›Fabre‹ und damit aus. Aber es steht ein Spruch darauf, der mir zu Herzen ging. »Quos periisse putamus praemissi sunt – Die wir verloren wähnen, sind nur vorausgegangen.«

Der Stationen in Jean-Henri Fabres Leben sind viele gewesen, aber sie haben sich immer im Umkreise der Provence bewegt. Während seines ein ganzes Menschenalter lang bitteren Daseins heißen sie Toulouse, wo er das Seminar verlassen muß, weil den Eltern das Geld ausgeht, Montpellier, darin er sogar auf den Schulunterricht verzichten muß, nun Beaucaire, wo er Zitronen verkauft. Die nächste Etappe ist schließlich der freie Himmel; für eine Zeitlang gehört Jean-Henri zu den Erdarbeitern der Eisenbahntrasse nach Nîmes. Denkt man daran, daß dem jungen Rimbaud ähnliche Zwischenspiele beschieden waren, bekommen die großen Verkehrsprojekte des 19. Jahrhunderts eine verblüffende Nebenbedeutung. Schon damals ist ein Teil der jungen Intelligenz durch die Öde der Barackenlager gegangen. 1840, da ist er siebzehn, faßt Jean-Henri einen verrückten Entschluß. Er meldet sich für die jährliche Prüfung an der Ecole normale primaire de Vaucluse zu Avignon. Die Franzosen, viel zu sehr Leute des Systems und der Ordnung, als daß sie ihnen nicht mißtrauen – die Franzosen lassen gern ein Hintertürchen für die Genies von morgen offen. Siehe da, Fabre wird Erster und bekommt ein Stipendium. Die Würfel sind gefallen. Was aber keineswegs bedeutet, daß sich sein Los in den nächsten vierzig Jahren rosig gestaltete.

Ach Gott, wieviel Hoffnungen, wieviel Begeisterungen einer Jugend im Lande der Sonne! Mit neunzehn Jahren – man denkt unwillkürlich an Claude Tillier – hat Fabre, dieser begabte Junge, schon das Lehrerpatent in der Tasche. Er wird Magister für Mathematik, Physik und Chemie in Carpentras. 1843 veröffentlicht er hier im ›Echo de Ventoux‹ eine Ode von neunzehn vierzeiligen Strophen, betitelt ›Die Insekten‹. Seine große Liebe beginnt, Worte zu bekommen und Gestalt anzunehmen. Aber es dauert noch sehr, sehr lange, bis dieser ganz besonderen Liebe auch Flügel wachsen. Selbst wenn er heiratet, oder grade darum. Denn nun kommen die Kinder, fünf an der Zahl, und Jean-Henri muß verzweifelt gegen die Misere seines Lebens, den Geldmangel, kämpfen. Daher geht unser junger Gelehrter zunächst ein paar Jahre nach Ajaccio auf Korsika. Doch da holt er sich prompt das Sumpffieber und kehrt schleunigst zurück nach Avignon, wo er als Physiklehrer abermals weniger als ein herrschaftlicher Stallknecht verdient. Nebenbei absolviert er mehrere Universitätsprüfungen, aber es nützt alles nichts, bis Fortuna ihm endlich doch zuwinkt – ganz im Stil seines Lebens ist es kein klingender Lohn, den ihr Füllhorn ausschüttet. Sie führt ihn vielmehr zu sich selbst. Eines Abends, als alles schon schläft und er versunken in einer Schrift von Léon Dufour, dem derzeit berühmtesten Entomologen, liest. Fabre erkennt die eigene Berufung. Eine erste selbständige, entsprechende Arbeit ist die Frucht dieser Erkenntnis; sie macht ihn mit einem Schlage bekannt, und wiederum – es ereignet sich nichts. Wohl nimmt sich Victor Duruy, der Unterrichtsminister Napoleons III., seiner an. Aber was kommt heraus? Der Minister wird gestürzt und im November 1870, mitten im Kriege also, setzen zwei aufgehetzte alte Fräulein, die seine Hausbesitzerinnen sind, Fabre nebst Familie mit Sack und Pack auf die Straße. Jean-Henri, der über die Kraft des Genies verfügt, die weniger darin besteht, sich über alles hinwegzusetzen, als in der Zähigkeit, aus Streichhölzern Dome zusammenzuleimen – Jean-Henri, der ein ganz lächerliches, kaum eingestandenes Vertrauen in die Vorsehung hat und von Gott sagt: »Ich glaube nicht an ihn, ich sehe ihn« – Jean-Henri Fabre, siebenundvierzig Jahre alt, mit großer Familie gesegnet, macht weiter.

Aber wie? Das ist es doch! Natürlich, es hilft ihm jemand. John Stuart Mill, der englische Philosoph, der ihm auf die distanzierte angelsächsische Weise ein Freund war. Und mittels jener unerklärlichen Zufälle, die in nichts begründet scheinen, aber sich immer wieder einstellen, beginnt sich das Blatt auch für Fabre endlich zu wenden. Sein Schicksal weist ihn nach Orange, wo er didaktische Schriften zu verfassen beginnt und einen hellsichtigen Verleger findet, der ahnt, wer ihm da ins Netz gegangen ist. Siebzehn Lehrbücher, so scheint es, hat der kleine Gelehrte um Brotes willen in den Jahren von 1870 bis 1880 verfaßt. Glänzend war seine Lage damit keineswegs, aber es reichte zu Ersparnissen. Dann, 1880, als sein Hauswirt grade die herrlichen Platanen der Zufahrt, wie das im Süden von Fall zu Fall geschieht, in grausam verstümmelte Skelette verwandeln läßt, faßt Fabre der Zorn; er will Schluß machen mit dem Leben der Städte, will aufs Land, will in freie, ungestörte Natur, um arbeiten und beobachten zu können. Soeben ist der erste Band seiner ›Souvenirs‹ fertig, und er spürt wohl, was seiner noch wartet. Daher kauft er sich ein Grundstück mit einem alten Haus – eine Wüste von Pflanzen und ein Dorado der Insekten nahe Sérignan, das er mit hoher Mauer umzieht und ›L'Harmas‹ nennt, was soviel wie Brachacker bedeutet.

Sein Wohnsitz war entstanden, auf dem ihm das Schicksal noch gesegnete fünfunddreißig Jahre Lebens vergönnte. Nur daß seine Frau plötzlich starb, die Gefährtin seiner Notzeit. Aber Fabre befand sich längst jenseits der Grenze persönlicher Rücksichten und wußte, daß es für ihn lediglich noch darauf ankam durchzuhalten. Er heiratete abermals, seine zweite Frau bekam ebenfalls Kinder, und das letzte davon war Paul, le Petit-Paul, die Freude von Fabres Alter; und wiewohl in vielem ein Sproß seines wissenschaftlichen Jahrhunderts, blieb Fabre trotz vieler Bitternisse im heilig-nüchternen Stil seiner Schriften doch ein Poet des goldenen Zeitalters, dem sich im winzigen Insekt alle Wunder der Schöpfung auftaten. Aber man liest das bei Guggenheim und bei Fabre selbst viel besser.

Vor den Toren von Sérignan, an der Straße nach Orange liegt also der ›Harmas‹. Ich läutete am winzigen Pförtchen der hohen Mauer – vergeblich. Einen Tag in der Woche sind die Museen Frankreichs geschlossen und der Harmas gehört als Nationalheiligtum unter diese Kategorie. Es war also ein Tag zu opfern, den wir unter hohen Platanen verträumten. Am nächsten Morgen schellte ich wieder. Ein alter Herr öffnete, bei dessen Anblick mich eine blitzartige Erleuchtung überfiel.

»Vous êtes le Petit-Paul«, rutschte es mir heraus.

»Mais bien sûr«, antwortete der Gute ein wenig verwundert. Ich grübele noch jetzt, was mich zu dieser zudringlichen Feststellung veranlaßte – ah, richtig, ich weiß, obwohl kaum ersichtliche Ähnlichkeit da war, der Hut tat es, der so beharrlich auf dem Kopfe Posto hielt. Wie ältere Franzosen gern, trug Petit-Paul, der Mitte der Siebzig zählen mochte, hohe Filzpantoffeln mit einer weichen, dicken Gummisohle. Mit dem Letzten des Hauses Fabre an der Spitze zogen wir also in jenen mit Kies bestreuten Platanenweg ein, in dem Jean-Henri als Neunzigjähriger, den Hut auf dem Kopf, das Gesicht mit den schon schwach gewordenen, gleichwohl großen und dunklen Augen aufmerksam erhoben, Raymond Poincaré empfangen hatte. Es war mir ein seltsamer Gedanke, daß der Vater jenes Mannes, der da vor mir ging, acht Jahre gewesen, als Goethe starb, also noch wirklich und körperlich in jene Epoche der großen Entwürfe, großen

Menschen und großen Gedanken hinein gereicht hatte.

Was nun kam, war, dank Kurt Guggenheim, eigentlich alles wie eine vertraute Begegnung: das Arbeitszimmer des Mannes aus St-Léons, unverändert seit dem Augenblick, da er es zum letzten Male verlassen. Auf den Glasschränken mit den Sammlungen von Petrefakten und Naturalien, welche die Wände des saalartigen Raumes umzogen, reihten sich schwere Folianten die Menge, voll mit gesammelten Kräutern. Auf dem großen Experimentiertisch standen Gläser mit dem Skorpion, der in den nahen Sandhügeln nachts unter den Steinen hervorraschelt, mit einer Giftnatter, mit Mantis empusa. Es stand da schließlich die Drahtglocke, unter welcher Jean-Henri einst das Weibchen des Nachtpfauenauges ausgesetzt, woran eine der schönsten Darstellungen seiner Schriften anknüpft – der nächtliche Ansturm und Reigen zahlloser Freier, die das ganze Zimmer mit dem Flügelschlag ihres sehnsüchtigen Kreisens erfüllen. Kennt man sie, jene fast handgroße Saturnia, das große, graue Nachtpfauenauge mit je einem Augenflecken auf jedem Flügel? Nur nachts fliegt dieser Schmetterling aus, der zu nichts anderem als zur Liebe erschaffen ist, denn die Saturniae besitzen nicht einmal Organe zur Nahrungsaufnahme...

Da stand schließlich, ungeachtet der Jagdtasche an der Wand und vieler kleiner Dosen, in welchen die Ausbeute zahlloser Exkursionen, Beobachtungen und Experimente aufbewahrt wurde, ungeachtet auch der Schaukästen und -gläser mit Hymenopteren von Chrysis ignita über Ophion bis zur Rhyssa persuasoria, von der Goldwespe zu diversen Schlupfwespen mithin – ungeachtet der tausend anderen Dinge stand da also Fabres Arbeitstischchen, an dem er zu schreiben pflegte, das kleine Heiligtum in diesem Dom seiner Arbeit, winzigen Ausma-

ßes und, wenn es noch stand wie ehedem, eben weit
genug ans Fensterlicht gerückt, daß es hell genug war,
das fleißige Auge hingegen nicht abgelenkt wurde. Dies
in wenigen Zügen der Acker seiner täglichen Mühen.

Es fand sich noch viel in diesem Hause, das sich als
weitläufiger denn erwartet erwies. Es gab einen Raum,
ebenfalls im Seitenflügel, darin die schon fast berühmte
Sammlung von Pilzaquarellen untergebracht ist, die Jean-
Henri einst in meisterlicher Manier zu Papier gebracht.
Als es ihm im hohen Alter noch einmal von Herzen
schlecht ging, gedachte er sie zu Geld zu machen und
schrieb dieserhalb an Mistral, den Poeten. Dieser wiederum antwortete gleich; er hätte die Blätter gern für
sein Museon Arlaten gehabt. Der Brief ist da, ist in des
Poeten hochtrabender Weise adressiert »A l'ilustre Jean-
Henri Fabre, félibre di tavans, à Sérignan, Vau-cluso.«
Unser Dichter konnte das verschwärmte Kokettieren mit
der provenzalischen Sprache nicht lassen und gedachte
sie sogar im nüchternen postalischen Alltag des 20. Jahrhunderts anzubringen. Die Sache zerschlug sich. Da ist
ein anderer Brief, von Charles Darwin, 1880 von Down
Beckenham in Kent adressiert, der den kleinen Schulleh-
rer ins Herz geschlossen hatte. Da ist schließlich das
eigentliche Wohnhaus mit dem breiten Flur und der
Salle à manger zur Rechten, deren Decke ganz verräu-
chert von der Petroleumlampe über dem Tisch ist. Die
Bilder von Fabres Heimat und seinen Frauen hängen
darin. Und da breitet sich schließlich der ›Harmas‹, der
Garten selbst – längst nicht mehr von Kräutern beherrscht, sondern von hohen, alt und weise gewordenen
Bäumen. Eine Eichenart gibt es darunter mit Riesen-
früchten, deren Näpfchen größer als Pfeifenköpfe sind.
Ich las eine Handvoll vom Boden auf und steckte sie ein.

Verwunschene Wildnis der blühenden Kräuter, Paradies der Insekten, Spiegel des im Schatten träumenden Teiches mit den hurtigen Flotten der Wasserläufer, ihr taumelnden Falter, gaukelnden Schmetterlinge, blühenden Blumen, schwirrenden Libellen, Bienen, Wespen und Käfer – das Leben in diesem Garten war eine einzige Seligkeit. So wie es sich jener erträumt hatte, der jetzt im Felde draußen in der Friedhofsgruft liegt, die nur den Familiennamen trägt. Aber der besitzt Strahlungskraft genug, die Schleier der Vergessenheit vor diesem forschend durch die Lupe schauenden Greisengesicht zu durchdringen: Fabre. Nichts als das. Und: Quos periisse putamus praemissi sunt.

Es liegt ein ergreifender Zauber in dem Gedanken, man könnte dem Mann, dem der Spruch gewidmet ist, einmal hinter den Bergen der Zeit von Angesicht zu Angesicht begegnen.

Römischer Triumphbogen von Orange

Gegen Abend zogen wir in Orange ein.

Wie seltsam das ist, solch eine kleine, übriggebliebene Stadt mit ihrem Spatzenleben und ihrer Verwirrung ob der rigorosen ›Route Nationale‹, darauf unaufhörlich, Tag und Nacht, jahrein, jahraus der Verkehr donnert; nein, sie kann das unmöglich länger ertragen! Und da ragen miteins Monumente mit Schlagschatten, alt wie der Mond, und mit dem Namen der Stadt verknüpfen sich große Stunden der Weltgeschichte: Arausio, Orange, Oranien. Wie seltsam ist das!

Dabei gilt das Städtchen in der Rhôneebene als Gründung des römischen Militärs. Wobei doch, denkt man, unmöglich viel herauskommen konnte. Vielmehr, es haben die Römer, wie sie meist und gerne getan, mögli-

cherweise um Handwerker und Dienstpersonal vorzufin-
den, einen frisch eroberten keltischen Ort namens Arausio, Kapitale des Cavarer-Stammes, durch Veteranen der
zweiten römischen Legion besiedelt. »Innerhalb einer
halben Stunde sind die Häuser zu räumen; es darf nichts
mitgenommen werden.« Colonia Julia Secundanorum
Arausio war entstanden. Eine nur langsam zivilistischer
werdende Pflanzstadt, in der es an Mußetagen von Krie-
gervereinsgesprächen erscholl: Flavius, weißt du noch?
Oder: Sag selbst, Puneas, hätte ich damals nicht... Man
kann sich gut vorstellen, wie das zuging! Bummelten
zwei des Abends ein wenig durch die Straßen, von denen
der eine ein tüchtiger Obsthändler, der andere Steuer-
beamter geworden war, und ein junger Centurio kam
vorüber, der nicht die Hälfte verdiente – gleich ruckte
es in ihren Knochen.

Eines Tages, kurz nach dem Jahre 49 v. Chr., gab es eine
höchst erregende, angenehme Neuigkeit; ein Triumphbogen sollte errichtet werden. Selbstverständlich zu Ehren der ›Zweier‹. Mögen die Enkel einmal wissen, wer
die Ahnen gewesen! Tatsächlich, die Siegespforte von
Arausio entstand; sie apostrophierte die diversen Hel-
dentaten der Veteranen auf höchst merkwürdige Weise.
Natürlich wirkte sie nicht darum so ungewöhnlich, weil
auf der heute leeren Plattform, alles bekrönend, früher
ein Siegeswagen aus Bronze stand, oder weil an den
vier Ecken des Couronnements sich Statuen erhoben –
eine davon blieb übrigens erhalten und steht im Museum von Avignon. Weniger auch, weil unter diesem
Mittelstück ein Relief mit gallischen und römischen Soldaten neben Gefangenen zu sehen war. Das alles gehörte schließlich zum Bräuchlichen. Aber dann kam's. Eine
Etage tiefer, über den seitlichen Durchfahrten, Arran-
gements von Schiffsschnäbeln, Ankern, Dreizacks und

anderen Requisiten der Seefahrt. Darunter Helme, Waffen und andere militärische Ausrüstungsstücke; an den Seiten der Bögen Trophäen und gefesselte Gefangene. Die Veteranen hätten es zweifellos lieber dargestellt gesehen, wie sie, Mann für Mann möglichst, die Sache seinerzeit gemacht hatten, auf die das Ensemble von Beutestücken anspielte. Aber schließlich, die Anordnung kam von oben und Maulhalten war noch immer Parole. Sie fügten sich ingrimmig, wie es der alten Krieger Art ist. Bis sie nach langer Zeit ihren Frieden damit machten, ja, in Begeisterung über dieses Opus gerieten. Jetzt konnten sie jedem Fremden erklären, um was es sich handelte, und sich dabei in die Brust werfen.

In der Tat hat es mit diesem eigentümlichen Dekor einiges auf sich. Die bedeutendsten Taten der Legionen wurden hier sozusagen in abstracto gefeiert. Ihre Kriege gegen die Gallier und jene unvergeßliche Schlacht, die Caesar der Flotte aus Massilia geliefert hatte, das zwar römischer Bundesgenosse war, aber zu Pompejus hielt. Wiewohl nämlich der große Cajus Julius über erprobte Soldaten verfügte, weiß Gott – er besaß keinerlei Schiffe, die es mit den feindlichen Fahrzeugen hätten aufnehmen können. Die massiliotischen Griechen indessen, diese Dummköpfe und Krämerseelen, anstatt ihre Überlegenheit im Manövrieren zu benutzen, die römischen Galeeren auseinander zu drängen und zu vernichten, versuchten sie lediglich zu rammen. Das wurde ihnen zum Verhängnis. Die Infanteristen der zweiten Legion nützten den Augenblick des Kontaktes, um die Bordwände zu erklettern und die Griechen niederzumachen ...

Erstaunlich genug, daß dieser am Nordeingang von Orange gelegene Triumphbogen, um den der vorüberbrausende Verkehr gleich einem Karussel kreist, ehe die Fahrzeuge stadteinwärts oder nach Norden verschwin-

Römischer Triumphbogen in Orange
Aus dem Provenzalischen Skizzenbuch des Georg von Dillis
Staatliche Graphische Sammlung, München

den –, daß dieses unaufhörlich vom Motorenlärm betrom-
melte Bauwerk auf seiner nur in fluchtartigen Sprüngen
über die Straße zu erreichenden Insel zu den am besten
erhaltenen Siegesdenkmälern der antiken Welt gehört.
Dabei hat es viel mitgemacht. Während des Regimentes
der Herren von Baux über das Fürstentum Orange war
es sogar zu einem Wohnschlosse umgebaut.

Reichlich ein halbes Jahrhundert vor der Errichtung des
Siegesbogens hatte Arausio ein furchtbares Ereignis erlebt. 105 v. Chr. fand vor seinen Wällen die erste Begegnung der Cimbern und Teutonen mit der römischen
Armee statt. Die riesenhaften Barbarengestalten, ihr lau-

tes Gebrüll erfüllten die Legionäre mit panischem Schrek-
ken. Es kam zu einer entsetzlichen Niederlage, die Rom
rund hunderttausend Gefallene kostete. Dies war aber
auch der einzige Schatten, der auf die Frühzeit von
Arausio fiel. Bald hob die Epoche einer richtigen Pax
romana an. Die Stadt besaß damals rund viermal so viel
Bewohner wie heute, und daher sorgte sie dafür, daß
alles vorhanden war, was sich für eine angesehene römische Kolonie gebührte – Schaubühne, Rathaus, Amphitheater, Zirkus, Stadion, Tempel und Thermen. Bis 412
die Alemannen und Westgoten ins Land brachen, denen
alles Fremde grundsätzlich ein Ärgernis blieb, dem sie
allzu nachdrücklich Ausdruck verliehen.

Die Geschichte Oranges nahm erst einen neuen Aufschwung, als Karl der Große die Stadt örtlichen Grafen
anvertraute; damals hat Guillaume au Court Nez, Wilhelm Kurznase, in Orange regiert, dessen Taten gegen
die Sarazenen in die ›Chansons de Geste‹ eingingen, wo
sie einen ganzen Zyklus von Epen bildeten. Später kam
Orange durch Heirat und Erbe an die Feudalherren der
Baux; 1413 auf dem nämlichen Wege an das Haus Chalon. Der Letzte dieses Geschlechtes wiederum, Philibert
von Chalon, der als Nachfolger des Konnetabels von
Bourbon Kaiser Karl v. diente, fiel 1530 im Kampf gegen Florenz bei Pistoia und hinterließ das Fürstentum
seiner Schwester Claudia, die mit einem Heinrich von
Nassau verheiratet war. Ihr Sohn Renatus, der sich nunmehr René de Chalon nannte, wurde daher Herr von
Orange und dem kleinen Fürstentum, das sich im 13.
Jahrhundert darum gebildet hatte. Aber er fand nicht
einmal Zeit, für einen Erben zu sorgen. Als er vierzehn
Jahre später bei der Belagerung von St-Dizier ums Leben kam, fiel die Herrschaft an seinen Neffen Wilhelm
von Nassau-Dillenburg, Wilhelmus Taciturnus, den be-

rühmten Schweiger, der die Niederlande befreien sollte –
damals noch ein Kind. Nunmehr wechselte es einige
Male seine Regenten: die französischen Könige hatten
ein Auge darauf geworfen, konfiszierten das Fürstentum, gaben es wieder heraus an Wilhelm III. von Nassau-Oranien, der nicht nur Statthalter der Niederlande,
sondern auch König von England war. Von ihm erbte
es der König von Preußen, der Orange 1713 im Frieden
von Utrecht endgültig an Frankreich abtrat. Doch be-
hielten die Statthalter der Niederlande das Recht zur
Führung des Titels der Prinzen von Oranien.

Geblieben sind freilich von alledem nur die Zeugnisse
der römischen Epoche.

*Die neuere Forschung hält den Bogen von Orange nicht
mehr für einen unmittelbar nach dem Sieg von Marseille
errichteten Triumphbogen, sondern für ein erst später
erbautes, zurückliegende Ereignisse reflektierendes ›Stadt-
gründungsmonument‹, entstanden zur Zeit des Kaisers
Tiberius, zwischen 21 und 26 n. Chr.*

Das Theater

Anfangs schien es mir eine ganze Menge, als ich es an
den Fingern herunterzählte: das römische Gymnasium,
freilich nur noch in einigen Resten vorhanden, an das
sich etliche Tempel und weiter bergan das Kapitol an-
schlossen, von denen wiederum nur Spuren vorhanden
waren. Oder das Museum am Platz der Brüder Mounet,
der früher wahrscheinlich das Forum war. Was machte
es schon aus, daß sich der Wärter als grober Klotz und
nur aufs Trinkgeld erpicht erwies. Wirklich, es gab
Steine, Torsen, Ornamente, Geschirre die schwere Men-

ge zu sehen. Übrigens auch das einzige römische Kata-
ster, von dem wir wissen.

Kommt man jedoch ans Theater von Orange, merkt
man, daß das alles nicht zählt. Selbstverständlich kaum
wegen der Größe – es hat rund elftausend Zuschauer gefaßt, und seine Sitze sind gleich in den Felsen des St-
Eutropiushügels geschlagen. Vielmehr, Orange bietet den
seltenen Fall einer erhaltenen römischen Bühnenwand,
die das lateinische Theater vom griechischen unterschei-
det. Natürlich ist sie in gewisser Hinsicht ein Torso. Die
Verkleidungen fehlen. Aber als Baukörper steht sie völlig unversehrt da. Ludwig XIV. hat gesagt, es sei die schönste Mauer seines Königreiches. Ich begriff nie recht, warum; ob er außen oder innen gemeint und was hier denn
eigentlich das Attribut ›schön‹ verdiente. Wenn die
Mauer mit ihren hundertdrei Metern Länge und sechs-
unddreißig an Höhe auch imposante Maße besitzt. Aber
schön?

Ich habe diese vielgerühmte, verwitterte Wand immer
wieder besucht. Sie faszinierte mich aus einem anderen
Grunde. Hier fand zur Zeit Wilhelms des Schweigers
ein Schauspiel statt, das nicht ohne Tragik war. Denn
hier huldigte man auf hohem, mit rotem Samt ausge-
schlagenen Gerüst dem Sohne des Statthalters als neuem
Herrn des Fürstentums. Auf Anstiften Philipps II. von
Spanien, der den als jungen Student in seine Hand geratenen Erstgeborenen des großen Oraniers spanisch-ka-
tholisch und in Feindschaft gegen den eigenen Vater
hatte erziehen lassen.

Kaum nötig zu sagen, die Mauer sah in römischen Zeiten anders als heute aus. Man sieht noch die Spuren von
Blendarkaden im dritten Stock, die einmal gliedernde,
schmückende Wirkung besessen haben. Vor der Mauer
nahm ein hufeisenförmiger Porticus, eine Säulenhalle,

den Besucher auf. Das zeigt schon, wie festlich der Rahmen gedacht war.

Ist man in das Theater eingetreten, hat man das freilich sofort vergessen, obgleich die Wand in ihrem rotbraunen Stein auch hier drinnen gegenwärtig genug ist. Früher war sie wie üblich mit Galerien aus Marmor und natürlich auch mit Figuren und Friesen verkleidet. Man muß sich das römische Theater als ein Szenarium denken, das schon vor Beginn der Vorstellung mit seiner Fülle von Götter- und Heroengestalten der Schauwand sehr beredt agierte.

Das Große, das Einzigartige in diesem Theater bleibt aber die Bühne, die Szene nebst dem Halbrund des Zuschauerraumes, der eine wundervolle Akustik besitzt. Es ist so, als sei dies Theater wie eine Ohrmuschel aufgehalten, um die Worte der Dichter gleich einer Verkündung der Götter zu empfangen. Fast immer wird es von der blauen Seide des Himmels überspannt. Ein wenig rostig und rot schaut die gewaltige Bühnenkulisse mit ihren Resten von Säulenstümpfen herüber. Noch immer bleibt das Theater von Orange eine Apotheose des römischen Kaiserreiches. Aber es ist mehr!

Einmal, vor langen Jahren, hatte ich mich hoch auf die Stufen des Zuschauerrundes gesetzt. Durch den Himmel jagten einige Düsenflugzeuge. Des Chores Szenerie zeigte sich leer; höchstens einige hastige Besucher, die mit eilfertigen Schritten und törichtem Lachen über die Szene gingen. Der geweihte Boden nahm sie nicht an, immer wieder war die Bühne nur leer, leer, leer. Sie stieß diese Menschen ab und schwemmte sie fort wie Wasser den Öltropfen, und nichts hatte vor dieser Szenerie so wenig Gültigkeit wie die vorüberjagenden Flugzeuge. Man merkte es, ihre Gegenwart war hier töricht, war überflüssig. In den dunklen Nischen, Kammern und

versteckten Kulissengängen wohnte eine nie mehr er-
fahrbare Vorzeit von unvorstellbarer Gewalt, Größe
und Fülle der Phantasie. Sie war unerreichbar ent-
schwunden, dorthin, wohin alles Lebende wandert, und
hatte mit verächtlicher Gebärde nur dieses Rudiment
ihrer Größe zurückgelassen – einige Säulen aus gemu-
stertem Marmor, Reste eines Zentaurenfrieses, die gewaltige, oben aus rotem Stein gefügte Wand, die so
wirkte, als trüge das Bauwerk eine blutige Stirn. In
Dreiviertelshöhe, in einer Nische geborgen, stand einsam das marmorweiße Bildnis des Divus Augustus, sozusagen um Maßstäbe zu geben, wie alles einmal gewesen. Der Kaiser hob keineswegs den Arm, um die im
Theater Versammelten zu begrüßen, sondern um die
Verehrung zu quittieren, die man ihm zollte.

Ich saß sehr lange und starrte hinab; mir war, als
müsse es wenigstens meiner Vorstellung gelingen, die
Szene zu beleben, und tatsächlich trug es sich zu. In be-
stürzender Wirklichkeit allerdings. Da kamen sie heraus, Kreon, der Wächter, Antigone. Sie hatten meiner
nicht acht, hatten sich wohl genau wie ich die Mittags-
stunde ausgesucht, wenn wenig Besucher erschienen. Woher sie stammten, woher sie kamen? Schauspieler aus
Paris oder vom dramatischen Institut in Aix vielleicht,
wo ich vor kurzen Tagen noch Gaston Baty auf dem
Sterbelager besucht? Aber das fragte ich mich erst später.

Es ist zuzugeben, ich war wie von einer Erscheinung
geblendet, hatte nicht einmal acht, ob das nur Halluzi-
nation war, was ich so sehnlich zu erblicken gewünscht.
Erst als sie in einem wundervollen Französisch, das von
der Muschel des Theaters fortgetragen wurde wie von
einer Glocke, zu sprechen anhoben, durchschauerte es
mich, und ich wurde der Realität dieses Augenblicks inne. Gerade als Kreon fragte:

Du wagtest dennoch, das Gebot zu brechen?

Alles an dieser schmalen, dunklen Antigone war Aufbegehren, als sie in Worten, die wie Kleinode in die
Stille fielen, zurückgab

> ... Dies Gebot,
> Von einem Menschen stammend, glaubte ich nicht
> So mächtig, daß es selbst die ungeschriebenen
> Uns unumstößlich sicheren Gebote
> Der Götter übertreffe. Diese sind
> Von heute nicht noch gestern; ewig dauern
> Sie fort ...

Da erfuhr man's, das Göttliche, Numinose hat auch
dazu gehört. Wer blies uns das eigentlich ein, die Antike sei nichts als körperfrohes Heidentum gewesen? Es
war zu spüren, wie legitim die Worte der ›Antigone‹
des Sophokles hierhin gehörten, wie das Theater der ge-
bührende Rahmen war, und es schien tatsächlich ob dieser in Kadenzen der Anklage sprudelnden, leidenden,
entschlossenen Stimme, daß nur eines galt, der Götter
Ewigkeit. So muß es damals gewesen sein, als die Römer hier spielten oder gar ein griechischer Mime zu
Gaste kam. So, als man vor Jahrzehnten auf dieser Szene
wieder antikes Theater zu spielen begann, und die berühmte Bartet mit ihrer »Stimme von Gold« die Rolle
der Antigone sprach.
Ich stahl mich still, um nicht zu stören, davon.

Später stand ich droben auf dem Eutropiushügel, den
Prinz Mauritz von Nassau 1622 in eine mächtige Zitadelle verwandelt hatte, leider mit unbedenklichem Rück-
griff auf die antiken Monumente. Schon Ludwig XIV.
ließ sie hernach wieder schleifen. Aber die Gräben der
Befestigung senkten sich noch, Mauerwerk ließ sich un-

ter üppigem Frühlingswuchs ahnen. Ganze Haine von
Flieder standen in Blüte. Nach Osten blickte man auf
die Stadt hinaus, dann auf die Ebene, darin die roten
Dächer im Dunst verschwanden. Fern hoben sich die
Dentelles de Montmirail zu noch einmal wiederholtem
Abschied, und abermals darüber ragte weit, weit in den
Himmel hinein, mit einem Fetzchen Märzenschnee als
Band am Wolkenhute, der Ventoux.

Vorn an der Brüstung des Hügels ging der Blick tief,
tief hinab in des Theaters aufgehaltenes Ohr, aus dem
Stimmen leise und gleichsam träumend hervordrangen
wie aus den wahrsagenden Klüften zu Delphi. Kreon
und Antigone agierten noch immer, als sei ihr Spiel zeit-
los und ohne Ende.

Haus einer Kurtisane

Geht man auf die Ostseite des Theaters von Orange, dorthin, wo die Stiegen bereits zum Eutropiushügel hin-
anklimmen und nur einige Fußbreit Raum bleiben, ist
an der Außenmauer des Theaters in vergittertem Winkel plötzlich ein Schleppdach zu sehen; darunter der
Angabe nach ein kostbarer Mosaikboden. Er wiederum
gehörte zum Estrich eines Hauses, das sich gegen des
Theaters Mauern lehnte. Die in den felsigen Grund der
Terrasse geschlagenen Rinnen für die Abflüsse des Hauses lassen sich noch erkennen. Auch wenn man nicht hin
kann und nur mit den Augen Besuch machen darf.

Hier, sagen die Gelehrten, hat ein römisches Haus gestanden, was offenbar ist, in dem wahrscheinlich eine
Kurtisane gewohnt. Sie müssen es wissen. Der Platz wäre
nicht übel gewählt. Gleich im Schatten des Theaters und
an der Gegenseite der Sporthalle – da war Kundschaft
nahe. Vielleicht, daß sich gelegentlich selbst einer der

Schauspieler Zutritt erbat, die sich nirgendwo viel her-
ausnehmen durften, wo das Liktorenbündel regierte.
Wie dreist sie sich auch bei all den Mädchen gebärdet
hatten, die hier amtiert. Denn das ist doch anzunehmen,
daß jede der Liebespriesterinnen nur für die Jahre der
Blüte in dem kostspielig gelegenen Haus mit dem kleinen Säulenporticus ganz nahe dem Forum zu residieren
vermochte. Eben so lange sie in Gunst stand. Übrigens
verband sie etwas mit den Mimen. Auch sie hatten es
nicht leicht, diese Hetären, welche von den ehrbaren Ma-
tronen mit geheimem Neid und mit geheimem Groll
betrachtet wurden. So oft die jeweilige Besitzerin sich
allein in der Frühe zwischen den Säulen der Vorhalle
blicken ließ und abgespannt ein paar Züge Sonnenwär-
me in sich trank. Nur bis zum halben Vormittag schien
in diesen Winkel das Licht des Tagesgestirnes. Das war
im Sommer angenehm kühl, aber im Winter sehr kalt.
Einige der Bewohnerinnen hatten sich denn auch das
Fieber geholt, waren eine Zeitlang mit besonders leuchtenden Augen bei abendlichen Gelagen erschienen; bis
das Husten über sie kam, das den Anfang vom Ende
bedeutete. Aber das wußte keine von jenen, die sich
nachher einfanden, halb durch Geburt und Herkunft
gezwungen, halb ob der geselligen Talente dazu präde-
stiniert. Nicht eine, die nicht versucht hätte, dem Leben
der Junggesellen und der gelegentlich hereinschauenden
Ehemänner von Arausio etwas griechischen Stil zu geben! Doch das war wirklich vergebliche Liebesmühe.
Nur Ovid hörten sie alle gern, die hier zusammenkamen.
Selbst als er verbannt war und seine Werke nicht mehr
in den öffentlichen Bibliotheken standen. Es gab ihrem
Leben einen gewissen Schmiß.

Dieser Platz also war es: das Dorado der Jeunesse
dorée van Arausio, die drüben im Gymnasium trainiert,

darauf gebadet hatte und sich nun zu Gastmahl und Gelagen einfand, bei denen der Wein kreiste, die Worte
flogen und des Hauses Herrin ihre Gunstbeweise wohl
abgewogen verteilte, aber doch so, daß der, den sie bevorzugte, bemerken konnte, wie willkommen er vor allen anderen war...

Weg nach Châteauneuf-du-Pape

Vor Jahren, als ich an einem Buch schrieb, in dem das
Haus Nassau eine besondere Rolle spielte, hatte es mir ein
altertümlicher Foliant angetan. Eine in weißes Schweins-
leder gebundene Geschichte von Nassau-Oranien, im frühen 17. Jahrhundert erschienen, geschrieben von Joseph
de la Pise, Seigneur de Maucoil. Noch erinnere ich, wie
er seinen Lobgesang auf die Regenten des Principauté
d'Orange mit den Versen begann

> ... Orange, Les Baux et Chalon
> Donnent son rang à la vaillance,
> De Nassau son sang généreux ...

Wobei généreux durchaus nicht nur ›hochherzig‹ zu heißen brauchte. In welcher Beziehung erfuhr ich freilich
erst jetzt. Denn als wir von Orange so nach Süden durchs
Land zogen, immer hübsch abseits der Straße, widerfuhr
mir eine unverhoffte Begegnung, wenn auch nur mit dem
Genius loci. Ein Schild stand da mit der Aufschrift Château Maucoil. Ich stutzte und erinnerte mich des Herrn
von Maucoil, der die Geschichte der Oranier geschrieben. Der gesuchte Platz war nicht weit, gleich hinter
dem Riegel eines hohen Gebüsches von Kermeseichen
und Nadelhölzern, in dem der noch immer blasende
Mistral seinen Abgesang spielte.

Natürlich handelte es sich um kein Schloß. Das war
sozusagen Firmenbezeichnung. Denn in Maucoil pro-

duzierte man Wein. Ein junger Mann befand sich eben dabei, eine endlose Reihe von Fässern zu spülen, und etwas weiter führte der Weg zu einer der Caves, der in den Schoß der Erde geschlagenen Keller, in denen zumeist die großen Weine Frankreichs lagern und reifen.

Ich scheute mich fast zu fragen, so sehr befürchtete ich, die Namensgleichheit des Ortes werde nur zufällig sein und meine sprunghaft aufgeschwollene Begeisterung, die Spur des oranischen Historiographen gefunden zu haben, in nichts zerrinnen. Aber es stimmte. Jetzt waren wir beide begeistert. Der junge Mann, daß ich Joseph de la Pise kannte, und ich, weil es sich wirklich um ihn gehandelt.

»Kommen Sie«, schrie mir der Freundliche durch des Sturmes Jammern zu. Er nahm mich beim Arm, während er mit der anderen Hand seinen hochgeschlagenen Rockkragen geschlossen hielt. Wir stapften los. Fünfzig Meter weiter eine Einfahrt. Dahinter ein Hof, ein geräumiges, über Eck gebautes provenzalisches Landhaus. Der Winkel war friedlich, im Windschatten gelegen. Warme Sonne leuchtete den Innenhof aus, in dem grade eine Platane ihr erstes Laub entfaltete.

»Sehen Sie«, flüsterte mein Mentor andächtig-stolz.

Da stand es. Eine Erinnerungstafel auf dem linken Torpfeiler, der mit einer Mauervase und einer Agave bekrönt war. Es war zu lesen, daß Maucoil 1624 vom Prinzen Mauritz von Nassau-Oranien durch einen Patentbrief zugunsten des Archivars des Fürstentumes, Jacques de la Pise, zum Range einer Herrschaft erhoben war. Das mußte der Vater meines Geschichtsschreibers und Joseph, der das 1639 erschienene Buch verfaßte, hier aufgewachsen sein.

»Welch ein Ausblick«, fuhr mein Führer fort, »über die Hänge bis zur Rhône hinab! Im Frühjahr, wenn die

Pflüge durch die Weinberge gehen, vergeht kein Tag, ohne daß wir Knochen, Scherben, Geldstücke nach Hause bringen. Der Boden ist gedüngt mit römischen Untergängen. Das war doch der Platz, der sich für die Kindheit eines Geschichtsschreibers gebührte.«

Ich schaute ihn von der Seite an. Sein hübsches Gesicht war in den Anblick der Erde versunken, die er liebte. Auch ich sah ein, daß dies für einen Historiographen das richtige Elternhaus war. Indessen begriff ich zugleich, daß die zweite Bedeutung von ›généreux‹ fraglos ›freigebig‹ besagte. Welchen Dienst der Archivar Jacques de la Pise dem Prinzen Mauritz geleistet haben mochte – er war fürstlich belohnt worden.

Von Orange auf Avignon zu läuft ein Landrücken, auf dem einer der berühmtesten Weine der Erde wächst. Aller Weine Wein sozusagen. Mit ihm trinkt man sich gut in diese Landschaft hinein.

Es ist der ›Châteauneuf-du-Pape‹, was in Bausch und Bogen alle hiesigen Lagen bezeichnet. In guten Jahren sind die besten von einer unglaublichen Fülle des Geschmacks. Sie besitzen nicht die Schwere der Bordeaux- oder Burgunderweine, sondern scheinen vom spirituellen Hauch des Südens getränkt, der sie leichter macht. Seit dem vorigen Jahrhundert steigt der Ruhm dieses Weines unaufhörlich.

Der Flecken Châteauneuf selbst freilich, das ist ein wenig so wie man's vom Rheingau kennt, Kellereien und Kneipen, die mit Kupfergeschirr und Gardinchen Behagen proklamieren und sich teuer dafür bezahlen lassen.

Hoch darüber liegt oder lag eine massige Burg, die dem Orte den Namen gab. Die Päpste aus Avignon, das man auf Blickweite gegenüber sieht, haben sie sich als Som-

merresidenz erbaut, und der Baron des Adrets hat sie in
den Religionskriegen angezündet. Doch der blieb nur ein
Foutimasseur, ein Stümper gegen die deutschen Soldaten von 1944. Die haben alles säuberlich in die Luft gejagt. Es war gewiß nur ein technisches Versehen, daß
von dem prachtvollen Donjon noch ein Stück Fassade als
Ruine der Klage stehen blieb.

Aber der Blick ins Weite läßt trotz allem das Herz
höher schlagen.

Hügel bei Avignon

Dies also ist der Päpste Land. Statt vom Weihrauch der
Kirchen getränkt, eingewiegt von Melissenatem. Ohne
Duft wäre diese Erde undenkbar. Die Pinie, die Zypres-
se, der Stechginster, der Maquis, überhaupt alles duftet.
Man muß nur die richtige Stunde treffen. Von Thymian
und Rosmarin nicht erst zu reden. Selbst der Weinacker
mit seinen langen Perspektiven von knorrigen Rebstök-
ken duftete diesen Tag. Es war später Herbst. Noch hingen die blauen Trauben über dem hellen Ocker und Beige der Erde. Mittag. Wir lagen auf einem Hügel über
einem Tälchen. Schmetterlinge huschten über den Hang,
blau, chromgelb, weiß, auch grau mit beigefarbenem
Rand, das war das Nobelste. Lavendel machte die Luft
schwer von Arom. Von rechts nahm ein kleines Kalkgebirge das Tälchen in seine Arme, einige frisch-grüne
Pinien hatte es mitgebracht, die wanderten fröhlich in
den schlafenden Grund. Drunten zeigte sich's violett
von trockenem Holz; ein kleines, bleiches, tempelartiges
Häuschen stand ganz allein. Irgendwo brach immer das
bleiche Ocker des Bodens durch des Herbstes Rot. Das
Tälchen schien darob ganz schwer von verwittertem Alter und ruhte doch in der Anmut des Kinderschlafes.

Am Horizont vor fernen Höhen ein Städtchen, ganz blaß-grau mit einem rötlichen Strich der Dächer im fernen Graugrün. Links abermals solch ein Gewese auf einem Hügel. Man traut sich nichts anderes als ›Stadt‹ zu sagen; wie winzig die Nester sein mögen, das dicht um einen Kern Gesiedelte der Städte besitzen sie immer. ›Bourg‹ nennen sie das hier gern. Burg, das trifft. Es ist alles behütet.

Stunde des Pan. Da, ein Samenkorn fiel in die Stille der Zeit! Einziger Vollzug, der hier wiegt. Die Vögel schlagen Anfang des Oktober wie toll. Das Leben ist ein Gesang; der kargen Erde dieses Höchstmaß an Rausch, Lust und Glück, an Duft und Aroma abzupressen, muß in Tönen verströmt sein.

Die Stunde wollte sich offenbar feiern lassen, so hinweisend rollte mir eine Flasche voll blitzenden Weines aus dem Lederbeutel entgegen. Was mich betrifft, ich ziehe den Rosé unterwegs allen anderen Weinen vor. Zugegeben, daß ich kein Kenner bin noch sein mag. Etwas sträubt sich in mir dagegen, aus einer Gaumenfreude ein Bekenntnis zu machen. Aber sonst halte ich es sehr mit dem Trinken. Das muß sein in der Provence. Zudem, der Rosé beschwingt, hingegen berauscht er nicht. Er ist manchmal säuerlich, manchmal ganz abgerundet im Geschmack und oft ein klein wenig harzig. Man kann den Durst mit ihm löschen. Solch einen Rosé angesichts dieses Tälchens zu trinken, bedeutete die Provence an sich zu erleben: ganz heiter, ganz gelöst in der Landschaft des Pan zu sein, während die Wärme des späten Herbstes noch flimmernd aus dem blühenden Lavendel stieg... Kleine Wolken schwangen sich über das Tal hin, weiße Flocken in tiefem Blau, leicht, ganz leicht, und ein zärtlicher Wind ging.

Damit endlich einer der Sonntagsdichter dieses Landes zu Worte kommt, die es vorziehen, für die eigene Familie, ihre Bekannten, kurz alle, die ihnen nicht entgehen können, zu schreiben – hier die Geschichte vom heiligen Bénézet, wie sie Monsieur, der Wirt unseres Hotel ›Au Pigeon‹ erzählt hat, der sich zu den Poeten rechnet.

»Nicht, daß damit alles in Avignon anfing«, begann er, »aber es ist eines von diesen Geschichtchen, die den Wein zum Brote liefern. Es muß, laß sehen, sieben-, nein achthundert Jahre vorüber sein. Nicht viel für die Provence, werden Sie zugeben. Also. Der junge Bénézet, damals noch Eleve bei Maître Estève, dem Hirten, steht bei seinen Schafen in den Rhônewiesen. Plötzlich eine Stimme: dem Himmel zu Gefallen wirst du sie bauen, die Brücke. Er fährt zusammen, blickt um sich – niemand. Abermals, noch deutlicher: du wirst sie bauen! – Lieber Gott, was widerfährt ihm und welche Brücke? Dorthin vielleicht, nach Villeneuve hinüber? Nötig wär's. Man schreibt 1177. Wer glaubt damals nicht ernsthaft an Eingebungen? Also geht Bénézet zum Bischof, sobald er seine Schafe im Pferch hat. Aber er wird ziemlich kurz abgefertigt. Schließlich, woher nimmt ein Mann der Kirche die Zeit, auch noch den Baumeister zu spielen? Indessen, man schlägt einem Hirten, der wochenlang an einem einzigen Gedanken herumkauen kann, nicht leicht etwas ab. Bénézet muß freilich jetzt, was er gar nicht gern tut, vor den Leuten über die Sache reden, es hilft nichts. Er geht auf den Markt, stellt sich an eine Ecke, schluckt einmal tief und beginnt: »Hört, was mir widerfuhr, hört, was mir widerfuhr.« Sofort bekommt er zu spüren, was das Amt der Seher so schwer macht. Die Leute lachen, sie lachen immer lauter, je mehr dazu kommen. Bénézet wird blaß. »Ihr glaubt mir nicht?« Und jetzt geht es bereits vor sich, das Wunderbare an dieser kleinen Legende. »Ihr glaubt mir nicht?« wiederholt er fast tonlos, während sein Auge dunkel wird. Sein schmales, braunes Knabengesicht verliert das Verhangene und Unklare; er wächst am Widerstand dieser Ungläubigen in zwei, drei Augenblicken zum Verkünder. Er ist David, der vor dem Volk steht. »Ihr glaubt mir nicht?«, geht er auf sie zu. Sie öffnen ihm eine Gasse, so befangen macht sie seine Entschlossenheit. »Damit ihr sehen lernt, werde ich diesen Stein heben«, sagt Bénézet. Er weist dabei auf einen ungeheuren Block, der noch nicht in das Mauerwerk eines wachsenden Baues eingefügt wurde, weil die Zimmerleute erst den Hebebaum richten müssen. Bénézet geht, er faßt zu, gar nicht einmal fest, der Stein scheint alle Schwere verloren zu haben, er schwebt gradezu in den Händen dieses Bürschleins, das noch nicht sechzehn zählt, und Bénézet wendet sich damit um, indem er ihn voll heiligen Zorns über den Kopf hält – ein Prophet, über den die Kraft des Himmels gekommen ist ...«

Dies jene Fassung einer altbekannten Legende, wie sie uns Monsieur, der Wirt vom ›Pigeon‹, erzählt hat – Freund Stettner und mir, nachdem er uns einen langen Abend mit seinen Poesien traktiert hatte. Monsieur, wie gesagt, war ein Dichter, oder wenigstens, er hielt sich dafür; einiges an seiner Geschichte mag daher wohl erfunden sein. Eines hingegen stimmt, der heilige Bénézet hat die Brücke zwischen 1177 und 1185 erbaut, wenn auch auf andere Weise. Mit Hilfe seiner Schüler nämlich, damit sie die Menschen sicher nach Villeneuve trug. Er war also kein Hirtenknabe mehr. Es bleibt auch verwunderlich, wie wenig Schutz der Himmel dieser von ihm ins Leben gerufenen Brücke hinfort angedeihen ließ, denn 1226 wurde sie bereits zum ersten Mal zer-

stört, als Ludwig VIII. Avignon erstürmte, weil es sich
auf die Seite der Albigenser geschlagen hatte. Sie wurde
wieder aufgebaut, wieder zerstört, aufgebaut, bis sie im
17. Jahrhundert endgültig als Rudiment liegen blieb.
Statt der zweiundzwanzig Bögen sind nur noch vier übrig, und die Brücke reicht nicht einmal mehr bis zur
Rhôneinsel Barthelasse, die sie auf ihrem Sprung nach
Villencuve als Piedestal benutzt hatte. Wenigstens blieb
die romanische Kapelle St-Nicolas erhalten, die auf und
um den zweiten Brückenpfeiler erbaut ist.

Um Monsieurs Geschichtchen zu ergänzen: es ist die
Brücke, von der das Lied, das die kleinen Mädchen bei
uns auf dem Lyzeum lernen, singt: Sur le pont d'Avignon l'on y danse, l'on y danse. Denn zu der Legende
gehört noch, daß die Brücke über dem vergnügten Um-
herspringen der Leute von Avignon in Stücke gegangen
sei. Aber die Farandole hat man wohl weniger auf der
Brücke als im Grün der Insel Barthelasse getanzt, und
das Liedchen gehört bereits zu jener anderen Legende,
von der noch zu reden sein wird.

Am nächsten Tage zogen wir, Freund Stettner und
ich, natürlich hin.

Man erblickt Avignon selten so schön wie von der Insel
Barthelasse. Höchstens von Villeneuve-lès-Avignon, noch
besser von der Höhe des Fort St-André aus. Da besitzt
die Stadt, was man in ihren Straßen nicht bemerkt, Majestät. Bewirkt durch das breite Band der schäumenden,
grünen Rhône, den Rocher des Doms, das ist der Felsen
mit dem Garten zu Häupten des Papstpalastes, und den
mächtigen Trakt des Palastes selbst, den irgend jemand
den schönsten Palast Frankreichs genannt hat. Hier beginnt sie, die andere Legende, die von einigen in ihr
Land allzu verliebten Provenzalen erfunden wurde. Was

heißt das eigentlich, ›schön‹ angesichts dieser strengen Zwingburg der Nachfolger Petri? Spräche man vom Hotel des Monnaies an der Place du Palais, das 1619 erbaut wurde, als der Kardinal Borghese das päpstliche Legatenamt in Avignon versah – kein Einwand. Oder vom Petit Palais an der Stirnseite des Platzes, das ebenfalls unter einem Italiener, nämlich unter Giulio della Rovere, dem späteren Papst Julius II., an jener Stelle entstand, wo früher die Bischöfe des Mittelalters gehaust hatten!

Manchmal scheint es, ganz Avignon sei eine Legende. Man weiß nicht, wer alles an ihr mitgedichtet hat. Ob der Stadt der Nimbus ihrer Vergangenheit oder die Dichter von Mistral bis zu Daudet zu jenem Lorbeerkranze verhalfen, der stets ein wenig schief sitzt?

Es gibt einige Erwartungen, die Avignon von vornherein enttäuschen muß. Es ist weder die geheime Kapitale der Provence noch eine Verbindung des bukolischen Elementes der Landschaft mit lateinisch-urbaner Tradition. Eingezwängt in die wunderbaren, gleichwohl bedrükkenden Mauern der Gotik lebt Avignon noch heute in mittelalterlicher Gedrängtheit. Es gibt in dieser Stadt entzückende, von Efeu umsponnene Ecken, es gibt prächtige Kirchen wie St-Didier, das schönste aller gotischen Gotteshäuser im Süden, oder St-Agricol oder die Kapelle der schwarzen Büßer an der Rue Banasterie aus dem 17. Jahrhundert oder den Konvent der Cölestiner vom Ende des 14. Jahrhunderts. Es gibt Winkel und Plätze, die zum Träumen geschaffen sind. Aber die Enge nagt an ihnen. Die Enge verhindert die strahlende, gotische Fassade von St-Pierre mit den berühmten Türflügeln der Renaissance zu Geltung zu kommen. Sie veranlaßt die Bewohner der schmalen Straßen, ihr Interesse

auf Frischluft zu richten. Sie verhindert das süße Gebimmel der sich frisch belaubenden Platanen der Place
Stalingrad oder des reizenden Winkels Bir Hakeim, At-
mosphäre zu entwickeln.

An sich brauchte diese Enge nicht soviel bedeuten. Sie
gehört zum Bilde des Südens. Indessen, sie ist der Anlaß
eines fieberhaft gesteigerten Straßenlebens. Erinnern wir
uns, daß Petrarca, der Laura de Noves am unvergeßli-
chen 6. April 1327 in der Kirche der heiligen Klara zum
ersten Mal sah, die Stadt zehn Jahre später ob ihres
lauten Getriebes verließ. Lärm hat es also immer gegeben. Aber der Verkehr unserer Zeit macht ihn zu einer
physischen Qual, und das Ausweichen vor den Vehikeln
aller Art verwandelt jeden Bummel durch die Straßen
in panische Fluchten. Wer sich mit den Strömen von
Menschen durch die schmale Rue de Bonneterie oder die
Rue Trois Colombes schiebt, deren eine Seite stets mit
parkenden Autos besetzt ist, während die Lücken dem
Durchschlupf von Bicyclettes, Motos, Camions, Eselskarren und Kinderwagen dienen, von denen der schnell
fahrende Teil mit möglicher Beschleunigung einher-
braust, empfindet, was Avignon leidet. Es gleicht einer
belagerten, übervölkerten Festung, ungeachtet so nobler
Bauwerke wie des Hôtel de Crillon an der Rue Roi René
oder des Hôtel du Roure mit seinem die Bögen des Flam-
boyant-Stiles gradezu parodierenden Gezweig über dem
Portal. Großartigkeit besitzen in Avignon, und dies ist
schade, nur die Straßentrakte des Cour Jean Jaurès mit
der anschließenden Place de l'Horloge. Ausschließlich
hier kann man in Muße sitzen und seinen Apéritif im
Freien trinken, wie in anderen Städten überall.

Wenige Schritte nur durch die schmale Rue des Frè-
res Brian und man ist schon am leicht gewölbten Platz
des Papstpalastes, der ob seiner grandiosen Kulisse von

Papstburg, Münze, Petit Palais, Rocher des Doms, Notre-Dame-des-Doms und Kalvarienhügel einer der er-
lauchtesten der Welt sein könnte. Aber man hat die weite Fläche den Robotern des Fremdenverkehrs überantwortet und sie zum Parkplatz gemacht. Einmal, es war
abends elf Uhr, sah ich einen Autobus aus Schweden
heranbrausen, dem die Passagiere im Laufschritt ent-
eilten, um nach genau fünf Minuten Papstpalast in höchster Geschwindigkeit zurückzukehren und weiterzurol-
len...

*Erfreulicherweise hat man inzwischen im Zuge umfassen-
der Restaurierungsarbeiten des gesamten Palast-Areals
dem Platz seine Größe und Schönheit wiedergegeben: Die
Autos wurden in eine riesige Tiefgarage verbannt.*

Wie schön der Platz einmal ausgesehen hat, erblickt
man auf dem Bild der Marie Godot von 1774 im Musée
Calvet, wo die Auffahrt des derzeitigen Kardinallegaten
mit Vorreitern, Hellebardieren und Publikum dargestellt ist. Es läßt sich übrigens darauf allerlei erkennen,
das sich heute anders ausnimmt, vor allem findet sich
noch die berühmte Windmühle der Päpste auf dem Rocher des Doms, der heute von einem Park überzogen
wird. Dieser Wandel scheint allerdings kaum bedauerlich.
Was mich anbetrifft, ich werde in Gedanken immer
wieder unter den Zedern, den Pinien dieses von der Rhône
umflossenen Felsens stehen, auf dessen Teichlein Schwä-
ne schwimmen, und hinausschauen auf Villeneuve-lès-
Avignon, das sich am jenseitigen Hang des Rhônetales
emporzieht, auf das Fort St-André, das so kräftig und
mit breitem Pinsel über die Höhe gestrichen wirkt, auf
die zwischen zwei Kuppen in eine Senke gewiegte, un-

entwirrbare Verschachtelung der Häuser des Ortes und
den Turm Philipps des Schönen.

Das alles erblickt man hier oben, dazu den Glanz der
Rhône im Grunde und den Duft ferner Berge. Es sei
eingestanden, ich wünsche mir, daß mich noch in meiner Todesstunde eine ferne Erinnerung, ein Abglanz
dieses Bildes durchzieht, das alles besitzt, was ich an
dieser Welt liebenswert finde: bewegte Landschaft, Berg
und Strom, hoch getürmtes Gemäuer und gelittenes
Schicksal, zusammengeronnen in die unverwechselbare,
unvergängliche Harmonie, die wir die Schönheit des Südens nennen.

Die Päpste sind also hier oben keineswegs spazieren-
gegangen. Weil die Mühle dort stand. Hingegen damals
die mächtige Jungfrauenstatue auf Notre-Dame-des-
Doms gefehlt hat. Noch immer wird Avignon andererseits von den einzigartigen Mauern der Gotik umgür-
tet, welche die Päpste im 14. Jahrhundert haben errichten lassen. Weniger, damit sie als Linie äußersten Wi-
derstands dienten, das sollte vielmehr von vornherein
ihre Burg sein, sondern eher als Hindernis. Die Gräben, die sie einmal umzogen und von der Sorgue durchströmt waren, sind allerdings zugeschüttet. Bei Mistral
steht zu lesen, daß die Leute von Avignon keineswegs
böse waren, diese Brutstätte der Mücken los zu sein.

Die Höhle

Aber mit alledem kommt man dem Avignon der Päpste
nicht bei. Nicht einmal damit, daß man die Gräber betrachtet oder wenigstens die Zeugnisse dieser Erinnerung, etwa die Reste des Franziskanerklosters, in dem
Laura de Noves – Laure de Pétrarque sagen die Franzosen sehr hübsch – 1348 beigesetzt wurde. Oder die er-

schreckende, skelettierte Totenfigur vom Grabmal des
Kardinals Lagrange im Musée Lapidaire, in dem sowohl
der grausige Tarasque von Noves steht wie der antike,
lebensvolle Torso der Venus von Pourrières. Das Avignon der Päpste läßt sich nicht nach jener Epoche beurteilen, in der Maler aus aller Welt in der Stadt zusammenkamen, Gelehrte und Reisende sich einfanden, die
Bürgerschaft etwa achtzigtausend Einwohner zählte und
ein Fest dem anderen folgte – nach dem Avignon des
18. Jahrhunderts also. Einerlei schließlich, worauf die
irregeführte Vorstellung zurückgeht, mit der fast jeder
Avignon betritt, wenn er zum ersten Mal kommt, ob
auf Daudets hübsches Geschichtchen vom Maulesel des
Papstes Bonifaz oder andere Anekdötchen, es sind Rück-
spiegelungen, Verpflanzungen von Verhältnissen späterer Zeit in die meist notvollen Tage der Päpste. Will man
erkennen, aus welchen Wesensgründen damals gelebt
wurde, muß man in die Rue des Teinturiers gehen,
dorthin, wo die Kapelle der grauen Büßer, der Pénitents
gris, liegt. Es handelt sich nicht mehr um die ursprüng-
liche; die heutige entstammt dem 17. Jahrhundert. Aber
den Geist dessen, was hier gewollt wurde, begreift man
sofort.

Das 13. Jahrhundert ließ in Avignon eine ganze Reihe von Geißelbruderschaften entstehen, die sich je nach
ihrem Habit in graue, weiße, blaue, schwarze, violette
und rote Büßer unterschieden. Als Heinrich III. in Avignon weilte, zog er mit bloßen Füßen an der Spitze einer
endlosen, stundenlang dauernden Prozession dahin, angetan mit der weißen Büßerkutte, einen Rosenkranz aus
Totenköpfen an der Seite, die Geißel in der einen, das
Kruzifix in der anderen Hand.

Die älteste und vielleicht auch unbedingteste dieser
Gemeinschaften war die der grauen Büßer. Ihre Kapelle

liegt in demselben Sträßchen, in dem zwei aufgebrachte alte Schachteln im November 1870 den armen Jean-
Henri Fabre samt seiner Familie vor die Tür setzten.
Eine Seite wird von einem unsäglich schmutzigen Wasser gebordet. Wer würde darin noch die quellfrische Sorgue erkennen, in der wenige Kilometer zuvor die Forellen huschen? Über die tiefe Mauer, welche die Straße
gegen die Sorgue schützt, recken sich frisch skelettierte
Platanen in den Himmel.

An dieser Straße der Althändler, der Gemüseläden,
Weinbeisel und alten Häuser befindet sich, über eine
kleine Steinbrücke zu erreichen, ein Portal mit der Aufschrift: Venite adoremus. In halber Höhe daran ist eine
Marke angebracht; so hoch hat 1840 das Rhônewasser
gestanden. Diese Kapelle, vor welcher der Verkehr ein-
herbraust, kleine Lausebengel ins Wasser spucken oder
Knallfrösche explodieren lassen, ist ein Herzpunkt jener
katholischen Frömmigkeit, welche Avignon nach seinem
Abfall zur Ketzerei und seiner gewaltsamen Bekehrung
durch Ludwig VIII., den Vater des heiligen Ludwig, zur
französischen Papststadt prädestinierte. Es ist die Stätte eines unaufhörlichen, seit mehr als siebenhundert Jahren andauernden Gebetes, das zwar den Raum gewechselt hat, aber nichts von dem Geist verlor, dem es entstammt. Die Bruderschaft wurde vornehmlich ins Leben
gerufen, um der Verletzung des Sakramentes durch die
Häresie der Albigenser und Waldenser Genüge zu tun.
Ludwig VIII. war der erste, der ihr Kapuzenhabit trug,
das nur für die Augen zwei Löcher freiließ, und er selber hat feierlich die Prozession angeführt, in der die
grauen Büßer in die eroberte Stadt einzogen.

Durch einen langen, schlauchartigen Gang geht es ins
Innere, bis eine Rotunde kommt, ihr folgt der Beicht-
raum, dem sich die eigentliche Kapelle anschließt. Sie

besitzt nichts von der barocken Festlichkeit jener der
schwarzen Büßer. Sie ist eine Höhle, lang und düster.
Eine Katakombe im südlichen Licht, eine Stätte büßen-
der Andacht. Erst wenn man hier gewesen ist und die
in sich versunkenen Beter gesehen hat – den grauen
Büßern ist es gestattet, immerfort das Altarsakrament
auszusetzen –, ahnt man etwas von dem Geist, der das
mittelalterliche Avignon erfüllt hat, in das die Päpste
kamen, und ganz unvermittelt versteht man die herbe
Strenge der Papstburg und beginnt, sich aufzulehnen gegen die Verwässerung einer Geschichte, die sich bereits
dadurch vollzieht, daß man das Palais des Papes zu einer
Attraktion gemacht hat.

Wer waren sie eigentlich, diese sieben Männer, deren
Bilder im Chor von Notre-Dame-des-Doms hängen und
deren Namen in der Reihenfolge ihrer Regierung lauten Clemens v., Johannes xxii., Benedikt xii., Clemens vi.,
Innozenz vi., Urban v. und Gregor xi.?

Das babylonische Exil

Versteht man das Papsttum als sittliche Idee, hat es für
das Pontifikat der Nachfolger Petri, für die Größe seines Auftrages und seine Stellung keine schlimmere Epoche gegeben als jene von Avignon, die man das babylonische Exil der Kirche nennt. Vorbereitet war diese Entwicklung durch den Untergang der Hohenstaufen. Es
sollte nicht lange dauern, bis dem siegreichen Papsttum
ein neuer, gefährlicherer Gegner erwuchs, und zwar
ausgerechnet zu Zeiten Bonifaz viii., der eine der macht-
vollsten Gestalten auf dem päpstlichen Stuhl war. Es
scheint, daß sein Unvermögen, im 1294 ausbrechenden
Krieg zwischen Philipp iv., dem Schönen, von Frankreich und Eduard i. von England zu vermitteln, ihm den

Haß Philipps einbrachte. Bonifaz tat alles, um ihn zu
nähren. 1296 erschien die Bulle ›Clericis laicos‹, 1302
die Bulle ›Unam Sanctam‹, die den Primat der päpstlichen Herrschaft in allen Angelegenheiten aller Völker
beanspruchte. Philipp IV., seinerseits Bonifaz nicht nur
ebenbürtig, sondern an Skrupellosigkeit überlegen, ging
sofort zum Angriff über. Sein Beauftragter Nogaret, der
später noch eine verhängnisvolle Rolle spielte, verband
sich mit persönlichen Feinden des Papstes, den Orsini,
fiel in Anagni inmitten Italiens ein und bekam Bonifaz
für einige Tage in seine Hand. Trotz des unerwarteten
glimpflichen Ausgangs stand es schlimm um die Spannungen zwischen Rom und Paris, als der Papst starb.

Ungeachtet, daß Bonifaz' VIII. Nachfolger Benedikt XI.,
der nicht einmal neun Monate amtierte, persönlich un-
antastbar war und versöhnlich regierte. Vielmehr sollte
grade sein Wunsch nach Ausgleich verhängnisvoll wirken, als er die von Bonifaz VIII. gegen Frankreich erlas-
senen Maßnahmen für ungültig erklärte und Philipp IV.
vom Bann löste. Das brachte, wie die Dinge nun einmal
lagen, den Übergang zum Exil von Avignon.

Mit Hilfe der Intrigen des Kardinals Napoleon Orsini
und der französischen Kirchenfürsten gelangte 1305 der
in Villandreau in der Gascogne geborene Raimond Ber-
trand de Goth, der sich hinfort Clemens V. nannte, auf
den Heiligen Stuhl. Er sollte Frankreich nie mehr verlassen; das Papsttum sank in völlige Abhängigkeit von
der französischen Krone. Eine von Clemens' ersten Maßnahmen bestand darin, die Kardinäle zur Krönung nach
Lyon zu berufen. Als er 1309 seine Residenz definitiv
nach Avignon verlegte, war die Trennung von Rom für
weit mehr als ein Menschenalter besiegelt. Nicht daß
unter seinem Pontifikat ein die Zeitgenossen empören-
der Luxus des Hofes von Avignon, zudem eine Korrup-

tion und ein Nepotismus ohnegleichen anhoben, war das Ärgste – Clemens machte nicht weniger als fünf Verwandte zu Kardinälen –, vielmehr ließ er sich zum Mittel in einer jener todestraurigen Affären gebrauchen, die als schwere Schatten über der Geschichte Europas liegen. Schon 1311 beugte er sich der von der französischen Krone planmäßig durchgeführten Vernichtung des reichen Templerordens, dessen Vermögen der ewigen Geldmisere Philipps abhelfen sollte. Wiederum betrieb Nogaret sein düsteres Spiel. Er verhaftete in Paris überraschend den Ordensmeister Jakob von Molay samt einer beträchtlichen Zahl von Ordensbrüdern. Was schon ob der Absurdität der Geständnisse unglaublich schien, geschah, die Beschuldigten bekannten sich in einer öffentlichen Versammlung vor Prälaten und Mitgliedern der Sorbonne für schuldig, ein Herd der Ketzerei zu sein; auch sei die Unzucht zwischen den Ordensbrüdern als Ersatz für die Ehelosigkeit erlaubt gewesen, ferner habe der Aspirant bei der Aufnahme in den Orden das Kruzifix anspeien müssen und was dergleichen durch Folter und Zermürbung erpreßte, alberne Geständnisse mehr sind.

Wenn Clemens v. auch über die Methoden Philipps iv. ehrlich gekränkt war und empörte Briefe ergehen ließ, zu Handlungen raffte er sich nicht auf. Vielmehr nahm er stillschweigend die Belehrung hin, nicht das Papsttum, sondern die Krone sei der eigentliche Hort der Kirche. Das Urteil gegen den Orden bedürfe daher keiner weiteren Untersuchung. Das Schicksal der unglücklichen Templer war besiegelt, ihr Opfertod grauenhaft. Clemens v. sah nicht nur zu, er spielte sogar den Handlanger.

Als er 1314, einen Monat nach dem Feuertode des Großmeisters starb, folgte ihm ein Mann, dessen Weg natürlicherweise von großen Hoffnungen der Christenheit begleitet war. Es handelte sich um Jacques Duèze, als Papst Johannes XXII. genannt, Sohn eines Schusters aus Cahors, Bischof von Avignon, dem das ungewöhnlich lange Pontifikat von achtzehn Jahren beschieden war. Indessen blieb es auch in der kommenden Zeit bei einer für Frankreich günstigen Kirchenpolitik. Johannes war in Lyon unter starkem Einfluß der französischen Krone auf den Stuhl Petri erhoben worden. Vergeblich hatte Dante zur Wahl eines Italieners aufgerufen, damit der päpstliche Hof nach Rom zurückkehre. Das entsprach nicht nur ideellen Wünschen, sondern wurde für die verödete Ewige Stadt eine Lebensnotwendigkeit; Straßen und Plätze überzogen sich bereits mit Gras, die Häuser verfielen. Für Avignon bedeutete Johannes XXII., der in Notre-Dame-des-Doms begraben liegt, hingegen viel. Er war ein großer, den Wissenschaften zugeneigter Geist, wiewohl in seinen Primatansprüchen so übersteigert wie Bonifaz VIII. Mittelbar kam der Stadt auch sein Nepotismus und Pfründenschacher sowie eine das Abendland in flammende Empörung versetzende Steuerpolitik zugute, in der eine der Ursachen der späteren Reformation zu suchen ist. Johannes XXII. sammelte das riesige Vermögen an, mit dem der Neubau des Papstpalastes begonnen werden konnte.

Mit dem seit 1334 inthronisierten Benedikt XII., einem Bäckerssohn aus Saverdun und bürgerlich Jacques Fournier geheißen, wurden die Dinge anders. Gewiß hat es ihm gelegentlich an politischer Energie, aber auch einfach an Möglichkeiten gefehlt. Er vermochte weder den Hundertjährigen Krieg zu verhindern noch sich gegen Philipp V. von Frankreich durchzusetzen, der es ihm unmöglich machte, mit Ludwig dem Bayern Frieden zu schließen; worauf sich die deutschen Fürsten im Kur-

verein zu Rhense zusammenfanden und die weitere päpstliche Einflußnahme auf die deutsche Königswahl unter-
banden. Ebensowenig vermochte er nach Rom zurückzukehren, was er doch innigst wünschte – er war immerhin nicht Kreatur, sondern sittenstreng, rechtschaffen, ein überzeugter Zisterziensermönch, dessen achtjäh-
riges Pontifikat auf die Säuberung der Kirche von Miß-
ständen, auf notwendige Reformen und die Sicherung
des Friedens auf allen Gebieten gerichtet war. Ihm verdankt das Papstschloß in Avignon seinen ersten, strengen und großen Teil.

Aber schon unter seinem höchst diplomatisch lavie-
renden Nachfolger Clemens VI., der als Pierre Roger de
Beaufort auf Schloß Maumont im Limousin geboren
war und von 1342 bis 1352 den päpstlichen Stuhl inne-
hatte, fiel Avignon den alten Übeln anheim. Abermals
erreichten Verschwendung und Nepotismus den Höhepunkt. Allerdings ist seine Zeit von lauterer Mensch-
lichkeit gekennzeichnet. Er bot den Heimgesuchten der
blutigen Judenverfolgungen des 14. Jahrhunderts in seinem Kirchenstaat eine Zuflucht und förderte die Künste, wo er konnte. Unter ihm muß der schon unter Benedikt XII. nach Avignon berufene Simone Martini noch
eine große Schaffensperiode erlebt haben. Ebenso verlieh Clemens VI. Petrarca, der unter dem Pontifikat Benedikts XII. in Rom auf dem Kapitol zum Dichter gekrönt
worden war, was eine neue Epoche der europäischen
Kultur einleitete – er verlieh Petrarca, dem schärfsten
Gegner des Exils von Avignon, ein Kanonikat in Pisa.
Er schließlich war es, der 1348 von der Königin Gian-
na I. von Neapel, derzeitiger Gräfin der Provence, die ob
des einigermaßen ungeklärten Todes ihres Mannes etlichen Grund für die päpstliche Geneigtheit spürte, Avignon käuflich erwarb.

Um diese Zeit ereignete sich etwas, das entscheidend mitwirken sollte, dem Exil des Papsttums ein Ende zu machen. Die heilige Brigitta von Schweden trat auf den Plan. Sie schrieb dem Papst ihre Offenbarungen eines Strafgerichtes, denen nachhaltige Wirkung beschieden war.

Allerdings erst bei Clemens VI. Nachfolger, Innozenz VI., der ebenfalls aus dem Limousin stammte, Etienne Aubert hieß und von 1352 bis 1362 die Tiara trug. Als Mensch tiefernster Veranlagung räumte er mit den verlotterten Zuständen in Avignon auf, widerrief Verleihungen, ging konsequent gegen das Pfründenunwesen vor. Die zehn Jahre seines Pontifikates blieben mit der Regelung der verworrenen Verhältnisse erfüllt. Allein, das Flämmchen war entzündet, und Boccaccio, der 1354 als Gesandter von Florenz am Hofe von Avignon erschien, fachte es mächtig an. Es sollte freilich erst Urban V., Guillaume de Grimoard, der von 1362 bis 1370 amtierte und unnachsichtlich gegen Mißstände jeder Art einschritt – es sollte erst dem heiligmäßig lebenden, klugen Benediktinerabt von St-Victor von Marseille, den die Mainzer Chronik › Lux mundi ‹ genannt hatte, beschieden sein, die Rückkehr nach Rom zu vollziehen. 1367 hatten ihn die heilige Brigitta, Petrarca und der persönlich in Avignon erschienene Kaiser Karl IV. dazu aufgefordert. Der bereits unter Innozenz VI. zur Vorbereitung der päpstlichen Wiederkehr nach Rom geschickte, nunmehr greise Kardinal Albornoz, der zum zweiten Begründer des Kirchenstaates geworden ist, begrüßte ihn. Am 16. Oktober 1367 hielt Urban seinen Einzug in Rom. Allerdings, er kehrte noch einmal nach Avignon zurück, wo er 1370, wie die heilige Brigitta prophezeit hatte, starb.

Es gab noch einmal einen Rückschlag. Der 1370 erwählte Gregor XI. – wie Clemens VI., dessen Neffe er war, Pierre Roger de Beaufort geheißen –, dieser letzte französische Papst der Geschichte, zögerte sehr, ehe er den Weg in die Ewige Stadt fand. Bis ihn endlich überraschende Ereignisse zwangen, nach Rom zurückzukehren. Nicht der Aufstand, der sich in Italien unter der Führung von Florenz gegen die Herrschaft der französischen Legaten erhob, vielmehr das Auftreten der derzeit fünfundzwanzigjährigen Katharina von Siena, deren regenerierende Kraft die eines Naturereignisses war, gab den Ausschlag.

1376 erschien sie plötzlich in Avignon und bestimmte den Papst zur Rückkehr nach Rom. Gregor XI. folgte dem Ruf am 17. Januar 1377. Freilich wurde sein Ansehen alsbald durch die Härte gegen Florenz und das vom Kardinal Robert von Genf schon im Februar des Jahres angerichtete Blutbad von Cesena getrübt. Wiewohl der Papst persönlich an den Verbrechen unschuldig war, nannte man ihn seither doch ›papa guastamondo‹, den Weltverderber. Er starb unter Gewissensqualen, die ihm von der heiligen Katharina aufgetragenen Reformen unterlassen zu haben. Sein Nachfolger Urban VI. war Italiener. Das Exil von Avignon war vorüber.

Das Schisma hob an, die Zeit der Gegenpäpste, die von den der Wandlung der Dinge widerstrebenden französischen Kardinälen gewählt waren. Avignon erlebte deren noch zwei, Clemens VII., der seit 1378, und Benedikt XIII., der seit 1394 den Anspruch erhob, der rechtmäßige Nachfolger Petri zu sein. Indessen verließ der letztere Avignon bereits 1408, nachdem er während fünf Jahren in seinem Palast belagert worden war. Sein Neffe Rodrigo de Luna wich mit seinen katalanischen Soldaten erst 1411 aus Avignon, als der Gegenpapst Johann XXIII., der in der Folge der Pontifikate ebenfalls nicht mitzählt, versuchte, in Avignon Fuß zu fassen. Seine Projekte zerschlugen sich. Nunmehr hob die Epoche der Kardinallegaten an, unter denen Giulio della Rovere der bedeutendste war. Avignon verwandelte sich in eine Handelsstadt, die gute Beziehungen zu Florenz, Pisa, Barcelona und Lyon unterhielt. Und dies war das Ende vom Lied.

Der Palast

Nur zwei der Päpste haben den Palast von Avignon gebaut, dessen düstere Großartigkeit, dessen Reihung zyklopischer Mauerwürfel auch äußerlich ein Spiegelbild der zerrissenen Zeitalter ist, in denen er entstand. Die hohen, spitzbogigen Mauernischen, welche der Fassade einige Einheitlichkeit zu geben versuchen, vermögen dem Bauwerk nicht den Charakter einer Festung zu nehmen. Übrigens dürfte grade diese rauhe Herbheit der Stimmung der Nachfolger Petri entsprochen haben, die hier halb gedemütigt, halb in Auflehnung saßen!

Die Bauherren waren Benedikt XII., jener sittenstrenge Zisterziensermönch, und Clemens VI. Wenn auf irgendwen, dann lassen sich auf Clemens die in Kurs stehenden Geschichtchen von der goldenen Zeit Avignons anwenden! Bei seiner Weihe fand ein Festessen statt, für das man neuntausend Hühner, fünfzehnhundert Kapaune, vierzehnhundert Gänse, tausend Hammel und hundertachtzehn ganze Ochsen benötigte. Unter anderem natürlich. Aber mit solchen Angaben wird man seiner Gestalt selbstverständlich nicht gerecht.

Der ältere, strenge Teil des Palastes ist der Benedikts. Er lagert sich um den nördlichen Hof mit dem ehemaligen Kreuzgang, in dem die bei feierlichen Anlässen geläutete silberne Glocke hing, und entstand zwischen

1334 und 1342. Sein eigentlicher Schöpfer war ein nord-
französischer Architekt, Pierre Poisson aus Mirepoix. Es
ist schwer, in dem Grundriß des Bauwerkes einen her-
kömmlichen Plan zu entdecken. Allenfalls vermag man
mit Joseph Gantner von einem verschobenen Rechteck
zu sprechen, das Pressungen uns unbekannter Art unterworfen war. An seiner der Stadt zu gelegenen Ostseite
wird dieser Palast von Türmen und Verlängerungsbau-
ten flankiert – nördlich von der schwer und ungeschlacht
aufragenden Tour Trouillas, der Tour de la Glacière, in
deren Tiefe man 1791 die Opfer der Volkswut stürzte,
sowie dem Küchenturm; südlich von Turmbauten mit
den Privaträumen der Päpste. Darunter findet sich die
von Clemens VI. nachträglich eingefügte Tour de la Gar-
derobe mit den köstlichen, leichten Malereien, die ein
französischer Künstler um 1344 schuf: Szenen der Jagd,
des Fisch- und des Vogelfanges, deren Reiz, wiewohl sie
restauriert sind, grade in ihrer Leichtigkeit beruht. Sie
sind ein unbeschwerter Griff ins volle Leben, ein Gegen-
stück zum Humanismus Petrarcas und bekunden eine
Lebensfreude, die man im Papstpalast sonst nicht an-
trifft. Soweit der Osttrakt des alten Palastes mit dem
großen Saal des Konsistoriums im Erdgeschoß, in dem
die Beratungen des Papstes und der Kardinäle stattfanden, und dem großen Festsaal, auch Grand Tinel genannt, im ersten Stock. Der Nordtrakt, heute vom De-
partementsarchiv und einem Museum in Anspruch genommen, enthielt die Kapelle Benedikts XII.; an der
Westseite befanden sich Wohnungen, und der Südteil
diente der Salle du Conclave. Es war ein Mindestmaß
an Notwendigem. Man kann wirklich nicht sagen, nur
ein einziger Stein sei entbehrlich gewesen.

Die Erwartung allerdings, es werde sich der nach Südwesten anschließende Palast Clemens VI., den Jean de

Loubières, wohl ein Südfranzose, baute, grundsätzlich von dem Benedikts unterscheiden, wird enttäuscht. Ungeachtet ihrer großen, kühnen Fensterdurchbrüche zum Cour d'Honneur bleiben die beiden im Rechteck aneinander stoßenden Flügel kaum weniger streng. Selbst das berühmte Ablaßfenster ändert das nicht. Der zur Place du Palais, also nach Westen gelegene Trakt enthielt Gemächer für die großen Würdenträger; ein schmaler Gang führt von ihnen zur Salle du Conclave hinüber, in welcher jeweils die Papstwahl stattfand. Der nach Süden gelegene Trakt birgt im Erdgeschoß die Salle de la grande Audience, den Gerichtssaal, und in der ersten Etage die Kapelle mit dem Grabmal Clemens VI.

Unmöglich natürlich, diese verschiedenen Bauteile einem Schönheitskanon unterzuordnen! Der Papstpalast ist eine Festung, hart, trotzig, zusammengewürfelt, ein grandioses Konglomerat, bei dem nie an eine Schaufassade gedacht war. Er lag übrigens früher innerhalb der Gassen Avignons; die Place du Palais ist erst eine Schöpfung des 17. Jahrhunderts.

Inzwischen sind die Wiederherstellungsarbeiten weitgehend abgeschlossen. Im Nordflügel des Papstpalastes ist heute kein Museum mehr untergebracht, er wird zur Zeit als Archivraum genützt; die Kapelle Benedikts ist nur nach besonderer Anmeldung (beim Direktor des Papstpalastes) zugänglich. Angenehm ist, daß man sich neuerdings in den zur Besichtigung zugelassenen Räumen frei bewegen kann, d. h. nicht gezwungen ist, sich einer der im Eiltempo durch die Gemächer stürmenden Führungen anzuschließen. In der grandiosen Kapelle Clemens' VI. finden regelmäßig Wechselausstellungen zu verschiedenen Themen statt.

Es gibt etwas, das den Eindruck der Strenge vergrößert. Der Palast war nach dem Ende des Pontifikates von Avignon zu groß für die Kardinäle, welche den Kirchenbesitz verwalteten. Er verfiel. In der großen Revolution wurde er Gefängnis, darauf Kaserne. Erst im vorigen Jahrhundert hat man ihn geräumt und mit der Restauration begonnen. Er ist also bar jeden Erinnerungsstückes, eine leere Schale – kahle Höfe, kahle Hallen, kahle Kirchen. Der Putz, auch dort wo früher Fresken waren, meist abgeschlagen. Ob man in die älteren Teile geht, wo man verschiedene Gemächer kreuzt, bis man in den ehemaligen Speisesaal Benedikts XII. gelangt, der an der Stirnseite mit einem Kamin versehen ist, ein gewaltiger, schmuckloser Raum – ob man in dem Teil Clemens VI. umherwandert: hoch, kahl bleibt alles. Es gibt im Grunde nichts zu sehen. Ausgenommen natürlich die nackte Innenarchitektur der Räume.

Das Innere wirkt also wie ausgeplündert. Eine Ausnahme bildet in einiger Beziehung lediglich die Kapelle Clemens VI. Ein kahler Raum der Gotik, eine einschiffige Halle mit der Wand vorgelegten Dienstbündeln, auf denen gedrückte Kreuzgratgewölbe ruhen. Der einstige Putz ist auch hier abgeschlagen, weniger Bilder Spur zu sehen.

Die Führer übergehen das geflissentlich. Es kommen zuviel Menschen. Sie wollen weiter. Im Hof warten schon neue Omnibusladungen eingeschüchterter Touristen. Das Fresko mit dem Bild der Marienkrönung bleibt also ungezeigt. Gut, man kann einen Augenblick zögern, die anderen vorgehen lassen und schnell ausmachen, daß die Engel, welche die Krone herniederholen, Menschenköpfe und Schwalbenleiber besitzen. Aber schließlich genügt das nicht. Der Besuch ist eine einzige Absolvierung.

Gleichwohl, dieser Raum läßt noch etwas von der Großartigkeit und Großzügigkeit ahnen, die das meiste besessen haben muß. Wunderbar der Ton, der beim Sprechen zu schwingen anhebt. Einmal, als wir entlangzogen, war der Führer ob reichlicher und rechtzeitig gespendeter Pourboires bei Laune und hieß einen zumeist unbeteiligt, skeptisch mitwandernden, etwas kleinbürgerlichen Kleriker einige Töne der Liturgie anstimmen. Der Schwarzrock war plötzlich verwandelt, intonierte gregorianische Modulationen, die voll Schmelz davonflogen, anschwollen und zu Akkorden gesteigert zurückkehrten.

Sehr viel mehr aber gibt der Papstpalast von Avignon von dem verschütteten Leben in seinen Mauern nicht her. Obwohl ganze Gruppen von Arbeitern bemüht sind, das Mauerwerk instandzusetzen, neue Decken einzuziehen und die Verwüstung vergangener Jahrhunderte ungeschehen zu machen; denn der Papstpalast ist längst ein gutes Geschäft geworden.

Simone Martini in Avignon

Das ist das Verhängnis von Avignon überhaupt – trotz gewaltiger Baumassen, zahlloser Spuren, man sieht verblüffend wenig. Von dem mehr als ein halbes hundert Namen zählenden Schwarm von Künstlern, die gelegentlich an der Ausschmückung des Papstpalastes mitgewirkt haben, und der Unsumme ihrer Werke blieb nichts übrig. Von Simone Martini, dem großen Meister der sienesischen Gotik, den schon Benedikt XII. aus Italien holte – nichts. Stimmt es mit den Nachrichten, die wir sowohl von Ghiberti wie Vasari über Simone besitzen, muß er in Avignon viel gemalt haben. Es ist also alles verloren, einschließlich des Porträts der Laura de Noves, das dem Künstler eine emphatische Verherrlichung durch Petrarca eintrug.

Als Simone Martini aus Siena, dessen Schönheitsgefühl der Kunst des Trecento und der Malerei überhaupt eine Innigkeit gab, die sie zuvor nicht besaß, 1339 nach Avignon kam, war er ungefähr fünfundfünfzig Jahre alt. Mit ihm zogen sein Bruder Donato und seine Frau Giovanna, Tochter des Memmo di Filippuccio und Schwester des Malers Lippo Memmi. Gedachte Simone, in Avignon einigen Ruhm für die Nachwelt zu erwerben, schlug ihn das Schicksal schwer. Von seiner Tätigkeit gibt es nur noch ein einziges, kaum mehr wahrnehmbares Zeugnis, das Tympanon über dem Portal der Papstkirche Notre-Dame-des-Doms, deren Portikus er einst ganz mit Bildern überzogen hatte. Man erkennt nur noch sehr schwach, was da auf blauem Grunde gemalt war: den Weltenherrscher, von Engeln umgeben, eine thronende, mit dem Blick zum Beschauer gewandte Madonna, deren sienesische Abkunft unverkennbar ist, das Bambino. Wie wir wissen, war ihr zu Füßen knieend der Kardinal Ceccano dargestellt. Man gewahrt nichts mehr davon. Links und rechts von der Gottesmutter, wenigstens in der auf dem Putzgrund entworfenen Vorzeichnung – diese Methode ist des Simone Erfindung – erhalten, zwei anbetende Engel in der weichen Linienführung der italienischen Manier. Ein, zwei Köpfe lassen sich enträtseln. Deutlich nur ein Engelshaupt, das die süße Versponnenheit und träumerische Inbrunst der Sienesen besitzt. Wer meditierend vor dem Bildwerk stehen bleibt, erkennt allerdings bald den alten Plan; er vermag sogar einiges über das Bildwerk zu erfahren. Es ist eine raffinierte Malerei gewesen, welche jenes tiefe Ultramarin bevorzugte, das man noch heutzutage in der Provence gern an den Fensterläden der Häuser findet.

Bögen und Friese dürften selbst dort farbig gefaßt gewesen sein, wo sie plastische Ornamente trugen. Der
Portikus, der, wie in der Provence so üblich, ein bißchen
griechische Erinnerung wachruft, muß überaus farbenfroh gewirkt haben. Ein Gedanke, der gar nicht einmal
so leicht zu ertragen ist.

*Moderne Konservierungstechnik hat es möglich gemacht,
heute doch wieder mehr von der Kunst des großen Sienesen
sichtbar zu machen: Im Saal des Konsistoriums, im Erdgeschoß des Benedikt-Baus, sind das von der Mauer der
Kirchenvorhalle abgelöste Fresko und die einst darunter
befindliche, gut erhaltene Vorzeichnung nebeneinander zu
sehen. Der Betrachter gewinnt so nicht nur einen lebendigen Eindruck von Simones Malerei, sondern auch einen
Einblick in seine Arbeitsweise.*

Überhaupt, Notre-Dame-des-Doms, dieser älteste erhaltene Teil der päpstlichen Enklave von Avignon! Die
Kirche stammt noch aus dem 12. Jahrhundert. Die in
späteren Zeiten angereicherte Innenarchitektur erweist
sich von jener festlichen Fülle an Bauformen, deren die
höchste geistliche Hofhaltung gewiß schon aus repräsen-
tativen Gründen bedurfte. Über dem romanischen Bau
mit seinem geknickten Tonnengewölbe hebt sich am
Platze der Vierung die von einer Laterne bekrönte
Kuppel. Den gesamten Innenraum umzieht eine in Re-
naissanceformen gehaltene Galerie, die sich an jedem der
Pilaster kanzelförmig vorwölbt. Über dem Eingangspor-
tal der Sängerchor; an den Seiten keine Schiffe, sondern,
wie aus den Bedürfnissen erklärlich, Kapellen, die man
seit dem 14. Jahrhundert angefügt hat. In einer davon
ruht Benedikt XII. Für das reiche pseudoantike Dekor
einer späteren Zeit samt den kannelierten, geriffelten

Villeneuve-lès-Avignon
Gemälde von Camille Corot (Museum Reims)

Säulen und imitiertem Marmor erwärmt man sich weniger. Aber gelegentlich findet sich doch ein großes Zeugnis der romanischen Kunst, wie der seitlich im Chor ste-
hende, marmorne Bischofsstuhl vom Ende des 12. Jahrhunderts, der auf der einen Seite den Löwen des heiligen Markus, auf der anderen den Stier des heiligen Lu-
kas zeigt.

Nicht nur die Leere von Avignon verwundert. Vielmehr
scheint die goldene Zeit der Päpste auch in den Herzen
der provenzalischen Zeitgenossen nur ein geringes Echo
geweckt zu haben. Die Liste jener, die am Papstpalast
mitgewirkt haben, nennt keinen Künstlernamen aus dem
umliegenden Lande. Enguerrand Charonton, der Schöpfer der Marienkrönung von Villeneuve, stammt aus
Laon, ist also Nordfranzose. Erst mit Nicolas Froment
aus Uzès setzt die provenzalische Kunst wieder ein.

Sieht man indessen von ihm und seiner Darstellung
des heiligen Siffrein oder dem Bildnis des frommen Kardinals Pierre de Luxembourg, das ein unbekannter Meister schuf, ab – selbst die Bilder der Schule von Avignon
aus dem 15. und 16. Jahrhundert im Musée Calvet, Werke jener Epoche also, die unmittelbar der Rückkehr der
Päpste nach Rom folgte, bekunden seltsam dunkel über-
fangene Farben und in Ernst versunkene Gestalten. Das
sind doch Teste für die Stimmung der Zeitalter, in denen Avignon wirklich einige Schicksalsgunst genoß! Also kann es mit der vielberufenen ›Joie de vivre‹ der Provenzalen nicht so weit hergewesen sein. Seltsam, wie
steif die Figuren, wie trist überfangen, gleichsam immer
mit Grau untermischt die Farben der Bilder sind, die
da an den Wänden hängen. Im nämlichen Museum befinden sich andererseits Panneaux einer bemalten Decke,
die sich in einem gotischen Haus zu Avignon befand. Da

reißt plötzlich ein Stückchen Kulturgeschichte jener Epoche auf; aber sie ist ganz anders als erwartet. Karikierte, skizzenhaft hingestrichene Brustbilder, zumeist in Schwarz, Blau und Rot zeigen sich, die eine erstaunliche Bissigkeit verraten. Möglich, daß sich ein ironischer Geist diese Zimmerdecke malen ließ. Aber ein Zeugnis gegen die ›Joie de vivre‹ ist sie immerhin.

Im selben Raum übrigens, welche Überraschung, ein Stück von des Johann Körbecke spätgotischem, in alle Welt verstreuten Marienfelder Altar! Das nimmt sich aus, als seien die gewohnten Verhältnisse plötzlich umgekehrt, so quellfrisch und farbenfroh wirkt diese westfälische Auferstehung neben den gleichzeitigen Bildern der Maler aus dem Sonnenlande! Ein Werk voll schwereloser Leichtigkeit trotz der genau notierten Realität. Nebenbei gesagt, es gibt in diesem Museum noch andere Zeugnisse die Fülle, die bekunden, wie wenig es sonst in der Provence an Herzenswärme gefehlt hat. Da sind die Funde aus der christlichen Antike, Grabsteine zumeist. Einer der Steine, der die Figur eines jung verstorbenen Mannes zeigt, der Prothymos geheißen hat, trägt die Inschrift: »Prothymo chrestos chaire«, »Grab des Prothymos. Sei gegrüßt, Christus.« Welch eine ergreifende Inschrift. Abzubilden, daß sich der Tote, im Jenseits angelangt, aufrichtet und voll freudigen Erkennens »Sei gegrüßt, Christus« sagt.

Villeneuve-lès-Avignon

Wandert man über die Rhônebrücke hinüber, läßt sich das Betrachten gleich fortsetzen.

Villeneuve, ursprünglich um ein Benediktinerkloster gewachsen, dessen Spuren bis auf das Kirchlein Notre-Dame-de-Belvezet im Fort St-André verlorengingen –

Villeneuve, angesiedelt auf den Resten römischer Bauten und eines christlichen Eremitikums, ist eigentlich eine Schöpfung Philipps des Schönen. Das besagt, er hat der Stadt zu ihrem Aufschwung verholfen und den nach ihm benannten Turm angelegt, um das ewig aufbegehrende Avignon in Schach zu halten, das sein Urgroßvater Ludwig VIII. 1226 mühsam genug gebändigt und rekatholisiert hatte.

Ein Menschenalter nach Philipp IV. wurde die mächtige Befestigung angelegt, die ein grandioses Dokument französischer Militärarchitektur des Mittelalters blieb – das Fort St-André mit seinen gewaltigen Mauern und Rundtürmen, das den gesamten Puy Andaon, den Berg zu Häupten von Villeneuve, überzieht. Man ist geneigt zu sagen, die römische Monumentalarchitektur der Provence habe hier eine ebenbürtige Nachfolge gefunden. Die Ausdruckskraft der Festung beruht auf vollkommener Zweckhaftigkeit, die mit mathematischem Kalkül zu Ende gedacht ist; sie ist daher auch vollkommen schön, gleichsam kubische Auskristallisierung des Felsens, auf dem sie entstand, und aufgeführt in einem Stein, den die Sonne des Südens ähnlich gereift und mit Leuchtkraft erfüllt hat, wie das Alter den Wein guter Jahrgänge veredelt. Kein Wunder, daß sich Maler vom Range Corots beim Anblick dieser Fortifikation fasziniert fühlten.

St-André entstand in der Zeit von Jean II., den die Geschichte den Guten nennt, und Charles V., dem Weisen. Der Epoche der berüchtigten Routiers also, abgedankter Söldner, für die man keine Verwendung mehr besaß. Sie hatten sich zu großen ›Compagnies‹ zusammengeschlossen, die von Plünderung lebten und deren Greuel lähmendes Entsetzen verbreiteten. 1364 mußte sich Avignon mit einer Summe von zweihunderttausend Goldgulden von ihnen freikaufen. Bis es Duguesclin, dem Feldherrn Charles V., gelang, sie nach Spanien abzulenken. Aber noch lange geisterten die Schreckensbilder unglücklicher Bauern durch die Provence, die von den Banditen in Säcke gesteckt und auf dem Amboß mit Schmiedehämmern bearbeitet worden waren. Auch gegen solche Gefahren entstand also die Festung St-André.

Dies allerdings war nicht mit dem Betrachten gemeint. Vielmehr, Villeneuve, das zu Zeiten der Päpste viele Kardinäle beherbergte, weil es in Avignon an geeigneter Unterkunft mangelte – diese Dependance von Avignon besitzt etliche Kostbarkeiten. Nicht nur in der 1333 von Kardinal Arnaud de Via, dem Neffen Johannes XXII., gegründeten Kirche Notre-Dame, in der sich Werke von Philippe de Champaigne, Pierre Mignard und Simon Vouet finden; die Sakristei besitzt eine ganz zarte, in Elfenbein geschnittene und farbig gefaßte Madonna vom Anfang des 14. Jahrhunderts, ein Geschenk des Kirchengründers, die zu den Meisterwerken französischer Kunst gehört. Wandert man von hier ein Stück unter den Arkaden der Hospiz-Straße nach Süden, gelangt man schnell zum Museum des Hospitals. Freilich, von der berühmten, in katalanischer Manier gemalten ›Pietà‹, dieser Grablegung von einzigartiger Strenge und Stärke aus dem 15. Jahrhundert, deren Original sich im Louvre befindet, läßt sich nur die Kopie sehen. Dafür besitzt das Museum als größten Schatz die bereits 1435 gemalte Marienkrönung des Enguerrand Charonton, die mit dem Kalvarienberg, der Auferstehung nebst der die zum Himmel aufgefahrene Jungfrau krönenden Trinität, himmlischen Heerscharen und anbetenden Heiligen noch einmal eine theologische ›Summa‹ darstellt. Sie stammt aus der Kartause, von der noch zu reden sein wird.

Inzwischen hat sich einiges geändert: Die Elfenbein-madonna befindet sich nicht mehr in der Sakristei der Kir-che, sondern zusammen mit Gemälden von Nicolas Mignard, Philippe de Champaigne, Simon de Châlons und anderen Künstlern – fast alle Arbeiten stammen aus der ehemaligen Kartause – im Musée municipal Pierre-de-Luxembourg. Der Name deutet darauf hin, daß auch das Museum seinen Ort gewechselt hat. Vom Spital, wo es 1868 gegründet wurde, zog es 1986 in die ›Livrée‹ des Kardinals Pierre de Luxembourg um, einen noblen, im 17. Jahrhundert umgebauten Palast des 14. Jahrhunderts in der Rue de la République. Dort hat die großartige Marienkrönung des Enguerrand Charonton (oder Quarton) einen würdigen Platz gefunden. Sie war 1453/54 (nicht 1435) für die Grabkapelle Innozenz' VI. in der Kartause geschaffen worden. Die Kopie der in den Louvre verbrachten Pietà dagegen ist heute in der ehemaligen Stiftskirche aufgestellt.

Anfangs allerdings ahnt man von diesem Reichtum wenig.

Das Glück war uns hold – man aß wirklich gut in dem zufällig am Weg entdeckten Gasthaus, von friedlichen Frauen besorgt. Mit der alten Dame, die dem Unternehmen vorstand, kamen wir bald ins Gespräch. Es war eine Elsässerin, Witwe eines Malers, mit dem sie lange in München gelebt. Ihr Mann hatte Franz Marc nahegestanden. Künstlerfreunde kamen und gingen noch jetzt ein und aus. Unold, Seewald, auch Hausenstein, der damals noch lebte. Zu Zeiten ließ Albert Schweitzer sich sehen. Eben saß ein Vetter von ihm oben mit seinen hübschen Töchtern bei Tisch. Es machte sie stolz, daß der Zauberer von Vallauris sie eines Tages unerkannt in einem Schwarm von Malern besucht und nach dem sonst im Gastraum hängenden Selbstporträt ihres Mannes gefragt hatte. Er habe es sehr geliebt... Aber man mußte nicht nur, wie Picasso, des verstorbenen Künstlers Bilder lieben, sondern Madame auch, die trotz ihres Alters sehr lebhafte, herzliche, hellbraune Augen besaß.

Da sie verlauten ließ, es sei gut, zuerst das Fort zu besteigen, weil mit der Überschau auch das Verständnis wachse, stieg ich sogleich hinan, gesonnen, alles Historische möglichst rasch zu vergessen.

Hinter dem mächtigen Festungstor, in dem ein verschmitzter Gardian aus dem Fenster lächelte, dessen Leidenschaft das Malen war, abstrakt, gegenständlich, konservativ oder futural, einerlei, vor allem hübsch bleu, denn »elle a des yeux bleus comme pervenche«, wie er vergnügt trällerte – hinter dem zyklopischen Festungstor führte ein Gang, ein Sträßchen nach rechts an der Innenmauer entlang. Häuschen lagen daran, die sich gegen die Brustwehr lehnten. Bienen summten in großen Rosmarinbüschen und Lavendelsträuchern. Ein Brunnen, so tief, war da, daß man zwei, drei Atemzüge tun mußte, ehe der hinabgeworfene Stein den fern-fernen Spiegel im schwarzen Abgrund zerriß. Dahinter begann die Welt der Trümmer – edle Torsen von Palästen und nicht etwa zerfallenes Steinwerk schlechthin, vielmehr Wölbungen und Simse, über das sich kleinblütige, gelbe Röschen warfen, ein alter Saal, eine Halle mit Kreuzgewölbe. Jeder herabgestürzte Stein verriet eine formende Hand. Dazwischen wucherte üppiges, tiefes Grün und bunte Blumen blühten. Es war ein Platz voller Märchendichte, eine tiefe, volle Schönheit auf der Höhe nackten, hellgrauen Felsgesteines.

Ich weilte an diesem Nachmittag ganz alleine im Fort. Lange Zeit lag ich auf einer Felsnase mit dem Gesicht nach Osten. Unter mir öffneten sich die Gärten des Rhônetales der Sonne; die Frösche hoben schon mit dem Konzertieren an, und die Nachtigallen schlugen. Hinter der Rhône aber stieg Avignon wie eine Erscheinung.

Als ich schließlich aufstand und über Mauern, durch Ruinen hinweg auf die Höhe des Berges kletterte, endlich auf den Laufgängen der Mauer an der Tour des Masques entlangbummelte, sah ich durch die Scharten nach Süden und Westen hinab auf den alten Ort, der das päpstliche Tivoli von Avignon gewesen. Nicht nur Clemens vi., sondern auch fünfzehn Kardinäle besaßen hier Sommervillen oder Paläste. Hänge senkten sich, Kinder spielten unter Ölbäumen, während Frauen, in Rot und Blau gekleidet, auf grünem Anger saßen. Freilich, das Schönste in dieser großräumig aufgebreiteten Landschaft blieb doch das hoch über das Rhônetal hinausgehaltene Fort selbst, blieb der Puy Andaon, den Jean le Bon 1363 befestigt hatte. Auf der Höhe des Forts, nahe der Tour des Masques, verlockte mich eine kleine Pinède sehr. Dort nämlich liegt der Rest des alten Benediktinerklosters St-André, die Chapelle Notre-Dame-de-Belvézet, was dasselbe wie Bellevue heißt, die alte, fast erloschene Wandmalereien im Innern trägt. Tief violette Iris blühten voll Überschwang über dem Silbergrau ausgebleichten Steines und erfüllten die Luft mit schweren Düften ...

Welch ein Traum, hier sein, im Frühling sein! Schmetterlinge taumelten einher. Ich lag abermals lang auf dem Rücken und vergaß alle melancholische Bedrückung und trübe Spekulation, die in einsamen Stunden auf Reisen gelegentlich unser Teil ist, war ruhig und freute mich der wiedergefundenen Erde.

Aber trotz seines Landsitzes, es ist nicht Clemens vi., sondern erst Innozenz vi. gewesen, der Villeneuve um jenen Punkt bereicherte, der so etwas wie das Herz des Ortes darstellt. Er hat hier 1356 die Kartause gegründet, die man Val de Bénédiction nennt, gelegen auf dem Gelände eines ehemaligen Kardinalssitzes. Mit mehr als fünfzehnhundert Metern Mauerumfang war sie die größte Kartause Frankreichs, die nicht weniger als drei Kreuzgänge besaß. Und in ihrer heute halb aufgebrochenen Kirche hing nicht nur des Enguerrand Charonton berühmtes Bild, sondern stand auch das Grabmonument Innozenz VI., das man im vorigen Jahrhundert in das Musée de l'Hospice überführt hat.

Das Grabmal Innozenz' VI. befindet sich jetzt wieder an seinem ursprünglichen Platz in der südlichen Chorkapelle der Klosterkirche.

Die Kartause ist längst zerstört. Leergestorben sind Kammern, Säle, Zellen. Wie sich das immer wieder einstellt in und um Avignon: alles leer! Nur noch die Schale, die Schneckenhäuser blieben übrig.

Da des Kartäuserordens Regel gebot, daß die ›Doms‹ genannten Väter in einzelnen Bauwerken für sich lebten, dem Gebet, dem Studium, der Handarbeit verpflichtet, besitzt die Kartause einen innersten Bereich, denjenigen der Einsiedeleien hinter den Gemeinschaftsräumen der Brüder. Man darf nicht glauben, daß die Kartäuser in ihrem Eremitikum elend gelebt hätten. Für jeden der Doms gab es ein eigenes Domizil, kleinere Häuser mit Stuben, prachtvollen Fensterstürzen, Schwellen, Kaminen, Wasserbecken aus Haustein nebst einer behaglichen Treppe und geräumigen Dachböden. Eine Familie wäre heute glücklich mit soviel Raum. Von Karenz läßt sich nichts spüren. Aber darum war es auch nicht zu tun, vielmehr, schon im späten Mittelalter muß die Weltmüdigkeit groß gewesen sein; so groß, daß man den Rückzug von der Welt als Mittel zur Läuterung ansah. Man hat das mit allen Konsequenzen gelebt. Dem Ort zu ist dem Kloster ein ganzes System von Schleusen vorgelagert, die alle zu passieren waren. Niemand sollte in die geheiligte Ruhe der Väter eindringen und stören.

Das verleiht der Epoche der angeblichen Lebensfreude abermals einen neuen Zug: die Rückkehr ins Eremitikum gleich vor den Toren von Avignon. Mit der Fröhlichkeit des Exils der Päpste kann es wirklich nicht weit her gewesen sein.

Die behutsam restaurierte Gesamtanlage der Kartause vermittelt heute nicht nur ein anschauliches Bild der einzigartigen Synthese aus ›vita contemplativa‹ und ›vita communis‹, die für diesen Orden charakteristisch ist und in seinen Bauten eindrucksvoll Gestalt gewonnen hat. Sie ist vielmehr ein Ort der Stille geblieben, fernab von den Sightseeing-Eskapaden des Fremdenverkehrs, zugleich aber neuerdings auch ein lebendiges Zentrum vielfältiger kultureller und kommunikativer Aktivitäten.

Vallis clausa oder Vaucluse

Plateau von Vaucluse

Anderntags zog ich wieder nach Osten hinaus. Es schien meine Bestimmung, in unaufhörlichen Zickzackwegen nach Süden vorzudringen, als seien die mittäglichen Gestade ein Berg, den man in Serpentinen ersteigt. Auf diese Weise bohrte ich mich gradezu in die Landschaft ein. Wenn es vorläufig auch nur eine staubige Landstraße war, auf der ich müde entlangschritt und kein Ende sah.

Das Massiv oder Plateau von Vaucluse besteht aus mächtigen Schollen von Kalkfelsen. Durch ausgefranste Täler kurven die Straßen in Windungen hoch. Es sind wenig genug. An den wichtigen Punkten dieser Verbindungen liegen, spärliche Perlen eines Rosenkranzes, Dörfchen und Städtchen. Mal eine Abtei, mal ein Schloß inmitten. Venasque ist solch ein Platz. Wie die meisten dieser Orte zieht es sich über Bergeshöhe und läßt sich nur in mühseligen Kehren erreichen. Es ist wahr, der Himmel scheint hier blauer als anderwärts. Um den Hauptplatz des Ortes liegen etliche respektable Gebäude, und es erhebt sich darauf eine schlanke Barocksäule mit einem Kreuz aus Eisengerank. Eisengerank ziert auch den Balkon des ansehnlichsten der Häuser; dieses städtische Attribut ist sich das Nest ob seines Alters schließlich schuldig. Den Altan wiederum schmücken einige

Kakteen, die vergeblich versuchen, etwas Grün in den
Überfluß an grauen Mauern zu tupfen. Drei Sträßchen,
welch unerhörter Aufwand, münden an dieser Stelle.
Nach Nordosten schweift der Blick ins Gebirge. Wem's
nicht hoch genug ist, der kann auf's Dach der alten Kirche steigen. Von da läßt sich der Turm mit einem Trepp-
chen erklimmen. Seine Steinhaube trägt an den Außen-
kanten so etwas wie Krampen. Ein guter Turner kann
also noch höher gelangen.

Aber das ist's natürlich nicht, was Venasque ausmacht.
Vielmehr, beim Anstieg zur Stadt erblickt man einige
biforienartige Durchbrüche in der gewaltig emporstre-
benden Befestigungsmauer. Dahinter liegt die berühmte Taufkapelle. Von unten strömt, gleichsam als Stütze,
ein uralter Efeustock die Steilwand hoch, verteilt sich
säuberlich wie ein Flußdelta und rinnt dann wieder zusammen. Schwarzgrün auf Hellbeige, und das ist ungefähr das einzige an diesem Ort, das nicht steinern ist.
Menschen gab's dort so wenige, daß ich nicht einmal
weiß, ob Venasque richtig bewohnt ist. Außer ... aber
man wird schon sehen!

Venasque - Merowingische Taufkapelle

Venasque, das so hoch auf einer Kuppe des Plateaus von
Vaucluse liegt wie ein Piratennest; Venasque, das vom
Ende des 6. bis zum Ende des 10. Jahrhunderts Sitz der
vor den Sarazenen geflüchteten Bischöfe von Carpentras
war; Venasque in der luftigen Höhe der Dohlen und des
Mistrals über einem Tal der Kirschen und Reben – die-
ser kleine, uralte Ort hat einem ganzen Landstrich den
Namen gegeben, dem Venaissin.

In römischen Zeiten hieß er Venasca, was manche Na-

mensforscher mit der römischen Liebesgöttin zusammen-
bringen, die an nämlicher Stelle, wo Venasques berühmtes Baptisterium steht, einen Tempel besaß. Der Ort
war derzeit Etappenstation auf dem Weg vom Rhônetal
ins Landesinnere. Das Bodenloch sieht man noch heute,
in dem die Herme gewurzelt hat, welche das Venusbild
trug. Ich erfuhr das alles aus erster Hand.

Nämlich, ich war in die Hände von Monsieur Georges
Dauzier geraten. An der Kirche schwärmten eben, wie
ich schon Jahre zuvor gesehen, die Bienen aus einem
Loch der Fassade und spendeten, wenn Herrn Dauzier
zu glauben war, »un miel delicieux«, einen köstlichen
Honig. Er stand ein paar Schritte seitab und sah, ohne
von mir Notiz zu nehmen, aufmunternd hinauf. »Na, ist
das etwa nichts«, schien er fröhlich zu sagen.

Herr Dauzier, der von Amts wegen zum Cicerone
durch die Altertümer von Venasque bestimmt ist, erwies
sich als ein Mann von Suada. Aber man mußte ihm zu-
billigen, daß er in seinem Beruf vornehmlich eine Berufung erblickte. Gewiß, er machte mir meinen Besuch
keineswegs leicht. Denn Monsieur, durch eines Menschen
Anteilnahme zu hohem Geistesfluge gestimmt, sprach in
unaufhörlichem Redeschwall auf mich ein. Er hatte mir
eigentlich nur jene merowingische Taufkapelle zeigen
sollen, die eines der ältesten religiösen Bauwerke Frankreichs ist, über dem Venustempel von einst errichtet. Ehe
er indessen mit langem Schlüssel die Eisentür im Winkel hinter der Kirche aufgeschlossen hatte, prasselten
bereits Sturzfluten seines erstaunlichen Wissens auf mich
nieder. Demnach war auf die Römer eine schwächliche
Zeit gefolgt, die merowingische, von welcher man im
Bauwerk etliche Kapitelle sah und sonst gar nichts. Darauf aber eine Epoche mit dem Bischof Siffrein von Carpentras als Spitzenreiter. Er vergaß freilich zu sagen,

daß auch die Ära seines hochberühmten Kirchenfürsten
nicht mehr geleistet hatte. Nebenbei gesagt mußte ich
den Ausdruck ›Spitzenreiter‹ wortwörtlich nehmen. Siffrein nämlich war ein Rittersmann ausdermaßen gewesen, ein Gentilhomme. Ein Bildwerk zeigte ihn mit einer
Kandare in Händen wie einen Wünschelrutengänger.
Nicht des Nicolas Froment Bildnis im Musée Calvet zu
Avignon, sondern eine Figur in der Taufkapelle.

Im 12. Jahrhundert hatte man das Baptisterium ener-
gisch umgestaltet. Aus dem römischen, dem merowingischen Bau, von deren beiden es Zeugnisse in Gestalt
von Säulen besaß, wurde jetzt ein romanischer.

Aber seinen eigentlichen Ruhm machte doch die Ära
des Bischofs Siffrein aus. Eine jähe Bekehrung hatte den
Kavalier nach Art des heiligen Rochus in einen frommen Mann verwandelt. Es war das Zeitalter der Saraze-
neneinfälle, vor deren berittenen Geschwadern sich selbst
der tapfere Kriegsmann nicht anders zu salvieren wußte,
als daß er seinen Sitz nach Venasque verlegte. Wie uns
Heutigen wieder geläufig, kam es in dieser Epoche der
Krisen darauf an, die im Glauben Schwankenden und
die zum Glauben Heimkehrenden zu bestärken, die zum
Glauben Bekehrten aber zu taufen. Daher besaß das
Baptisterium von Venasque soviel Bedeutung. Es verfügte sozusagen sogar über Komfort; das zum Taufen
benötigte Wasser rann durch die Wand herein, und zwar
gleich in zwei Leitungen, warm und kalt. Sodann strömte es durch einen Kanal im Boden und füllte nunmehr
das Taufbecken hüfthoch. Die Anwärter auf den Glauben wurden derzeit, so beteuerte mein Gewährsmann,
nackt wie sie Gott geschaffen getauft, wobei er sich, in
Andeutung das Wasser hätte zu kalt sein können, voll
Abscheu schüttelte.

Dies also das Herz des Heiligtums von Venasque. Dar-

um war in romanischer Zeit unter Verwendung alter
Bauteile ein in Kreuzesform angelegter, das heißt ein
aus vier gegenüberliegenden Apsiden bestehender Raum
entstanden, deren Rundungen von Arkaden umzogen
waren – Säulen mit Kapitellen der römischen und merowingischen Epoche und Bögen, die nicht ohne mauri-
schen Einfluß geblieben. Wieviel war in der Zeiten
Sturm verlorengegangen? Wer kann es wissen! Je nach
Graden augenblicklicher Frömmigkeit hatten die Leute
von Venasque den Bau geplündert oder geschmückt. Bis
Anfang dieses Jahrhunderts die Konservatoren zu ihrem Recht kamen. Ob sie etwas besser, ob schlechter
machten, bleibt noch die Frage. Sie schufen einen neuen
Zugang, ein neues Deckengewölbe und einen neuen Ausgang nebst einem Balkon gegen den Ventoux hin. Das
veränderte selbstverständlich die Aspekte vollkommen.
Aber schon wahr, tritt man auf den Altan hinaus, ist
die Aussicht berauschend – das ganze Land liegt hingegeben zu Füßen, und der Blick geht im Flug über Täler
und Höhen bis hin zu dem fernen Schneefetzchen auf
dem Gipfel des Götterberges. Gleichwohl ... früher war
das hier eine Zelle, eine Klause, dem In-sich-gehen gewidmet. Jetzt hatten die Konservatoren das Heiligtum
um seinen eigentlichen Sinn gebracht. Mein Gewährsmann nannte die Restauratoren zu meinem unaussprech-
lichen Vergnügen übrigens nur die ›beaux arts‹. Immerhin, sie hatten sich auf ihr Handwerk verstanden. Sie
hatten sogar die brüchig werdende Mauer, die von der
Taufkapelle bis ins Tal hinabfällt, mit Ladungen von
Zement gefestigt. Nur das eine hatten sie nicht begriffen, das Höhlenhafte mitten im Licht des Südens und
hoch auf dem Felsen.

Dies alles wurde mir sozusagen Mund an Mund mit
höchst heftiger Suada zugesprochen, halb engels-, halb

teufelsgesichtig. Meines Führers rechte Gesichtshälfte
war nämlich durch ein großes Brandmal entstellt, das
die Wangen und Tränensäcke in narbige, blaurote Ge-
schwülste verwandelt hatte. Darin schwamm ein wässri-
ges Auge.

»Monsieur«, sagte er, »glauben Sie mir, ich kenne viel
von der Welt, aber dies...c'est étonnant!« Alles war
einzigartig, was er preisgab. Es war in den Schmieden
der Begeisterung geglüht und auf den Herdfeuern der
Hingerissenheit gargekocht. Ich mußte aushalten, diente ihm als Opfer, zugegeben. Während einer Stunde
konnte mein Auge nicht aus dem allzu nahen Bannkreis
seines linken Auges finden, welches das Gelb der Bienen
und Hummeln zeigte. Gleichwohl war dieser Mann voll
Emphase ein Göttergeschenk. Er besaß das Feuer und
die Überschwenglichkeit, ohne die es nicht geht.

Er zeigte mir auch die eigentliche Kirche von Venasque, zeigte mir die Madonna des Hochaltares, die zu Zeiten Ludwigs xiv. nach einem Bildnis der Königin Anne
d'Autriche entstanden war. Sie hielt ein Jesuskind auf
dem Arm, das eine Allonge-Perücke trug. Er zeigte mir,
daß diese Kirche von Venasque wirklich auf Felsen gegründet und regelrecht in die Schrägen des Kirchenvor-
platzes gemeißelt war. Er zeigte mir ein ›Christus-im-
Gedräng-Bild‹ der Schule von Avignon, wobei er darauf hinwies, daß, wiewohl hier deutsche, flämische, ita-
lienische Meister Pate gestanden, der Akzent doch eigenartig genug blieb. Es wandte nämlich der Schmerzens-
mann auf dem in dunklen Tönen gehaltenen Bild seine
Aufmerksamkeit einer knieenden, in Brokat gewandeten
Frauensperson zu – keineswegs seiner Mutter, vielmehr
jener Maria Magdalena, welche hierzulande besonders
verehrt wird und auf dem Bild als eine Konzession an
das Volk zu verstehen war.

Es war bestürzend, er wollte nichts nehmen. Es blieb in mein Belieben gestellt, gewiß. Das bedeutete indessen nicht, daß er auf meinen Edelmut spekulierte. Vielmehr, er tat das Seine um der Sache willen.

Noch im Abgang leuchtete sein halb blaurotes, halb fahles Antlitz ergriffen auf. Er hatte seines Lebens ganzen Erlebnisvorrat preisgegeben. Die Historien des Venustempels, des Siffrein, der Anne d'Autriche waren die seinen. Nun kehrte er auf den Platz zurück, an dem er gewöhnlich stand, um auf ein neues Opfer zu warten, dem er seines Daseins größte Geschichte erzählen konnte.

Die neuere Forschung ist der Meinung, daß das sogenannte Baptisterium von Venasque nicht merowingischen, sondern tatsächlich erst romanischen Ursprungs sei. Auch spricht einiges dafür, daß es sich nicht ursprünglich um eine Tauf-, sondern eher um eine Grabkapelle gehandelt hat. Wie auch immer: Eines der altertümlichsten Bauwerke der Provence ist das ›Baptisterium‹ in jedem Fall – und eines der rätselhaftesten obendrein.

Docteur R.
aus Isle-sur-la-Sorgue

Das Haus war wie alle in dieser Gasse von Isle-sur-la-Sorgue, an deren anderem Rand ein schnelles Wasser strömte, eine fensterlose Mauer, sonst nichts. Ich getraute mich kaum zu schellen. Aber richtig, da war das Schild: Dr. R., goldene Buchstaben auf schwarz, ganz winzig. Ein großer, noch junger, sehr schlanker Mensch mit ruhigen, forschenden Augen öffnete. Wir stellten

uns vor und wurden freundlich einzutreten geheißen.
Das bedeutete etwas. Es war kurz nach dem Krieg und
die Gedenktafeln der erschossenen Opfer, Geiseln und
Widerstandskämpfer an Häusern und Mauern wurden
noch täglich mit Blumen geschmückt. Es ging in ein
dämmeriges Säulenvestibül von großem Zuschnitt, in dem
wir einander verblüfft in die Augen sahen und den Kopf
schüttelten, als der Arzt für eine Sekunde gegangen war.
Dies nach der armseligen heiß-heißen Gasse und der
grauen, halb abgebröckelten Außenmauer!

Man hatte uns das Loblied dieses Mannes in hohen
Tönen gesungen. Jung, wie er war, fuhr er doch ein-,
zweimal in der Woche zur nahen Universitätsstadt hinüber, um Vorlesungen zu halten; kurz, er war ganz nebenbei ein Universitätsprofessor von Ruf, was die Ob-
sorge für seine Kranken nicht minderte. Zudem war er
der Arzt von Albert Camus, wenigstens damals; in meinen Augen bedeutete das noch mehr als der Lehrstuhl.
Er bat jetzt einzutreten in seine Bibliothek, da das Ordi-
nationszimmer besetzt war. Ein saalartiger Raum umfing uns, festlich stuckiert und mit Regalen bis zur Dek-
ke umzogen. Bücher standen die schwere Menge darin.
Dr. R. bemerkte meine Verwunderung.

»Es ist das Haus eines Kardinals, das ich bewohne.
Sehr alt übrigens. Natürlich stammen die Bücher aus
meinem Besitz«, fügte er amüsiert an, als ich den Kardinal des 18. Jahrhunderts auf seine Vorliebe für die Phi-
losophie des 20. festlegen wollte. Von Charles Péguy
zählte ich sechzehn Bände. Mein Blick blieb schließlich
an Maurois' ›Discours du Docteur O'Grady‹ hängen. Dr.
R. nickte mir zu. Es stand für ihn außer Frage, daß man
dergleichen kannte.

Übrigens zeigte sich, daß er während der Anfahrt und
unseres Schlenderns durch Isle-sur-la-Sorgue — es hatte

etwas gedauert, bis wir die Arztwohnung fanden – längst
bei unserer Kranken gewesen war. Wir hatten ihn auf
Empfehlung hin angerufen und dann, als sich sein Besuch verzögerte, aufgesucht. Er würde sogar gleich wieder nach Fontaine de Vaucluse kommen. Penicillin war
der Patientin vonnöten. Es kam damals grade in Ge-
brauch und galt für sehr teuer. Wir dachten erschreckt
an den ungünstigen Wechselkurs und überschlugen die
Barschaft. Dr. R. bemerkte das Zögern und winkte ab.

»Ich weiß wie das ist, wenn man reist. Brechen Sie
Ihren Aufenthalt nicht darum ab. Ihre Frau wird in
drei, vier Tagen gesund sein«, wandte er sich an den
Freund.

»Aber – es wird über unsere Mittel gehen. Das Penicillin ist kostspielig«, kam etwas zaghaft die Antwort.

»Zahlen Sie, wenn Sie wieder zuhause sind.«

»Aber wie?« Der Geldverkehr machte damals noch
Schwierigkeiten.

»Ich habe einen Freund in Straßburg, oder versuchen
Sie es über das Saarland.« Der Modus schien ihm nicht
die geringste Sorge zu bereiten, und sein Vertrauen war
überwältigend. Er sprach jetzt auf deutsch weiter. »Es
ist jemand krank, nicht wahr? Was bedeutet da Geld.
Zudem«, verabschiedete er sich, »ich war drei Jahre in
Buchenwald und habe gelernt, daß man es anders machen muß.«

Seitdem ist der Arzt von Albert Camus, der so schöne
menschliche Züge vom Dichter der ›Hochzeit des Lichtes‹ und des ›Mythos von Sisyphos‹ zu erzählen wußte,
für mich eine verklärte Gestalt und Isle-sur-la-Sorgue,
dies vom Märchenfluß aus dem nahen Fontaine durchströmte Provinznest mit den wunderbaren Platanenalleen, den Mäuerchen, auf denen man am Rand der Sorgue sitzen und dem Rundgesang der Wassermühlen lau-

schen kann, ein Ort, nach dem es mich unwiderstehlich
zieht. Aber wie oft ich auch kam und die Stadt besuch-
te, Dr. R. habe ich nie wiedergesehen.

Cavaillon,
Carpentras und so weiter

Wir wohnten damals mithin abermals in Fontaine de
Vaucluse. Im Örtchen Petrarcas also, der das hübsche
Wort von den »klaren, frischen und süßen Wassern« Fontaines prägte; wie anzunehmen, zwischen 1337 und 1353,
als er zurückgezogen in seinem Häuschen unter dem
Fels von Fontaine an seinem ›Canzoniere‹ schrieb. Fern
von Avignon, fern seinem Idealbild. Bei all der Laura-
Liebe vergißt man gern der Anlässe und des Stofflichen
sekundären Rang, wiewohl Petrarca das nie gestanden
hätte. Natürlich nicht.

Es kam für uns kaum in Betracht, anderwärts zu lo-
gieren. Schon recht, trotz L'Isle-sur-la-Sorgue nebst Dr.
R. und den Mühlrädern. Trotz Le Thor mit dem gewaltigen Turm von Notre-Dame-du-Lac, wie sehr ich
dieses spätromanische Ostwerk auch liebte. Nicht in Fontaine de Vaucluse wohnen, wenn es sozusagen vor der
Tür lag? Unmöglich! Selbst Cavaillon mit dem großen
Markt unter den hohen Platanen, auf dem sich die Melonen türmen, vermochte uns nicht abtrünnig zu machen; Cavaillon, die Stadt der mächtigen Kirche St-Véran
samt dem Bild des Pierre Mignard, darauf der Heilige
den Drachen von Vaucluse fesselt; Cavaillon mit den
Resten eines Oppidums der Cavarer; Cavaillon mit der
berühmten Synagoge. Es ist anzumerken, daß den so oft
verfolgten Juden im Vaucluse eine Zuflucht beschieden
war, seit die Päpste von Avignon sie zur Ansiedlung
riefen. Die Bethäuser, die sie ihrem Gotte darob errich-

teten, sind wahre Kleinode; man ließ sich den Dank etwas kosten. In Cavaillon ist der Gemeinderaum der Synagoge ein eleganter Salon des Ancien Régime mit kostbaren Lüstern, Holz- und Eisenarbeiten. Schließlich, warum sollte man Gott nicht in Herzensfreude dienen können, wenn er seines Volkes Spuren so sichtbarlich gesegnet hatte?...

Freilich, da ist ein Versäumnis einzugestehen, es ist anzufügen, daß uns auch Carpentras nicht festzuhalten vermochte, weil die Anziehungskraft Fontaines stärker blieb, wiewohl ich grade in Carpentras schöner Tage und Bilder teilhaftig wurde. Da ist mir ein ockergelb gestrichenes, altes Hotelchen am Boulevard Albin mit endlosen Gängen und einer Speisekarte, die ein Ereignis war, in Erinnerung. Oder ich habe noch jene alte Frau vor Augen, die auf den Stiegen von St-Siffrein ihr ganzes Mittagsmahl ausbreitete, Wein, Brot, Schinken, Paté, Obst, solch ein bittergesichtiges, altes Weiblein mit hängenden Strümpfen und verschobenem, riesigem Hut. Weiß der Kuckuck, ob sie ganz richtig im Kopfe war. Oder die jungen Mädchen von Carpentras mit ihren wippenden Röckchen, die durch die schattigen, tiefen Straßen einem Dancing zugingen, strahlende Begrüßungen nach links und rechts, zwitschernde Aufschreie, Küsse, schwebschreitendes Wandeln, glutvolle Blicke im Jahr der Schönheit zwischen Erwachen und Heirat...

Gewiß, es ist unrecht, dieser schönen Städte in Bausch und Bogen zu gedenken und sich nur an die großen Eindrücke zu halten. Stecken sie doch auch voll Erinnerungen. Römische Triumphbögen gibt es in Cavaillon wie in Carpentras, gewiß hier nur als Rudiment erhalten und dort schwer zugänglich, im Justizgebäude verbaut; was will man schon machen? Schließlich besitzt das Leben, das immer Gegenwart ist, sein eigenes Recht, und wer hätte Lust, als Sklave staubiger Altertümer durchs Dasein zu trotten? Vor allem, es gibt in Carpentras die mächtige Porte d'Orange, ein gewaltiges Reststück ehemaliger Befestigung. Da merkt man, daß diese Stadt des heiligen Siffrein und jenes im 18. Jahrhundert beheimateten Bischofs Inguimbert, der seiner Vaterstadt eine großartige Bibliothek voll kostbarer Handschriften und seltener Drucke hinterließ – da spürt man, dieses Carpentras, in dem des Petrarca Eltern nach ihrer Flucht aus Italien zuerst Fuß gefaßt, war eine Kapitale, war die Hauptstadt des Comtat Venaissin, des nach Venasque genannten Kirchenländchens, um nicht von einem Kirchenstaat auf französischem Boden zu reden. Übrigens gehörte dieser köstliche Fruchtgarten, dieses Paradies der Trauben, Birnen, Pfirsiche, Primeurs schon seit 1274 dem Heiligen Stuhl.

Carpentras besitzt daher nicht nur die Bischofskathedrale St-Siffrein, teils romanisch, doch vornehmlich gotisch, zudem Paläste, Adels- und Bürgerhäuser, Boulevards und Remparts, es besitzt, da Abrahams Nachfahren doch wieder ins Spiel gemischt werden müssen, ebenfalls eine berühmte Synagoge. Es gab in dieser Stadt seit dem hohen Mittelalter eine ganze Judengemeinde; zwölfhundert Köpfe stark, als die Revolution ausbrach. Sie lebten durchaus nicht in Saus und Braus, sondern hausten im Ghetto mit seinen engen Gäßchen und hohen, schmalbrüstigen Häusern, die erst im letzten Jahrhundert niedergerissen wurden.

Jedoch dies kann nur im Fluge gestreift sein. Jeder Fußbreit Boden in der Provence ist getränkt mit Erinnerung und entweder Grabstätte oder Dokument. Man muß, es hilft nichts, in des Reichtums Überfluß eine Auswahl treffen. Muß also, um ein Beispiel zu nennen, die Ruinen von Oppède im Luberon ebenso liegen lassen wie die Adelssitze und die Fresken von Pernes nebst vielem anderem.

Mit anderen Worten, es war nicht nur Wohlgefallen, sondern auch Ökonomie im Spiel, wenn wir versuchten, der Fülle nicht durch ein Zuviel verlustig zu gehen und abendlich gern nach Fontaine de Vaucluse kehrten.

Chiare, fresche e dolci Acque . . .

Hier ist's also, und so hat es gelautet, des Petrarca Wort über Fontaine de Vaucluse. Da ich darin verliebt bin, brauche ich nicht erst zu sagen, daß der Ort in seinem tiefen Kessel aus Felswänden für mich einer der schönsten der Welt ist. Er besitzt alles, was mein Dasein sich wünscht, Zurückgezogenheit, Stille, so lange nicht Feiertag und Ferienzeit ist, Geborgenheit, einen hohen Himmel und strömendes Wasser, damit der Tag nicht ohne Kühlung und das Leben nicht ohne Gleichnis bleibe.

Der Grund des ›Cirque‹ ist eben geräumig genug, einem kleinen Ort Platz zu bieten. Das will etwas bedeuten, denn mitten durchs Tal fließt breit und rauschend die Sorgue, die ein wahrhaftes Naturwunder ist. Dort nämlich, wo die Schlucht am Felsfuße endet und unter gewaltigen Wänden ein grünblaues Teichlein blänkert, das sich in geheimnisvollen Tiefen einer Höhle verliert – dort, wo wild übereinander getürmte Blöcke, überzogen mit dem Rost vertrockneten Mooses, zu Haufen liegen, wo die senkrecht steigenden Felsen nur die Alternative kennen: ums Lebens oder Sterbens willen hinauf oder hinab – an der Breitseite dieser Schlucht bricht der Fluß mit allem, was er an Wasser besitzt, in elementarer Wucht aus der Tiefe des Gebirges. So während des Sommers. Wintertags bedient er sich zusätzlich des Teiches als Brunnenschale, um in gewaltigem Schwall überzufließen.

Es ist nicht recht klar, woher die Sorgue kommt. Denn natürlich sagt man sich, solch eine Quelle ist kein Brünnlein, sondern muß der Austritt eines unterirdischen Flusses sein, der im Schoß der Kalkgebirge einherströmt, eingesickerte Wässer sammelt, speichert und je nach Vorrat wieder ans Tageslicht bringt. Du lieber Himmel, aber woher stammt denn das Naß? Auf eine Tagesreise ringsum ist alles trocken wie Zunder. Kaum, daß der Maquis sich durchbringt. Der Rekord der Quelle steht nämlich bei einhundertzweiundfünfzigtausend Liter Wasser pro Sekunde. Das soll 1907 gewesen sein. Ich weiß nicht, wer so etwas mißt. Gewöhnlich gibt sie im gleichen Zeitraum nur zweiundzwanzig Kubikmeter her. Man sagt, es seien die Wasser des Ventoux und des Luberon, die hier ans Licht treten. Vor einem Dutzend Jahren hat man daher in Banon entsprechende Versuche angestellt. Aber herausgekommen ist nichts, und das stimmt mich froh. So bleibt die Quelle ein Wunder. Man weiß nicht. Gottlob.

Die Flut schäumt, gurgelt, spritzt mit der Wucht einer Entladung aus dem Berg, um sofort ein breites Bett zu bilden, auf dessen Grund grüne, nachgiebige Wälder von Wasserpflanzen wurzeln, überspielt von den Lichtern der Sonne, wenn ihr die gewaltigen Felswände für Augenblicke Zutritt gewähren, und durchhuscht von Forellen. Das Wasser besitzt eine wundervolle Klarheit, der Kontrast zur kargen Umgebung ist überwältigend. Man versetze sich in eine Felseinsamkeit, die von einer erbarmungslosen Sonne gedörrt wird, und male sich eines Verdurstenden Halluzinationen aus – noch immer wird die Phantasie nicht der strömenden, quellenden Fülle der Sorgue gleichkommen! Unterhalb des Ortes habe ich ihre Kraft erprobt und an einem Sommertage versucht, in dem sehr kalten Wasser zu schwimmen. Der ganz glatt und ruhig strömende Fluß riß, wirbelte mich einfach fort. Kein noch so kräftiges Armeschlagen kam gegen ihn an. Daher ließ ich mich treiben, arbeitete mich langsam an Land, lief zurück und begann das Spiel von neuem. Gestreichelt von sanften Wasserpflanzen, schoß ich pfeilschnell zwischen Mauern von Grün unter dem Azur des Himmels dahin. Es war herrlich, so von des Wassers Gewalt geschleudert zu werden...

Wenige Minuten westlich des Ursprungs hat sich der Talkessel so weit geöffnet, daß ein von strömendem Wasser überrauschtes Wehr Raum findet. Der Fluß bildet eine Art Teich, über den eine Brücke hinwegspringt. An diesem Teich liegt der von Platanen umstandene Platz des Ortes Fontaine de Vaucluse, der so etwas wie seine gute Stube ist. Auf seiner Mitte erhebt sich seit 1804 eine dicke Säule zu Ehren Petrarcas, die abends beleuchtet wird und wie ein magischer Zylinder in den Nachthimmel steigt. Ringsum lagern sich die Hotels des Ortes, die ihre Terrassen anpreisend nach draußen halten. Matt beschienen heben sich die mächtigen Platanenstämme aus dem Dunkel, hell beschienen hingegen ihre ins Licht herabhängenden Blätter; matt beschienen etliche Häuserfronten mit geschlossenen Läden, hell beschienen wiederum die bunten Stühle, Blumenkübel, Tische, Schilder und Karten der Gasthöfe. Wieviel verwirrende Dinge hier herumstehen! Dem Platz macht es nichts. Er besitzt seine schweigsame Würde und Hoheit. Er ist ein Tempel, gebildet aus dem feierlichen Dom der wundervollen, von unten beschienenen Platanen und erfüllt von Schweigen, in das sich das Rauschen des Flusses mischt, sobald die letzten Ausflüglerautos davongefahren sind.

Da sitzt, wippt man auf seinem Stuhl, den milchigen Pernod vor sich auf dem Tisch, und schweigt mit. Noch streicht des Ortes Trunkenbold umher, kurz und gedrungen, um sich bei Freunden eine letzte Zigarette zu schnorren oder wenigstens Stummel zu sammeln. Es muß schon wahr sein, Fremde geht er nicht an. Langsam verlöschen die Lichter, und alles versinkt in der Nacht der rauschenden Wasser. Wohin treibt dieser Punkt der Erde auf der endlosen Reise durch den Weltenraum unterdessen, beginnt man alsbald zu meditieren. Seufzend erhebt man sich. Das rinnende Wasser, das da mit Stromesgewalt vorübergleitet, ist eine einzige Aufhebung aller Sicherheit. Wer verstünde sein Spiel nicht? Sicherheit hier, Flüchtigkeit, Vergänglichkeit dort. Auf des Messers Schneide balancieren wir alle...Und grade dieses ganz leise Erbeben macht den verborgensten Zauber von Fontaine de Vaucluse aus. Jenes leise Erschauern, das den Frieden der Nacht nur tiefer empfinden läßt.

Welch eine zauberhafte Oase inmitten der toten Landschaft! Wie habe ich unser Hotel an diesem Platze geliebt, keins für die reichen Leute mit ihrem Allerweltskomfort, hingegen mit langen Schläuchen von Korridoren und nackten Steinböden in den Zimmern, wenngleich sehr sauber, sehr pfleglich. Es gibt ein Gelaß am Ende des obersten Stockwerkes darin, das ich besonders gern habe. Der Blick schweift aus seinem Fenster gradewegs auf die starren Höhen der Kalkklippen. Ich konnte ihr rosiges Erwachen, ihr blaudämmerndes Einschlafen beobachten und nachts zusehen, wie der Mond sie mit dem Geheimnis der Sage umspann, indessen hoch darüber die Sterne des Südens flammten.

Am schönsten aber war es, im Hotelgarten unterm Feigengebüsch am rauschenden Wasser zu sitzen, von niemand gestört, ein wenig zu schreiben, ein wenig nach-

zudenken, ein wenig nichts zu tun. Da kamen sie eben
auf einen Sprung vorbei, wenn man am Abend vorher
spät angekommen war – der junge, schlanke Wirt, der
für die Küche verantwortlich zeichnet, Madame, die nach
ihrem ersten Kind so bildschön geworden ist, der Bü-
fettier mit dem reizenden Lächeln, seine Frau, die Zahl-
kellnerin, Nanon, die Hübsche, und ihr Brüderchen, der
Piccolo, der nie zur Stelle ist, wenn es Koffer zu tragen
gilt, aber sich ganz ausgezeichnet aufs Forellenangeln
versteht. Und alle riefen, flöteten, lachten sie »Ah monsieur, bien dormi? Comment allez-vous? Ça va?« und
strahlten, weil man wieder im Lande war.

Dieser Garten war die Anmut, die Zurückgezogenheit
und der Friede in eins. Ich hätte hier mein Leben zubringen können.

*Drei Museen geben nähere Auskunft zu den Besonderhei-
ten des Ortes: Das Musée F. Pétrarque erinnert an den Aufenthalt des großen Dichters, der von 1337 an 16 Jahre in
Fontaine de Vaucluse ansässig war. Das Musée Spéleolo-
gie ›Le Monde souterrain‹ beschäftigt sich mit den geologi-
schen Gegebenheiten dieser faszinierenden Karstland-
schaft und das Musée de la Résistance dokumentiert eindrucksvoll das harte Leben der Bevölkerung zur Zeit der
beiden Weltkriege.*

Im Maquis

Dann war es Ostern, sehr früh, Auferstehungstag, Blü-
tenmorgen. Ein altes Weib, ein junges Mädchen mit einem
Spitzentuch über dem Haar huschten schon aus dem
schattendunklen Würfel des Kirchleins, darin im schweren Gewölb wieder die ewige Lampe glühte. Aber sonst
schliefen die Menschenwesen tief, tief. Selbst die Schau-

steller, die es so eilig gehabt, ihren Flitterkram für die
Osterkirmes zu installieren, schnarchten. Ihre Wunder-
dinge, die roten, glasierten Äpfel, die Karussellpferdchen,
die Berlingots von Carpentras, die Schiffsschaukeln nicht
ausgenommen, warteten noch hinter herabgelassenen
Vorhängen. Dabei rieb sich die Sonne wund an des Himmels Bläue, und von den Kanten des Felskessels kippte
das Licht sturzweise ins Tal, mehr, immer mehr.

Nur an des Ortes letztem Haus, wo der Weg unaufhaltsam zum Gebirge hinansteigt, hockte ein Alter, Guter auf seiner Türe Schwelle; die Mütze in den Nacken
geschoben, die erloschene Zigarette auf die Unterlippe
geklebt, blinzelte er ins Licht. Ich sah ein, daß Dasein
nur im Zustand der Ruhe als Dauer empfunden werden
kann. Hund und Katze reckten sich behaglich im Son-
nenschein, der eben angelangt war. Es blühte ringsum
wie toll. Gebüsche von gelbblütigen Röschen bedienten
sich des Mauerwerkes, um üppiger hinabstürzen zu können; Levkojen und Goldlack quollen aus Ritzen. Einige
hundert Meter bergan lag noch ein letztes Gehöft halb
versteckt hinter Oliven auf einer Terrasse; eine un-
durchdringliche Wildnis von violetter Iris, feuerrot lo-
hendem Mohn sperrte den Zuweg.

Dann umfing mich der Berg. Man sagt das so hin,
aber es ist anders als bei uns, zeigt eine Schicksalsgrenze
an. Die wasserlose Zone beginnt, die Region der Felsen
und des Maquis, von dem niemand weiß, aus welchen
verborgenen Gründen er seine jeder Dürre gewachse-
nen, unerbittlichen Lebenskräfte zieht.

Der Weg stieg stetig über Geröll bergan, während
der Blick sich am Tale festhielt. Zurück lag Fontaine de
Vaucluse in seinem Kessel gleich einem Haufen zerbro-
chener Tonscherben. Breit und grün strömte die Sorgue
daraus hervor. Die Erde sog eine Feuchtigkeitsspur aus

dem Fluß, die etliche zehn Meter hangaufwärts stieg, Pfirsichbäumchen rot erglühen und Grasmatten ergrünen machte. Der Fluß selbst gab sich smaragden, tief durchleuchtet und von wogenden Wasserpflanzen durchschimmert. Man war sehr geneigt, sich zu einem Trunk von der Höhe hinabzuneigen, so erquickend nahm sich das lockende Wasserband neben der kargen Wildnis aus, in welche der Weg hinaufkurvte.

Aber der Zauber der Höhe wirkte dann doch betörend. Irgendwer hatte hier oben Mäuerchen angelegt in der Hoffnung, einmal werde sich dem Boden schon etwas abringen lassen. Nein, Frucht zu bringen hielt er für seiner unwürdig. Man verliert dieser Natur gegenüber nie das Gefühl, sie besitze ein hohes Maß an Selbstachtung. Zudem hatte sie Grund dazu. Ihre kurze hohe Zeit war gekommen. Man weiß nicht, wie es die Dornenwildnis macht, aber ihre Blütenperiode ist orgiastisch. Stechginster lohte in hellgelben Schöpfen, dicht wie verzehrende Flammen. Kleine Bunt-Blümelein verschönten den Wegsaum. Zistrosen prangten im zerknitterten, seidigen Rosa ihrer Sterne. Hellviolett schimmerte Thymian, blaßblau und wie stets herzlich unordentlich wogten zahllose Rosmarinsträucher im Morgenhauch. Es wölkte, duftete in Hekatomben von Blütenopfern zur strengen Göttin Sonne empor.

Dann warf sich der Weg herum, nahm die letzte Schwelle des Berges; mit den Blumen und großen Blicken war es vorbei. Freilich blieb das Insektenvolk. Es schien, daß es sich eine Stunde der Karenz auferlegt hatte, indem es im graugrünen Maquis verharrte, statt ein wenig abwärts zu streifen, wo reiche Tische bereitet waren. Mattgrau und taumelnd liefen Käfer mit sperrigen Fühlern über den Weg. Einmal summte solch ein blaugrün glänzender Bomber gegen meine Brust, stürzte ab. Phantastisch gemusterte Feuerwanzen hockten aufeinander, paarten sich hingegeben. Hochbeinig und erhaben über dieser Schildknechte niederes Treiben stelzte ein edel gewappneter Ritter darüber hinweg. Schmetterlinge gaukelten, Falter mit grauer Zeichnung auf beigefarbenem Grund, Flügler in Orange und Gelb, in Blau, Nachtgrau, Bleu und Grünlich...

Von der Umwelt war nichts zu sehen als einige helle Klippen. Einmal indessen wurde der Blick doch frei. Unvermittelt öffnete sich ein schluchtiger Grund neben dem Pfade. Ein Mäuerchen beschloß ihn, über das ein mächtiger Lorbeer seine Zweige hinaushing. Ich nahm sie als Halteseile, um mich hinabzuschwingen, bis ich auf einem Podestchen Fuß faßte und ins Tiefe steigen konnte. Freilich nur, um auf einer Terrasse zu landen, neben der es senkrecht hinabging. Eine Schlucht, halb Klamm, halb Höhle, öffnete sich schwarz, verlor sich im Finstern. Wer weiß, ob da seit Schöpfungstagen schon jemals ein Fuß geschritten! Mühsam klomm ich über die Klippen zurück, rutschte mehrere Male ab, bis ich endlich den Lorbeer zu fassen bekam. Die Schlucht drohte im Umschauen unheimlich.

Einige Male versuchte ich noch einen Ausbruch nach rechts oder links vom Pfade, vergeblich. Eine nackte Felstafel fand sich allenfalls, auf der selbst der Maquis nicht zu wurzeln vermochte. Sonst aber hielt er den Körper unerbittlich fest. Man ist stets sein Gefangener. Dennoch lag eine große Seligkeit über dem einsamen Morgen, bei dem nichts vorfiel und der von nichts als dem Duft der Kräuter erfüllt war. Es war Ostermorgen, Geburtsmorgen auf der wiedergeschenkten Welt. Kein Laut auf der ganzen Erde! Man glaubte die Stille knistern zu hören. Die Sonne lohte Stunde um Stunde.

Es gibt auch ein Ruinchen oberhalb Fontaine de Vaucluse.

Vom ›Pétrarque et Laure‹ zog ich über das Brückchen
dahin, stieg ein winziges Gäßchen im Hang empor, querte sodann ein paar süße Hauswinkel. In einem davon
fand sich tatsächlich ein korbförmiges Nest, nach Schwal-
benart an die Wand gemauert; es wuchsen kleine Sa-
latpflänzchen darin. Ach, das gibt es ja niemals in diesen armseligen Nestern des Südens, niemals das Frösteln
ob der langweiligen Betongeometrie der Häuser; immer
besitzt der Mensch ein Winkelchen, ein Eckchen für sich,
in dem er hocken, traurig, hungrig oder froh sein kann.
Jeder Schritt ein Auftritt!

Wenige Stufen hernach langte ich bereits mitten im
Berge an. Nun etliche Oliventerräßchen, ein-, zweimal
gings auch etwas steiler über ausgetreppte Felsstufen
empor, und schon war ich oben. Inmitten der Überwäl-
tigung des Raumes zwischen den hohen Felswänden, aus
deren Schoß die breite, grüne, kristallklare, quellfrische,
eiskalte, von Forellen durchjagte, reißend und doch lautlos strömende Sorgue fließt. Es ließe sich sagen, das Tal
sei lichtübergossen gewesen. Aber das trifft es nicht. Es
war von Licht getränkt; das Licht des Südens ist niemals aufgelegt. Höchstens bei den Operettengestaden,
die man für den Besuch der Fremden mit den Farben
der Bougainvilleen und den grünen Wedeln der Palmen
garniert hat. Wenn es sich aber um Landschaft handelt, um ein Stück Gotteserde, das die Zeitalter in Leiden und Prüfungen hingebracht hat, um sich selbst überlassen immer wieder zu sich selber zu finden – das ist
das Ergreifende doch –, dann kommt dieses erstaunliche
Licht nicht von außen; auch nicht von innen. Vielmehr

finden Korrespondenzen statt. Da bin ich wieder, grüßt
morgens die Sonne. Die Erde seufzt, was soll sie schon
tun, klagt wie die Bauern so klagen, beginnen wir also.
Und schon hebt ihr Spiel an, dieses blitzschnell respon-
dierende Hin- und Widerspiel von Strahlungen und Re-
flektierungen, bei dem nichts mehr von Bewegungen zu
spüren ist, sondern nur ein atemloses, gegenseitiges Steigern empfunden wird. Deswegen gelten doch auch die
Insekten als des Südens eigentliche Geschöpfe, allen voran die Zikade. Sie sind Stimme gewordenes Licht. Hier
oben erfährt man dergleichen, noch ehe man die Umgebung mustert. Das Schloß ist ein Scherben, ein Korb,
in dem man über dem großen Talkessel hängt. Ringsum haben Naturgewalten, die man nur ahnt, ohne sich
ihr Wirken recht erklären zu können, Höhlen aus den
senkrecht abfallenden Kalkwänden des Plateaus genagt.
Sie sind nur den krächzenden Dohlen erreichbar. Am
Einstieg ins Burggemäuer grüßte ich voll Ergriffenheit
ein wildes Feigenbäumchen, das seine violetten, reifenden Früchte ins Licht hielt, und verbrachte einen seligen Morgen damit, bäuchlings auf dem federnden Gras-
boden der ehemaligen Kemenate, oder was es denn war,
zu liegen, durchs leere Fensterloch sowohl ins Tiefe wie
ins Steile und Hohe zu schauen, um mir mittels des skan-
dierenden Fingerschlages einige Verse aus des Petrarca
Canzoniere ins Gedächtnis zu rufen.

> Senuccio, wisse nun, in welcher Art
> Man mich behandelt, wie mein ganzes Leben.
> Ich brenne und schmachte, was sich auch begeben;
> In Lauras Macht steht, was ich war und ward.

Es heißt, Petrarca sei gelegentlich zu dieser Burg em-
porgestiegen, die den Bischöfen von Cavaillon gehörte,
und habe seinen Freund, den Schloßkaplan, besucht. Wer

das erzählt hat, die alte Patronne des ›Pétrarque et Laure‹, die Vorgängerin der charmanten Wirtin vielleicht, oder gar Pietertje, der holländische Kapitän außer Diensten, der sich jährlich im Hotel einstellte? Nein, doch wohl nicht dieser ganz anderen Ätherschwingungen zugetane Mann, der seinen großen Radioapparat nebst drehbarer Antenne in der Bar des Hotels installierte, um allabendlich das Gewisper der Weltmeere einzufangen. Dachte ich an sein breites, dröhnendes Lachen oder daran, daß er die Hafenwinkel von Batavia kannte und bei jeder Mahlzeit in andächtiges Genießen versank: »'t was een heel smakelijk eeten«, schien es mir noch unmöglicher. Was sollte sein mehr auf leibliche Sättigung bedachter Geist mit des Petrarca halb somnambuler Laura-Verehrung anfangen, die doch im Eigentlichen auch nur Lichtbrechung war, also sowohl Wachtraum wie Selbstreflexion? Andererseits aber gingen in Kapitän Veldevincks Brust sehr zarte Dinge vor, und ich sehe ihn noch, wie er einmal in das Kirchlein von Fontaine eintrat, das gleich hinter dem Hotelgarten liegt. Wiewohl erzreformiert und darauf bedacht, sich den Kelch beim Abendmahl selbst an die Lippen zu führen, sagte er mit einem Blick in die nackte Höhlung des romanischen Kirchleins ergriffen: »Mooi«. Nur das, nur »Schön«. Es kam ihm von Herzen, und da er lobenswert fand, was man doch ohne weiteres keineswegs schön finden konnte, sondern eher herb und verwirrend, mußte er trotz des nicht ganz geratenen Wortes in seiner Empfindungsfähigkeit weit gediehen sein. Doch dies am Rande.

Mochte mir also die Nachricht zugetragen haben wer wollte, hier oben war der idealisch gesonnene Francesco di Petracco ganz gewiß gewesen. Womöglich schon, als die nach Carpentras verschlagenen Eltern zum ersten Mal mit dem Kinde eine Lustpartie nach Vaucluse mach-

ten, wo er sogleich ein tiefes Attachement für den Ort
zeigte. »Sieh da«, hatte der Knabe in erlesener Schrift-
sprache bekundet, »dies ist die Zuflucht, die meinem
Charakter gemäß ist. Wenn ich eines Tages über mich
verfügen kann, werde ich den Ort den großen Städten
vorziehen.« Früh gesagt, hernach wirklich getan. Da lagen freilich die Studien, die bewunderten Lateiner Ci-
cero und Vergil hinter ihm, zudem die Universitäten von
Montpellier und Bologna, der Tod der Eltern, der Verlust des Erbes durch einen defraudantischen Vormund,
der Empfang der niederen Weihen in Avignon, kurz all
das, was den ersten Teil von Petrarcas Leben ausmacht,
zuzüglich einer einträglichen Pfründe und des Erwerbs
eines Gütchens am Rand der strömenden Sorgue. Im
Haus, im Garten dort unten hatte er seiner ungestillten
Sehnsucht nach Laura obgelegen und in wohllautenden
Versen verströmt, was gar nicht gestillt sein wollte.
Wirklich, es haftete dieser Liebe ein ganz unirdischer,
lichthafter Zug an, was sich an diesem Morgen des Lichtes auf der Burgruine ganz und gar nicht übersehen ließ.
Ungeachtet der Tatsache, daß ich nur über eine mäßige
Übersetzung des Petrarca verfügte. Denn dies

> Senuccio, wisse nun, in welcher Art
> Man mich behandelt, wie mein ganzes Leben

besaß etwas ungemein Fades und Farbloses...

Im Zwielicht

Allein, selbst der erhabenste Gedanke vermag nicht ewig
zu herrschen, sondern wird unversehens hinweggeweint
oder -geschmunzelt, um zu gegebener Zeit wieder Tränen und Lächeln abzulösen. Mit anderen Worten, Pet-
rarcens hohe, platonische Neigung besitzt einen Gegen-

pol. War das barer Zufall oder stiehlt sich darin nicht
doch ein Teufelskrällchen ans Licht? Einerlei. Des Dichters unsterbliche Liebe, die Dame Laura, war angeblich
ehelich einem Hugues de Sade verbunden; stimmt das,
so würde sie durch Heirat zu jener alten Adelsfamilie
rechnen, der selbst Kirchenfürsten entstammten. Sie
ist hier und dort in der Provence recht begütert. Noch
heute. Unter anderem im schon erwähnten Saumane
gleich um die Bergecke von Fontaine, wo den Sades
das unsichtbare Schloß hinter den hohen Mauern gehört.

Dorthin hatte sich um die Mitte des 18. Jahrhunderts
ein Abbé François de Sade zurückgezogen, der Studien
über Petrarca betrieb und, leider, recht unheilig lebte.
Er hauste da oben gleich mit einem Zwiegespann von
Maitressen, Mutter und Tochter zudem. Diesem recht
weltlich gesonnenen Kleriker ward ein kleiner Neffe
zwischen fünf und zehn Jahren anvertraut, zur Erzie-
hung versteht sich, geheißen Louis-Donatien-François-
Alphonse, Marquis und hernach Comte de Sade, dessen
Dasein sich turbulent gestalten sollte. Wiewohl anfäng-
lich Offizier, verbrachte er einen großen Teil seines späteren Lebens im Kittchen. Meist auf Grund von lettres
de cachet, die seine Schwiegermutter erwirkte. Hernach
auch aus anderen Gründen. Er nutzte die Zeit der un-
freiwilligen Muße zu unermüdlicher Schriftstellerei, wobei das unrühmliche Beispiel des Onkels, der einst sein
Mentor gewesen, ihm wenigstens das Vorbild für die
immer wiederkehrende Figur des lüsternen Klerikers
seiner Romane gab. Die Zeit einer 1784 beginnenden
Dauerhaft in der Bastille diente Alphonse oder Aldonze
de Sade, man weiß seinen Rufnamen nicht ganz genau,
ausschließlich zum Lesen und Schreiben. Natürlich mit
einigen Unterbrechungen. Die kommende Revolution
machte ihn unruhig. Ob dabei mitwirkte, daß ein Vet-

ter entfernten Grades, der berüchtigte, grundhäßliche
Graf Mirabeau, sein Mitgefangener war, von dem noch
zu reden sein wird? Jedenfalls versuchte Sade Juni 1789
zu fliehen, was glänzend mißlang. Dann verfiel er darauf, vom Fenster aus Pamphlete über die schlechte Be-
handlung der Gefangenen unter das Volk zu werfen.
Mehr zum Vergnügen als aus wirklichem Leidensgrund.
Am 2. Juli des Jahres endlich konstruierte er mit Hilfe
eines Trichters eine Art Megaphon und forderte eine
gewaltig anwachsende Menschenmenge auf, die tödlich
bedrohten Häftlinge zu retten. Wie sehr der Gouverneur der Bastille schon an diesem Tage um die Sicherheit des Gefängnisses bangte, geht aus einer eiligen Ein-
gabe hervor. Bereits kommenden Tages brachte man
Sade ins Irrenhaus von Charenton. Elf Tage später fiel
die Bastille wirklich der Volkswut anheim, und es ist
sicher, daß Sade nicht unschuldig daran war. Übrigens
ging dabei der größte Teil seiner Manuskripte verloren,
die Madame de Sade hatte abholen sollen; sie schob es
leider zu lange auf...

In jener Zeit der Haft in der Bastille schuf Alphonse
oder Aldonze also sein Hauptwerk. Von 1785 stammt der
erste Entwurf zu ›Les 120 Journées de Sodome‹, nieder-
geschrieben in winziger Schrift auf elf Meter langer
Papierrolle. 1787 entstand die erste Fassung der ›Justi-
ne‹, 1788 der vierbändige Roman ›Aline et Valcour‹.
Noch vor 1790 dürften die beiden ersten Bände von
›Juliette‹ geschrieben sein, Bücher, die ihn teils berühmt,
teils berüchtigt machten. Dies unter anderem.

Gewiß darf man diesem vierschrötigen, im Gefängnis
korpulent gewordenen und halb erblindeten Mann, der
in der Nachwelt den ungerechtfertigten Ruf eines ver-
derbten Casanova genießt, nicht ausschließlich nach seinen erotischen Schriften beurteilen. Andererseits ver-

mengt sich in seiner Gesellschaftskritik, seiner Philoso-
phie, seinem Rechtsdenken doch das Libertinertum des
18. Jahrhunderts allzu kunterbunt mit sozialistischen
Utopien, als daß seinen Theorien Gewicht zukäme. Immerhin war Sade einer der frühesten Propheten, die das
hohe Lied des Sexus anstimmten und seine mitbestim-
mende Rolle bei des Menschen Lebensgestaltung beton-
ten; wenn auch die Gründlichkeit seiner einschlägigen
Studien ein wenig fatal wirkt. Der fragwürdige Ruhm
allerdings, der erste Repräsentant der von seinem Namen abgeleiteten, unerfreulichen Art sexuellen Amüse-
ments gewesen zu sein, gebührt de Sade eigentlich nicht.
Er hat das beschrieben, schon wahr, aber ob er's auch
ausgeübt, beschäftigt zur Stunde noch die Experten. Alles in allem neigte er einem ungehemmten Triebleben
zu. Echt rationalistisch machte er dabei den Grad menschlichen Glückes vom Maß des zuteil gewordenen Genus-
ses abhängig. Trotz reichlichen Genießens ist er selbst
aber durchaus nicht glücklich geworden.

Wie dem auch sei, in Aldonze oder Alphonse de Sade
schwingt der Pendel genau nach der Gegenseite jenes
luziden Begriffs der Liebe aus, der in des Petrarca Canzoniere zu einer läuternden, erhebenden, durchglühen-
den, ganz dem Seelischen zugehörigen Macht emporge-
stiegen war.

In Gordes

Unaufhörlich ging es in Kehren bergan. Kurve auf Kurve. Über dem Fels, dem Maquis lohte die Hitze. Kein
Weg führte seitab, kein Blick fand ins Freie. Eidechsen
raschelten durch dürres Laub und über glühheißes Graugestein; sonst keines Lebewesens Spur. Die Einsamkeit
war vollkommen. Endlich kam aber doch eine Ansied-

lung, Murs geheißen, ein paar verschlafene Häuser, an deren Rand ein altersgrauer Eichenbaum Wache hielt.

Die Straße spaltet sich hier. Ein Strang biegt nach Apt hinaus, der meine führte in schwungvoller Kehre durch ein Tälchen und sodann hügelan in erneute Wildnis. Daß ich in Murs überheblich auf jede Erfrischung verzichtet hatte, weil ich mein Ziel schon nahe glaubte, rächte sich bitter. Das Wandern wurde in der Trockenheit und der lastenden Hitze zum Fluch. Eine Stunde zog ich wie blind, nur damit beschäftigt, mich von mir selber und von meinem Durst abzulenken. Urplötzlich lag Gordes dann da. Mir schien erst, ich müßte einer Erscheinung teilhaftig geworden sein, aber es stimmte. Dort hob sich der Rest des von zwei Rundtürmen flankierten Schlosses, dort der schwerbauchige Leib der Kirche, beide rings umschlossen von Häusern, die sich in phantastischen Staffelungen bergab in die Ebene des Coulon gleiten ließen – doch das sah man noch nicht, ich wußte es nur. Aber der Blick ging bereits jetzt in eine unbeschränkte Weite hinaus. Nach einem Viertelstündchen war ich dann wirklich im Ort. Auf dem Marktplatz waltete Sommerfrieden. Einige Hunde räkelten sich wie üblich im Schatten und in einer Boulangerie, in der ich Brot einzukaufen gedachte, schlief die Verkäuferin hinter der Theke tief und fest. Selbst die Uhr an der Wand stand still.

Im Schloß von Gordes ist heute ein Vasarely-Museum untergebracht (ein zweites, ganz anderes, befindet sich in Aix). Es bietet in didaktisch geraffter Form einen guten Überblick über das Werk des 1908 geborenen, seit 1930 in Frankreich ansässigen ungarischen Malers, eines Hauptvertreters des Konstruktivismus und der ›Op Art‹.

Unaufhaltsam fallen um Gordes die Kalkhänge des
Plateaus von Vaucluse gegen das Tal des Coulon hinab.
Sehr sanft, nimmt man die jähen Stürze der Stadt aus,
doch stetig. Und allenthalben liegen darin zwischen grau-
grünem Maquis und endlosen aus Steinplatten zusam-
mengeschichteten Mauern die ›Bòris‹. Eine ganze Stadt
davon findet sich, die seit langem verlassen ist.

Es gibt Aberhunderte solcher ›Bòris‹ um Gordes, die
nichts sind als Steinsetzungen aus zahllosen ›Lauzes‹,
Steinplatten, die überall herumliegen. Ein Stockwerk
hoch und spitzgiebelig wie ein gotischer Bogen. Die
Mauern von Meters Stärke. Einmal erblickte ich eine
›Bòri‹, die war kreisrund gebaut wie ein Bienenkorb;
aber zumeist bildet der Grundriß dieser Steinhäuser ein
langgezogenes Rechteck. Oft enthalten sie mehrere Kammern von geräumiger Weite, deren Fensterluken zugleich den Rauchfang bilden.

Gordes ist der Mittelpunkt dieser seltsamen Bauten.
Natürlich, sie halten nicht für die Ewigkeit, sondern
stürzen eines guten Tages zusammen — vielleicht nach
Jahrzehnten, vielleicht nach Jahrhunderten. Dann bleibt
von ihnen nur einer der Steinhaufen übrig, die man so
oft im Maquis finden kann.

Ob bei Saumane oder bei Roque-sur-Perne, überall
finden sich auf dem Plateau de Vaucluse die ›Bòris‹.
Streng, grau und altertümlich wachsen sie in ihren spitz
zulaufenden Giebeln, die zugleich Wand sind, über endlose Mauern hinaus, welche Maquis und Olivenhaine
durchziehen. Prähistorische Bauwerke, die man noch
heute errichtet. Negerkrale. Zahllose Menschheitserfah-
rungen haben sich in ihrer Form niedergeschlagen.
Manchmal ist der Stein so ausgebleicht und beinern anzuschauen wie der Tod, und immer sind sie umwittert von
Urzeit und Sage...

Mir sagte jemand, der es hätte wissen müssen, die
›Bòris‹ seien entstanden, als sich die Bevölkerung nach
den Wirren der Sarazenenzeit zu vermehren begann.
Wahrscheinlich war er zu sehr seiner großen Vorliebe,
der romanischen Kunst, verschworen. Es stimmt sicher-
lich, daß man schon in der Steinzeit ›Bòris‹ gebaut hat.

In der ›Bòri‹

Später habe ich eine Nacht in solch einer ›Bòri‹ zugebracht.

Es weiden nur noch wenige Herden auf dem Plateau
de Vaucluse. Allzu verbrannt ist der Boden während des
Sommers, allzu dicht der Maquis in der Verlassenheit
der vertrockneten Höhen. Was läßt sich an Stechginster,
Kermeseiche, an Thymian, Lavendel, Rosmarin und Zist-
rose selbst für ein Schaf schon Nahrhaftes finden?

In diesen kargen Höhen sind wir Firmin begegnet,
einem jungen Schäfer, dem man auf Probe und Bewährung eine heruntergewirtschaftete Herde anvertraut hatte. Sie war zum Weg auf die Sommerweiden des Gebirges nicht fähig. Firmin besaß eine an Begnadung
grenzende Begabung. An Stellen, wo sich Mauergräben
und -reste, die vielleicht noch aus römischer Zeit stammten, mit dem Maquis vermählten, entdeckte er kleine
Oasen saftiger Kräuter; er fand im trockensten Dornen-
gestrüpp Unterholz mit genießbaren Blättern für seine
Schützlinge heraus. Sie gediehen zusehends.

»Du wirst ein berühmter Schäfer werden«, sagten wir.

Firmin lächelte. »Trinken Sie nachher ein Glas Wein
mit mir!«

»Aber wo?«

»In der ersten Bòri hinter den Eichen.«

Es war schon Abend, als wir nach einem heißen Tag

aus den Kalkhöhen niederstiegen. Man sah es sofort, als das Auge sich an den Dämmer der ›Bòri‹ gewöhnt hatte, hier war nicht nur eines Mannes Hand am Werk gewesen. Das Lager im Winkel zeigte sich dick mit Blattwerk gepolstert, der Kessel über dem Feuer frisch gescheuert. Es gab ein kleines Regal für Gläser und sogar zwischen das Mauerwerk getriebene Pflöcke, an denen Firmins Kleider hingen.

»Wohnst du nicht allein hier, Firmin«, fragten wir arglos. Er lächelte sehr verschmitzt und kniff uns ein Auge zu.

Da kam der gute Geist seines Hauswesens schon. Madelon, Tochter eines Bäckers aus Isle-sur-la-Sorgue, die in unserm Hotel serviert hatte. Madelon, die jeden Abend nach dem Essen auf ihr Rad gesprungen war und das Motörchen angetreten hatte, um, hui, hinter der nächsten Straßenkehre zu verschwinden. Madelon, die manchmal etwas müde ausgesehen und tapfer ein Gähnen unterdrückt hatte. Madelon, die Hübsche mit den zärtlichen Augen. Sie sagte erfreut: »Ah, unsere ersten Gäste – aber, Firmin, nicht einmal ein Poulet im Topf!«

Schon brannte unter dem Fensterloch, das zugleich den Rauchabzug bildete, das Feuer; wir aßen, was sich in unsern Taschen fand, und wir tranken den feurigen Rosé von der Côte du Rhône jenseits der Berge. Wie sie sich im Schein der Kerzen anblickten, diese beiden Verliebten!

Firmin geleitete uns später in unser Reich, eine ›Bòri‹ hinter dem steinumwallten Pferch, in dem seine Herde in unruhigem Schlummer lag. Die Grillen sangen ihr endloses Lied. Arcturus, Jean de Milan und die Schöne Magelone blinkten verführerisch vom Firmament. Fern hinter dem Mont Ventoux hing ein Stück Mond, und wir lagen, lagen auf zu dünnem, hartem Lager in un-

serer ›Bòri‹, lagen schlaflos, während das Licht von Firmins ausgeliehener Stallaterne bizarre Muster auf die
Wände zauberte – lange Schatten vorstehender Steine,
helle Kanten, schwarze Fugen.

Wie alt war diese Hütte, diese ›Bòri‹ – einige hundert Jahre, älter, jüngeren Datums? Gleichviel. Ein seltsames Gefühl der Geborgenheit war in uns, die wir
schlaflos und dennoch glücklich lagen. Wir fühlten, daß
die Lebenszuversicht zahlloser Menschengenerationen,
ihres Alltags Hoffnung, ihrer Hände Formkraft wie eine
schützende, beschwörende, abwehrende Macht um uns
standen.

Abtei von Sénanque

Hinter Gordes nach Westen auf weite Kilometer abermals Felsrücken mit dichtem Maquis. Das Sträßchen
klimmt, kurvt halb verschmachtet hindurch, fällt endlich
pfeilgrad hinab an der Schräge des Berges. In der Sommerglut eines grauen, felsigen, rings von Bergen umschlossenen Grundes eine Zisterzienserabtei. Sonst kein
Hüttchen, kein Haus, nicht einmal ›Bòris‹. Auf der Talsohle etliche Felderchen für kargen Mundvorrat und
einige Bienenbeuten. Das ist Sénanque. Der Name leitet
sich, einem unerklärlichen Optimismus der ersten Mönche zufolge, vom Worte Sana Aqua ab, gesunde Wässer.
Möglich, daß sich in Brunnentiefe ein Strählchen hervorstiehlt. Hier oben sah's nicht so aus. Es gibt kein
Grün als die stacheligen Blätter von Kermeseiche und
Lorbeer, und selbst sie nicht in Fülle. Es gibt keine Horizonte als die Karsthöhen des Tales, keine andere Farbe
als das Grau der Kalkfelsen, das Firmament ausgenommen. Alle Hoffnung gehört dem Himmel.

In diesem Tal einer erbarmungslosen Armut liegt das

aus dem 12. Jahrhundert stammende Kloster wie die Erscheinung einer himmlischen Burg. Aus breit gelagerten, altersgrauen Dächern ragt das schwere Oktogon des Turmes empor. Die Abtei ist jüngst erst wieder besiedelt worden, die Kirche noch leer. Da kann man die großzügigen, einfachen Maße der provenzalischen Romanik ganz unverhüllt sehen, ein breites Schiff, zwei Apsidiolen neben dem Altarchor, ein geknicktes Tonnengewölbe. Man muß sich einige Zeit an die Kargheit gewöhnen; dann begreift man mit einem Mal, was Stein heißt und vernimmt die Sprache der wundervollen, nicht durch Zierat gestörten Maße. Auch im Kreuzgang ein einziger figürlicher Schmuck, eine Maske. Die Kapitelle bleiben ganz ornamental. Es ist harte Unerbittlichkeit im Spiel. Als ob die Mönche in der menschenleeren Umgebung nicht eines Trostblickes bedurft hätten! Aber dafür gab es Gott, die Himmelswelt, das Überirdische, die Versenkung. Schräg fiel die Sonne herein, zauberte Lichtidylle auf die aus Doppelsäulchen gebildeten Arkaden, von denen je drei durch einen überwölbenden Außenbogen zusammengefaßt waren.

Natürlich war der gesamte Bau ganz romanisch empfunden, selbst die gotischen Teile des Klosters. Das Refektorium nämlich ist ein Jahrhundert später entstanden und versucht in seinem Kreuzrippengewölbe wenigstens eine Anpassung an den Stil seiner Zeit. Ebenso das Dormitorium, ein Bau von hallender Weite, den Kühle durchweht. Im Skriptorium fand sich ein rund vorgebuchteter Kamin des 12. Jahrhunderts, von kleinen Säulen flankiert. Das Wunderbarste blieb indessen der Stein an sich, dessen Profile die Jahrhunderte unbeschädigt und unrestauriert überdauert hatten. Mehr als achthundert Jahre. Kein Kratzer, kein herausgebrochenes Eckchen, nicht die geringste Spur von Verwitterung.

Die trockene Luft machte dies, wie zu erfahren war. Der Stein zeigte sich beige-gelb, aber von einem köstlichen, fernen Rosa durchhaucht, als atme inneres Leben durch seine Haut.

Vielleicht wirkt das massige Kloster darum so leicht, fast schwerelos. Es ist etwas ganz und gar Unirdisches an ihm. Möglich auch, daß Patres und Fratres dem Bauwerk die jenseitige Note zufügten. Uns führte ein sehr schlanker, gütiger Mensch, noch jung, dessen Zurückhaltung vor unserer Anteilnahme schmolz und einer freudigen Bereitschaft wich. »Bei den Zisterziensern ist eben alles groß«, gestand er voll Andacht, und es war kein Jota Übertreibung dabei, sondern sachliches Registrieren. Im Klausurteil des Kreuzgangs gingen unterdessen wie Sendboten einer anderen Welt einige Mönche hin und wieder, ein Konverse in olivfarbener Kutte, die Kapuze auf dem Kopf, und ein anderer Pater im üblichen schwarzweißen Habit.

Seit achthundert Jahren nichts als dies: Hin- und Wiedergehen, Arbeiten und Beten in der erbarmungslosen Öde der Welt.

1544 war die Abtei von den Waldensern zerstört, in der Revolution schließlich aufgehoben worden. Zweimal, 1854 und 1927, wurde sie wieder von Mönchen besiedelt, heute beherbergt sie keinen Konvent mehr, sondern fungiert als ein von Zisterziensermönchen geleitetes Kulturzentrum.

Es hat solche Klöster auch im Luberon-Gebirge jenseits des Coulon-Tales gegeben; St-Symphorien und St-Hilaire, von denen heute nur noch Spuren existieren.

Sehr verständlich, daß diese Höhenzüge und Gebirge, welche, eines hinter das andere gestaffelt, die Provence gleich Querriegeln durchziehen, die Phantasie der Mönche anzog. Da fanden sie nach der Täler Üppigkeit die Strenge der Askese aus erster Hand. Der Luberon liegt als steiler Wall vor dem Horizont. Von seinen Höhen aus gewinnt die provenzalische Landschaft abermals ein anderes Aussehen; besonders, wenn man nach Norden hinausblickt...

Das Wetter war mir an diesem Tag gewogen wie selten zuvor. Der Glast der Hitze, das seidige Licht der sanfteren Frühlingsmorgen waren einer winddurchwehten Klarheit von äußerster Schärfe gewichen, die noch dem fernsten Bergzug, dem entlegensten Hausdach die Farbe der Unmittelbarkeit ließ. Das endlos breit hinwallende Tal des Coulon zeigte sich von leuchtenden Tönungen erfüllt, zahllosen Stufungen in Grau und Grün, dem durchscheinenden Beige der Erde, dem Gelbbraun und dem leuchtenden Rot der Ockerhügel von Roussillon, dem Tintenblau der Berge, über das sich sandfarben, mit letzten Schneerinnen darin, der ferne Ventoux erhob.

Wir standen am Nordabfall des Gebirges zwischen Lacoste und Bonnieux, die sich pyramidenartig und von Kirchen bekrönt in die Hänge staffeln, einem Märchenbuch entnommene Ortschaften. Weingärten umziehen sie, Zedern schatten in ihren Gärten und von den Altanen der bleichen Häuser leuchten die Blumen. Nur im Süden findet man so viel Sinn für die erlesene Wirkung

von Verschachtelung und Terrasse. Es ist Augenmusik.
Jeder dieser Orte gleicht einer Cello-Sonate, sonor und
zugleich von einer kaum erträglichen, Sehnsucht wek-
kenden Süße erfüllt, die der Schönheit junger Frauen
ähnlich ist. Man begehrt sie nicht mehr, betrachtet sie
nur in Ergriffenheit.

Hinter Bonnieux wirft sich die Straße mit äußerster
Energie in die Höhen. Der Luberon ist eines dieser erstaunlichen Gebirge der Provence, die als mächtige Fels-
barrieren aus der Erde brechen und ebenso unvermittelt
enden. Den erbarmungslos armen Steingrund der Höhen bedeckt nur Maquis, der nicht einmal den Schafen
Nahrung gewährt. In lauter Kehren wand sich die Straße hin; es zeigte sich, welch ein Wunder, ein Rinnsal im
Grunde, das vom Grün jung belaubter Uferbäume um-
kränzt unter der geballten Wucht hoher Felsen ein-
herträumte. Es war der Aiguebrun, ein Bach wundervoll klaren Wassers; im Schoß der kargen Felsenhöhle
entsprungen, floß er als flüssiges Gold durch die Öde.
Steinbrückchen überwölbten sein Bett hie und dort,
ohne daß Wege weitergeführt hätten. Wohin auch? Die
Höhenwelt war wie seit Anbeginn der Erde sich selbst
überlassen, mit sich selber allein. Kein Haus, kein Mensch.

Bis dann hinter dem Felsentor der Berge, völlig unvermittelt, Lourmarin auftauchte, ein über einen Hügel
gewölbter Ort; ein Renaissance-Schloß liegt seitab.

Von hier aus gelangt man zu den Gärten des Duran-
ceufers, die sich im fleißigen Gedräng gedeckter Beete
und keimender Saaten am Südhang des Luberon ent-
langziehen, jedes Quartier durch Hecken oder Bambus-
zäune geschützt.

Freilich, nach der großartigen, wilden Einsamkeit der
Höhen und den wolkenstürmenden Städtchen an ihrem
Nordhang die Enge bäuerlicher Profitlichkeit...?

Zeichnung von Vincent van Gogh

Einmal, schon an des Septembers Wende, kam ich aus den trockenen Höhen mitten in die Fruchtgärten hinab. Aus der Dürre in die Fülle; aus verbrannten Zonen des Darbens in Gefilde des Überflusses. Wo die hohen Bambushecken, diese tausendfältig bewimpelten Barrikaden aus Speeren, eine Lücke für ein Brückchen über die Bewässerungsgräben gelassen hatten, stand allemal ein Camion. Oder einer dieser weit nach hinten ausladenden, zweirädrigen provenzalischen Flachwagen; in die Gabeldeichsel ein Maultier gespannt, das sich die Zeit mit Ohrenwedeln vertrieb. Die Sonne brannte erbarmungslos. In den Gartenquartieren hinter den Bambushecken quoll es von Frucht. Blautrauben hingen schwer bis zur Erde. Überall am Fuße des Luberon und in der Ebene von Carpentras. Man sieht ob der Hecken natürlich nur wenig vom Lande. Aber als ich nach Velleron abbog, zeigte sich, was alles auf den Beinen war! In ganzen Reihen zog das junge Volk durch die sich färbenden Weingärten und erntete; vor allem Mädchen und Frauen — rote, gelbe, blaue und bunte Flecken im Weinlaub. An den Straßen standen braune, schwitzende Männer, breitrandige Strohhüte auf dem Kopf, die Oberkörper nur mit dünnen, ärmellosen Hemdchen bekleidet, bei ihren Karren und stülpten die Körbe um. Sie lachten mir zu.

Es dauerte lange, bis ich in Velleron anlangte. Was ich dort wollte, wußte ich keineswegs. Der quicke Name hatte es mir angetan. Tabakbraune Ziegen mit zurückschweifendem Gehörn betrachteten mich fremdartigen Blicks, während sie hastig am Wegrand im Grünen knabberten. Die Zypressen hatten die Oktaeder ihrer kleinen Früchte ob all der Reife und Wärme geöffnet.

Ich gelangte in Velleron richtig ans Ende der Welt. Es
ging nicht weiter. Das winzige Nest schien bereits für
die letzte Reise gerüstet. Kein Laut, wenigstens anfangs.
Die Häuser alle etwas zerbröckelt; als Läden dienten
den Fenstern graue Bretter, die nie einen Anstrich
erlebt hatten. Endlich vor den Türen der Haupt- und
Prachtstraße dieser Residenz der Stille einige alte Weiber und schnurrende Katzen. Hier und da gähnte ein
Hund. Einmal ließ sich eine singende Kinderstimme
im Innern eines Hauses vernehmen. Ringsum Zypressenhecken, Gärten mit reifenden Trauben, deren Süße
in des Weines Geist überging, und der Sonne Brennen.
Das Leben ein Traum. Gut, Calderon. Man glaubte
ohnehin im verlorensten Spanien zu sein. Das Dasein
floß außerhalb der Ufer, in die es die Uhrzeiten eindäm-
men; es plätscherte über die unermeßliche Weite der Zeit.
Ich ließ es mir gefallen und blieb gleich zwei Tage.

Am Rand des Languedoc

Tarascon

Auf gewohnten Zickzackwegen gelangte ich dann doch, wohin ich gleich wollte, nämlich nach Tarascon. Diesmal stolz auf einem Camion mit einer Ladung leerer, erbärmlich scheppernder Obstkisten sitzend. Bis Plan d'Orgon ging es noch. Dann verschob sich die Fracht, und ich führte einen Sisyphoskampf gegen die umherrutschende Emballage. Zehn Arme wären vonnöten gewesen, sie in Schach zu halten. Als ich in Tarascon absaß, war ich wie zerschlagen. Der Fahrer, der Gute, meinte zwar fröhlich, ich hätte klopfen sollen. »Ce pauvre Allemand, spielt den Dompteur in einem ›couvée de punaises‹ von Obstkisten und sagt nichts.« Er bewies Sinn für die Komik meiner Lage und geriet immer mehr ins Lachen. Immerhin, schlecht gefahren sei besser als gut gelaufen, kramte er seine Weisheit hervor; wenn ich wollte, könnte ich mit zurück. Ein Don Quichotte, der mit den ›paniers dansants‹ kämpfte, sei ihm grade recht – eine Bemerkung, die ihre ganze Spitzfindigkeit erst offenbart, wenn man weiß, daß ›den Korb tanzen machen‹ soviel wie begaunern heißt. Außer dem Château da biete Tarascon übrigens nicht mehr viel. Ja, früher! . . . Wenn ich also wollte? Ich wollte nicht, und wir nahmen gerührten Abschied.

Tarascon lag derzeit, kurz nach dem Kriege, infolge

einiger Bombenangriffe noch völlig am Boden. Selbst
an ein Unterkommen war nicht zu denken. Verschlossen
sogar die schwer getroffene Kirche Ste-Marthe mit der
Krypta und dem Grabmonument der Heiligen. An Daudets Tartarin erinnerte nichts; eine Handvoll alter Ren-
tenbrüder vor den niedrigen Häuschen des Boulevard
Itam – weiß Gott, Boulevard, der Name schien mir
ziemlich hochtrabend – zählte doch nicht. Höchstens,
ich konnte die Burg des Guten Königs René besuchen,
die hell, leuchtend, unversehrt wie es schien, ein Mär-
chenschloß mit Zinnen und Türmen auf ihrem Kalkfelsen am Rhôneufer stand, von Wassergräben umzogen,
und auf die Flut hinabsah. In den Hof gelangte ich
zwar, aber einen Blick in die Räume zu werfen, darin
der König geweilt, oder in jene Gemächer, darin man in
späterer Zeit die Hugenotten sich auszuziehen und in die
Rhône zu springen gezwungen hatte, wobei man die
Vollständigkeit des unblutigen Massakers an den säuberlich nebeneinander gelegten Hemden kontrollierte –
einer war übrigens davongekommen, indem er im all-
gemeinen Durcheinander sein Hemd zu den andern geworfen und in den Kamin gekrochen –, nein, es war
nichts zu sehen. Fermé, Fermeture rigoureuse! Eine
Handbewegung unterstrich des Beschließers Auskunft.
Also dann nicht; es war auch so bereits genug. Das
Schloß steht auf dem Platz des antiken Kastells, das
angelegt worden war, um eine römische Handelsnieder-
lassung von Massilia zu sichern.

So also Tarascon, die Stadt der heiligen Martha, die
hier nach der Legende eine Tarasque, einen Drachen gebändigt hat. Was man in einem vom Guten König René
eingeführten Fest alljährlich feierte, wobei der zungen-
brecherische Kehrreim gesungen wurde: »La tarasco la
gadigadéou, la tarasco dou Gastéou« – ich habe nie er-

fahren können, was das besagt. Im Museon Arlaten
gibt's eine Nachbildung dieses Drachens, den eine Jungfrau im Festzug am Bändel durch die Stadt führte. Mag
das recht pläsierlich anzuschauen gewesen sein. Was
aber Daudet verführt hat, aus den Tarasconesen die
Schildbürger der Provence zu machen, als er seinen
›Tartarin‹ schrieb – ich weiß nicht. Gewiß, in einem
Hinterstübchen meines Herzens hegte ich gleichwohl die
verstiegene Hoffnung, es werde sich »das dritte Haus
links an der Straße nach Avignon« als Tartarins Villa
aus weißen Mauern mit grünen Vorhängen erweisen,
oder ich fände jene Apotheke Bezuquet, in der Tartarin
mit der Mutter des Apothekers das Duett aus ›Robert
der Teufel‹ sang, indem er auf Madames Gnadenarie
»Gnade für dich und mich!« respondierte »Non – non –
non«. Ausgesprochen allerdings »Nan – nan – nan«, was
die Eigenart der hellen provenzalischen Nasale in der
Tat trefflich wiedergibt. Natürlich ließ sich von Daudets Örtlichkeiten nicht eine Mauerecke entdecken!

Ziemlich entmutigt zog ich über die Rhône. Aber drüben in Beaucaire, das in früheren Jahrhunderten die
Stadt gewaltiger Jahrmärkte war, schon seit der Zeit
Raymonds VI. von Toulouse, genau genommen seit 1217
– in Beaucaire, dessen merkantiler Ruhm der Eisenbahn
zum Opfer gefallen war – in Beaucaire, das sonst nur
eine Burg vorzuzeigen hat, die derselbe Raymond VI.
anlegte und Ludwig XIII. schleifen ließ – in Beaucaire
war es das nämliche: es fand sich ein einziges Hotel, das
prompt bis unters Dach besetzt war. Es blieb mir nichts
übrig, als an all den Leuten, die vor ihren Türen saßen
und auf die Schiffe starrten, vorüber und davon zu wandern – in Beaucaire beginnt der Kanal, der die Rhône
mit der Bucht von Aigues-Mortes verbindet.

Es schien mir geraten, meinen Weg nach Nordwesten

über Remoulins und den Pont du Gard fortzusetzen, um nach Uzès zu gelangen. Zur Nacht blieb ich in einer Herberge am Weg, und nächsten Morgens lief ich schon mit dem ersten Licht am Pont du Gard herum. Das machte, ich hatte abermals Glück bewiesen und einen stoppelbärtigen, gutmütigen Händler gefunden, der mich vor Tau und Tag mit auf die Reise nahm; diesmal ohne eine ›couvée de punaises‹, ohne ein ›Wanzennest‹ tanzender Obstbretter.

Am Pont du Gard

Der Gard oder Gardon, der bei Vallabregues in die Rhône mündet, wird zuvor von einem berühmten Aquädukt der römischen Zeit überquert, dem Pont du Gard, der ehedem das Wasser der Eure-Quellen nahe Uzès über eine Strecke von fünfzig Kilometern bei siebzehn Metern Gesamtgefälle nach Nîmes brachte. Erwägt man, daß Täler überquert und Berge durchschnitten, weite Umwege gemacht und Vorrichtungen getroffen werden mußten, das in einer mit Platten gedeckten Rinne strömende Wasser nicht dumpfig werden zu lassen – bedenkt man zudem, daß die Altstadt von Nîmes erst vor wenigen Jahren eine neuzeitliche, der römischen an Qualität vergleichbare Wasserzufuhr erhielt, bekommt die Leistung antiker Baumeister und Ingenieure besonderes Gewicht. Zwanzigtausend Kubikmeter vermochte die Wasserleitung Tag um Tag zu liefern. Aber das ist es nicht einmal, was für dieses Bauwerk einnimmt, sondern die Ausdrucksgewalt einer technischen Anlage, die mit Hilfe von selbstverständlichen Stilmitteln ein Monument der Größe des römischen Imperiums geworden ist. Die so selbstsichere, machtvolle Gebärde des Bauwerks besitzt nichts Demonstratives; es spricht aus und

durch sich selber. Es ist nicht nur groß, es besitzt Größe. Seiner zweckgebundenen Nüchternheit wohnt Erhabenheit inne. Sechs Bögen in der untersten, elf in der
mittleren, fünfunddreißig in der oberen Galerie, so
schwingt sich der Pont du Gard in drei Etagen von neun-
undvierzig Metern Gesamthöhe trotz seiner Größe und
Wucht voll Leichtigkeit über den Fluß. Ein Bindemit-
tel hält die Quadern erst seit Napoleon III. zusammen.
Vordem verdankten sie den Halt, der sie seit dem Jahre 20 v. Chr. ausdauern ließ, der Genauigkeit des Steinschnittes. Man muß dieses Bauwerk zu den Tageszeiten
sehen, wenn das Licht es in eine scharfe Schattensilhouette oder in hell leuchtende Arkaturen vor dem tiefblauen Azur des Himmels verwandelt. Einmal erblickte
ich es an einem Morgen mitten im Winter, als einer
der seltenen Nebel leichte Gespinste durch den Grund
des Gard wob. Da hob es sich wie eine Erscheinung der
Sage über die Schleier.

Leider, man hat heute die Frage der Wirkung auf die
übliche Weise gelöst. Es gibt eine Verkehrsregelung für
die Besucherströme, dicke Kabel ziehen sich über den
Fels, und Batterien von Scheinwerfern sorgen dafür,
daß der Pont du Gard sich in eine Jahrmarktsattraktion
verwandelt, so oft es sich lohnt. Aus dem erhabenen
Römerbauwerk ist eine Kulisse des Fremdenverkehrs
geworden. Über die abgeschiedene Stille des Gardon
gleiten heute die Pedalos.

*Derzeit wird der Pont gründlich restauriert, der Verlauf der
Wasserleitung soll partiell freigelegt und in einem archäo-
logischen Park zugänglich gemacht werden. Natürlich, die
verwunschene Ursprünglichkeit ist dahin, was ja schon
Domke beklagt, aber zum Glück haben die Denkmalschüt-
zer des ›Conseil Général‹ den Wettlauf vor einigen cleveren*

Investoren gewonnen, die das attraktive Bauwerk zum
Mittelpunkt eines touristischen Freizeit- und Vergnügungs-
parks machen wollten...

Als wir zum ersten Mal hierhin kamen, gab es noch
nichts dergleichen. Völlig unbeobachtet und ungestört
vermochte man vom Felsen am Fuß der Brücke vier
Meter ins kristallklare, kühle Wasser des Gardon hin-
abzuspringen. Angesichts so vieler Jahrhunderte unver-
brüchlichen Dauerns hatte mich die Lust überkommen,
gleichsam im Gegenspiel des Risikos, hinabzutauchen
und einen Stein ans Licht zu holen. Er sollte den Tribut darstellen, den mir die Zeitalter ob des Wagnisses
schuldig waren. Denn es war doch ganz klar, auch dieser Stein lag schon seit Römerzeiten dort unten.

Gar nicht weit davon im Tal des Gardon der Ort, auf
den sich eine schöne Stelle in André Gides ›Si le grain
ne meurt‹ bezieht – die Schilderung der Fahrt von Nîmes nach Uzès, woher die Gides stammten, sowie der
Überquerung der St-Nicolas-Brücke und des kleinen Ab-
stechers zu Fuß ins Tal des Gardon.

Es war dort unten alles genauso, wie es der Dichter
beschrieben hatte, der üppige Pflanzenwuchs, die bleichen Steine, die Pracht des leuchtenden Oleanders und
selbst die wilde Datura. Bis wir in richtige Gorges
gelangten. Da ragten Kalkschroffen empor, alles war
schluchtig und tief, aber an diesem Morgen zugleich
hoch von Schwalben überschwärmt, eine durchzwitscher-
te Luft über völliger Stille. Das gab dem Ort den Reiz
göttlicher Einsamkeit. Mächtige Felsen reckten sich hoch,
alles stieg oder stürzte; einzig ein vermoostes Mäuerchen
hielt stand, stützte den Weg. Aus Schatten wehte es kühl.
In dunklem Trauergrün erhoben sich geisterhafte Bäu-

me, von altem Efeu schon halb erwürgt, Fackelträger,
denen der Dolch an der Kehle saß. Im Grund sah man
beinerne, bleiche Gerölle oder gebuckelte, geschliffene
Felsen statt des versickerten Flusses. Das Wasser war
nur noch hier und da in blanken Pfützen und kleinen
Teichen vorhanden, darin sich die Schroffen spiegelten.
Eine fast einen halben Meter lange, grüne Eidechse
verharrte plötzlich mitten auf dem Wege, starrte uns
reglos mit Basiliskenblick an. Nur der pochende Atem-
fleck hinter dem Kopfe verriet des Tieres Leben. Erst
als die Echse ob eines plötzlichen Dohlenschreis erschreckt fortglitt, wich der Bann der Verzauberung.

Dann nahm die Garrigue uns auf, die Heide, die zumeist aus einem undurchdringlichen Gestrüpp von Kermeseichen, Ilex und Kräutern aller Art besteht. Jetzt im
Frühling blühte sie voll Hingebung – rote Zistrosen,
gelber Stechginster und zahllose Zwergiris in Weiß und
Blaßblau; das ganze Land schien von einem Taumel der
Seligkeit durchbebt.

In Uzès

Selbst in dem kleinen Uzès, der Metropole dieser sich
von den Hängen der Cevennen zur Rhône hinabziehen-
den Heidegebiete, hielt der Rausch der Beglückung an.
Er sollte uns noch bis Nîmes geleiten.

Auf den Tag genau nach fünf Jahren betrat ich das
Städtchen zum zweiten Male, zog genauso durch die
Avenue Pascal ein; das Tälchen zur Linken, an dessen
Rand die ersten Häuser beginnen, spann seine Träume
wie damals. Es war alles wie einst. Auf der Promenade
des Maronniers gingen ein paar andere Leute spazie-
ren als vor einem Lustrum. Ein alter Herr, den ich wie-
derzukennen glaubte, schien zittrig geworden. Wirklich,

Der Pont du Gard
Aus dem Provenzalischen Skizzenbuch des Georg von Dillis
Staatliche Graphische Sammlung, München

sonst hatte sich aber auch gar nichts getan, und ich fragte mich, ob wohl einer der geschlossenen Fensterläden
an der Avenue Victor Hugo inzwischen einmal geöffnet
gewesen. Oder hatte man das vielleicht glattweg ver-
säumt, verträumt?

Zeit, schienen die Häuser zu sagen, was ist das schon?
Natürlich, die Lebenszeit, die ist jedem zubemessen –
aber die Zeit, die man dafür bedarf, dies oder jenes zu
tun – da fängt sie schon an, sich zu winden, zu dehnen
oder zu kürzen, diese Molluske, je nachdem wie schnell
einer zu Rande kommt ... was ja wiederum davon ab-
hängt, ob er grade gut aufgelegt ... wenn nun einer niemals aufgelegt ist, sich einfach hinsetzt, die Hände in
den Schoß legt: bitte macht, was ihr wollt, ich weigere

mich, noch länger Sklave der Minuten zu sein ... ach, man
kann nichts ändern und könnte trübselig werden, wie
man sich aus diesem Dilemma winden soll! So also schienen die Häuser von Uzès zu meditieren.

Von den Platanen baumelten unterdessen die jungen
Früchtchen. Das Otium vitae, des Lebens süße Muße-
zeit schien angebrochen.

Aber selbstverständlich ist Uzès eine ernsthafte Stadt.
Da gibt es das Erinnerungsmonument des Letzten der
Herzöge von Uzès, der 1893 am Kongo starb. Oder ein
herzogliches Schloß, dessen erste Bewohner von des großen Carolus Stamme waren. Wenn die Nachfolge auch
einen Hopser über die Heirat der Letzten des Stammes
machen mußte, weil kein männlicher Erbe da war, 1565
empfing man den Herzogshut, und dann trug sich der
unverhoffte Glücksfall zu, daß dem Duc de Montmorency in Toulouse 1632 der Kopf abgeschlagen wurde.
Seither galten die Herzöge von Uzès als die ersten in
Frankreich. Aber Uzès besitzt auch einen Bischofspalast.
Es besitzt eine unglaublich schöne Promenade am Rande
eines Parkes mit Akazien, Linden, Kastanien nebst Zedern im Hintergrund. Uzès nennt schließlich ein kleines
Heiligtum der Literatur sein eigen, den Pavillon des
Racine an nämlicher Promenade.

1661 bis 1662 ist der Dichter als junger Mensch hier
gewesen, wie eine Tafel mit einer Inschrift besagt. Nicht
ganz freiwillig. Nachdem Jean Racine die Strenge von
Port-Royal kennengelernt hatte, zog er sich in Gedanken bereits von dem geistlichen Beruf zurück, für den
man ihn bestimmt hatte. Seine Familie sah es mit Schrek-
ken. Um wenigstens seine Neigung zum Theater zu
dämpfen, schickte man ihn zu seinem Onkel Sconin, derzeit Generalvikar des Bischofs von Uzès.

In den Briefen, die Jean Racine aus Uzès schrieb, ist

sehr wenig von Theologie die Rede; um so mehr vom Landleben, den Zikaden, dem guten Wetter und Leben, dem lokalen Dialekt, den er nicht verstand, und von seinen poetischen Versuchen – lauter Themen, die einem angehenden Dichter am Herzen liegen mußten, der eine Zeit des Suchens durchmachte. Hier löste er sich von den Vorstellungen seiner Kindheit und wuchs seinem eigentlichen Beruf entgegen. Es gibt zwei Versionen, in denen Racine sein Urteil über das Uzès dieser schwierigen Zeit ausgesprochen hat. Die eine liebt man hierzulande, die andere nicht. Die erste lautet: »Unsere Nächte sind schöner als eure Tage« – er schrieb es in einem Brief nach Paris. Die zweite ist in Versen abgefaßt: »Adieu Uzès, Stadt der guten Küchen, wo zwanzig Speisewirte zu leben fänden, aber ein einziger Buchhändler verhungern müßte.«

Im kleinen Pavillon also lebte und schrieb er, während der Onkel Generalvikar drüben im Bischofspalast über Stellenbesetzung, Imprimatur und Bistumspolitik brütete. Kein schlechter Ort für einen angehenden Poeten, auf einen Grund mit fruchtbaren Gärten und in die Felslandschaft der Garrigues hinauszuschauen. Nichts, was ablenkte!

Man kann Uzès, auf eine der schönen Steinbänke der Promenade Racine gehockt, mit einer einzigen Wendung des Blickes umfassen: Park und Bischofspalast, St-Théodorit, nun die köstliche Tour Fenestrelle, Frankreichs einzigen Rundturm, aus lauter Arkaden bestehend, Rest einer in den Religionskriegen untergegangenen Kirche des 12. Jahrhunderts; sodann nach links mächtige Gruppen von Kastanien, das Herzogsschloß mit seiner in eiserner Krone aufgehängten Glocke; abermals weiter, zwischen Dächern hervorlugend, einen minarettschlanken Turm nebst einer Madonnenfigur; schließlich, über das

ganze Gewese hinwegragend, den burgartigen, massigen
Giebelumriß von St-Etienne...

Zugegeben, viel ist es nicht. Aber es hat genügt, einem
der großen Genies französischer Sprache in den Schwierigkeiten des Werdens weiterzuhelfen.

Nîmes

Es ist unerläßlich, Nîmes von Norden aus zu betreten.
Kommt man von Osten, von Arles, liegt es gleich einer
diffusen Nebelbank in der Ferne. Aber von Norden, da
wird offenbar, was es zu sein vermag! Vor allem, wieviel Südlichkeit es besitzt. Denn hier, an den Hängen
der Garrigues, schauen Ölbäume über die Gartenterras-
sen, wandern alte Mauern durch Wiesenauen, wallen
Wege und Pfade empor zu Gruppen von Pinien, von
Zypressen, durch deren Dunkelheit ein helles Mauergeviert, ein rotes Dach lugen. Es blüht, prangt, und so
überall, hügelauf, hügelab! Dazwischen sind die weißen,
gelben Wände eines Steinbruchs, die grauen Kuppen
von Felsen getupft, die sich aus dem dunklen Pelz des
Bewuchses drängen, und wiederum legen die Ölbäume
Silberschleier über das Bild. Kurz, schon an dieser Stelle
bekundet die Stadt mittels einer Handvoll blühender
Iris, Flieder, Palmen, Glyzinien, wievieler Anmut selbst
die herbe Strenge der Garrigues fähig ist.

Nîmes, wiewohl uralt, läßt sich nicht von der Wucht
der Geschichte erdrücken, sondern bleibt stets leicht,
überschaubar, heutig und freundlich. Es besitzt einen
völlig anderen Charakter als Arles, das dicht und gedrängt lebt. Nîmes hingegen bewahrt eine fast geome-
trische Klarheit, und seine breiten Straßen erfüllt das
flutende Leben einer Metropole.

Wir wohnten in Nîmes stets im gleichen Hotelchen,

drei Stockwerk hoch. Man brauchte hier nicht zu essen, konnte vielmehr in die Lokale der Eingesessenen auf Erkundungsreise ziehen, das gab den Ausschlag. Etwas unpersönlich die Zimmer, schon gut, das sind sie schließlich im Süden immer; aber preiswert und strahlend sauber. Die heftig geblondete Aufwartung, welche die Reception im Nebenhin erledigte, kannte uns bereits und stieß Theaterschreie des Entzückens aus, sobald sie unserer ansichtig wurde. »Vous êtes revenus«, rief sie voll staunender Freude, als sei ihr eine persönliche Ehre widerfahren, wobei sie die Hände zusammenschlug. Es war eine herzliche Person mit faltigen Zügen, zu denen das unerbittlich gebleichte Haar seltsam kontrastierte. Einige Gesichter sind nun einmal fürs Schwarze geschaffen. Die dunklen Augen, die ein wenig oliv getönte Haut saßen bei ihr ganz einfach im falschen Rahmen. Es war sehr still im Hotelchen. Auch die Straßenschlucht, in die der Blick tief nach unten fiel, war still, was des Domiziles Reize erhöhte. Einziger Laut blieb denn zumeist auch das Rumoren des Mistrals im leeren Schachte des Fahrstuhls – auf den versprochenen Einbau des Liftes haben wir Jahre umsonst gewartet.

Es gab noch mehr Verlockendes. Kaum hundert Schritt entfernt lag der Boulevard Amiral Courbet, eine der drei breiten Avenuen von Nîmes, welche das Zentrum triangelförmig umziehen. Wirklich, man befand sich sofort im Kernpunkt der Dinge.

Das Leben begann hier schon zeitig, jedenfalls war es in vollem Zuge, wenn wir vorm Café de l'Industrie unsern Frühstückskaffee tranken und köstliche Blätterteig-Croissants aus der Confiserie nebenan dazu aßen.

An den breiten Boulevards von Nîmes haben sich hinreichend Restaurants und Cafés etabliert, vor denen man unter Marquisen im Freien sitzt. Abends stehen hier draußen sogar die Fernsehapparate, und ich habe eine Molièreaufführung erlebt – eine Viertelstunde Monolog ohne jede Aktion oder Pose –, bei der ein ganzer Bienenschwarm Menschen mit gebannten Blicken und Ohren an der Flimmerscheibe hing. Nicht Motorengeknatter, nicht Hupen störte. Ob dieses geselligen Lebens im Freien gehört es zu den erlesenen Genüssen, in Nîmes, dieser Welt selten getrübter Sonne, umherzuschlendern, an dies, jenes und möglichst an nichts zu denken und sich mitten im bummelnden Genießen plötzlich vor einem Café niederzulassen, einen Pernod zu trinken und den Leuten zuzuschauen. Denn Nîmes ist eine elegante Stadt, ein Eindruck, der natürlich von den Frauen und Mädchen bestimmt wird, die über den Boulevard Gambetta oder Victor Hugo stöckeln, sich zwitschernd auf den Bänken an der Fontaine Pradier unterhalten, deren Nîmes verkörpernde Frauenfigur übrigens nach einem Modell geschaffen wurde, das später Victor Hugos Geliebte war. Einerlei, ob die Frauen und Mädchen aus reichem, gutem oder bescheidenem Hause stammen, sie sehen alle gut aus. Dieses Volk teilt sich nicht in feinere und gröbere Klassen, es ist homogen. Man lebt miteinander.

Selbst bei den Wohnungen fällt die ranglose Geselligkeit dieses Volkes auf. Das Angeberische fehlt den Häusern; sie bekunden nicht sofort Rang und Vermögen ihres Besitzers. Natürlich gibt es auch Wohnungen der Reichen – am Eingang zum ›Jardin‹, dort am kleinen Wäldchen, in dem die Boule-Spieler tagein, tagaus zu finden sind, oder in den Villen außerhalb der Stadt. Aber sonst lebt man noch in friedlicher Zugehörigkeit nebeneinander. Man schaut selbst auf die Armut und die Armen nicht so herab wie bei uns. Der Stand der Unbemitteltheit bedeutet keine gesellschaftliche Deklas-

sierung, da der Mensch an sich genommen höher im
Kurse steht. Man läßt selbst jene Existenzen gewähren,
denen es beliebte, sich fallen zu lassen. Das tut die selbst-
verständliche Achtung vor dem persönlichen Willen des
Einzelnen, die den Franzosen, und vollends im Süden,
nun einmal im Blute steckt.

Wo kamen sie eigentlich her, die drei, vier Elendsgestal-
ten in der großen Stadt, die sich mitten am Tage plötzlich unter die Lebenden wagten, längst abgestorben
geglaubte Schemen irgendeines Lasters oder einer Armut, die zu hoch in die Jahre gekommen war? Jene, die
der Tod nicht annahm, weil sie zu ungewaschen waren.
Ausgemergelte Minuszeichen oder gedunsene Parodien
einer Gestalt; in jedem Fall war Hypertrophisches an
ihnen, außerdem etwas in äußerstem Grade Widriges,
das man mit keinem Gefühl der Sympathie mehr erreichen konnte. Es war ein Zustand, wie er die Menschen befällt, die den Rest ihres Lebens hinter einem
Torbogen verbringen oder winters auf dem Eisenrost
einer Kellerluke schlafen, damit die hochsteigende Luft
sie wärme. Man sah sie in Nîmes äußersten Falles auf
den Boulevards. Das ist ihr Polarkreis, über den sie sich
nicht hinauswagen. Aber man sah sie gelegentlich.

Da Nîmes eine sehr saubere Stadt ist, mußte das doch
verwundern. Ich wurde den Gedanken nicht los, daß
sich diese Streuner selbst eine Aufgabe der Häßlichkeit
gesetzt hatten, um die Schönheit des Lebens fühlbarer
zu machen.

Hin und wieder geschah es, daß man einem von ihnen
Auge in Auge begegnete, beileibe nicht jenen, die sich
irgendwo postierten und mit eingelernter Elendsgebärde
Tribute heischten. Die Misere, die sie zur Schau stellten,
war nichts als eine schlechte Schmierenvorstellung. Sie

brauchten wirklich nur zu wollen, und das Leben hätte
ihnen gegeben, was sie bedurften. Mithin, ich meine
nicht die Bettelbuben von der Place du Palais in Avignon. Nicht die schlurfenden, stinkenden, in jedem Fall
hoffnungslosen Landstreichergestalten von Arles. Vielmehr das schreiende, nicht zu behebende, unfaßliche
Elend von drei, vier Gestalten in dem sauberen, eleganten Nîmes, die darauf bestanden, gesehen, mitgelitten,
mitgefühlt zu werden. Jene Alte beispielsweise im Winkel, den sonst nur die Hunde benutzten. Man sah das
müde Fleisch ihres Gebeines unter der dürftigen Bedek-
kung bis über die Hüfte. Tagelang lag sie, ohne auf den
Menschenstrom zu achten, der unaufhörlich vorüber-
flutete. Sie hatte nicht einmal eine Büchse, eine Mütze
zum Betteln dabei, so sehr verachtete sie die Passanten.
Sie spielte ihr Schicksalsbild, damit man die Schönheit
der jungen Mädchen, die Eleganz der Frauen besser
empfand. Sie war verstummt, schien seelenlos wie ein
Denkmal. Oder die junge Frau mit der gräßlich flam-
menden Psoriasis an den immer strumpflosen Beinen,
die man morgens um zehn regelmäßig in betrunkenem
Schlaf auf einer Bank am Boulevard Amiral Courbet
erblickte. Die Arme verschränkt, den Kopf schräg nach
vorn gesunken, saß sie dort ihre Stunde ab, ehe sie aufs
neue ihre ziellose Wanderung begann. Selbstverständlich, das war des Südens Pendelausschlag. Die Farben
sind in diesem Lande ob der Gegensätze so tief.

Im ›Jardin de la Fontaine‹ konnte man ein anderes
Wahrbild dieser Welt erblicken. Da saßen, wenn der
Abend sank, die Verliebten auf ihren Bänken. Sie konnten sonst tatsächlich nirgendwo in diesem Garten zu-
sammenkommen. Alle Gebüsche im einsameren Teil des
Jardins waren von der Verwaltung mit Maschendraht
umzäunt worden, damit diese Verrückten der Liebe in

Amphitheater in Nîmes
Aus dem Provenzalischen Skizzenbuch des Georg von Dillis
Staatliche Graphische Sammlung, München

der Glut ihrer Leidenschaft nicht hineinkonnten. So
lagen sie sich also hier in den Armen und kümmerten
sich nicht darum, ob noch Spaziergänger auftauchten.
Übrigens waren die Frauen dabei die Handelnden. Sie
ertränkten und tranken die Opfer ihrer Liebe mit Küssen. Sie waren angefallen von einem wütenden Hunger.
Astarte glühte in ihnen.

Römische Arena

Möglich, daß diese Glut ein letztes Echo jener Südlän-
der ist, die als Veteranen nach des Octavian Sieg über
Antonius und Cleopatra das gallische Nemausus besie-
deln durften. Sozusagen als Lohn ihrer Kriegestaten.
Dies geschah kurz vor der Zeit Christi, und zum Ge-

denken, daß diese Legionäre des Octavian oder Kaiser
Augustus, wie er hernach hieß, auch das Stromtal des
Niles unterwarfen, führt die Stadt seither ein gefes-
seltes Krokodil im Wappen.

Schon zweihundert Jahre nach des Augustus Tode,
unter Hadrian und Antoninus Pius erlebte Nîmes seine
große Epoche. Aber man braucht ohnehin nur zu hören,
wie die Knaben hier gerufen werden, um über die Bedeutung der römischen Vergangenheit in Nîmes Bescheid
zu wissen. Adrien, Antonin, Flavien, Numa heißen sie...

Das gewaltigste Dokument dieser Epoche ist die Arena, von der man sagt, sie stehe mit ihren einundzwan-
zigtausend Sitzplätzen unter den siebzig in der Welt erhaltenen Bauwerken dieser Art hinsichtlich ihrer Größe
etwa an zwanzigster Stelle. In bezug auf den Erhaltungs-
zustand rangiert sie ganz vorn, was man in Nîmes gern
betont. Die Arena liegt da wie nie versehrt. Vergleicht
man sie mit ihrem Schwesterbauwerk zu Arles, das zwar
erhalten, völlig benutzbar, jedoch in seinen oberen Rängen Ruine ist, muß das verwundern. Denn die Arena
von Nîmes, die aus dem Beginn der christlichen Epoche
stammt, hat praktisch das Schicksal der von Arles geteilt.
Im 5. Jahrhundert wurde sie von Westgoten in eine Festung verwandelt, wobei man die Arkaden zumauerte,
Türme errichtete und die ganze Fortifikation mit einem
Graben umzog. Später hauste eine Bruderschaft der
›Ritter von den Arenen‹ hier, die innerhalb der Stadt
eine eigene Kommune bildete. Wiederum später sank
die Arena zur Zuflucht armer Leute herab, die sich im
Innern ansiedelten, wobei ein regelrechtes Dorf von
zweitausend Einwohnern entstand, das eine eigene Kapelle besaß. Erst im 19. Jahrhundert ist das alles berei-
nigt und wiederhergestellt worden, wie es ursprünglich
war. Mit anderen Worten und trotz aller gegenteiligen

Beteuerungen, die Arena wurde denn doch renoviert. Übrigens kann man das an den ersetzten Steinen deutlich sehen. Derzeit mußten sechs bis sieben Meter Schutt fortgeschafft werden, damit der Grund der Arena wieder sichtbar wurde.

Die Arena von Nîmes ist also baulich sehr vollkommen; so sehr, daß man kaum noch das Antike darin spürt. Es hilft nichts, unsere Liebe zu den Ruinen ist nicht nur Romantik. Verwitterungen bedeuten sichtbar gewordene Dauer, erhärten die Größe der verstrichenen Zeitdimension, sind ein Beleg jener Kontinuität, auf die sich wiederum der Adel und die Leistung Europas gründen. Mit der Erhaltung an sich ist es nicht getan. Selbst die Steine mit den Löchern, in welche zu Römerzeiten die Masten für die schützenden Sonnensegel gesetzt wurden, sind in Nîmes ja komplett vorhanden. Es wird angesichts dieser Arena deutlich, wie sehr das Römische nicht nur Monumental-, sondern auch Kolossalstil und eigentlich kaum mehr Kunst war; es handelt sich bei dieser Architektur um einen stets wiederholten Kanon des Bauens, der sich nur selten abwandelte.

Das wird bei anderen Zeugnissen der Antike nicht so empfunden. Nimmt man den seltsamerweise seit dem 16. Jahrhundert Maison Carrée genannten Tempel, dieses Kleinod römischen Bauens, das aus der nämlichen Zeit wie die Arena stammt, alle Stürme der Jahrhunderte unversehrt überdauerte und ohne große Restauration davonkam, wird das gleich deutlich. Nebenbei ist diese Erhaltung wunderbar genug. Denn als was hat dieses Bauwerk nicht alles herhalten müssen! Als Rathaus, als Wohnhaus, als Mönchskirche, als Pferdestall; schließlich wollte Colbert, Ludwigs XIV. großer Minister der Finanzen, Wirtschaft, Fabriken und Schönen Künste den Tempel sogar abreißen und im Park von

Versailles wieder aufbauen lassen ... Er könnte tatsächlich unter dem Himmel Griechenlands stehen, dieser Tempel in seinen zärtlichen Ausmaßen! Man sagt in Nîmes voller Stolz, er sei nicht nur der besterhaltene aller überkommenen römischen Sakralbauten, sondern in seiner Linienführung auch der edelste und reinste – eine Cella mit Vorplatz, beide auf einem Sockel gelegen, überdeckt von einem mit Friesen umzogenen Giebeldach, das auf dreißig edlen korinthischen Säulen ruht. Sehr gut, da ein Fernglas zur Hand zu haben und Stück für Stück der Friese und Kapitelle zu betrachten, damit man erkennt, wie die Steinmetzen gearbeitet haben. Zierleisten, Eierstäbe, Steinfiligran an den Kapitellen, Widder- und Löwenmasken – es ist schon erstaunlich, welches Arsenal von Formen zutage kommt, von denen das unbewaffnete Auge kaum etwas wahrnimmt. Wenn die Maison Carrée auch nur einen Rest der Anlagen des römischen Forums darstellt – ein Porticus mit Säulen hat zum Bauwerke selbst gehört –, es beweist doch, daß in der Formkraft der antiken Architektur hohe schöpferische Begnadung am Werke war.

Im Innern der Maison Carrée wird eine Sammlung von Bildwerken des Altertums bewahrt, Mosaiken, Friese, Skulpturen. Darunter findet sich jene Venus von Nîmes, die man 1873 in Bruchstücken fand, ein Bildwerk voll Anmut und mit einem Hauch verhaltener Sprödigkeit in dem schmal geschnittenen Gesicht. Nichts von der nicht seltenen Üppigkeit haftet dieser halblebensgroßen Figur aus gealtertem Marmor an. Um die Hüfte ist eine etwas pathetische Draperie von Faltenwürfen gelegt. Das stört die klare Linie des schönen Körpers, wie man zugeben muß, aber viel macht es nicht aus. Der Leib ist in seiner quicken, strahlenden Frische so lebendig und gegenwärtig, daß man alles andere darüber vergißt.

Maison Carrée in Nîmes
Aus dem Provenzalischen Skizzenbuch des Georg von Dillis
Staatliche Graphische Sammlung, München

*Daß Nîmes nicht allein eine historische, sondern zugleich
eine sehr lebendige Stadt ist, wird gerade hier, mitten im
Zentrum, unübersehbar deutlich. Der hinreißend schöne
römische Tempel hat 1993 ein zeitgenössisches Pendant erhalten, die antike Architektur ein mutiges modernes Ge-
genstück von vergleichbarem Anspruch und Rang; dem An-
tikenmuseum bietet somit das ›Carré d'Art‹ des englischen
Architekten Norman Foster eine Ergänzung. Die Sammlungen konzentrieren sich auf die Kunst des 20. Jahrhunderts, insbesondere des mediterranen Raumes. Bemerkenswert ist das Selbstbewußtsein, mit dem Neues an die
Seite des Alten gestellt wurde, freilich nicht ohne subtiles
Einfühlungsvermögen. Das ambitionierte neue Museum ist
zugleich Indiz einer neuen, dezentralen Kulturpolitik, der
daran gelegen ist, die französische ›Provinz‹ aufzuwerten.*

Es hat damit keineswegs sein Bewenden; man könnte mehr Römisches in Nîmes nennen. Die Porte d'Arles, Reste eines Stadttores aus des Augustus Zeiten am Boulevard Amiral Courbet so gut wie das Castellum Divisorium im Norden, das nichts anderes als der Verteiler jener Wasser ist, die vom Pont du Gard heranströmten. Risse man den Boden auf, wie vor einem Jahrzehnt, als in der Altstadt die Preßlufthämmer ratterten und Nîmes ob eines neuzeitlichen Geäders von Rohren in Staubwolken versank, es käme vieles zutage.

Doch ragt da über der Stadt auf dem Mont Cavalier nicht noch die Tour Magne wie ein Siegeszeichen empor? Das ist der Rest einer antiken Zitadelle, von deren Plattform der Blick bis zu den Alpilles schweift. Ruiniert ward der Turm nicht zuletzt, weil 1601 – Nîmes war eben hugenottisch geworden und eine Periode von Kriegen und Verfolgungen hob an – der Gärtner Traucat, derselbe, der den Anbau von Maulbeeren eingeführt hatte, mit Erlaubnis Heinrichs IV. in den Fundamenten nach einem verborgenen Schatz zu graben begann. Wobei er durch die Weissagung des Nostradamus bestärkt wurde, es werde ein Gärtner durch den Fund eines ›trésor caché‹ zu Ruhm gelangen. So grub er also, grub in heiligem Eifer, bis der Beutel leer war und die Fundamente des Bauwerkes zu knistern begannen, leider allzu vernehmlich. Worauf Traucat die Stätte seiner Niederlage als ruinierter Mann verließ.

Um die Tour Magne rauscht ein Pinienhain, der in die Hänge des ›Jardin de la Fontaine‹ übergeht. Ein Militäringenieur des 18. Jahrhunderts hat diese Anlage geschaffen. An Stelle römischer Bäder, eines Tempels und eines Theaters. Das Theater existiert nicht mehr, hinge-

gen Thermen wie Tempel. Er war Dianen geweiht,
fälschlich und nur weil in der Nähe eine Quelle entsprang als Nymphäum bezeichnet.

Gewiß, der Dianatempel ist nur noch Ruine, aber es
läßt sich noch alles imaginieren. Ein Teil der schweren
Quadern fügt sich sogar noch zu einem Tonnengewölbe
zusammen. Noch ragen die Wände mit Nischen und
Säulenstellungen empor, wenn auch die Skulpturen verschwanden. Noch läßt sich das Dach des Tempels erstei-
gen, auf dem sich die erstaunliche Festigkeit einer Bau-
technik erweist, die doch lediglich auf die Schwerkraft
spekulierte, hingegen auf Mörtel verzichtete, indem sie
Stein an Stein in genauem Schnitt aneinanderlastend
oder ineinander verzahnt zusammenfügte. Gewiß wirkt
das zu seinem Teil mit, um in des Tempels Innerem weniger Feierlichkeit als das Walten souveräner Gelassenheit zu empfinden.

Es wehte kühl im dämmerdunklen Raum. Draußen
stand hell der Tag, blendend weiß lag der Platz des Jardin, rosa-violett blühte der Arbre de Judée, reckte tausendfältig sein buntes Gezweig durch und über das Dunkel der Nadelgehölze. Er quoll in vollem Schwall über
die Terrassen, die am Rande des großen Gartens zur
Garrigue hinaushängen. Eine mächtige Palme, wundervoll edlen Wuchses, nahe dem Dianentempel, zollte dem
Frühling ebenfalls Tribut, schob tief-violett und gelb
prangende Bündel von Stengeln und Knoten ins Licht.
Etliche Jahre später fiel auch sie dem Froste zum Opfer wie zahllose Ölbäume in der Provence. In den Bassins, in die sich die römischen Thermen von einst verwandelt haben, spielte unterdessen das Licht. Man konnte an den zierlichen Rokokobrüstungen lehnen oder an
einer der Figuren auf ihnen und hinunterschauen in Galerien, schattige Säulengänge, Badekammern der Römer,

die nunmehr halb unter Wasser standen und von Schwärmen von Fischen behaust waren.

Dieser Platz mit seinem weiten Rund von Steinbänken ist die Region der Mütter und kleinen Kinder von Nîmes. Welch eine Oase! Wie königlich fühlt sich hier jeder, der vom Berge herabkommt, einen Hain erlesener Gehölze quert, an die mächtige Mauer mit den Balustraden gelangt, eine regelrechte Bastion, die den Platz gegen den Berg abschirmt, eine herrliche, strahlend beschienene, festliche Wand, zu deren Füßen sich Freitreppen hinunterschwingen. Welch eine Lust hinabzuwandeln! Man geht nicht, man schreitet. Schon ist die sonnige Estrade erreicht, die ringsum Gehölze säumen. Singend kommt eine Gruppe kleiner Mädchen heran, Blumensträuße in Händen, die bunten Jäckchen schwenkend; dort geht ein schlanker, pechschwarzer Neger vorüber, die Handgelenke zerbrechlich dünn. Ein Paradies des Volkes, dieser Garten von Nîmes, auf dessen grünen Rasenhängen ein aus Pflanzen nachgebildetes, durch eine Rankengirlande an eine Palme gefesseltes Krokodil daran erinnert, wem dies alles eigentlich zu verdanken ist...

Nîmes – ah, Nîmes! Leben des Südens, Tour Magne über den hängenden Gärten, in denen sich abends leidenschaftliche Paare küssen; Maison Carrée, in deiner Umgebung alter Häuser wie in steinerner Schachtel bewahrt; uralter Dianatempel im Park; dunkle, drohende Wucht der Arena, in der man gelegentlich Hemingway sah, wenn unter leidenschaftlicher Anfeuerung die Tode der Stiere gestorben wurden! Traf ich in jenem Jahr an der Fontaine Pradier, dem Bild der Geliebten des großen Victor Hugo, nicht auf die Gruppe von jungen Leuten, die einen riesigen Kegel mit sich führten, um den sie plötzlich unter Gesang den Reigen der Farandole zu tanzen begannen? Nîmes, das so voll heiterer Lebensfreude steckt, hielt noch ein besonderes Geschenk für mich bereit!

An Ostern war es. Nach Tisch hatte ich einen Weg begonnen, der zu einem der schönsten wurde, die ich je ging. Ich fühlte sofort, wie ich mich jahrelang für diesen Weg gespart, Gärten und Landschaften betrachtet hatte: gezähmte Gärten und langweilige Natur, bemühte Natur und wilde Gärten, zugestutzte, handküssende Gärten und bärbeißige Natur. Aus alledem zusammengesetzt lebte ein Idealbild, der Wunschtraum einer Gartenlandschaft in mir — sommerlich, leicht, durchschnitten von südlichen Baumgruppen, darüber ein warmer, duftender Himmel, der die Blumen liebkoste und in einer kaum wahrnehmbaren Weise schmerzte, weil er nicht Bestand haben durfte. Eben dies fand ich hier, indem ich die Stadt auf der Rue de la Garrigue verließ, nach Osten zu einem einsamen Weg folgte und in einem großen Halbkreis um die Tour Magne zog.

Die Paradiese von Nîmes, die Hügel, die Gärten der kleinen Leute im Frühling! Helle, ockerfarbene Mauern und graue, verwitterte Mauern, von denen ein Teil der aufgeschichteten Steine schon herabgebröckelt war, damit die Eidechsen bequemer hinübersteigen konnten. Silbernes Gezweig der Ölbäume und Gruppen von Zypressen und Pinien, die als dunkles Bouquet im Lande standen. Erstes Schrillen der Zikaden, jetzt noch ein liedvoller, betörender Zauber. Dazwischen viele kleine, oft winzige Anwesen, die sich ›Villa Mon Sourire‹ oder ›Champagnette‹, ›Villa Noëlise‹ oder ›Mon Rêve‹ nannten. Hinter ihren Mauern lebhaftes Hin- und Wiedergehen, das Aufleuchten roter Kleider, Lachen, Gesang. Anderwärts lagerten Menschen stumm im Grase. Allenthalben aber ein überwältigendes Blühen, vor allem der tiefblauen Iris mit dem violetten Schimmer, doch auch

von lautem Ginster und sanft-bleichem Flieder, blassen
Glyzinien. Gelegentlich kam ein kleines Gehölz, in dem
ganze Familien um einen Frühstückskorb lagerten, während sanfte Hunde mit braunen und weißen Flecken
vor sich hinträumten. Ich meinte durch Traumesgärten
zu wandern. Denn dies alles offenbarte sich beinahe
lautlos, schien ganz nach innen genommen und so sehr
aus dem Innern geboren, als könne es niemals Wirklichkeit sein.

Ah, Nîmes, Stadt der schimmernden Kanäle, die sich
vom Jardin stadteinwärts ziehen und im stillen Spiegel
ihrer Wasser das sonnenübergossene Bild von Mauern,
Brücken, Platanen und Kastanien zurückwerfen – manchmal schien es mir, im Frieden und Frühling dieser
Stadt offenbare sich eine Menschheitshoffnung.

Am Meer

Camargue 1951

Wir hatten die Monumente hinter uns gelassen. Noch immer aber riß uns die Gewalt der Vergangenheit mit. Selbst die dunkel raunenden Ou-Laute des provenzalischen Idioms schienen Gräbern entstiegen und von Byssusgespinsten verlorener Kulte umhüllt.

Der heiße Tag freilich spottete unserer Vorstellungen. Zikadenschrillen zersägte die Mittagsstille. Dies war Gegenwart! Auf welchen Höhen wir aber auch weilten, stets schimmerten die fernen Teiche der Camargue am Horizont.

Die proteïsche Landschaft, an zwei Seiten von den Mündungsarmen der Rhône eingefaßt, verdankt den Überschwemmungen früherer Jahrhunderte viel. Sie haben den Erbfluch wider alle Vegetation, die Salzlauge des Meeres, aus dem Boden gewaschen. Sie brachten nährende Sinkstoffe, von denen Wälder, Weiden und Felder gediehen. Der berühmte Pinienwald von Sylvéréal ist nur noch der bescheidene Rest großer Forste; denn heute sind die Arme der Rhône eingedeicht. Nach jedem Regen hilft Kapillarwirkung der tief im Boden ruhenden Sole an die Oberfläche. Die von Süßwasser abhängigen Pflanzen sterben und das ›engano‹ der Provenzalen, die Salzsteppe wächst.

Kenner sagen daher, die Camargue sei ein sterbendes

Land. Zwar verwandelt sich das Gebiet nördlich des gewaltigen Vaccarès-Teiches gegenwärtig in eine Ebene von Reiskulturen. Künstliche Bäche wandern weit über Land, die eingedämmten Äcker mit Rhônewasser zu speisen. Hier, in dünstender Schwüle, gedeiht der Halm mit der bleichen Körnerrispe, dessen willfähriges Wachstum die Schenkwirte dazu begeistert, noch die baufälligste der Tavernen ›Café au progrès‹ zu nennen.

Doch meinen Kenner, wenn sie von der Camargue sprechen, nicht die Kulturen des Nordzipfels. Sie denken an die ungeheure, oft von großen Teichen unterbrochene Salzpflanzensteppe. Sie denken an das Land der Moräste und Landbrücken, der unzähligen Tümpel, Gräben und Pfützen, aus deren brütenden Miasmen im Sommer Schwärme von Mücken und Stechfliegen steigen. Das Land der versunkenen Götter. Das Land der Stiere, Pferde und Hirten, dessen Freiheit und elementare Gewalten zu erfahren wir ausgezogen waren.

Wo wir auch blieben, immer trat uns das Schicksalhafte entgegen, das die Natur der Camargue geprägt hat. Unter diesem Himmel gewannen selbst Eindrücke des Zufalls Gewalt: Fischer, die im Abendrot durch die stürzende Brandung ruderten, oder der von blauem Lichtschein überflogene Himmel von Saintes-Maries, wenn die im Frühdunkel nach Arles lärmende Bahn Funken aus den Leitungsdrähten zupfte – die Erscheinungen der Gegenwart fügten sich der Landschaft ebenso zugehörig wie die Urbilder menschlichen Daseins. Wieder und wieder geschah es, daß ein Fischer in seinem Netz die Scherben einer attischen Trinkschale aus dem Vaccarès zog. Freilich, wo sind die Warenmagazine der griechischen Epoche, wo die Tempel, Relaisstationen und Gutshöfe der goldenen Zeit, als die Camargue die

Kornkammer der römischen Armeen war? Die See, welche die Gemarkung von Saintes-Maries bis an den Ortsrand verschlang, hat sie hinabgerissen. Die Rhône hat sie samt Bildsäulen, Vasen und Schalen unter Schlick und Geröll begraben, als ihre Anschwemmungen die Inseln des Mündungsdeltas miteinander verbanden. Was die Natur nicht zerstörte, ging in den Sarazenenkriegen zugrunde.

Die Verwandlung des Schärengebietes in einen Festlandteil und die Katastrophen der Geschichte haben aus der Camargue ein völlig neues Land gemacht, dessen urweltlicher Charakter jungen Datums ist. In dieser einzigartigen Rückbildung und in einer andauernden Auseinandersetzung zwischen der preisgegebenen Küste und den feindlichen Strömungen des Meeres beruht die exemplarische Wirkung des Landes. Wir suchten ihrer mit einem besessenen Hunger inne zu werden, schon von der Gewißheit getrieben, daß man die Camargue erleiden muß, um sie zu erfahren ...

Der uns dazu verhalf, war der Marin. Einen Tag lang standen die weißen Streifen, die ihn ankündigten, am Himmel, als wir fern von Menschen und Häusern zwischen Dünen und Wassern in einer Stierhüterhütte Unterkunft gefunden hatten.

In diesem Frühling sahen wir die Flamingos nicht, die noch im Herbst die Säume des Vaccarès besetzt hielten. Wir vermißten den Schmelz ihres Gefieders an den Ufern der Lagunen und auch den Flug der rosenfarbenen Geschwader, die abends über die Ebene zum Etang de Scamandre rauschten. Doch an der Bac Sauvage blühten die Asphodelen, und die Salzqueller, voran der Glasschmalz, verloren den Rost der Trockenheit, den der kalte Mistral in sie geätzt hatte.

Jetzt aber blies sein Bruder von der Liga der Meere
gegen unser Haus, um das die schwarzen Stiere strichen.
Weder der aus brackigem Wasser bereitete Kaffee noch
das Arcanum aus der Pillenschachtel half. Denn der
Marin ist der Kopfschmerzen zeugende, das Blut auf-
rührende Meereswind.

»Welch ein Land!«, sagten wir zu Georges Applana.
Er zuckte die Schultern. »Was wollen Sie? Der
Marin!«

Abends liefen wir voll unklarer Wünsche den weiten
Weg nach Saintes-Maries. Frauen, tief in ihre Kopftücher gehüllt, sangen in der Kirche vor verhängten
Altären das ›Stabat mater‹; es ging auf Ostern. Sie
sangen es provenzalisch, eingehüllt in eine Wolke schril-
ler I-Töne und klagender Quetschlaute. In den Cafés
aber spielten die Männer, eingehüllt in eine Wolke von
Tabaksqualm, an den Fußballautomaten und tanzten vor
Aufregung. »Was für Leute!«, sagten wir.

Georges Applana, der bei Simone Miquet stand, rief
prahlerisch:

> D' un vièi pople fièr e libre
> Sian bessai la finicioun.
>
> Vielleicht sind wir die Reste
> eines freien und großen Volkes.

Simone lachte . . . oh, Simone!

Wir lebten während dieser Zeit des Suchens in einem
gegenstandslosen Traum. Was auch in uns wuchs, träge
Enttäuschung oder geheime Erwartung, war eingetaucht
in das Fühlen der Ebene und in den großen Atem des
Windes. Wir waren ausgeliefert. Unter dieser lastenden Erfahrung versiegten unsere Gespräche, und jeder
belauerte voll Ungeduld die Schritte des anderen.

Der Marin blies und blies. Er häufte den Sand in

den Windschatten jeden Steines, jeden Grases, jeder
Muschel; er verschüttete die Bunker, die der Krieg gleich
schweren Hauern im scharf mahlenden Gebiß des
Dünensandes zurückgelassen hatte. Er fegte die Ebene
leer und riß Sträuße aus dem zähen Gezweig der Tamarisken. Er war zu Gast in unserer Cabane, ein gesichts-
loses Wesen, das uns seinen Atem hinterrücks ins Haar
blies, die Papiere auf dem Tisch tanzen machte und
nachts den Sand in unsere Betten stäubte – eine immerfort anwesende Gewalt! Wir sahen niemand außer Fernand Feraud, dem alten Gardian vom Mas la Marée, der
schräg gegen den Wind gelehnt vorbeiritt, um seine
Herde zu sammeln. Unsere Gesichter wurden bleich.

Einmal aber erschien auch Simone Miquet, und es
war, als sollte es die Verstörung noch steigern. Sie lief
den Strand entlang und hielt selbst an dem Wechsel
nicht inne, über den die Stiere in die Dünen gehen.

Früher hätte sie das um keinen Preis getan. Versuchten wir nicht, ihr einzureden, der Pfad diene nur Feraud
und seinem Gaul? Fragte sie ihn nicht sofort? Feraud
hatte auf die Spuren des Wechsels gezeigt und dann auf
die Hufe des Schimmels und gerufen: »Messen Sie nach,
Mademoiselle, die geben das Alibi!«

Aber Simone machte schmale Augen: »Sie sind ein
Marius, Fernand Feraud.«

Jetzt lief sie hier herum, der Wind zerrte an ihren
Kleidern, und ihr Gesicht war wie blind. Georges Ap-
plana wartete in den Dünen. Wie unausweichlich die
Liebe auf sie zukam!

Auf diese Weise erfuhren wir die andere Gewalt, die
der Marin an der schifflosen, menschenarmen Küste
entzündet. Wir erfuhren sie im gleichen Ungestüm wie
alles in diesem Lande, so daß der Anblick ihrer schick-
salhaften Macht die Erstarrung unserer Herzen löste.

Der Meerwind blies und blies.

Mit einer Ergriffenheit, die uns verwunderte, begannen wir alles zu lieben, was uns umgab, immer angeregt vom Wein, der uns morgens schon den vom Schlaf schalen Mund spülte. Wir liebten das knisternde Feuer von Rebholz im Kamin, die große Wasserurne und die Halbmondform der langgestielten Sichel; wir liebten es, abends auf unsern Betten zu liegen und dem Schwanken der Stallaterne zuzusehen, die ihren Schein hoch in das sternförmige Gesträhle der Dachlatten gleiten ließ. Wir waren glücklich. Denn was ist köstlicher als das Leben in den Cabanen, den uralten Hütten der Stierhüter, die wie ein Schiff im Sturm sind und ihr abgerundetes Heck gegen den Mistral stemmen? Was unterhaltsamer als der schwebende Atem des Windes unter dem hochgiebeligen, schilfbedeckten Dach? Was trostvoller als die Formen von Krug und Gerät, die aus den frühen Tagen der Menschen stammen?

Dies war die Zeit, die wir am Südrande der Camargue verbrachten, während die scharfgehörnten Stiere in den Dünen standen und das Meer in unsern Schlaf donnerte.

Als der Sommer stieg, veränderte sich das Wesen der Camargue fast völlig. Eine weißgeputzte Messingscheibe, stand die bebende Sonne am Himmel, und die Erde schien mitzuschwanken.

Aufs neue versanken wir in einen Wachtraum, hingerissen von Bildern, deren sich unsere Empfindung kaum zu bemächtigen vermochte, bis das Übermaß von Hitze und Helligkeit die Landschaft in ein Phantom verwandelte und unsere Erlebniskraft aussetzen ließ. Wir hatten uns in das Innere des Landes verloren, wo selten besuchtes Buschwerk und vergessene Gehölze hin-

ter einer Sperrzone von Teichen und schwankenden
Landbrücken liegen.

Es waren Tage, an denen wir unsern Körper, unser
fühlendes Ich gleichsam zurückließen und nichts waren
als ein Wissen ohne Bewußtheit, so oft die Messer des
Lichtes unsern Schatten mähten. Die sengende Schärfe
der Sonne brannte eine Rune von Traurigkeit in das
Antlitz der Erde. Der Sumpfboden versiegender Tümpel erstarrte, und in der gnadenlosen Helligkeit traten
die Sendboten Afrikas vor unser Auge. Flamingos und
Silberreiher standen regungslos in den Teichen, und der
Ibis wiegte sich mit zerschlissenem Schulterkragen in
den Aleppo-Pinien.

Abends erst gewannen wir unser Denken zurück,
wenn wieder das Schnauben und Stampfen von den Ru-
deln der weißen Wildpferde im Tamariskendickicht zu
vernehmen war und die Stiere sich aus der kühlenden
Suhle erhoben.

Dann versuchte das Hirn einer Einsicht Herr zu werden, gegen die unsere Empfindung sich sträubte. Inmitten der Spannung, welche das Dasein unter der glühenden Sonne erzeugt, begriffen wir die Wurzelgründe
alter Todes-Idole oder auch der opernhaften Beschwörung der Katastrophe in der Tauromachie. Wir verstanden plötzlich die Leidenschaft, im Bildwerk oder im blutigen Spiel jenes äußerste Maß an Gefährdung sichtbar
zu machen, gegen dessen Grenzen das Leben der Gardians fortwährend stößt. Denn noch, wenn wir auf eine
der Stierfarmen zurückkehrten und erschreckte Jung-
tiere angreifend aus der Futterscheune stürzten oder das
warnende Schrillen der Perlhühner erscholl, hielt der
Bann der Gefährdung an.

Es war die Stunde, da der volle, gelbe Mond durch die
hauchfeinen Äste der Tamarisken stieg, eine Woge blau-

er Luft hereinbrach und die Hunde an den Ketten gegen das Nachtgestirn heulten. Es war die Stunde der
Stiere. Denn sie, die während des Tages weidend oder
auch ruhend im Dickicht gestanden hatten, traten nun
unter den großen Himmel hinaus — schwarz, stolz und
königlich. Sinnbilder der zeugenden Natur und des immer wieder geopferten Lebens. In ihren hinausspähen-
den Augen spiegelte sich der matte Widerschein des
Lichtes, das der salzbereifte Boden während des Tages in
sich gespeichert hatte.

Mit angehaltenem Atem horchte das Land in die Dunkelheit, seit selbst das ferne Hundegebell und die flaum-
leichten Schlaflaute der Vögel verstummten. Denn sein
Feind, das Meer schwieg nicht.

Das Meer, von dessen ewiger Lockung verführt wir
zurückgekehrt waren, rollte dröhnend durch die Finsternis; im Aufstand der Wasser stieg uns das letzte der
Wahrbilder entgegen, in denen sich die Camargue er-
schloß. Die Mündung der Kleinen Rhône besitzt nichts
von der schmeichelnden Anmut, mit der sich geringé Gewässer der großen Mutter beugen. Selbst hier noch ent-
flammt sich der Strom an seinen wilden Erinnerungen.
Unaufhörlich wirft er dem Meer Barrikaden von
Schwemmsand entgegen.

Wir standen in panischer Bedrängnis; zu unsern Füßen rannte das aus den Bergen der Schweiz, aus den
Seealpen, den Cevennen, dem fernen Jura niersti
mende Wasser gegen die See, und ein schwindsüchtiger
West ging. Später wußten wir nicht zu sagen, wie lange
der Bann gedauert, der uns festhielt. Der Morgen kam
darüber. Zwischen den Wellenschlägen wurde ein blas-
ser Schemen der anderen Uferspitze deutlich — ausge-
lappt und zerrissen, ein Erdwrack, das schon die Fahne

des Gesträuches gerefft hatte. Wir nahmen es wahr und
empfanden es nicht; denn unsere Gedanken skandierten
im Takt der Brandung die Verse, in denen Frédéric
Mistral die Ufer der Rhône so ganz anders beschrieben
hat, von rosigen Flamingos bekrönt, verklärt im Blüten-
flor der Tamarisken.

> A l'endavans, li flamen rose
> Courron deja di bord dou Rose ...
> Li tamarisso en flour commençon d'adoura.

Es gibt Bilder, vor denen sich der Geist auf glückli-
chere Inseln zurückzieht.

Doch wie oft auch mit jeder gegen den Strand drücken-
den Welle armdicke Wasserstrahlen aus dem übersättig·
ten Boden brachen, es war nicht die Gewalt der Flut, die
uns fassungslos machte, sondern das sich dem Land mit-
teilende, tollwütige Zittern. Die Weltuhr schien bis zum
Schöpfungstage zurückgedreht. Inseln von Schwemmsand, kaum geboren, zerschmolzen. Mauerwerk und Ge-
sträuch sank der Flut entgegen. Holzstücke, Scherben
und tote Krebse, Rudimente aus alten Schiffsgräbern,
Korkstücke oder die weißen Brustschilde der Tintenfi-
sche, alles, was jemals in die Mühle der strudelnden
Wasser geraten war, wirbelte nach endlosem Abschlei-
fen wie verbraucht ans Ufer, während der Horizont vom
empörten Toben der See versperrt blieb...

Dies also war des Meeres Glorie und die Passion der
Erde; der jeden Abend verlorene, jeden Morgen gewon-
nene, immer noch nicht entschiedene Kampf um den
Bestand der Camargue. Ihr verborgenstes Geheimnis offenbarte sich, die Gefährdung von Geschöpf und Land,
des Daseins Härte, aber auch die beschwörende Gewalt,
die von allem ausgeht, das der Schöpfung angehört.

Denn nun stieg wie ein Mythos des raumgreifenden

Lebens der junge Tag; die Luft färbte sich golden im
stäubenden Salzatem der See. Und auf jene unerklärliche Weise, der nichts von Folgerichtigkeit anhaftet, wurden wir inne, warum die Stimmen der kleinen Vögel
so süß sind, wenn sie vom winterlichen Flug über das
große Taufbecken der Sonne in die Camargue zurück-
kehren.

Epilog 1961

Auch die Camargue stirbt. Vor einem Jahrzehnt begannen sich die Reisfelder im Norden erst langsam auszu-
dehnen. Heute sind bereits riesige Gebiete unter den
Pflug genommen. Turmartige Maschinen ziehen zur
Zeit der Ernte durch die Moräste, Mähdrescher, aus denen die Körner fertig in Säcke verpackt herauskommen.
Wo aber sind die riesigen Stierherden geblieben, deren
wir noch vor einem Lustrum ansichtig wurden? Hier
und dort liegen noch wiederkäuend ein paar der Scharfgehörnten im Engano. Die Einsamkeit aber ist nicht
mehr die der Trapper und Gauchos, die verloren im
weiten Raum leben, sondern die der Farmer, die einander mit dem Fernglas beobachten können. Schon recken
sich immer mehr der weißen Giebel über den Horizont,
Ferien- und Liebesnester, eingerichtet für die Bemittel-
ten unter den Fremden. Um Saintes-Maries, das van
Gogh in dem scharfen Duktus seiner Tuschfeder noch
als Ort der gedrückten Gassen und niedrigen Dächer
zeichnete, wachsen die Sommervillen. Wie Siedlungs-
häuser liegen die Cabanes nebeneinander aufgereiht. Wer
hat die Geschäftsleute in die Camargue geholt, die nicht
einmal die Namen ihrer Mitbürger wissen? Ich fragte
lange nach Monsieur Maurice Verollet, den ich vor Jahren gekannt, einen seit Generationen ansässigen Bau-

unternehmer. Ich fragte so lange, bis er mir selber auf der Straße entgegenkam. Er hatte die große Stunde seines Landes nicht mitgemacht; er war auch jetzt noch immer sein eigener Polier und Handlanger, ein kleiner, breitgebauter, sehniger Mann, der mit verzücktem Lächeln den Kopf schüttelte, um sodann die Arme auszubreiten, als er mich wiedererkannte. Er rückte nur die Baskenmütze in den Nacken, als ich ihn nach der Verwandlung der Camargue fragte und winkte mit der mörtelbeschmierten Rechten ab.

Es war Mitte Oktober, ein herrlicher Tag. Die Sonne schien silbern durch eine Herde von Lämmerwolken. Libellen flogen noch. Im Wasser des Meeres, das mit wuchtigen Schlägen anbrandete, den Körper massierte und das Blut schneller durch die Haut trieb, genoß man die Wärme des Sommers als gelinde Erinnerung nach.

Es zog mich alsbald zur Rhônemündung hinaus. Am Wassersaum ging ich entlang, immer dorther, wo die anrollenden Wogen nasse Spuren zurückließen. Da war der Boden fester. Wo der Fuß auftrat, umzog sich die Spur für einen Augenblick mit einem helleren Kranz. Das Grün der sich überschlagenden Wellen zeigte sich von der Sonne durchschienen. Alles erkannte ich wieder. Es kam die Stelle, wo der Strand etwas geschrägt abfällt, sodann die Region der toten, angeschwemmten Bäume, deren Skelette überall auf dem breiten Strand liegen, manchmal schon halb vom Sande begraben. Es kam schließlich die Mündung der Kleinen Rhône. Sie freilich erkannte ich nicht mehr. Wohl kämpfte das Meer hier noch immer, aber der Strom trieb ruhig heran, begehrte kaum auf. Wo ich vor kurzen Jahren noch mit Freund Stettner, der jetzt an einem Berghang des Siegtales den ewigen Schlaf tut, nach Schätzen versunkener Schiffe gesucht, die Füße uralter Amphoren, die Scherben antiker Gefäße gefunden hatte, war das Ufer mit einem hohen Wall von Steinblöcken gesäumt. Vergeblich schäumte das Meer hinein.

Sie wird nicht weiter mehr in die See hinauswachsen, die Camargue, denn die Stauwerke der gebändigten Rhône fangen die Treibsände der Gebirge ab. Sie wird auch nicht lange mehr das Land der Salzsteppen und -tümpel sein. Die Reisfelder wachsen. Die Stierherden verkleinern sich. Die Touristen hingegen kommen in ganzen Schwärmen. Und die Mücken.

Ein wenig enttäuscht ging ich zurück, um ein Stück Hoffnung und Zuversicht in die Unversehrbarkeit der Erde ärmer . . . Da zeigte sich fern hinter dem Strande, den ich zurückzulaufen hatte, die Kirche der Saintes-Maries, eine Zitadelle am ungeheuren Meer – ah, das wird doch bleiben, nicht wahr, wenn sie auch alles andere in Andenkenläden und Reservate der Fremdenindustrie verwandelt haben!

Wird es bleiben?

Kirche von Saintes-Maries

Ist man die paar Schritte vom Meer über Sträßchen, Plätzchen und Gassen herangekommen, wirkt sie ganz anders. Gar nicht mehr groß. Das macht, inmitten des Dächergewirrs, aus dem sie hervorwächst, fehlen die Perspektiven.

Das Gotteshaus der heiligen Marien ist, wie sich versteht, eine Wehrkirche, die man vornehmlich zwischen 1140 und 1180 erbaut hat. Ihre Fassade bedeutet wenig, sieht man von zwei marmornen Löwen und zwei später hinzugefügten Flankentürmen ab. Alles Gewicht liegt auf dem Chor, der nach oben turmartig überhöht ist. Man hat auch die Vierungswand hochgezogen, ihren

frei in die Luft ragenden Giebel durchbrochen und als
Glockenstuhl verwandt. Der schwere, einem Schiff ähn-
nelnde Leib des Bauwerks wird in den Seiten durch Pfeiler verstärkt. Fenster besitzt die Kirche kaum. Ihren
Dachfirst umzieht ein Wehrgang mit Scharten gleich
einem Schulterkragen. Von hier aus konnte man durch
Luken Pech auf unfreundliche Besucher gießen. Im Mittelalter war die Küste von Saintes-Maries genauso von
räuberischen Sarazenen heimgesucht wie die anderen Gestade des Mittelmeeres. Auch sonst dürfte es nicht an
feindlichen Zugriffen gefehlt haben. Unter den Grafen der Provence, das heißt zwischen dem 13. und 15.
Jahrhundert, war Saintes-Maries nämlich ein einträg-
licher Ort.

Man kann den Umgang ohne jede Schwierigkeit er-
steigen und von hier aus sogar die steinernen Dachplat-
ten erklettern, ja, sich mitten auf den First stellen. Da
hat man einen weiten Rundblick. Zuerst kommen unterhalb der Kirche und eng um sie geschart die Dächer
des Ortes, gedeckt mit den wundervollen, halbrunden
Schindeln, wie sie nur der Süden kennt, getönt in köstlichen Farbnuancen. Bleichrosa und bleich-gelblich, ir-
den und gerötet wie Ton, bleich-grau und bleich-schwarz,
hin und wieder durch Moosbewuchs gelblich-grün. Etwas Bleiches ist immer daran. Dazwischen im Grunde
der Straßen, Plätze und Gärtchen das zarte Grün der
Tamarisken, dieses unwirkliche, gleichsam um die Zweige gepuderte Laub, grüner Schaum über beigefarbenem
Boden; die Tamariske ist der Baum von Saintes-Maries.
Doch das bemerkt das Auge vom Kirchendach nur im
Nebenbei. Denn selbstverständlich findet es sich magisch
verführt von der ungeheuren Glocke des Himmels, vom
schier unbegrenzten Rundblick über das Land der Teiche, Moräste und schmalen Landbrücken, von dem an-

Kirche von Les Saintes-Maries-de-la-Mer
Rohrfederzeichnung von Vincent van Gogh

brandenden Ufersaum und endlich dem azurfarbenen Meer.

Bleiches Rot, graues Weiß auf den Straßen und Ufern, dunkler Azur des Meeres und heller Azur des Himmels, dazu das bräunliche, müde Grün der Camargue, das sind hier im Verein mit einer erhaben leuchtenden Luft die Farben.

An der Chorseite des Umganges befindet sich die kleine St. Michaels-Kapelle. Hier hat lange das Bildwerk der in einem Kahn anlandenden Marien gestanden, der Marie Salomé und der Marie Jacobé. Es ist der Ort, an dem Frédéric Mistral die Heldin seines umfangreichen Epos ›Mireio‹ sterben ließ. Man weiß nicht ganz woran, jedenfalls im Wohlklang der durch den Dichter erneuerten provenzalischen Sprache. Natürlich wissen die Provenzalen durchaus, wer und was Mireio, auf französisch Mireille geheißen, war; aber ich glaube, ganz gelesen haben es nur wenige. Es ist ein prachtvolles Gemälde provenzalischen Lebens; aber Symbolkraft besitzt seine Heldin nicht. Sie ist das Kind eines französischen Biedermeiers, das genauso romantisch, genauso gefühlvoll war wie irgendein deutsches Erzeugnis der Zeit. Herausgegeben 1859 zu Maillane, also vor rund einem Jahrhundert. Dreißig Jahre später, als der Dichter der ›Mireio‹ zu einem hohen Ruhm gekommen war und wie ein König in der Arena von Arles gefeiert wurde, so oft er sich blicken ließ – damals lief über den Strand und um die Kirche von Saintes-Maries bereits der Sendbote einer anderen Epoche; ein Barbar aus dem Norden, der vornüber geneigt ging und mit Blicken, die jedem weh taten, die Geheimnisse dieses Landes ausspähte. Er hieß Vincent van Gogh.

Immerhin hatte der große Frédéric Mistral den Platz für den Tod des Geschöpfes seines Herzens nicht von un-

gefähr gewählt. Es ist die Kapelle, in welcher man die
Gebeine der Heiligen aufbewahrt hat, denen Mireio zu-
strebte und nach denen Ort wie Kirche benannt sind.

Der eigentliche Anziehungspunkt von Saintes-Maries
liegt freilich unten. Ganz unten. In der düsteren, immer
ein wenig unter Wasser stehenden Krypta, wo sich neben einem heidnischen Altar der Frühzeit und einem
christlichen des 3. Jahrhunderts das Bild der schwarzen
Sara befindet, die nach der Legende die Dienerin der
beiden Marien war und als Patronin der Zigeuner in
aller Welt gilt. Die Bohémiens, wie die Franzosen die
Fahrenden nennen, huldigen der merkwürdigen Sitte,
ihrer Fürsprecherin Taschentücher als Weihegabe darzubringen; das Standbild ist über und über damit behängt. Sie hinterlassen auch ihre Fotos, die sie in ein
Kistchen werfen.

Das mag immerhin als Kuriosität gelten. Hingegen der
dunkle, tonnengewölbte Raum des Kirchenschiffes mit
seinem erhöhten Chor zu den großen Erlebnissen der
provenzalischen Kunst gerechnet werden muß. Hier hat
sie nicht nur gebaut und eingewölbt, hier hat sie den
Hort, die Zuflucht, den Mutterschoß, das bergende Dunkel, die Höhle geschaffen. Ihr Allerheiligstes liegt in
Saintes-Maries nicht nur im geistlichen Sinne am Altar.
Vielmehr, es finden sich an den Kapitellen der kleinen
Säulen, welche die Chorapsis umziehen, zwei Darstellungen von unerhörter Dichte und Kraft, die Heimsuchung und Abrahams Opfer. Wie still und zart da in
dem einen die Begegnung der beiden Frauen vonstatten
geht, oder wie wundervoll bewegt an dem anderen die
Figuren den kleinen Block umschreiten. Es ist wie vor
der Fassade von St-Gilles oder im Kreuzgang zu Arles;
man verhält den Atem vor dieser Urgebärde der Menschheit.

Die Legende berichtet, daß ein Jahrzehnt nach dem Tod
des Erlösers eine Reihe von Zeugen seines Lebens und
Sterbens in der Camargue anlandeten, und zwar in der
Nähe eines Ortes, der, wohl ägyptischem Sprachgebrauch
nach, Oppidum Ra geheißen war. Unter ihnen befanden sich der wiedererweckte Lazarus aus Bethanien mit
seinen Schwestern Martha und Maria Magdalena, sowie die Halbschwestern der Gottesmutter, Maria Jakobäa
und Maria Salome, nebst ihrer schwarzen Dienerin Sara. Weswegen sich der Ort ihrer Ausschiffung späterhin
›Les Saintes-Maries-de-la-Mer‹ nennen sollte.

Um von Ägypten oder Syrien an die französische Küste zu gelangen, mußte man im Altertum erheblich um-
ständlicher als heute reisen. Die Überfahrt konnte bereits bis Rom einen guten Monat dauern, ungeachtet
dessen, daß die Schiffahrtsperiode nur vom 10. März bis
zum 10. November währte. Bei gutem Wind verkürzte
sich die Zeit allerdings erheblich. Es gab eine Linie, auf
der man noch länger brauchte, und zwar die normale
Route, die von Caesarea Palaestina kam, dem heutigen
Kaisarije zwischen Haifa und Tel Aviv, damals Residenz
römischer Prokuratoren wie des Pontius Pilatus. Diese
Strecke verlief über Zypern, Kreta und Malta nach Poz-
zuoli bei Neapel. Das war der Weg, den Paulus nahm
und zuvor, nach dem Pseudo-Rhabanus des 6. Jahrhunderts, die Heiligen von Saintes-Maries. Sie verließen also
bei gutem Wind die kleinasiatische Küste, querten das
Tyrrhenische Meer, ließen Rom jedoch an Steuerbord
liegen und landeten endlich unweit Marseille, dort »wo
sich die Rhône ins Meer ergießt«. Nahe Oppidum Ra
oder Villo de la mar, wie sich die Stadt im Mittelalter
nannte. Seit Augustus war sie die römische Hafenstation.

Die Reisenden kamen keineswegs aus freien Stücken. Vielmehr hatten die Juden sie bei einer Christenverfolgung ergriffen, auf eine Barke ohne Segel und Ruder gebracht und den Wellen überantwortet. Nach ihrer wunderbaren Errettung trennten sich ihre Wege. Martha ging nach Tarascon, Lazarus wurde Bischof von Marseille und Maria Magdalena zog sich in die Grotte von Sainte-Baume zurück. Die andern aber blieben, lebten, wirkten und starben am Ort ihrer Landung.

Dies ist der Punkt, wo sich die vor der Geschichte nicht stichhaltige Legende mit der Wirklichkeit vermengt. Nach der frommen Überlieferung wurden die Heiligen nämlich auch in Saintes-Maries bestattet, und zwar keineswegs in Marmorsarkophagen, sondern in Grüften, die mit einfachen Steinplatten bedeckt waren. Da der bevorzugte Platz ihrer Beisetzung, immerhin das Hauptargument der späteren Identifizierung, darauf schließen läßt, daß man wußte, um wen es sich bei den Toten handelte, mutet das bescheidene Armeleutgrab der heiligen Marien merkwürdig an.

Die Gräber, oder was man dafür hielt, wurden nämlich wiederentdeckt. Im Jahre 1448. Daß es sich um die Ruhestätten der Heiligen handelte, schloß man unter anderem daraus, daß eine schon 544 erwähnte frühere Kirche den Marien gewidmet war; sie hieß ›Oratoire des Saintes‹ – ›Betzimmer der Heiligen‹. »Das ist dort, wo man zu ihnen betete und wo man Kränze für sie niederlegte«, sagt der Grabungsbericht von 1448.

Der Heiligenkult bestand damals seit so langer Zeit und war so verbreitet in Frankreich, daß niemand an der Echtheit der Legende vom Landen, Wandeln und Sterben der Marien zweifeln konnte. Dauer galt dem Mittelalter als ein überaus triftiges Argument. Auch lagen die Tage des Kultes bereits fest. 1343 hatte Foul-

ques II., Bischof von Paris, von einer Pilgerfahrt zu den
Saintes-Maries heimgekehrt, für die Verehrung der Hei-
ligen in seiner Diözese die anderwärts bereits üblichen
Termine eingeführt, den 24. Mai für Marie Jacobé und
den 22. Oktober für Marie Salomé. Von der schwarzen
Sara ging noch nicht die Rede. Immerhin blieb alles im
Bereiche des Glaubens und der Legende, also ausschließ-
lich Gegenstand andächtiger Versenkung. Glauben und
Wahrheit bedürfen gar keiner äußeren Wirklichkeit.

Der den Marien zu einer neuen Realität verhalf, war
der fromme Gute König René, Graf der Provence. In
der Fastenzeit 1438 hatte er sich für eine neuntägige
Klausur nach Sainte-Baume zurückgezogen. Dort kam
er in Kontakt mit dem gelehrten Prior von St-Maximin,
Adhémar Fidelis, studierte den Kult der Heiligen mit
der ihm eigenen Gründlichkeit, reiste sodann an den
Schauplatz der Verehrung, befragte die Einwohner und
kam zu dem Ergebnis, die Marien müßten unter der
Krypta von Saintes-Maries begraben sein. Das stereo-
type Verfahren der Erkundung darf nicht verwundern.
Die Befragung stand damals mit größerem Recht als
heute in Brauch, da man immerhin noch an überwelt-
liche Einwirkung glaubte.

Juli 1448 schrieb König René an Papst Nikolaus V.
und bat um kirchlichen Beistand für eine feierliche Aufhebung der Gebeine. Rom antwortete umgehend mit
einer Bulle vom 3. August, die Robert Damiani, Erzbischof von Aix, und Nicolas de Brancas, Bischof von
Marseille, mit der Untersuchung der Grabstätten be-
auftragte. Damiani ging auf nämliche Weise wie der
König vor und kam zum nämlichen Ergebnis. Die Gra-
bungen im Kirchenboden begannen sofort. Natürlich
kam allerlei zutage, ein in einer Bleihülle beigesetzter
Kopf, ein Gewölbe mit Knochen, Resten alter Urnen,

einem Marmoraltärchen, das leider einem unvorsichtigen Pickenschlag zum Opfer fiel, und schließlich fanden sich am äußersten Rande der Apsis, unterhalb der Evangelienseite des Hochaltares wie auch an der rechten, zwei Grabstätten, in denen Menschengebeine mit über der Brust zusammengelegten Händen ruhten. Sie verströmten lieblichen Duft, »valde bonum odorem perfundebant«. Weil nun, der Verehrung für die Heiligen wegen, bisher niemand an dieser Stelle beerdigt gewesen, so resümierte man, es könne sich bei den Gebeinen nur um die gesuchten Marien handeln.

Die Reste blieben an Ort und Stelle, bis das Ergebnis der Grabung, sozusagen von Amts wegen, am 2. Dezember des Jahres durch Protokoll des Kardinals de Foix bekräftigt wurde. Dreizehn Bischöfe, vier Äbte und siebzehn Würdenträger wohnten dem feierlichen Akt bei. Dann hob der Kardinal die Gebeine aus ihrer Gruft, legte sie auf eine Tafel, worauf sie durch die Bischöfe von Marseille und Conserans gewaschen und endlich in Reliquienkästchen gebettet wurden. Nunmehr bekam sie das ungeduldig wartende Volk zu sehen. Am folgenden Mittwoch überführte man sie in die Kapelle St-Michel über dem Chor, die sie seither nur zum Fest der Marien verlassen.

Man hat die übrigen, in der ›Histoire des Saintes-Maries‹ des Abbé Lamouroux als Reliquien bezeichneten Funde der Grabung in einem besonderen Schrein der Sakristei gesammelt. Darunter die angeblichen Überreste der Sara, die der Legende nach als Dienerin der Marien mitgekommen war.

Längst hat sich die eigentliche Bestimmung der feierlichen Tage verwischt, zu denen von weither die Provenzalen heranwallen, zu Pferd, per Bahn, Wagen oder gelegentlich auch in Pilgerzügen, die sich in der ungeheuren Weite der Camargue seltsam winzig ausnehmen. Man feiert den Glauben, man feiert die Heiligen – und man feiert das Fest der schwarzen Sara. Wiewohl niemand recht weiß, seit wann und aus welchem Grunde – die Zigeuner verehren sie doch als ihre Patronin.

Zum Fest des 24. Mai, das der Hauptfeiertag von Saintes-Maries ist, strömen also die ›Roms‹, wie sie sich selber nennen, aus aller Welt herbei. Zu den Menschenströmen der Provenzalen und Fremden, die allein schon den Ort so übermäßig füllen, daß er aus allen Nähten platzt, gesellt sich ein Heerlager von Wagen der Zigeuner – auf dem Platz vor der neuen Mairie, im nahen Engano, auf den Randstraßen der Stadt, gleichviel. Die hohe Zeit des kleinen, uralten Camarguenestes beginnt damit, daß am Vortage um zwanzig Uhr feierliche Eröffnungspredigt gehalten wird.

Wie oft hatte ich ihn schon erlebt, diesen schmächtigen Curé von Saintes-Maries mit der abgewetzten Soutane und dem dünnen Stimmchen! Jetzt war die Stunde gekommen, die ihn entschädigte für ein Jahr mühseligen Ausdauerns in der Armut seiner Gemeinde von Hirten und Kleinbürgern. Jetzt trat er hin vor das aus aller Welt zusammengeströmte Volk, um Zeugnis abzulegen für seine Marien, deren zeitlicher Apostel einzig er war, ungeachtet, daß bei der feierlichen Singmesse des kommenden Tages ein hoher Würdenträger den ›Mariengruß‹ entbieten würde und er wiederum nichts als ein demütiger Diener Gottes zu sein hatte. Aber dieser

eine Abend – welch ein Gewicht seine Stimme plötzlich
bekam, welch eine Überzeugungskraft sie verströmte,
die sich sonst nur wie schwindsüchtig durch die Gesänge
der Liturgie quälte. Der arme Curé von Saintes-Maries
wuchs an diesem Tag in die Rolle eines Verkünders hinein.

Wirklich, man spürte, wie diese Botschaft Saintes-
Maries durchdrang. Waren die Heiligen nicht gradezu
Sendboten Gottes und verstoßen aus Gottes Land durch
Gottes Hand wunderbarlich nach Gallien geführt? Die
Kirche leerte sich nicht mehr. Heimliches Kommen und
Gehen den ganzen Tag, Scharren von gerückten Stüh-
len, Rascheln der Gebetbuchseiten, Schneuzen und Hü-
steln. Der kleine, von Häusern umlagerte Kirchplatz
glich dem Hof einer Burg, in der man zum Aufbruch
rüstet. Schritte knirschten auf Sand, hallten auf Pfla-
ster, trippelten hurtig, stampften schwer während der
ganzen Nacht. Unaufhörlich lösten die Beter einander
ab, um die Stunden der Dunkelheit in Anrufung hin-
zubringen, und das Fest hatte noch nicht einmal begonnen!

Es hebt erst am nächsten Morgen um zehn nach der
Ankunft des Frühzuges an, der eine große Zahl von Pil-
gern aus dem Gebiet von Arles und Nîmes heranführt.
Alle Straßenränder sind inzwischen weit landein mit
parkenden Autos bestanden. Zu ganzen Burgen haben
sich die Wagen der ›Bohémiens‹ versammelt. Überall
wölkt es – von Hitze, von Staub, den Motoren oder den
Herdfeuern der Zigeuner.

Am schlimmsten hat es wiederum die Kirche. Schon
frühmorgens zieht es in ganzen Gruppen heran, um
Platz im Gotteshause zu finden. Kurz ehe um zehn Uhr
die Messe beginnt, sieht man alle Gesichter beisammen,
die man als flüchtige Impressionen des Heerlagers vom
vergangenen Abend erinnert – die Gruppe der Studenten aus Aix, die Reporterin aus Nîmes, den Schauspieler

mit dem breiten provenzalischen Hut, den man schon
aus den Straßen von Arles kennt, wo er seine größten
Auftritte im Viertel der kleinen Leute an der Porte de
la Cavalerie hat – ah, wie königlich sein Blick eines
Schmieren-Jupiters über die Menge schweift. Oder die
Fischer von Palavas-les-Flots. Oder Zigeuner, die aus
Spanien gekommen sind, kleine, dunkelhäutige Männer
mit langen Haaren, Goldringen im Ohr, und Frauen,
die ihre Kinder auf der herausgestemmten Hüfte tragen. Unter ihnen der etwas scheeläugige Romano mit
den feuchten Lippen, der den ganzen Abend im Schein
des Lagerfeuers gegeigt oder wie besessen getanzt hatte,
ein dicklicher Paganini mit der zerrissenen Schläger-
mütze auf dem Kopf. Und alle die andern! Dunkle
Mädchenaugen, lockende Frauenaugen, nach Eroberun-
gen ausspähende Männeraugen, müde, verhängte Alt-
frauenaugen, abwesend starrende Greisenaugen, demütig niedergeschlagene Nonnenaugen, kühne, stolz ge-
öffnete Gardiansaugen. In der Tat, es ist so voll geworden, daß man nicht mehr unter oder über sich, sondern
nur noch um sich blicken kann und allenthalben in
Augen sieht, Augen von Menschen, die sämtlich das nämliche Ziel haben und sich schrittweise vorwärts kämpfen, dem Eingang der Kirche zu. Sie ist viel zu klein für
die Menge der Gläubigen. Da bleibt man schon besser
auf dem Kirchplatz stehen. Nur den Zigeunern gelingt
es vermöge einer geheimen Fähigkeit, Durchschlupf zu
finden und sich in der Krypta der heiligen Sara zu ver-
sammeln. Dort, sagt man, wählen sie alle drei oder vier
Jahre eine Königin.

Auch nachmittags kommt der Ort nicht mehr zur Ruhe. Denn keiner möchte das große Ereignis des Festes
versäumen, das sich in der um vier Uhr beginnenden
Vesper zutragen wird. Schon besteigt einer der hohen

Würdenträger, vielleicht gar der Erzbischof von Aix
höchstselbst, die Kanzel, um den ›Salut aux Saintes‹ zu
entbieten. Schon stimmt man an »Magnificat anima mea
dominüm et exültavit spiritüs meüs in Deo, salütari
meo«, schon öffnet sich das zum Kircheninnern gelegene
Fenster der Michaelskapelle – da brandet ein einziger
Schrei auf: »Vivent les Saintes!« Die Schreine der Heiligen sind sichtbar geworden, senken sich langsam an geschmückten Seilen ins Kirchenschiff hinab. Unzählige
kleine Kerzen sind unterdessen in den Händen der Gläubigen entbrannt, und abermals hallt es: »Vivent les Saintes Maries!« Das ist vielleicht die größte Stunde des Festes. Die Schreine haben fast die Tafel erreicht, auf der
sie stehen sollen. Bereits sind sie dicht umdrängt. Alles
kommt darauf an, sie als erster zu berühren und sie als
erster mit Küssen zu bedecken...

Noch spät am Abend kehren die Gläubigen in großer
Zahl zur Kirche zurück, um den Rosenkranz zu beten
und den großen Segen zu empfangen. Wieder beginnt
eine heilige Wache, die sich im Wechsel von Gebet und
Gesängen hinzieht, bis um Mitternacht der Kreuzweg
gebetet wird. Drei Uhr früh schon feiert man die erste
Messe, nicht nur für die aneinandergedrängten Gläubigen im Kirchenschiff, sondern auch in der Krypta, wo
vor der Statue der heiligen Sara für die Zigeuner zele-
briert wird.

Natürlich könnte man sagen, das Fest erreiche erst am
folgenden Tage nach dem Hochamt seinen Höhepunkt;
denn da wallt in langen Zügen die Prozession durch die
Straßen hinaus zum Strand; die Provenzalen, die Zigeuner, von denen einige, gekleidet in lange weiße Hemden, die Barke mit dem Bildnis der beiden Marien auf
Stangen tragen, gefolgt von der Geistlichkeit und eskor-
tiert von berittenen Gardians der Camargue mit ihren

langen Tridents. Alles zieht dem Meere zu, ins Meer
hinein, über das die Heiligen herangekommen sind. Jenes Meer, das für die Camargue Wohl und Wehe bedeutet. Jenes Meer, das der Priester nun segnet, während die bis zum Leib im Wasser stehenden Zigeuner
die Barke der Heiligen in die Flut tauchen, umringt von
den Gardians, deren Pferde willig ins Naß gefolgt sind.

Unmöglich, im Gewirr der Menschen, der Bilder noch
Einzelheiten festzuhalten. Das Rauschen der Stimmen
vermählt sich dem Meer.

Ein Mann allein

Sie haben dann noch zwei Tage mit Umritten, Tänzen
und Kampfspielen gefeiert, die Provenzalen, während
unter den Zigeunern irgend etwas Geheimnisvolles im
Werke war, das man nicht ganz verstand. Sie steckten
die Köpfe zusammen, palaverten viel und fanden kein
Ende. Romanos, des Scheeläugigen, Geige verstummte.
Vielleicht, daß sie Beratungen pflogen, die Zeit für Ge-
richtstage nutzten oder neue Anführer erwählten – es
lag wie ein Alp auf den Clans und den Menschen, ob
klein oder alt, und eines Morgens war die Mehrzahl der
Zigeuner davongezogen. Was vorgefallen war? »O Deloro zanel – Gott allein weiß es«, wie die Roms sagen.

Die Sonne meinte es während dieser Tage sehr gut.
Wohl kam gelegentlich eine kleine Brise vom Meer,
aber sie machte die Luft eigentlich nur noch trockener.
Eine ›course à la cocarde‹ fand statt, bei welcher der
Stier hinter einer Horde wegspringender junger Män-
ner hergerannt kam, um wild suchenden Auges in die
Arena zu poltern, ein drohender Prophet des Unheils.
Beim waffenlosen Kampf wird der Stier zum Angriff
gereizt, indem man vor ihm herumtanzt, sich darbietet,

Hornstößen geschmeidig ausweicht und versucht, die bei jedem der Sprünge mittanzende Kokarde zwischen den Hörnern des Tieres abzureißen. Oft genug bleibt den jungen Männern nichts als der rettende Sprung über die Planke übrig. Die ›course à la cocarde‹ ist also ein Spiel der Gewandtheit.

Freilich sah ich auch einen Kampf, gegen den sogar die blutige Tauromachie in den Arenen von Arles oder Nîmes verblaßte.

Reiterspiele der Gardians waren voraufgegangen – Galoppaden, bei denen nach Orangen gegriffen werden mußte, die arlesische Schöne in Zinnschalen darboten, oder die ›attente au trident‹, das Treiben und Abwehren des attackierenden Stieres mit dem dreigezackten Hütespieß der Camargue vom Sattel aus. Nunmehr stürmte ein junger, hochbeiniger Toro mit mächtigem Gehörn in die Arena. Keines der müden Tiere, die von langer Bahnfahrt zu erschöpft sind, um noch Feuer zu zeigen, vielmehr eines voll unbedingten Angriffswillens.

Der Gardian, der den Kampf liefern sollte, war nicht mehr jung; er besaß auch keineswegs die schlanke Idealfigur, vielmehr, die Erde hatte an ihm zu tragen. Zugegeben, er lieferte sein tollkühnes Stückchen erst, als er zwei Pferde müde geritten hatte. Aber dennoch stockte im weiten Rund der Atem. Der Reiter glitt mitten im Galopp aus dem Sattel, warf seinen Trident fort, ließ sogar seinen Hut mit elegantem Schwung ins Publikum segeln, darauf ging er mit leeren Händen dem Stier entgegen, der ihn sofort und ohne Umschweife angriff. Weil es so dazu gehörte, drehte sich unser Mann zwei-, dreimal vor den Hörnern fort; gewiß nicht ganz so graziös wie die jungen Matadore in den blutigen Kämpfen der großen Arenen. Aber dann...

Er sprang plötzlich nicht mehr fort, stellte sich dem

Stier entgegen, fing seinen Angriff auf. Dabei kam er zu
Fall. Im weiten Zuschauerring kein Laut, kein Atemzug, kein Rascheln von Papier, höchstens ein erstickter
Aufschrei aus Frauenmund, als der Gardian von der
Gewalt des Hornschlages hochgeworfen und krachend
gegen die Holzwand geschleudert wurde. Er lag jetzt
unter dem Stier, der erbarmungslos nachdrückte. Wirklich, ich wartete nur noch darauf, daß er den Kopf zu-
rückstieß und dem Manne den Rest gab. Aber es geschah nichts dergleichen.

Ein Augenblick schweren Schweigens verging, dann
richteten sich Mensch und Tier ineinander verklammert
auf. Der Mann hielt die Hörner erfaßt und wurde vom
Kopf des Tieres gehoben. Ein stummes, erbittertes Ringen begann, während der Mann allmählich Fuß faßte –
erst mit dem linken Bein, wobei ein Seufzen zu hören
war, nun mit dem rechten: er stand. Das Messen der
Kräfte schien eine Ewigkeit anzudauern. Doch dann
ging alles sehr schnell. Der Kopf des Stieres gab unvermittelt unter dem Druck der Fäuste nach, die Läufe
schlugen ihm unter dem Leibe weg, er fiel auf den Rük-
ken wie ein Krebs und wirbelte wild mit den Beinen
ins Leere. Der Mann, der das Gehörn so unerbittlich
in seinen Händen hielt, als sei es in einen Schraubstock
gespannt, kniete auf seinem Opfer nieder, und es war
alles vorbei.

Darauf kam es also beim provenzalischen Stierkampf
an, auf das Obsiegen über die Kreatur, das Bezwingen
des Tieres. Der Mann ließ jetzt ganz einfach los, stand
auf und ging davon. Der Stier wälzte sich etwas unge-
lenk auf die Seite, sprang empor, schüttelte sich und
stand wie verwundert. Er dachte nicht mehr an einen
Angriff. Die Niederlage saß tief in ihm. Schon wahr,
er geriet über dem Zurufen und Händeklatschen der

Leute, dem Schwenken der Arme, die sich ihm über die
Bande entgegenreckten, noch einmal ins Rennen, aber
er rannte lediglich zum rettenden Ausgang – rannte weiter, rannte hinaus, ein bezwungener, beschämter, ent-
thronter König.

Einige Tage später, und alles war wieder wie leergebla-
sen. Gelegentlich ein Auto, das auf der wallartigen Straße nach Saintes-Maries oder am Meer entlangfuhr. Seltener schon eines, das die Postroute nach Salin-de-Giraud
benutzte, und schon gar keines zwischen den großen,
versteckten Gütern, die unter der gewaltigen Glocke des
Firmamentes mit sich und dem leisen Gluckern des Wassers allein sind, das langsam aus den großen, weit über
Land geführten Steintrögen auf die Reisfelder sprudelt.

Am Vaccarès

Es sei eingestanden, die wachsenden Reiskulturen besitzen ihr Gutes; sie haben nicht nur die seit der Französischen Revolution andauernde, durch die Rhôneregulie-
rung verursachte Versteppung der Camargue beendet.
Sie haben zugleich Myriaden vom Verdorren bedrohter
Lebewesen geholfen. Ihr Schicksal schien besiegelt, seit
man Entwässerungsgräben und Schutzdeiche geschaffen
hatte, um die Camargue vor dem Zugriff des Meeres zu
retten. Es fehlte seitdem die jährliche Auffüllung der
Wasserbestände. Nunmehr aber strömen die Überlauf-
wässer der Reisfelder den Etangs zu und der höchst
eigenartige Bestand an vielfach amphibischen Lebewesen der Camargue, jener Geschöpfe, denen in mythi-
scher Bezeichnung der Urschlamm, in naturwissen-
schaftlicher Benamsung das verlandende Wasser oder die
sich auflösende Erde eine Heimstatt bieten, erholt sich.

Cabanes in der Camargue
Zeichnung von Vincent van Gogh

Es ist längst nicht mehr von den Stieren und Pferden die Rede, wiewohl sie Beachtung genug verdienten. Die Stiere ob ihrer wendigen Tapferkeit, und die Wildpferde der Camargue, weil sie ferne Urenkel jener von wiehernden Hengsten angeführten Stutenherden sind, die von den Jägern des Jung-Paläolithikums um das Jahr 30000 über den Felsen von Solutré in die Abgründe gejagt wurden.

Vielmehr, ich rede von den kleinen Lebewesen und der Vogelwelt der Camargue. Vom mikroskopisch winzigen Planktontierchen und dem berühmten Triops cancriformis, vom gelegentlich fingerlangen Panzerkrebs der Reissümpfe bis zu den Schildkröten und den raschelnden Schlangen. Vom gelbbunten, drosselgroßen Bienenfresser bis zum Flamingo, dem Wunder- und Rätselgeschöpf des Rhône-Deltas, das, wiewohl zu den Vögeln gehörig, doch des Schlammes Nutznießer und Wunderblüte zugleich bedeutet. Es gibt nur zwei Landschaften am Mittelmeer, an denen der Flamingo heimisch ist, die Mündung des Guadalquivir und die Camargue.

Erst jüngst ist dank der Untersuchungen eines arlesischen Forschers Licht in die Lebensgewohnheiten dieses seltsamen Vogeltieres gekommen, das argwöhnisch und in möglichster Einsamkeit an den Gestaden der Lagunen brütet und haust. In der Trockenzeit zwischen Juli und September übrigens ausnahmslos am Vaccarès-Teich. Über scharfes Salz, das der Boden auskristallisiert, schreitet man vorsichtig heran. Schon stiebt drüben die rosenrote Wolke auf, die ins Karminfarbene changiert, wenn auf den niederschlagenden Schwingen die Oberseiten der Flügel, hingegen dunkel verglimmt, wenn die unteren, schwarzen Schwungfedern sichtbar werden.

Wirklich, der im Tierreservat der Camargue in gan-

zen Schwärmen hausende Vogel mit dem absurd langen
Hals und dem stark abgewinkelten Schnabel, der zum
Gründeln und zum Aussieben der organischen Stoffe des
Schlammes befähigt – der Flamingo mit der abermali-
gen Absurdität seiner dünnen Beine, die nichts als Re-
duktion auf das Unerläßliche ist und aller Fleischlich-
keit spottet, dieser selbst mit dem Gedanken der Askese
nicht zu erklärende Vogel ist der Camargue seltsamster
Bewohner. Seine Eigentümlichkeit leuchtet erst völlig
auf, wenn man sein Auge erblickt. Es ist gelb wie ein
Maiskorn, allem Gewohnten fremd, hurtig äugend und
jeden inneren Ausdruckes bar. Seine Nester legt dieses
sich unter wüstem Flügelschlag, Kreischen und Wasser-
gespritz paarende Tier in Brutkolonien an. Es ist der
schillernde Sendbote des Kollektivismus. Sind die wie
Entenküken aussehenden Jungen auf dem kleinen, mit
dem Schnabel gemauerten Bruttürmchen ausgeschlüpft,
und entschwebt die rote Federwolke der Mütter, durch
irgend ein Schrecknis aufgestört, purzeln die verlassenen Kleinen ausgeliefert und ängstlich umher, bis die
erstaunlich egoistischen Mütter heimkehren, hinter deren Trieben sich gleichwohl die Bewahrung der Art verbergen mag. In diesem Augenblick triumphiert der Kollektivismus der Vögel vollkommen. Ihr Nest erkennen
sie wieder, aber ob es das von ihnen ausgebrütete Junge
ist oder sich in der Verwirrung ein anderes eingefunden
hat, ist ihnen völlig gleich.

Zwischen Albaron und Villeneuve oder südlich Villeneuve, dort, wo die Binsen mannshoch werden und
man nicht mehr recht weiß, was eigentlich der Grund
der Schilfwälder ist, ob Land oder schon See – am Ufer
des riesigen Etang de Vaccarès also – kann man die Rosenvögel finden.

Ich hatte sie in Wolken zum Etang de Scamandre

fliegen sehen, ich hatte sie als rosigen Schaumstrich erblickt, der sich im Fernglas in ein Gewirr einzelner
Körper auflöste. Immer rührte es mich wie ein Wunder an, so oft die Flamingos die arme, graubraune, salz-
getränkte Schlammerde der Camargue mit ihrer Gegenwart beschenkten. Aber man mußte schon Glück haben,
um so weit heranzukommen, daß man sie einzeln erkennen konnte. Wie jedes Wunder entziehen sie sich.

Wären nur nicht die Mücken gewesen! Unerbittlich
und in ganzen Schwärmen fielen sie über mich her. Sie
kamen aus dem Dickicht des Schilfes; sie surrten aus
Steinhaufen hervor, die man zur Befestigung eines Weges herangefahren hatte; von überall schwirrten die
blutgierigen Raubritter heran. Sie verschmähten es stolz,
länger Versteck zu spielen. Der Anblick der Rosenvögel
war teuer erkauft. Man kann von den Mücken totschla-
gen, soviel man will, man kann sie vertreiben, wo man
will, es kommen ihrer nur mehr. Übrigens zur Freude
der Libellen, die Jagd auf sie machen und wie lauernde,
kleine Kampfflugzeuge über dem Röhricht schweben,
und zur Freude der Schwalben – braver, guter Hauss-
schwalben, die den Sommer höchst bürgerlich auf der
Tenne irgendeines westfälischen Bauernhofes genistet
und ihre Kinder groß gezogen haben und die nun hier
über die endlosen Moräste der Camargue jagen.

Noch jetzt im Oktober hielt die Mückenplage an. Es
war unerläßlich, Schutzschleier hinter den Hut zu stek-
ken, wenn man durch die Vogelparadiese der Camargue
wanderte. Links und rechts nichts als nackter Schlickboden – räudig mit Salzquellern bewachsen. Teiche blän-
kerten, von weißen Reihern und schwarzen Wasserhüh-
nern bewohnt. Ringsum kein Mensch, nur hier und
dort in der Ferne die Bouaous, Bretterkoralls, in die
man die Stiere zum Brennen treibt.

Aber nein, nicht von jenem Herbst, sondern von dem Frühling, der darauf folgte, will ich berichten. Bei La Capellière war's, im Mittelpunkt des Reservates. Dort machte ich die Bekanntschaft von ein paar Fischern, die sich in das Dickicht des Schilfes einen kleinen Hafen geschnitten hatten. Sie hockten friedlich vor ihren Bretterbuden und flickten an ihren Netzen.

Mit solch einem Fischer ist es anders als mit einem Landmenschen bestellt. Er hat Zeit, sehr viel Zeit. Ob ich mit einem von ihnen hinausfahren konnte? Ganz gewiß durfte ich das, wenn ich auch meinerseits Zeit besaß; der es sagte, der alte Roger, sollte mein Mentor werden.

Zeit hatte ich damals im Überfluß...

Es waren Tage, deren ich nur noch wie einer langen Verzauberung gedenke. Während der Stunden der Helligkeit schliefen wir. Durch die Bretter der Hütte quoll Sonnenlicht, und es roch nach Holz und den Wassern der Lagunen. Ging jemand durch den Raum, wölkte goldener Staub durch die eindringenden Sonnenstreifen, die scharfen Lichtschwertern glichen.

Abends fuhren wir mit Roger hinaus, auf das Querbrett eines der langen, dunklen Kähne gehockt, während der uralte Fischer sein Gefährt mittels einer Stange vorwärtsstakte. Das Wasser der Lagunen ist flach. Erst ging es durch die kanalartige Ausfahrt im Uferschilf, sodann draußen im See von einem der Pfähle zum andern. An ihnen sind die Reusen und Netze befestigt.

Oder wir glitten vorbei an Traumesinseln, wenn es Roger grade so überkam. Es überkam ihn oft. Wie er selbst von sich sagte, war er ›gelandet‹. Ein Wort mit Schicksalsfracht! Es bedeutete sowohl, daß die Bedürfnisse seines Lebens gering geworden, als auch, daß sich

seines Daseins Stürme gelegt hatten. ›Débarqué‹ hieß
für Roger angelangt sein. Er ›fuhr‹ nicht mehr, wiewohl er durchaus noch hinausruderte, um nach den Reusen und Netzen zu sehen. Aber er lehnte es hartnäckig
ab, darin fernerhin eine Verpflichtung zu erblicken. Er
tat es lediglich, weil es gar nichts anderes für ihn zu tun
gab. Er war zu der Erkenntnis gekommen, daß sich sein
Leben nicht mehr fortbewegte. Daher also ›débarqué‹!
Aber die Einsicht hatte ihn nicht resignieren lassen,
sondern weise gemacht. Meist stand er am Bug des Boo-
tes, auf seinen Stab gestützt, der im Schlickgrund des
Sees steckte, und meditierte. Meine Kenntnis des provenzalischen Sternenhimmels verdanke ich ihm, ebenso,
wie man eine Fischsuppe macht, Leinen aufzurrt, eine
Entenfalle bindet, Riemen knotet, unhörbar rudert,
das provenzalische Ou spricht, Salz im Nebel trocken
hält, sich benimmt, wenn man im Engano zu Fuß einem
Stier begegnet, ein leckes Boot dichtet, welche Leute
Roumanille und Aubanel waren und wer Gott und die
Engel sind. Roger sprach immer im Monolog. Vielmehr,
seine feine, klagende Greisenstimme erging sich in mo-
nophonen Rhapsodien, und es war ganz unerfindlich,
warum ich es so empfand, aber es schien mir immer, als
rollten seine Worte gleich Rädern über die unbewegte,
graue Wasserfläche des abendlichen Vaccarès davon.

Oder aber wir fuhren vorüber an einsamen Inseln
und sahen blaue Disteln blühen, wilde Aschenpflan-
zen, Tamarisken, phönizischen Wacholder, Narzissen
und vor allem die Schattenblume der Alten, die Asphodelen. Es war die Gegend, wo sich die Flamingos besonders gern niederlassen, zudem Seidenreiher, Bienenfresser, Mandelkrähen, Stelzen und Kiebitze.

Gelegentlich aber wurde ich Rogers Kahn untreu und
ritt mit Rogers Enkel, der ebenfalls Roger hieß, indes-

sen nichts von Rogers Güte besaß, über schwanke Landbrücken, vorbei an Teichen, Buchten, über bares Salz
und durch Engano oder Gestrüpp.

»Qui se sent morveux se mouche« – »wen's juckt, der
kratze sich«, sagte Roger, der Enkel, einmal beziehungsvoll.

Er wäre an diesem Tag, der unser erster, gemeinsa-
mer Ritt war, gerne zuhause geblieben. Irgendeine Mäd-
chengeschichte. Daher nahm er mich scharf heran. Vor
ihm lag ein Stück Schnur mit einem geknoteten Ende
über dem Sattel. Ich kannte das. Wer in der Camargue
vom Gaul fällt, muß eine Flasche zahlen. Das Strick-
ende sollte dazu dienen, meiner Stute im geeigneten
Augenblick eins draufzubrennen, damit sie bockte und
mich abwarf. Aber es kam ganz anders. Just, als mir
Roger, der Enkel, mit verdächtigem Seitenblick den
Vorritt an einem Wasserloch freigab und sich ein wenig
aus dem Sattel hob, rutschte sein ›Partisan‹ aus; es war,
als sei ihm die Hinterhand glatt weggeschlagen, und
Roger hatte zu tun, sich aus dem Dreck herauszuarbei-
ten. Er sah nicht sehr gut aus, und ein bitterböser Blick
streifte mich.

»Qui se sent morveux se mouche«, warf ich beiläufig
ein. Er blickte mich einen Augenblick fassungslos an,
dann aber kam das Gelächter über ihn – jenes lautlose
Lachen, das ich bereits von seinem Großvater her kannte. Die Spannung war verflogen.

Wir ritten schweigend durch den jungen Tag der Camargue. Man hat auf den schmalen Pferden nicht viel
zwischen den Beinen, und über viel Temperament verfügen sie ebenfalls nicht. Woher auch! Aber es war
gleichwohl ein Ritt voller Beglückung, der nun begann.
Die Schöpfungslandschaft lag hingegeben da. Von fern
blickte eine Herde von Stieren herüber, trollte sich lang-

sam davon. Aus dem nahen Tümpel strichen schweren
Fluges die Reiher ab. Und da sie nichts anderes zu spie-
geln fanden, warfen die Gewässer der Lagunen das Bild
des klaren, reinen Himmels zurück, der sich wie eine
ungeheure Glocke über uns wölbte.

Chiffren einer Landschaft

Von alledem berichte ich, obwohl es meine Erzählung
weitschweifig macht.

Wir waren nicht zufällig in diesem Land; es bedeutete für uns einen Ort der Zuflucht und einen neuen Anfang. Wir streiften umher, wie es uns gefiel und machten Bekanntschaft mit einer uns fremd gewordenen Erde.

Wir bedurften dessen nach dem Kriege sehr. Noch immer zitterte das Grauen des Unterganges in uns. Der
Tod hatte oft nach uns gegriffen und schartige Wunden
in unser Fleisch gerissen. Wir waren darüber härter,
aber auch erschöpfter geworden, während der Tod in
uns wuchs, ein Baum, der sich unablässig verstärkte und
den Himmel mit unzähligen Verästelungen verdeckte. Er
füllte unser Denken und unser Fühlen aus. Wir blickten
ihm mit dem Mut der Gewöhnung entgegen und glaubten, ihn durch unsere Gleichgültigkeit bannen zu können. Er aber hielt länger aus und wucherte allmählich
durch unser ganzes Wesen.

Deswegen lebten wir in diesem urtümlichen, menschenarmen Land, diesem Chaos von Miasmen, Meer
und Himmel, das alles besaß, was wir begehrten, Freiheit, Raum und Ungebundenheit, Blutesfrische und Aufschwung, Morgen, See und Vogelschrei. Schließlich
spielte uns der Zufall abermals eine Cabane, eines Stier-
hüters Hütte, in die Hand. Nahebei lebte nur noch ein
belgischer Prinz mit seiner Geliebten, der allmorgendlich

zum Angeln auszog. Sonst sahen wir keinen Menschen.
Vom Bett liefen wir in der Frühe direkt ins Meer und
schwammen. Waren wir müde von den peitschenden
Schlägen der Brandung, wärmte uns ein loderndes Ka-
minfeuer aus trockenen Weinschossen. Die Tage wurden
schon kühl, nur das Meer besaß noch Wärme. Allmählich zeigte sich das Leben wieder gut. Wir dachten wenig,
schrieben, liefen im Lande herum, schliefen, tranken,
schliefen, badeten und schliefen abermals. Oder wir
sammelten am Strande kleine Muscheln und flache, ab-
geschliffene Steine von absonderlicher Gestalt. Schnek-
kengewinde, oft mit zackig ausgewaschenen Rändern,
die wie ein aufgespannter Fledermausflügel aussahen,
und von Wasserstrudeln durchbohrte Steine, die sich
phantastisch bauchten. Eine große Stille kam über uns.
War diese Küste der schwarzen Toros nicht der Strand,
an dem sich Zeus, der junge Stier mit dem Leuchten der
See in den Augen, Europa vermählt hatte? Wir hätten
schwören mögen, es sei an diesen Ufern gewesen.

Abteikirche von St-Gilles

Am Nordrand der Camargue plötzlich das ganz andere
in des Gegensatzes äußerster Wucht. Nach den endlosen
Weiten der Lagunen, des Marais und der Reisfelder,
am Schnittpunkt einer Bahn und eines Kanals, St-Gilles.
Ein winziges Nest, alt, uralt. Darin ein romanisches
Haus, das als Geburtsstätte des Papstes Clemens VI. gilt,
jenes erst als Witwer in den geistlichen Stand getretenen
Guy le Gros Foulques, der zuvor Kronjurist Ludwigs
des Heiligen war.

   Als Geburtsstätte des Papstes ist der Ort umstritten,
aber mit Clemens IV. wiederholter Anwesenheit in
St-Gilles hat es seine Richtigkeit. Was einen zwielichti-

gen Schein über das Nest wirft. Wenn man so will, kann
man nämlich sagen, schon mit Clemens habe sich das
babylonische Exil der Kirche vorbereitet. Unter seinem
Pontifikat hat Karl I. von Anjou den letzten Hohenstaufen hinrichten lassen, ohne daß Clemens IV. eingeschritten wäre. Die Kirche sollte diesen indirekten Sieg über
das deutsche Kaisertum bitter bezahlen müssen.

Ob den Papst Reue darob befiel und sie oder eine
ähnliche Regung den Anlaß für die erstaunliche Begün-
stigung der Abtei St-Gilles gab? Kaum. Es muß mehr
dahinter gesteckt haben. Nicht weniger als ein Dutzend
Bullen ließ Clemens in den drei Jahren seines Pontifikates zum Nutzen von St-Gilles hinausgehen. Allerdings
war er nicht der einzige Nachfolger Petri, der St-Gilles
so augenfällig begünstigte. Mehrere Päpste haben in diesen Mauern geweilt. Lange vor Clemens. Unter ihnen
Urban II., der große Widersacher Kaiser Heinrichs IV.
Derselbe Urban, der 1095 auf Bitten Kaiser Alexios I.
von Byzanz zum ersten Kreuzzug aufrief und zwei
Wochen nach der Einnahme Jerusalems durch Gottfried
von Bouillon starb. In seinem an Ereignissen nicht armen
Leben hat er St-Gilles immerhin zweimal besucht. September 1095 und Juli 1096. Bei welcher Gelegenheit
Urban II. die Kirche weihte, die damals grade im Bau
war. Aber auch Gelasius II., der schließlich als grausam
verfolgtes, letztes Opfer des Investiturstreites zu Cluny
in der Mönchskutte auf dem nackten Estrich sterben
sollte, und der kaum minder befehdete, aber durch
Bernhard von Clairvaux besser behütete Innozenz II.
sind hier gewesen.

Das Kloster St-Gilles, von dem die Kirche, samt Krypta
und dem Wunder der Fassade, diesem Höhepunkt romanischer Kunst in der Provence, erhalten blieb – die Abtei,
ursprünglich den Heiligen Peter und Paul geweiht, war

alt. So alt, daß sich ihre Anfänge im Dunkel verlieren. Erst im 9. Jahrhundert klärt sich ihre Geschichte, wird deutlich. Damals beginnt der Ruhm des heiligen Gilles oder Ägidius, ehedem Abt der Abtei und 725 gestorben, zu wachsen. Bald setzen die ersten Pilgerfahrten ein; die Kirche wechselt ihren Patron. Die Bauzeit der Anlagen von heute fällt erst in das 11. und 12. Jahrhundert, als die Verehrung des Heiligen ihren höchsten Grad erreicht. Damals hat die Abtei schwere Auseinandersetzungen mit den Landesherren, den Grafen von Toulouse, zu bestehen. Auch kommt sie in unliebsamen Kontakt mit den häretischen Anschauungen der Zeit. Schon 1136 wird ein Pierre de Bruis in St-Gilles verbrannt, weil er umstürzlerischen Ideen über das Altarsakrament anhängt; wenig später finden die Gedankengänge der Katharer ihre Verfechter. Einer davon, Graf Raymond VI. von Toulouse, muß nackt in St-Gilles Kirchenbuße leisten. Es ist nötig, darum zu wissen, denn es handelt sich um die Hintergründe einer Epoche, in der Krypta und Fassade jene Form erhielten, die ob der Größe ihrer Sprache noch heute überwältigt.

Wir kamen an, als die Schwalben zogen. Ein heller, leuchtender Herbstmorgen stand über den verbrauchten, müden Straßen der Stadt. Auf dem Platz vor dem Gotteshause, nach dem sich der ganze Ort nennt, ein paar Leute, ein paar Hunde. Telegrafendrähte schwangen sich durch sein helles Grau, von einem der grünen Isolatoren zum andern. Dünne Antennen stachen überlang in den Himmel – Luftharken, Fangnetze, Tentakel gleichsam; von alledem besaßen ihre Gespinste etwas. Von ihnen wiederum spannten sich Haltedrähte kreuz und quer. Das hinterließ auf den hellen, buntbeschrifteten Häuserfronten ganze Spinnweben von Schatten, so scharf war das Licht. In diesem Ensemble der Hunde,

Drähte, Schriften, der parkenden Autos, Menschen und Häuser stand breit und quer, den Platz verriegelnd, die Kirche. Vielmehr ihre Fassade. Diese Schauwand ist vom ersten Blick an so übermächtig, daß man lediglich sie gewahrt. Wie ein Schild der Abwehr steht sie gegen die Kräfte des Bösen. Wie ein Prunkschild. Aber glaube keiner, die Pracht stelle des Himmels Gnadenreichtum dar! Es ist eine Welt voll ungeheurer Spannungen, die hier Gestalt fand.

Ursprünglich war diese Fassade von zwei Türmen flankiert; sie sind hugenottischen Bilderstürmern zum Opfer gefallen, und wahrscheinlich sollte sie von einem in der Provence üblichen Dreiecksgiebel antiken Vorbildes bekrönt werden; so jedenfalls steht es in der trefflichen Studie von Marignane zu lesen. Die Fassade ist also teils Ruine, teils Torso.

Was übrig blieb, eine Folge querlaufender Bilderstreifen, welche die drei Portale einschließen und mit einem ganz bestimmten, von Höllentiefen bis in Himmelshöhen reichenden theologischen Programm umziehen, stellt immerhin die Essenz des ursprünglichen Vorhabens dar. Beginnt man oben in den Tympanen zu lesen, finden sich links neben der bekrönenden Majestas Domini, dem thronenden Christus im Viergetier, die Anbetung der Könige, rechts die Kreuzigung. Diese Heraushebung der Passion ist für die Zeit ungewöhnlich. Darunter ziehen sich Friese hin, die vom Einzug in Jerusalem bis zur Geißelung, Kreuztragung und Erscheinung Christi reichen. Wieder darunter folgt die Zone der zwölf lebensgroß dargestellten Apostel, flankiert von Erzengelgestalten; sie stehen in Nischen, die von vorgelagerten Säulen gebildet werden. Nicht nur, daß die Wand auf diese Weise geradezu ausgehöhlt erscheint – es gibt da links und rechts vom Mittelportal zwei Säulenpaare, die ohne jegliche Funktion bleiben. Sie lassen sich nur mit der Unfertigkeit der Schauwand erklären.

Aber was tut das schon angesichts der Jüngerfiguren oder der himmlischen Wesen zu ihrer Seite – welch ein Kopf, dieses linken Engels Angesicht, welche menschlich durchlebten, porträthaft empfundenen Züge! Um so erstaunlicher, daß sich darunter die Zone des Bösen entlangzieht. Die Apostel nämlich stehen auf seelenverschlingenden Tarasquen. Wiederum tiefer, an den Sockeln der Schauwand, Monatsbildnisse und biblische Geschehnisse, die auf tiefere Weise mit der Gestalt des heiligen Ägidius in Verbindung stehen mögen, als uns heute geläufig ist. Findet sich doch auch der Hirsch darunter, der das Attribut des Heiligen ist, der übrigens zu den vierzehn Nothelfern gehört.

Es verblüffen also sowohl der starke Anteil, den die Leidensgeschichte Christi besitzt, wie der Einbruch des Sündigen. Fast den halben Sockel der Fassade überziehen Darstellungen unguter Kräfte, dämonischer Wesen und Szenen schlimmer Ereignisse. Sie ruht auf einem Grunde des Bösen. Zwiegesichtig, von Bosheit durchwaltet ist die Welt, von Bedrohung durchbebt die irdische Wirklichkeit. Es handelt sich in St-Gilles keineswegs um Beschwörung und Abwehr, vielmehr um eine Hierarchie der Werte, eine Weltordnung, die in Christus den Überwinder teuflischer Mächte erblickt, von denen die Welt erfüllt ist. Der Heiland tritt daher nicht als Christus der Gnade auf, sondern als in der Glorie erstrahlender, im Feuer der Leiden erstarkter Weltenherrscher. Wie massig thront er in der Mandorla! Wie königlich sitzt selbst die Madonna der Anbetung da.

Leider, es sind verschiedene Bilderstürme über die Fassade hinweggegangen, und nur einem Glücksfall bleibt es zu danken, daß sie 1622 überhaupt davonkam, als der Herzog von Rohan, der Führer der Protestanten, schon den Befehl zur Zerstörung von St-Gilles gegeben hatte. Allerdings, man hätte die Bildwerke bis ins letzte zerstückeln müssen, um sie um ihre Aussagekraft zu bringen. Noch die nebensächlichste, verborgenste Kontur redet eine Sprache, der Himmels- wie Höllenmächte die einzigen festen Gegebenheiten des Kosmos sind. Die Erde gibt nur eine Plattform ab, auf der man sich unter Aufbietung aller Glaubens- und Lebenskräfte in der Schwebe hält. Keineswegs, daß die Apostel fest und sicher auf ihren Füßen stünden, sie balancieren vielmehr in fast tänzerischer Pose. Der Mensch ist in den ungeheuren Tumult und unlöslichen Zwiespalt eines unablässigen Kampfes zwischen Himmel und Hölle geworfen. Lediglich Bewährung rettet. Daher erstrahlt die Stirn der paradierenden Glaubensmänner und Engel von einer Erinnerung, die Kampf und Überwindung heißt.

Man gewahrt dies mit Erschauern. Noch über die Friese mit den Darstellungen der Heilsgeschichte schleichen Lemuren. Das läßt sich als Zeitstimmung der romanischen Epoche auffassen. Aber man tut wohl besser, hier wie in der nachdrücklichen Betonung der Passion eine Antwort auf die Häresie der Katharer zu erblicken, die, nebenbei gesagt, 1137 St-Gilles geplündert und aller Kruzifixe beraubt haben. Dieses Datum würde nicht übel mit der Entstehung der Fassade zusammenstimmen, die Marcel Aubert für die Apostelgestalten um 1170 ansetzt. Offenbar muß man auch die Gesamtkonzeption der Fassade in diese Epoche verlegen. Ungeachtet dessen, daß nacheinander verschiedene Künstler, teils tolosanischer Herkunft, teils von der Isle de France mitgewirkt haben.

Gleichwohl bleibt die Fassade von St-Gilles eine in sich geschlossene Dokumentation. Vielleicht bieten die Skulpturen und Friese grade ob der Verschiedenartigkeit der gestaltenden Bildhauer eine so ungeheuerliche Vorstellung jenes Äons, in dem der Teufel den Menschen näher als Gott war, der gelegentlich zwar die tröstende Hand ausstreckt, aber keineswegs stets zu des Versuchten Heil, wie auf dem Medaillon mit Kains Brudermord zu sehen, sondern eher als Menetekel. Daher, scheint es, wird das Portalwerk zu St-Gilles von so erschütternden Spannungen durchbebt. Das läßt sich nicht nur im Ausdruck, sondern auch im Rhythmus der Anlage fühlen.

Es wird gern darauf verwiesen, in der Fassade von St-Gilles bekunde sich das Fortströmen der Antike so ungebrochen wie nirgend anderwärts. In der Tat, die mächtige Anlage, die Technik des Steinschnittes, Gesichtsausdruck, Faltenwurf der Figuren besitzen in römischen Bildwerken Vorbilder. Das Verkümmern, Rückbilden, das sonst die Anfänge der abendländischen Romanik kennzeichnet, hat in der Provence gefehlt. Aber das bleibt in St-Gilles fast nebensächlich. Die geistige Erregung wirkt unendlich stärker. Es scheint, als habe hier die Auseinandersetzung mit dem dualistischen Weltbild der Katharer ungewollt ein kaum minder starkes Spiegelbild geschaffen. Bricht hier nicht ebenfalls der ungeheure Zwiespalt der Welt auf? Befinden wir uns nicht in einem Erlebnisraum, wo das Irdische als Bereich des Bösen gebrandmarkt ist und das himmlische Reich nur durch die Unbedingtheit der Hinwendung erreicht werden kann?

Souvenir de Stes Maries
Méditerranée

blanc

rouge.

Vincent

Schiffe am Strand von Les Saintes-Maries
Zeichnung von Vincent van Gogh

Der dreitorige Aufbau der Fassade wird von Carra Fergu-
son O'Meara neuerdings schlüssig als Reflex der römischen
›Scaenae frons‹, der Schauwand des römischen Theaters
(vgl. Orange), interpretiert. Diese ihrerseits versteht sich als
symbolisches Abbild des Kaiserpalastes auf dem Palatin –
ein ikonographischer Bezug, der in christlicher Umdeutung
der Architektur späterer Kirchenfassaden wieder aufgegrif-
fen wurde, wie auch z. B. in der Anlage ostkirchlicher Iko-
nostasen.

Der blaue Azur des Südens wölbt sich darüber. Die
Schauwand der Kirche, man weiß, blieb eingeschossig.
Das ist gut. Alles andere hätte von ihrem Anliegen ab-
geführt. Tritt man durch die Portale ins Innere, ist man
anfangs ein wenig ernüchtert. Nichts von der schwung-
vollen Großartigkeit, die zu erwarten stand. Auch nichts
von der äußersten Intensität der Fassade, vielmehr eine
Kirche wie andere. Das hallenartige Mittelschiff breit
gelagert und in einer Andeutung von Gotik, die hierzulande nie ganz ernst genommen wurde. Zwei Seitenschiffe in dem üblichen Maß an Höhe geringer.

Indessen gibt es einen Ort, der hält, was die Fassade
verspricht, die mächtige Krypta. Darin, eingebettet in
einen schlichten Steinsarkophag, die Gebeine des heiligen Ägidius. An dieser Stelle begreift man, warum die
Schauwand der Kirche so aufwendig sein mußte; die
Krypta macht die Bedeutung der Wallfahrten nach
St-Gilles klar, über denen die Abtei ganz von selbst zu
einem Widerstandszentrum gegen schismatische und
häretische Gedankengänge geworden sein mag. Die
Unterkirche in ihrer Ausdehnung von fünfzig zu fünfundzwanzig Metern gliedert sich in einen Gemeinderaum von zwei Jochen, den tiefer gelegenen Begräbnis-
raum des Heiligen mit dem eigentlichen Hauptaltar und

einen erhöht gelagerten Predigt- und Versammlungs-
raum für die Kleriker. Die Pfeiler, welche die Gewölbe
tragen, sind zu gewaltigen Massen verdichtet. Diese
Aufwendigkeit wird nur verständlich, wenn die Pilger
in großer Zahl herbeigeströmt sind. Was natürlich auch
die Bedeutung der Fassade in ein besonderes Licht rückt!
In einem Zeitalter, das noch mit den Augen glaubte,
blieb sie nicht nur eine Anschauungstafel. Sie mußte
für die Gläubigen, denen sie die Gefährdung des irdischen Lebens, aber auch die begnadende Macht und
Erlösungskraft des Glaubens vorhielt, offenbarenden
Charakter besitzen.

Aigues-Mortes

Der Mistral, der eiskalte Fallwind, der von den Höhen
der Cevennen ins Rhônetal und sein Mündungsdelta,
die Camargue, stürzt, ist unterwegs. Er heult bereits
seit zwei Tagen. Er beugt die Spitzen der Zypressen zur
Erde, läßt Gräser, Kräuter und Zweige wie reißende
Ströme Wassers fließen und pflückt Sträuße aus dem
zähen Gezweig der Tamarisken. Wenn es ihm gerade
gefällt, bricht er sogar mannsstarke Äste aus den großen Platanen vor der Stadtmauer von Aigues-Mortes.
Er hat schon ganze Lastzüge umgeworfen.

Finsterer Abend. Der Wind donnert unverändert.
Maître Verdurin, der seine Herde in diesem Frühjahr
über die Brachäcker der Ferme ›Boage‹ nahe Aigues-
Mortes weiden läßt, gibt erschöpft seine Nachsuche auf.
In der Dämmerung, als er seinem Pferch bei La Pepi-
nière entgegenzog und den Dammweg zwischen den
Schilffeldern und Lagunen querte, ist der Sturm über
seine Schafe gefallen. Eine heimtückische, mörderische
Bö, die zuschlug wie eines Riesen Faust, von einem am

Straßenrand haltenden Eselskarren die Plane riß und
gleich einem ungeheuren Fledermausflügel über die pa-
nisch auseinanderstiebende Kreatur warf. Gewiß, die
meisten Tiere vermochte er noch bei Dunkelheit mit
eigener Hand aus dem Schilf zu holen. Wie viel es sind?
Er hat keine Gelegenheit mehr gefunden, sie zu zählen.
Aber eine Reihe fehlt, das sagt ihm sein Instinkt mit
untrüglicher Gewißheit. Er weiß auch, was geschehen
ist. Morgen wird er umsonst hinausziehen, übermorgen
aber kann er sie am Rand der Lagune schwimmen sehen, verschlammte, zu Tode gestrampelte, bereits auf-
geblähte Bälge mit seltsam starr abstehenden Beinen
und ins Wasser hinabhängendem Kopf. Nichts mehr
verrät ihre Todesnot, die sie just in diesem Augenblick
durchleiden. Höchstens eine zerwühlte Spur im Schilf,
die mit dem Verhängnis eines Vollzuges ins Tiefe, Bodenlose hinausführt, wo es kein Retten mehr gibt. –
Verfluchter Mistral! Maître Verdurin, der von den Hängen des Gebirges stammt, haßt die jedem Sturm preis-
gegebene, brettflache Küstenebene. Keuchend, erschöpft
von der Anstrengung des Suchens, durchnäßt bis zum
Leibe hat er sich im Windschatten eines Baumes nie-
dergesetzt, um zu Atem zu kommen. Seht, wie arm dieser sonst so königliche Schäfer dahockt, der als erhabener
Herrscher in einer Monarchie regiert, die niemals aufbegehren wird! Wie er ihn quält, der Gedanke an die
Todespein seiner Schafe in dieser wüsten Nacht des
Sturmes, der Finsternis, des umstrickenden Schilfes und
des saugenden Schlammes: verfluchtes Land!

Maître Verdurin durchzuckt eine flüchtige Erinnerung. Er erblickt sich an einem anderen, gar nicht einmal weit zurückliegenden Mistralabend, an dem er glück-
licher war und seine Herde unversehrt heimbrachte.
Freilich zog er es vor, in der folgenden Nacht bei sei-

nen Tieren zu bleiben. Man weiß nicht – bei solchen
Gelegenheiten streicht mancher um den Pferch, um sich
das Stoßen, Poltern, Lärmen und Heulen des Mistrals,
der die Ohren der Hunde ertauben läßt, auf seine Weise
zunutze zu machen. An jenem Abend hat er sie also in
der Finsternis einer Pinède, eines Pinienwäldchens,
beim Schein einer Stallaterne unvermittelt vor sich und
um eine offene Grube versammelt gesehen, die ›Roms‹,
wie die Zigeuner sich selber nennen. Sie sind in diesem
Landstrich, vor allem vor den Mauern von Aigues-Mortes stets zu finden . . .

Jetzt treten sie zurück, der Älteste umschreitet dreimal die Gruft, dann hebt er mit fahrigem, lächerlichem
Kino-Pathos die Hand gegen die Stadt, rhapsodiert feierlich eine Anklage, die niemand verstehen kann, und alles
ist zu Ende. Nicht einmal ein Grab läßt sich am nächsten Tag entdecken! Zigeuner verwischen jegliche ihrer
Spuren. Aber Maître Verdurin kennt die ein wenig ba-
nale Vorgeschichte: eine junge Frau der Horde, die an
der Porte de la Gardette in ein Auto gelaufen ist. Ein
Unglück, was will man, weiter nichts. Darum verfluchte
der Alte also die Stadt dort drüben? Verfluchter Mistral,
verfluchtes Land, verfluchte Stadt! Aber ist es wirklich
mit dem Verfluchen getan? Hielt nicht selbst dieses lie-
derliche alte Zigeunerweib, die Zorika, im Abgehen
einen Augenblick an der schon unkenntlich gemachten
Gruft inne, um »O Deloro zanel« zu murmeln? – Gott
hat es gewollt. Der uralte, fatalistische Seufzer eines
Landes, das Maître Verdurin haßt, weil er dorther
kommt, wo es Oliven und singende Zikaden gibt und
die Gerüche von Thymian, Lavendel und Rosmarin wie
eine Wolke über den Garrigues, den Heiden, hängen.
Schon recht! – Aber ist dieser verfluchte Küstenstrich
nicht ebensogut eine begnadete Erde?

O Deloro zanel, Dieu le veut, Diou lou vult! – Gott will
es, Gott hat es gewollt!

Immer wieder dieser Ruf über der seltsamen Stadt
am Westrande der Camargue mit ihrer unversehrt erhal-
tenen Mauer, den fünf großen Toren samt Türmen,
Nebentürmen und der gewaltigen Tour de Constance.
Vier der großen Zufahrten haben übrigens ehedem di-
rekt auf Etangs, auf Lagunen, hinausgeführt. Nur die
Porte de la Gardette nicht, durch welche die letzte
Festland-Ader nach Aigues-Mortes hineinkriecht.

Sofern in dieser Region der ungeschiedenen Elemente
überhaupt von dergleichen gesprochen werden kann, es
ist eine Landschaft, eine Stadt ohne Beispiel. Sie vermag von beklemmender Dämonie zu sein. Nicht nur,
wenn der Mistral über die Ebene rast, vielmehr auch,
wenn die Winternebel steigen. Oder wahrhaft sogar
erst, wenn der Mittag hell, klar und lebenswarm leuchtet. Dann erscheint Aigues-Mortes, die Stadt der Eaux
Mortes, der Toten Wasser, am unwirklichsten. Weil sie
ganz und gar aus der Zeit gefallen ist. Weil sie in völlig unmöglichen Verhältnissen lebt, die Einnahmen aus
den häßlichen Salzteichen und -pyramiden oder dem
Fremdengewerbe ausgenommen. Und schließlich, weil
Aigues-Mortes, dieses enge Nest mit den königlichen
Erinnerungen in einem bereits hinreichend von der Zeit
geadelten Mauergeviert, dieser Ort der Gossengerüche
und eines Firmamentes von makelloser Erhabenheit,
diese Stadt der Kleinbürger und des heiligen Ludwig
voll unerhörter Diskrepanzen steckt. Nördlingen, San
Gimignano, Carcassonne erscheinen töricht und verspielt
gegen die dinglich-harte, nüchterne Sachlichkeit der Befestigung von Aigues-Mortes. Gewiß, den Fremden zu-
liebe macht es heute gelegentlich Toilette. Aber du lieber Gott, noch vor einem Jahrzehnt stanken die Betten

im einzig geöffneten Hotel am Platze nach ganzen Generationen von Commis voyageurs. Wer zu Besuch kam, ging möglichst bald, nachdem er Kenntnis genommen. Damals haftete der Stadt tatsächlich eine Art Fluch an. Obendrein erschien sie trotz ihrer Häuserenge so leer wie eine ausgeplünderte Schatulle, wenngleich sie ganz unverbrüchlich als Schauplatz eines grandiosen Geschehens der Geschichte bekannt war. Kurz, Dämonie und Verfall, Größe und Banalität zeigten sich nur durch eines Messerrückens Breite voneinander geschieden. Die Stadt war häßlich; sie ist es eigentlich noch immer. Kommt man von Montpellier, Sète oder Le Grau-du-Roi, im Ohr noch das Rauschen der Meeresbrandung, vor Augen noch die gläserne Klarheit stürzender Wogen, weiße Gischt und strahlende Strände; kommt man aus der Camargue, noch erfüllt von der ungeheuren Weite des Raumes; kommt man von St. Gilles, noch durchströmt von der Flamme der Inbrunst, welche die Fassade der Kirche des heiligen Ägidius durchschauert: jedesmal wird Aigues-Mortes, nach einer flüchtig aufgeloderten Begeisterung, enttäuschen. Der räudige Schlickboden, in dem die Stadt wurzelt, gestattet der Natur keine Entfaltung von Anmut. Unerbittlich wird die Umgebung zerschnitten von der öden Geometrie einiger Kanäle oder dient Anlagen barer Nützlichkeit. Indessen ist auch das mächtige Trapez der Ummauerung zu gradlinig, zu straff, um freudige Sympathie auszulösen, wiewohl einige der Türme versteckte Schönheit besitzen. Die Mauern sind zu grau, zu tot und irgendwie wirken sie sogar schimmelig. Das mit Kleinbürgerhäusern vollgestopfte Innere wird schließlich durchfurcht von öden, sich rechtwinklig kreuzenden Straßen von unüberbietbarer Eintönigkeit.

Dennoch hinterläßt Aigues-Mortes den Eindruck des

Einmaligen, und er wurzelt um so fester, je eindringlicher man dieser Ausnahmestellung innegeworden ist.
Die Reize von Aigues-Mortes blinken erst tief, tief im
Gewesenen auf, sie sind Blüten der lernäischen Gefilde,
der Region untergegangener, verschollener Jahrhunderte, kurz jener geschichtlichen Epoche, welche die
Stadt für Augenblicke himmelan hob.

Nacht. Erste Stunde eines sehr fern zurückliegenden
Tages. Noch ist die Erde wenig besiedelt. Ringsum
nichts als eine wüste Einöde von Meeren, Wassern und
Mooren. Eine aus schweren Quadern gemauerte Abtei.
Aus dem Chor der niedrigen Kirche dringt schwacher
Lichtschein. Dort stehen, hocken, knien sie dicht anein-
andergeschart, eine feierlich zum Gebet versammelte
Gemeinde von Männern – Grauköpfe und junge, ge-
beugte Scheitel.

»Tecum principium in die virtútis tuae: in splendó-
ribus Sanctórum, ex útero ante lucíferum génui te.
Dixit Dóminus Dómino meo: Sede a dextris meis: donec
ponam inimícos tuórum«, betet eines Mönches Stimme,
und der Chorus fällt ein: »Allelúja, allelúja.«

Das Mysterium Europas: am Anfang des Abendlandes
die Mönche. Unter Chorgebeten ist dieser ehrwürdige
Kontinent entstanden. Auch Aigues-Mortes geht auf
eine Abtei zurück, auf eine hochberühmte sogar. Wenn
auch ihr Name nur mehr als verwehter Lobgesang durch
die Geschichte geistert. Nichts als dieser Name ist geblieben: Psalmodi. Um 720 von den Sarazenen zerstört,
später wieder erstanden, erneut groß geworden, direkt
dem Heiligen Stuhl unterstellt und schließlich spurlos
verschollen. Nicht Stein, nicht Pergament geben Zeugnis. Nur das von sonoren Klängen durchströmte Wort
Psalmodi blieb.

Die Sümpfe, in denen die Abtei lag, besaßen eine

Verbindung zum Etang Mauguio. Im Süden war das
Meer nahe. Dort öffnete sich die Bucht der ›Eaux Mortes‹, der ›Toten Wasser‹, die einen ausgezeichneten An-
kergrund boten. Es gab also einige Ursachen für das,
was sich später ereignete … Doch gleich davon!

Nur wer diesem Landstrich aufmerksam entgegen-
zieht, spürt die kaum merkliche Verwandlung der Pro-
vence-Landschaft in einen Küstenstreifen. Lediglich, daß
die Attribute des Binnenlandes schwinden, Hügel, Ge-
büsch und Olivenhain, bis die Horizonte endlos werden.
Die Kronen der Pinien schließen sich hier und dort zu
einem Wäldchen, einer Pinède, zusammen, einer geballten, langgestreckten, intensiv grünen Masse, die auf braunen Stelzen gegen das Licht des Horizontes steht. Un-
übersehbare Felder von Schilf wachsen, die schließlich
dem nackten Wasser der Lagunen weichen. Bis fern ein
fester, breiter Wehrturm sichtbar wird, die Tour Carbonnière, sofort als Sperre des Straßendammes kenntlich, der durch Teiche und Moräste nach Aigues-Mortes
führt. Aber da taucht die Stadt bereits selber auf! Be-
ziehungsweise, genau genommen sieht man nichts von
ihr, sondern lediglich die berühmten Mauern, mächtigen Bögen, Torwölbungen und Türme des Mittelalters
samt jenem Zinnenkranz, der als kaum angedeutete Zak-
kenspitze den oberen Rand der Befestigung umsäumt.
Als hätten sich die Erbauer ängstlich vor jedem Zierat
gehütet! Alles aber überragt, beherrscht die mächtige
Tour de Constance an der Nordwestecke der Stadt.

So beschaffen Zuweg und Antlitz von Aigues-Mortes,
dessen Boden der heilige Ludwig, König von Frankreich, einst den Mönchen von Psalmodi abkaufte, um
ein Lieblingsprojekt zu verwirklichen: er wollte an der
damals noch schmalen Mittelmeerküste seines Landes
einen Hafen anlegen. Wozu ihn keineswegs wirtschaft-

liche Überlegungen bewogen, vielmehr brauchte er eine Basis, um zum Kreuzzug ins Heilige Land auslaufen zu können.

Die Gründung besaß allerdings einige Fragwürdigkeit. Wiewohl sich die Küste in der Nähe der Rhônemündung seither häufig verlagerte, lag Aigues-Mortes auch derzeit nicht am Meer. Vielmehr war es gleich heute durch Lagunen und Landbrücken von der offenen See getrennt, und wie zur Stunde führte dahin lediglich ein Kanal.

Voraus liegt sie also, die von Ludwig dem Heiligen regelrecht auf den Boden gepfropfte Stadt – einer Erscheinung, einem Wachtraum vom wiedererstandenen Mittelalter gleich, und zwar gerade ob ihrer Nüchternheit. Nur ein einziges Bauwerk bestand schon vor der Zeit des frommen Königs – die Tour de Constance. Ihren Namen entlehnt sie von der Tochter eines der Vorgänger des heiligen Ludwig, die mit einem Grafen von Toulouse, Raymond v., verheiratet war. Nämlicher besaß im 12. Jahrhundert die Abtei von Psalmodi und die Bucht der Toten Wasser zu Lehen. Um seine Gebiete zu schützen, ließ er einen aus der Zeit Karls des Großen stammenden Turm instandsetzen und nannte ihn nach seiner Frau. Ludwig der Heilige hat das morsch gewordene Gemäuer natürlich erneuert; den Namen ließ er bestehen. Die Tour de Constance mit der Kapelle im Erdgeschoß ist daher Ludwigs erste und schon zu seinen Lebzeiten vollendete Schöpfung in Aigues-Mortes, der einzige übriggebliebene Augenzeuge jener großen Stunden, welche die Stadt hernach erlebte. Die Mauern entstanden ein Menschenalter später.

Zweimal brach Ludwig IX., den man den Heiligen nennt, von Aigues-Mortes zum Kreuzzug ins Heilige Land auf. 1248, als ihn seine Frau Marguerite von Provence begleitete und er trotz des gescheiterten Unternehmens lebend zurückkehrte, und 1270, als es anders kam . . .

1270! Da kniet er, der König – in der unteren Etage des Turmes der Konstanze, die er sich als Kapelle hat einrichten lassen. Bekleidet ist er bereits mit dem Gewande, das auf der Brust ein Kreuz eingewebt zeigt – es ist also zu erkennen, daß er sich schon der Aufgabe, die vor ihm liegt, geweiht hat. Des Königs gesamter Hofstaat ist draußen geblieben – all diese neuen Gesichter! Längst findet man selbst das vertraute Antlitz des Kronjuristen nicht mehr darunter, der Ludwig bei seinem ersten Kreuzzug zur Seite stand. Jenes Guy le Gros Foulques, der in den geistlichen Stand trat, zum Pontifikat aufstieg, sich Papst Clemens IV. nannte und jetzt bereits in den Armen der Ewigkeit ruht. Gott schenke seiner Seele den Frieden. Es war nicht nur unritterlich, daß Clemens tatenlos, nein, mit geheimer Billigung zusah, wie Karl I. von Anjou, König von Sizilien, den in seine Hände geratenen Konradin, den Letzten der Hohenstaufen, ein Kind noch, hinrichten ließ. Seither geistert es von großen Zeichen durch die Welt. Beschwörender wie drohender. Und in Viterbo sitzt ein Mann, der sich Thomas von Aquin nennt; er schreibt an seinem Traktat ›Über die Herrschaft und den Lohn der Könige‹.

Welches wird er sein, der Könige Lohn? Einsam, erschauernd, das Gesicht in den Händen vergraben, kniet Ludwig IX., König von Frankreich, in seiner Kapelle und hält Zwiesprache mit Gott. »Domine, cruci afflictus«, beginnt er, und man könnte sich denken, daß er fortfuhr: »Domine, cruci afflictus, ans Kreuz geschlagen rufe ich Dich an.

Meiner Bitten erste und inbrünstigste: hilf mir, mein

Gelübde erfüllen und das Heilige Land von der Schmach des Islams befreien.

Zerrissen von der Schuld, die mich das Leben jeden Tag von neuem begehen läßt, der ich über viele herrschen muß und nicht einmal die eigene Seele zu retten weiß – niedergebeugt von meiner Unwürdigkeit, danke ich Dir, daß Du mich auserwähltest, dieses gewaltige Gebirge von Leiden zu erklimmen, das vor uns liegt, und daß Du mich beriefest, abermals die höchste Aufgabe der Christenheit zu bestehen.

In langen Nächten und allen Tagesstunden, die mir verblieben, lag ich im Gebet.

Angeschlagen ans Kreuz meines Gelübdes flehe ich nicht um Sieg und Glorie. Längst habe ich mich meines Willens begeben ... zertreten wie der Kopf einer Schlange ist der letzte Funke von Ruhmsucht ...

Fiat voluntas tua!

Begnadetes Land, begnadete, zum Altar gewordene Stadt, in der ich kniee, um Dir mein riesiges Heer darzubringen: die Hoffnungen der Ritterschaft nördlicher Länder, Britanniens junge Barone und die Blüte Frankreichs: sei ihnen gnädig.

Meiner hingegen schone nicht.

Damit ich die Gewißheit erlange, nichts als Dein Hammer zu sein, den Du ergrimmt den zerschlagenen Götzenbildern nachschleuderst, wenn Dein Werk getan ist.

Herr, ich sorge nicht mehr, nur ein einziger Gedanke von Ehrsucht möchte sich einschleichen in mich, wie damals vor El Mansur, als Du mich mit der bittersten Demütigung straftest, die je ein König ertrug.

Ans Kreuz meines Gelübdes geschlagen, beuge ich mich Deinem Willen. Für jeden Erkenntnis suchenden Menschen kommt die Stunde, in der er nichts mehr als Dich will ...«

El Mansur! Zwanzig Jahre vorüber. Damals zählte
der König Mitte dreißig, ein noch junger Mann. Natürlich waren sie auf genuesischen Schiffen hinausgefahren.
Welche Seestadt hätte sonst so viele Segler zu stellen vermocht? Alles, was Rang und Namen besaß, nahm an
dieser Schaustellung der christlichen Macht teil. Selbst
Marguerite von Provence, des Königs Frau, die Mutter
seiner Kinder, die sie ihm schon geboren hatte, und die
sie ihm noch schenken sollte – elf an der Zahl. Sie stand
neben Ludwig, als sie in die See hinausglitten, eine
junge, schöne Frau. Er legte ihr den Arm um die Schulter und sie blickte glücklich zu ihm auf. War es Sünde,
daß sie sich der hohen Taten, der fremden Länder freu-
ten, denen sie entgegenfuhren? Bis Cypern ging es bei
gutem Wind. Dann kam ein Winter voller Festlichkei-
ten. Schon wahr, daß es in den Quartieren der Truppen
nicht immer zuging, wie sich's für Kreuzfahrer gebührte.
Aber der hochgemute König bemerkte es nicht einmal.

Im Mai segelten sie endlich weiter, eine Flotte von
sechs- bis achthundert Schiffen. Es ging dahin wie im
Traum. Wenigstens anfangs. Selbst die Landung in
Ägypten, das man als Operationsbasis erkoren hatte, gelang ohne Schwierigkeiten. Die Sarazenen räumten Da-
miette widerstandslos, so überrascht waren sie. Freilich
mußte abermals lange gewartet werden, diesmal bis der
Sommer, die Zeit der Überschwemmungen vorüber und
letzter Nachschub eingetroffen war. Ludwig befand sich
mit seinem Heer bereits ein ganzes Jahr unterwegs, und
immer noch kamen Nachzügler. Die Welt hatte bisher
kein größeres Kreuzfahrer-Heer gesehen. Alphonse von
Poitou, des Königs Bruder, erschien mit einem Kontin-
gent Franzosen. Graf Salisbury mit Engländern. Bei El
Mansur stießen sie endlich auf den Feind. Vielleicht
wäre es klüger gewesen, ein Friedensangebot des Sultans

anzunehmen, der schwerkrank daniederlag. Aber gerade das hielt sie ab. Leider! Während des Dezembers, Januars rannten sie vergeblich gegen die türkischen Stellungen an. Bis ihnen ein Beduine eine Furt verriet; sie führte durch einen Nilarm, und sie konnten dem Feind endlich ans Leder.

Man schrieb den 8. Februar 1250. Die Rosen blühten. Es war alles sehr viel anders als zu Hause. Mitten in den Wintermonaten kam ein Rausch der Fruchtbarkeit über dies Land, und sie glühten vor Hoffnung – als jenes unfaßliche und doch nicht erstaunliche Verhängnis hereinbrach, die Ägypter hinter ihnen Verrat begingen und den Übergang für die Trosse sperrten. Sie saßen regelrecht in der Falle. Ludwig zudem war todkrank, weigerte sich, eigensinnig auf seine Ehre bedacht, den Befehl zum Durchbruch nach hinten zu geben. Bis es zu allem zu spät war.

Gefangen! Schicksalsschweres Wort voller Schande für einen König, seine Brüder, sein ganzes Heer.

Selbst die letzte Erniedrigung mußte Ludwig erleiden, als er sich nach langen Monaten loskaufen konnte und am 13. Mai 1250 in Akka die Freiheit wiedersah. Eine furchtbare Nachricht erreichte ihn. Ein blutrünstiger Muselmane hatte einen großen Teil der noch der Auslösung harrenden Armee umbringen lassen.

Vier Jahre wartete Ludwig in Syrien vergeblich, daß ihm das Abendland oder der Papst das versprochene neue Heer schickte. Hätte der Nachfolger Petri seinen Zwist mit dem deutschen Kaiser nicht aufschieben können, damit wenigstens die sizilische Flotte Ludwig zu Hilfe kam? Jerusalem wäre ihnen jetzt als reife Frucht in den Schoß gefallen. Denn auch bei den Muselmanen gab es Schwierigkeiten. – Nichts geschah!

Und wieder glaubt man, Ludwigs Stimme zu vernehmen: »Herr, Du weißt das, kennst meine unrühmliche Heimkehr. Ein Alexanderalter ist seither beinahe vergangen. Ich bin ein Mann an der Schwelle des Alters, der nur noch begehrt, zu Ende zu führen, was er gelebt hat. Schon sind Schatten über mir, und vielleicht greift der Tod in diesem vermessenen Wunsch nach meinem Leben. – Was macht es?

Ich werde abermals aufbrechen, um die Schädelstätte von Golgatha und das Grab des Erlösers zu befreien, werde um Deinetwillen diesen armen, mir teuren Strand, diese Stadt verlassen.

Wie eine Flamme hat es in mir geglüht – anfangs als Lohe der Scham, später als langsam aufkeimende Hoffnung. Schließlich als Gewißheit, es werde sich alles wenden.

Ans Kreuz meines Gelübdes geschlagen, wage ich bangend die Frage – Herr, wirst Du mit uns sein?«

Da stampfte es draußen, eine Tür öffnet sich knarrend: »Sire, der Generalkapitän signalisiert, der Wind dreht auf Nordwest.«

»Zu Schiff! – Dieu le veut!« ruft der König.

Gott wollte es! – Anfang Juni 1270. Einhunderttausend Mann stark fuhr das Heer der Kreuzfahrer aus. Aigues-Mortes besaß damals zwei Hafenbecken, ein inneres Bassin und eines für die Seeschiffahrt, die beide verschwunden sind. Schub auf Schub waren Reiter, Knechte und Trosse an Bord gegangen. Meldete der Kapitän »beladen«, wurden die Laufplanken fortgezogen, und das Schiff glitt einem Liegeplatz zu. Flottille nach Flottille wuchs, ward vorsichtig in den Kanal, in die Bucht bugsiert, bis der letzte Troßbube verfrachtet war.

Da lagen sie, die Schiffe, in Rufweite vom Lande. Man konnte die Reisigen im Heck sitzen sehen. Sie fan-

Häuser in Les Saintes-Maries
Zeichnung von Vincent van Gogh

den alles ungeheuer amüsant. Neugierig beugte sich der Ritter Illewein von Beauduc aus dem Hennegau, der noch nie das Meer erblickt, über den Bordrand. Lachend winkte der Kornett Gontrand den jungen Mädchen am Ufer zu. Das ganze Land war auf den Beinen, um der Einschiffung und Abfahrt zuzuschauen. Zudem hatte sich natürlich während der Wartezeit an Land allerlei angesponnen, und die jungen Leute, ob Grafensohn, Ritter oder Knecht, steckten voll Übermut. Begriffen sie nicht, daß die Entfernung eines Steinwurfes, die sie vom Lande trennte – verstanden sie nicht, daß dieses Stück klaffenden Raumes bereits die Endgültigkeit war? Niemand von ihnen sollte wiederkehren. Außer einigen, wie der alte Seneschall Duprès, die nur mit hinauszogen, um einen Soldatentod zu sterben. Die nahm das Schicksal nicht an. Aber die anderen? – Dieu le veut, Diou lou vult.

Übrigens wußte niemand genau, wohin es ging. Selbst König Ludwig nicht, so scheint es, oder sein Bruder Alphonse von Poitou-Toulouse, oder der Dauphin Philippe, oder der König von Navarra-Champagne. Noch während die Schiffe die offene See erreichten und die ganze Camarilla von Notabeln, Standespersonen, Klerikern, die den Zug am Ufer begleitet hatten, stehenblieb, wußten sie es nicht. Beschwörend hob einer der Feldgeistlichen die Monstranz. Auf den Schiffen fielen sie auf die Knie, allen voran der König. Unterdessen glitten die Segel am Mast empor, füllten sich mit Wind, die Taue begannen zu knattern, die Steuer zu ächzen, die Schiffe zu krängen, bis sie richtig vorm Nordwest lagen, und Aigues-Mortes samt der Tour de Constance als ferne, ferne Silhouette versank.

Das Schicksal zögerte diesmal nicht lange, bis es zuschlug.

Nachdem Sardinien erreicht war, nahm das Leitschiff plötzlich Kurs auf Tunis. Das geschah offenbar auf eine briefliche Empfehlung Karls von Anjou hin. Möglich, daß die Schätze des Emirs König Ludwig verlockten, die Kriegskasse aufzufüllen. Welche Gefahren konnte ein solches Zwischenspiel schon bergen? Glücklich landete man in Afrika, Karthago wurde genommen. Wenn sich der Emir von Tunis auch hielt, im Grunde begann alles so brillant wie zweiundzwanzig Jahre zuvor.

Plötzlich brach im Lager eine Epidemie aus. War es Malaria, wie einige sagen? Jedenfalls beschloß man, Karl von Anjou aus Sizilien zur Hilfe gegen den Emir herbeizurufen. Das zeigt doch, wie groß die Ausfälle schon jetzt gewesen sein müssen. Ehe er indessen erschien, hatte ein allgemeines Sterben begonnen. Das war gewiß nicht nur jenes Fieber, das die kleine Anopheles-Mücke in die Blutbahn impfte, sondern eine unbekannte, vernichtende Seuche, die sie mit dem brackigen Wasser in sich getrunken hatten. »Es war entsetzlich, den Tod nicht nur des gemeinen Volkes, sondern so vieler Grafen, Barone, Ritter anzusehen«, sagt ein Bericht.

Unter den Herren starb ein junger französischer Prinz zuerst. Darauf der Kardinal-Legat des Papstes. Schließlich am 25. August König Ludwig, gerade als Karl von Anjou eingetroffen war, dem nur noch übrigblieb, sein Knie vor dem Dauphin, dem neuen König, zu beugen, der nun Philipp III. hieß. Karl von Anjou gelang es sogar, mit dem Emir von Tunis einen günstigen Vertrag abzuschließen, der große Summen Geldes einbrachte. Darauf trat man mit der Leiche des Königs die Fahrt nach Sizilien an. Immer noch in der Hoffnung, nach Osten vorstoßen zu können, damit wenigstens der Tote die Erfüllung seiner Gelübde erlebte. Aber im Hafen von Trapani fiel ein ungewöhnlich heftiger Sturm über

die Flotte her. Die meisten Schiffe wurden schwer beschädigt, sechzig gingen mit Mann und Maus unter. An
einen Kreuzzug war nicht mehr zu denken.

Man machte sich zu Fuß auf den Heimweg durch Italien. Währenddessen erlagen noch der König von Na-
varra nebst Alphonse von Poitou der Seuche, und dies
war das Ende von allem.

Aber erblicken wir sie nicht noch, die bewimpelten
Flotten, die vor rund siebenhundert Jahren auf dem
schmalen Kanal von Aigues-Mortes davonglitten, um
kleiner und kleiner zu werden? Erblicken wir nicht
noch die traurige Heimkehr eines winzigen Restes der
Schiffe nach Genua, beladen mit dem Andenken zahlloser Menschen, die in Zelten, Spitälern, auf See und in
Scharmützeln umgekommen waren? Gleichviel, ob ihre
Abschiedsgrüße einer Burg im Artois oder in Savoyen
gegolten hatten – es waren Botschaften von der Größe
des Abendlandes, das sich nach Zeiten wilden Sarazenen-
Terrors zu Gegenschlägen aufraffte und den größten,
wenn auch tragischsten seiner Missionsgedanken zu verwirklichen suchte.

Noch heute scheint Aigues-Mortes in die Erstarrung
versunken, in die es die Nachricht vom Scheitern des
Kreuzzuges versetzt haben muß. Wenngleich es hernach
so etwas wie einen Aufstieg erlebte und seine Mauern
entstehen sah. Das begann unter dem ersten der genuesischen Stadtkapitäne, die sich die französische Krone
zur Sicherung des Hafens und ihrer Schiffahrtsinteres-
sen verschrieb. Er hieß Guglielmo Boccanegra, ein tüchtiger Mann, der leider bald sterben sollte. Ihm folgte
Nicola Comminelli, unter dem die Tour Carbonnière
entstand, die draußen vor der Stadt Wache hält. Als die
Ummauerung, dies vollkommene Bild einer militärischen
Architektur des 13. Jahrhunderts, mit ihren Zinnen,

Türmen, Toren und Courtinen endlich fertig war, sank
der Stern von Aigues-Mortes bereits. Die Stadt des heiligen Ludwig hatte das Schicksal vieler Häfen zu teilen.
Seit 1335 versandete ihre Zufahrt zum Meere so stark,
daß die Schiffahrt unmöglich wurde. Das neugegrün-
dete Sète lief ihr den Rang ab, und Aigues-Mortes versank in jenen Schlummer, aus dem es noch heute nicht
erwacht ist.

Auch die Tour de Constance nicht, die man vom Hof
des sogenannten Schlosses, das aber kaum mehr als ein
Kasernement ist, auf einem Brücklein über das gras-
grüne Wasser des Befestigungsgrabens erreicht. Einen
Unterschied gibt es allerdings. Während in der Stadt,
trotz der in Eisen gegossenen Statue des heiligen Ludwig auf dem kleinen Marktplatz und trotz des völlig
erhaltenen Mauerumganges, auf dem man das ganze
Gewese umwandern und den Leuten in die Schlafstu-
ben schauen kann – während in der Stadt auf eine uner-
findliche Weise sogar die Erinnerung gestorben scheint,
birst die mächtig aufstrebende Tour de Constance geradezu von Reminiszenzen. Dieser Turm mit seiner Wen-
deltreppe, den überwölbten Geschossen, dem wunder-
schönen Kamin in der Kapelle des heiligen Ludwig und
den ungeheuer dicken Mauern, die einen so sicher ber-
genden Eindruck machen – dieser Turm hat lange Zeit
als Gefängnis für politische und religiöse Häftlinge gedient.

Erst waren es die beklagenswerten Tempelherren, Opfer der verleumderischen Verfolgung durch Philipp IV.,
der auf nichts als das Vermögen des begüterten Ordens
aus war – achtzig an der Zahl schmachteten sie hier drei
Jahre, ehe man sie in Alès dem Feuertod überantwortete.
Darauf der Graf von Pézenas, Charles d'Artois, der des
Hochverrats angeklagt war. Nunmehr aus gleichen Grün-

den der Herzog von Alençon. Eine endlose Kette von
Namen bis zu Abraham Mazel, einem der Hauptanführer in den Kamisardenkriegen zu Anfang des 18. Jahrhunderts! Er freilich saß nicht auf Jahre hier, vielmehr
glückte es ihm in monatelanger Mühe, eine Öffnung
durch die Wand zu brechen und mit sechzehn seiner
Kameraden zu fliehen. Gott weiß, wie er das fertig
brachte!

Hier endlich duldete jene Marie Durand, die man als
junges Mädchen von achtzehn Jahren wegen ihres hugenottischen Bekenntnisses eingesperrt hatte und zweiunddreißig Jahre gefangenhielt. Ein kleines, bequem zu
sagendes Wort des Abschwörens, das man ihr oft genug
nahelegte, hätte genügt, um ihr die Freiheit wiederzugeben. Aber sie hielt aus, ritzte in einen Stein ihres
Gefängnisses sogar das Wort ›recister‹, ›widerstehen‹!
Bis ihr und zehn Genossinnen 1767 der Gouverneur des
Languedoc, Boissy d'Anglas, auf einer Inspektionsreise
das Gefängnis öffnen ließ, beeindruckt von ihrem erbärmlichen Zustand und ihrer ungebrochenen Glaubenstreue . . .

Zu denken, wie das gewesen, als die Frauen hier während eines Menschenalters gefangensaßen, Stunde um
Stunde, Jahr um Jahr. Kein Gedanke daran, daß sie
der Gefängniskommandant einmal auf die Spitze des
Turmes hätte hinaufsteigen lassen, damit sie dort oben
Luft schöpfen und die Sonne auf ihren Gesichtern spüren konnten. Im Winter froren sie erbärmlich unter
den beißenden Winden, die durch die schmalen Scharten fauchten, selbst wenn es ihnen gelungen war, von
einem der brummigen alten Trunkenbolde, die als
Aufseher dienten und in gelegentlichen Stunden der
Hochstimmung zur Großmut aufgelegt waren, etwas
Brennmaterial für den Kamin zu ergattern. Dürres

Holz aus den Rebengärten, das viel zu schnell ver-
prasselte, wenn sie nach der Abendandacht Feuer schlugen, die Flamme aufzüngelte und die aneinandergedrängten Schatten der Frauen als phantastische Silhouette über das Deckengewölbe schwankten. Wie schnell dieser kleine Sturm lohenden Feuers verrauscht war, dem
sie, in Kälte erschauernd, ihre Hände entgegenreckten!
Ein Aufzüngeln, die letzte Flamme erlosch. Nichts blieb
mehr für Auge und Ohr zu vernehmen als das hallende
Zuschlagen einer Tür, das Kreischen von Schlüsseln, darauf ein wenig Rascheln von Stroh und das ergebene Flüstern von Stimmen, die sich in den Schlaf beteten. Oder
das delirierende Schreien einer von ihnen, die plötzlich
zu fiebern begann, glühte, am Fieber verbrannte, starb.
Die Gesichter der Frauen wurden immer bleicher, sie
waren wächsern und die Augen lagen in ihren Höhlen
wie die dunklen Öffnungen von Verliesen. Dennoch, die
Frauen in dem Turmgelaß über der Kapelle des heiligen Ludwig besaßen die Kraft, dankbar zu sein für
diese Zeit der Prüfung und Züchtigung, in der sie an
nichts anderes mehr zu denken brauchten als an ihre
Seele, nichts anderes mehr zu leisten hatten als das Gebet und so ganz frei blieben für Gott. Dies war der
Geist, aus dem die Marie Durand ihr ›recister‹ schrieb –
mit ›c‹, damit es auch entschieden genug klang . . .

Erblicken wir nicht auch Marie Durand, auf den
Knien betend, während ihre Mitgefangenen im schweren Schlaf der dritten Morgenstunde atmen, husten, keu-
chen . . .

»Angeschlagen an das Kreuz meines Glaubens, liege
ich vor Dir, Herr.

Meiner Bitten erste: gib mir die Kraft, auszuharren
in jeder Versuchung, wenn sie wiederkommen und mich
abschwören heißen.

Bedrückt von der Schwäche und Unvollkommenheit, in der ich die achtzehn Jahre meines jungen Lebens hinbrachte, danke ich Dir für dieses Gefängnis, in dem ich nur noch Deiner Gnade anheimgegeben bin. Tröste Jean, dem ich verlobt war, tröste die Eltern, zertritt die Schlange meiner unruhigen Lebenshoffnungen. Es will mir scheinen, daß das Licht der Sonne noch lange nicht für mich leuchten wird.

Begnadetes Verlies, in dem ich kniee, um Dir mein Leben darzubringen – Herr, schone meiner nicht, der ich nichts mehr als Dich will ...«

Dieu le veut, Diou lou vult!

Verfluchte, begnadete Stadt? Verdammnis wie Segen, beides rinnt aus der nämlichen Hand! Dergleichen läßt also der Turm erkennen. Im Gegensatz zu der schweigsamen Stadt. Dennoch besitzen Tour de Constance und Stadt das eine gemeinsam: es ist noch alles wie einst. Winzige Häuschen innerhalb des ungleichmäßigen, oblongen Mauergeviertes, einsame Sträßchen, verlassene Hinterhöfchen, in Pantoffeln schlurfende Bewohner, ein paar verträumt auf dem Straßenpflaster nach den Fliegen schnappende Hunde.

Aigues-Mortes ist in Provinzialismus versunken. Im kleinen Hotel des Voyageurs gurgeln die Abflußrohre, wenn im Nachbarzimmer der Stopfen aus dem Waschbecken gezogen wird, und die sechzehnjährige Noëmi, Tochter des Inhabers von ›Dupuis Fils, Combustibles‹, sitzt vorm Spiegel und schwärmt sich an: Also, wenn nicht bald einer kommt, der mich holt, werde ich aus diesem öden Nest fliehen – einfach fliehen müssen! Wobei sie zornig aufstampft und ihr Tränen in die hübschen Augen steigen.

Nichts mehr von der großen Aufbruchstimmung, die

Aigues-Mortes 1270 durchwehte. Nichts von der Erge-
benheit und Standhaftigkeit der Marie Durand. Nichts
von der Spannung, die herrschte, als sich Kaiser Karl v.
und Franz i. von Frankreich hier trafen und die Stadt
die zweite große Stunde ihrer Geschichte erlebte. Freilich hielt in Wirklichkeit ganz Europa den Atem an,
Karl hatte ein Doppelspiel des französischen Königs
durchkreuzt, indem er am Ostersonntag 1536 Franz i.
vor die Wahl stellte, entweder Frieden zu geben und in
eine brauchbare Lösung der ewigen Streitfrage Mailand
einzuwilligen oder sich mit ihm in einem Zweikampf zu
messen. Man wich dieser verblüffenden Aufforderung
aus, und das Ergebnis hieß Krieg in der Provence.

Damals erlebte Karl v. den ersten großen Rückschlag
seiner Politik. Andrea Dorias Plan einer kombinierten
Aktion zu Wasser und Lande mißlang. Die Strategie
der verbrannten Erde des französischen Feldherrn
Montmorency erschöpfte die eindringenden kaiserlichen
Truppen. Marseille erwies sich als uneinnehmbar. Aber
auch für Franz i. wurde die Lage unhaltbar, während
Karl seine Armee nach Italien zurückzog. Die Streitfrage
Mailand blieb ungelöst. Was die Unterhändler erreichen konnten, war indessen ein zehnjähriger Waffen-
stillstand zwischen Frankreich und den kaiserlichen
Ländern. Auf seinem Wege nach Spanien traf sich
Karl v. darauf in Aigues-Mortes mit Franz i. und hörte
sich seine Freundschaftsversicherungen an. Zwar, zu
einem dauerhaften Frieden ist es nicht gekommen, aber
Europa atmete auf wie von einem Alpdruck befreit.
Die Handvoll Bürger ist heute zufrieden mit dem Verdienst in den Salzgärten, deren weiße Salzpyramiden
gleißend gegen den Horizont stehen. Oder auch dem
bißchen Profit aus den Rebengärten, auf die man vom
Eisenkäfig auf der höchsten Spitze der Tour de Con-

stance so hübsch hinaussehen kann – fast holländisch mutet die Landschaft der Kanäle und Boote an.

Oder sie haben am Fremdenverkehr genug. Da erblickt man sie in ihren Ramschläden stehend, wie sie Andenken, Obst, Postkarten, Cognac, bunte Flaschen, Zeitungen verkaufen, oder man sieht sie vor den paar Kneipen selbstgenügsam bei ihrem Pernod sitzen; ihre Existenzen nehmen sich dann noch unwirklicher als die Zeit des heiligen Ludwig aus. Noëmi hat schon recht. Aigues-Mortes wird von einer geradezu chimärischen Stille behaust, die jene der Friedhöfe ist und den stikkigen Geruch verwelkter Kränze besitzt. Trotz des unaufhörlichen Betriebes, den ganze Kolonnen von Touristen verursachen. Landab, landauf wirkt kein Name so passend wie dieser – Aigues-Mortes. Das Städtchen ist der leibhafte Gegensatz zur Kirche von St-Gilles, deren Fassade noch heute von der Flamme der Glaubensinbrunst durchglüht wird. Aigues-Mortes schläft, es ruht tief, tief in den Schächten der Zeit. In gemütvoller Eile überquert der Kaplan, der natürlich arm wie eine Kirchenmaus ist, in schwarzen Holzschuhen den kleinen Platz Ludwigs des Heiligen. Draußen vor der Stadtmauer halten wie eh und je einige Zigeunerwagen, und in der alten Wachstube am Eingang des Schloßhofes, wo heute die Billets für die Tour de Constance ausgegeben werden, gähnt der Wärter tief auf. Die Zeit ist stehengeblieben, als habe die eine große Stunde der Weltgeschichte, diese eine, unsäglich ferne Erinnerung von Aigues-Mortes, alle Lebenskraft für immer verbraucht.

Auch ohne die Erzählung von Kapitän Bravida, der mir
während eines langen Abends klar machte, wie hart die
Brecher seiner ›Hirondelle‹ zugesetzt – auch ohne das
wußte ich von den Tücken der Camargueküste.

Die Seeleute denken nicht gern daran, was sie erwartet, wenn ihr Schiff auf eine der unterseeischen,
wandernden Sandbänke an der Rhônemündung gerät.
Es gibt viele Geschichten von Havarie und Untergang.
Allen voran die von der Strandung der ›Semillante‹, die
Truppen nach der Krim bringen sollte. Wenn es auch
vor Korsika war und hundert Jahre vorüber ist; es hätte
heute und auf der Route von Sète nach La Ciotat geschehen können. Daudet hat davon erzählt. Schon treibt
der Transporter im Nebel steuerlos über die tobende
See. Im Zwischendeck werden die Gesichter blaß. Da
erscheint der Feldprediger mit seiner Stola um die
Schultern auf der Schwelle: »Auf die Knie, mes en-
fants!« Mit bebender Stimme beginnt er die Sterbe-
gebete. Plötzlich ein entsetzlicher Stoß, ein ungeheurer
Schrei – Erbarmen! . . .

Das Ende? Der Friedhof auf den Lavezzi-Inseln, wo
sie alle angetrieben waren. Der Kapitän in seiner Pa-
radeuniform, die er schnell noch angelegt hatte, als er
den Untergang kommen sah. Der Feldprediger mit der
Stola um die Schulter. Der kleine Schiffsjunge die
Augen offen, als träume er vor sich hin. Alles in allem
sechshundert Mann.

Die Geschichte von Kapitän Bravida und seiner ›Hirondelle‹ war sehr viel harmloser. Sie hatten sich ver-
spätet. Ein kleiner Schaden an der Maschine, der das
Schiff kurze Zeit stillzuliegen zwang. Immerhin war es
Nacht darüber geworden, und der Mistral hatte sich

plötzlich aufgemacht. Kurz nach zehn Uhr abends warf
der Sturm die ›Hirondelle‹ aus dem Kurs. Der Himmel
war sternenlos. Miteins backbord voraus ein Licht – hilf
Himmel, das Leuchtfeuer Beauduc, nein, viel schlimmer,
der Leuchtturm von La Garachole in den Ufersänden
des Vaccarès-Teiches ist es. Schon hört man Grundseen
rauschen. Das Schiff läuft auf! Vier Strich steuerbord,
schallt das Kommando beschwörend. Lange, viel zu
lange dauert das Manöver. Ächzend legt sich das Schiff
auf die Seite, beginnt unter dem Ansturm der Wellen
zu krängen. Bange Minuten folgen. Da richtet sich der
Bug wieder auf, gehorcht dem Steuer, pflügt treulich
durch die Dünung. Nur fort von den tödlichen Untiefen!
Endlich, endlich kommen die Lichter vom Cap Couronne in Sicht, hinter dem sich die Bucht von Marseille
öffnet. Gerettet!

Wird man nach solch düsteren Geschichten noch bereit
sein, mir an Bord der ›Belle Margot‹ zu folgen, die an
der Mole von Le Grau-du-Roi festgemacht hat?
     Der Hafen ist eigentlich nur ein ins Meer vorgestülp-
ter Kanal, dessen Anfang in Beaucaire liegt. Er führt
vorüber an der Stadt des heiligen Ägidius, an St-Gilles
also. Er gleitet vorbei an einigen Wein-, Reisfeldern,
Gehöften und schließlich auch an dem guten Esel Tric-
trac, der stets herzhaft gähnt, wenn er sein Spiegelbild
im Wasser betrachtet; der Kanal fließt sehr langsam.
Bis er endlich Aigues-Mortes passiert hat, das nur sechs
Kilometer von Le Grau-du-Roi entfernt liegt, und ans
Ziel gelangt.
     Die ›Belle Margot‹ ihrerseits stellt ein Schiff dar, wie
man sie drüben an der anderen Seite des Golfes von
Aigues-Mortes in Palavas-les-Flots häufig findet und
zum Fang der Thunfische benutzt. Einen Motor, oncle

toectoec genannt, besitzt die ›Schöne Margot‹ natürlich auch. Wenn sie nicht grade auf See ist, führt die Besatzung ein herrliches Leben – der Tag geht damit vorüber, daß man ein wenig nach dem Wetter sieht, ein wenig plaudert und dabei zur Ermunterung ins Wasser spuckt. Auf dem Kajütdach trocknen etliche Seesterne, die man später den Fremden verkaufen wird, und im Boot sind viele Rollen von Tau gelagert.

Wozu die Fischer so viel Tau brauchen, habe ich nie verstanden und natürlich Jean-Marie, den Patron der Schönen Margot, danach gefragt.

»Paß gut auf, mein Lieber«, antwortete er und sah merkwürdig angestrengt ins Ferne, »vielleicht haben wir einmal das große Glück und bringen ein hübsches Schiffchen als Prise ein, solch einen leckgeschlagenen Ozeandampfer, den die Besatzung verlassen hat. Da brauchen wir eben viel Leine, sonst wirft uns seine Dünung glatt um, wenn wir Rückenwind haben sollten.«

Keiner der Umstehenden lachte, aber sie machten höchst krampfhafte Bewegungen mit dem Kopf, zwinkerten einander mit den Augen zu, wenn ich grad fortsah, und krausten die Nase, sobald ich mich ihnen zuwandte.

Leider kann ich nicht sagen, daß Georges Einbein, in dessen Person sich die Mannschaft der ›Belle Margot‹ verkörpert, mich glimpflicher behandelt hätte – Georges Einbein, der immer pfeift und wie ein dreifüßiges Untier durch das Boot turnt; die Arme auf Bänke und Borde gestützt, hüpft er über Kanister und Taurollen, wenn sie auslaufen. Er ist der Mann am Motor und der Mann am Netz. Jean-Marie tut eigentlich nichts als steuern und in den Himmel sehen, während Einbein wie ein Affe dahinhüpft, mit seinen weißen Zähnen lacht und die Frauen am Kai ganz hungrig macht; er ist der

Liebling des Hafens. Er trägt nie etwas anderes als eine alte Hose, die er an dem fehlenden Bein bis zum Knie umgeschlagen hat, und ein Hemd, das der Wind beutelt. Es ist offen bis zum Nabel und man sieht, daß Einbeins Körper aus lauter braunen, samtigen Muskeln besteht. Einbein, der einbeinige Achilles, Adonis, Narzissos, Patroklos und Lord Byron von Grau-du-Roi . . .

Fahren wir also mit Jean-Marie und Georges Einbein hinaus zum Fischfang der Männer von Palavas-les-Flots, der berühmt ist und bei dem man von den wandernden Thunfischzügen unter Hallo und Motorengeknatter einen Schwarm absprengt, umzingelt und den ›Chambres de mort‹ zutreibt, den Todeskammern, in denen sich die mächtigen Makrelenfische fangen, deren Fleisch schon morgen rosig-rot auf den Märkten des Mittelmeeres zwischen Perpignan und Marseille liegen wird. Diese ›Chambres de mort‹ werden durch tief in der See verankerte Netze gebildet und bestehen aus mehreren Kammern, aus denen es für die schweren, grauen und spindelförmigen Leiber kein Entrinnen mehr gibt . . . Welch ein verschlagenes Raubtier ist doch der Mensch!

Übrigens war Jean-Marie nicht daran beteiligt, sondern lediglich ausgefahren, uns das Schauspiel des Treibens und einer nächtlichen Heimfahrt unter dem Sternenhimmel des Südens zu bieten.

Die ›Belle Margot‹ nämlich löste sich unvermittelt aus dem Schwarm der Fahrzeuge und schwamm davon – einsam, ganz einsam über die endlose See.

Ein Abend dämmerte herauf, der sich friedvoll über das Sterben der Thunfische senkte. Das Wasser des Meeres, anfangs stahlblau, nun violett, dann tintendunkel, war kaum bewegt, und die Schöne Margot glitt als winziges Nußschälchen durch den ungeheuren Raum aus Luft und Wasser, ein Staubteilchen im ruhigen

Atmen des Weltalls. Hätte uns nicht das Tuckern von
›oncle toectoec‹ an eine Welt erinnert, in der es Geldverdiener mit Samtpfoten und Hungerleider mit schwie-
ligen Fäusten gab, die Illusion schwerelosen Schwebens
wäre im Schein der Positionslichter in dieser Nacht
des flötenzart singenden Windes vollkommen gewesen.

Jean-Marie hockte hinter dem Steuer. Man sah die
beschienene Seite des Gesichtes. Es war ganz anders als
sonst, offen, nachdenklich und voll ergebener Sanftmut.
Dort, wo Georges Einbein es sich zwischen den Taurollen im Bug bequem gemacht hatte, glomm, verglomm
ungeraucht eine Zigarette.

Gleichwohl war auch das Bedrängende der Unendlichkeit diesem Abend beigemischt, und je mehr ich inne
wurde, daß diese Heimkehr auch im harten Rollen der
Wellen hätte geschehen können, desto mehr wuchs in
mir eine unbestimmte Beklommenheit.

Urplötzlich geschah es, dieses auf so einzigartige
Weise Tröstliche, das keines vergleichenden Bildes zu
seiner Verdeutlichung bedurfte, vielmehr selbst Inbegriff der Hoffnung und Erlösung aus langer Bangnis
war. Vielleicht war es schon länger dagewesen, und ich
hatte nur nicht hingeschaut. Ein kaum merkliches Flimmern berührte die Netzhaut. Der scheue Lichtreiz verschwand, kam wieder, wuchs, wurde stärker, immer
stärker, wurde zum Lichtbesen, der über die Horizonte
wischte.

»Palavas-les-Flots«, sagte Jean-Marie.

Jetzt an Steuerbord – ebenfalls ein Licht, das in ge-
nauen Intervallen herüberstrich!

»Pointe-de-l'Espiguette«, sagte Jean-Marie.

Kam nicht bald Grau-du-Roi in Sicht?

Jean-Marie winkte mit der Linken lässig Gewäh-
rung. In Wirklichkeit dauerte es noch lange, sehr lange.

Die Seeleute messen die Zeit mit ruhigerem Maß als der
Mensch vom Lande. Schließlich wurde ein Nebelstrich
von Helligkeit sichtbar. Kein wischendes Licht, das über
die Horizonte fegte, sondern ein ganz feiner, breiter
Lichtsaum – die beleuchtete Uferpromenade von Grau-
du-Roi. In ihm blitzte es abwechselnd auf: weiß, rot,
weiß, rot. Die Hafeneinfahrt. Und während wir in der
kaum erträglichen Langsamkeit näher kamen, die alles
besitzt, das aus dem großen Raum des Himmels und der
See heimkehrt, schwollen diese Lichter an, hoben sich,
wurden präzise Signale, dann Peitschen von Licht:
weiß, rot, weiß, rot, bis sie hoch über uns hinauswuch-
sen, und wir mitten zwischen ihnen in den Hafenmund
glitten.

Da stehen sie also, die Hirten der Schiffe in der
schwarzen Nacht des Mittelmeeres! Unter ihnen ziehen
sich die Molen des Hafens landein, an denen die Schiffe
gereiht liegen, die ›Providence‹, ›Durandal‹, ›Yonne‹,
›Merveilleuse‹ und was weiß ich heißen. Das Abend-
licht spiegelt sich im Wasser. Blaue Leuchtschriften
flimmern vor den Fassaden der Hotels, lassen Kaskaden
bunten Lichtes in die Flut strömen. Die große, tröstliche Front der Sommerhäuser am Strand starrt mit erleuchteten Wohnzimmerfenstern ins leere Dunkel der
Nacht. Nur ganz wenige, winzige Lichter ziehen auf See
in unendlicher Langsamkeit vorüber. Die runden Molenspitzen, auf denen sich die beiden Leuchtfeuer erheben,
sind mit mächtigen Steinbrocken bewehrt. Aus ihrem
Geklüft starren während des ganzen Tages die langen
Angelruten der Angler wie die Stacheln eines Igels.
Noch jetzt in der Finsternis nutzt jemand die Freizeit
zum Fischen. Gurrende, flüsternde Laute sind von den
Steinbänken auf dem Promenadenweg zu vernehmen,
aber sonst geht hier draußen bereits das Schweigen der

Mittelmeernacht um. Lediglich das leise, leise Klatschen des Meeres, das die schlafenden Schiffe des Hafens in den Traum wiegt, ertönt noch. Verspätete Fischer hieven die Netze an ihren Masten zum Vortrocknen hoch und ziehen mit Taurollen in den Händen wiegenden Schrittes nach Hause. In der hell erleuchteten ›Modern Bar‹, an deren Theke wie immer ein Trüppchen von Männern mit Baskenmützen steht, schwimmen die Seepferdchen in ihrem Kugelglas, sanft, träge und mit flügelnder Bewegung der Flossen.

Über alledem leuchten die Lichter der Hafeneinfahrt: weiß, rot, weiß, rot. Die Lichter leuchten in Sommernächten und an Winterabenden. Über dem Abendspaziergang einiger junger Priester, dem Treiben im Spielkasino und den Trippelschritten von Minou Grandpierre, die ihren Vornamen neuerdings Florence schreibt und daher allgemein Florry gerufen wird. Sie leuchten während die Fischer auslaufen und während sie heimkehren. Von Dämmerung zu Dämmerung also. Während die Menschen zur Welt kommen und sterben. An, aus, an, aus – kleine, runde Türme, die völlig automatisch, ohne eines Menschen steuernde Hand arbeiten und nüchtern betrachtet nichts als eine unbedeutende elektrische Anlage sind, und dennoch das Geheimnisvolle, fast Mystische besitzen, das jedem Leuchtfeuer eigen ist, das über das Meer ruft: hier, komm hierher, hier! Strahlende Symbole der Menschenbruderschaft, wie sie überall an dieser Küste stehen, auf den Molenspitzen der wenigen Häfen und auf den schwanken Landbrücken der Camargue.

Im Rundblick geschaut: Marseille,
Parc du Pharo

Aber im Grunde des Herzens sind die Provenzalen keine Seefahrer. Sie leben mit dem Rücken zum Meer, das Antlitz nach Arles, Aix oder dem Ventoux gewandt. Daß ich den riesigen Welthafen Marseille nie als Provencestadt zu empfinden vermochte, wie im Grunde auch das winzige Le Grau-du-Roi nicht, beruht darin. Es gibt einen Umstand, der die Trennung noch stärker zeigt. Wenn auch jener, die ganze Rivieraküste einschließenden römischen Provincia zugehörig, die sich später in Provence umtaufte, rechnet Marseille doch nicht zur Provence rhodanienne, der von sublimeren Wesenszügen und strenger Eigenart geprägten Kernlandschaft im Bannkreis der Rhône.

Damit kein Mißverständnis aufkommt, ich liebe Marseille; ich versage es mir nicht, diese Metropole mit einem Blick von der Höhe zu umfassen, ähnlich dem berittenen Hirten, der in früheren Zeiten aus der Einsamkeit der Camargue heranritt, um staunend auf das Getriebe der Welt zu schauen. Zudem, es hat seinen besonderen Grund. Der römischen Zeit verdankt die Provence eine Flut von Zuströmen. Den Griechen hingegen die in aller Zukunft nachwirkenden Urerlebnisse einer noch barbarischen Völkerschaft, die Berührung mit einer neuen Menschheitsepoche, die Anfänge plastischen Schauens, die Begnadung zur Kunst. Auf diese griechische Hinterlassenschaft stößt man gar nicht selten, wenn man die Zeichen zu deuten versteht. Massalia, das erst die Römer in Massilia umtauften, aber war nicht nur eine griechische Kolonie, sondern auch Griechenlands Tor nach Südfrankreich.

Es gibt eine aufschlußreiche Überlieferung. Catuman-

dus, ein keltoligurischer Stammeshäuptling früher vor-
christlicher Jahrhunderte, hatte in der Zeit vor einem
Raubzug gegen das antike Marseille einen Traum. Athe-
na, die Schutzgöttin der Stadt, erschien ihm.

Die Urbevölkerung der Provence befand sich auf einer
Bewußtseinsstufe, deren künstlerische Ausdrucksform
die in die Felswand gefurchte Ritzzeichnung magischen
Charakters war. Sie erlebte ihre Umwelt noch nicht
plastisch.

Catumandus und seinen Kumpanen gelang es am folgenden Tag, in Massalia einzudringen. Bei der hastigen
Plünderung von ein paar Häuserzeilen kam er in eine
Säulenhalle. Eine Statue der Göttin befand sich darin.
Sie stand genauso da wie in seinem Traumgesicht. Es
dauerte einen Augenblick, bis er erkannte, dann kam es
über ihn. Eine Ergriffenheit ohnegleichen befiel ihn, er
stürzte auf das Bildwerk zu, riß sich die Goldkette ab,
schmückte ihm den Hals damit ... Der große Wandel
hatte sich vollzogen, ein Keltoligurer hatte mit den Augen der Griechen sehen gelernt! Und wiewohl es nur
eine freilich erstaunliche Überlieferung bleibt, seit jenem Zeitpunkt wird das Weltbild der Keltoligurer von
der plastischen Menschengestalt als dem Maß der Dinge
bestimmt. Die Heroenbildnisse, Janusköpfe und Priapusfiguren, die der Schutt von Entremont vor wenigen
Jahren freigab, haben es bewiesen. Gleichgültig, ob sie
von der griechischen Kunst ihrer Epoche inspiriert sind
oder nicht.

Stand ich in Marseille auf meinem Lieblingsplatz,
mußte ich an diese Begebenheit denken. Noch heute spielt
Marseille, was Welterlebnis und -erfahrung der ›nacioun
gardiano‹ anlangt, eine gewisse Rolle. In der Tat, hier
wird der Mensch des Lebens auf eine intensivere Art als
anderwärts inne. Vollends, wenn er sich des angedeu-

teten Platzes als Aussichtspunkt bedient. Gewiß ist auf
den Einblick in etliche der Kostbarkeiten des Stadtbil-
des Verzicht zu leisten. Die berühmte Hauptstraße von
Marseille, die Canebière, gewahrt man von hier oben
nur als düstere Straßenschlucht, in der Hekatomben von
Autos verschwinden. Corbusiers ›Unité d'habitation‹, die
Wohnstadt in einem einzigen, gewaltigen, auf Beton-
stelzen gesetzten und so tatsächlich von der Erde gelö-
sten Haustrakt, läßt sich von hier oben überhaupt nicht
gewahren. Sie liegt fern hinter den Hügeln des Ostens
am Boulevard Michelet.

Es geht die Rede vom Parc du Pharo zu Häupten des
alten Hafens von Marseille; genauer, von jener Stelle,
an der sich eine mächtige Figurengruppe aus grün ge-
wordener Bronze erhebt: zwei Schiffbrüchige treiben in
zerschelltem Boot auf hoher Brandungswoge und blik-
ken sehnsüchtig nach Rettung aus. Dahinter liegt breit
gelagert ein Palast, der jetzt der medizinischen Fakultät
der Universität von Aix-Marseille dient. Kaiserin Eugé-
nie, Napoleon III. Gemahlin, hat ihn sich bauen lassen.
Wahrscheinlich, weil sie den Ort genauso erregend fand
wie jeder Besucher, der an der Kaserne der Fremdenlegionäre vorbei den Boulevard Charles Livon gegangen
ist, nun durch das Gittertor des militär-medizinischen
Institutes in den Park hinansteigt und sich plötzlich gleicherweise von einem der großartigsten Panoramen der
Erde wie von einem wütenden Sturm überwältigt findet. Der warme Wind von den Rivierabergen spielt hier
gern den Teufelswalzer. Oft tobt er so stark, daß die
Plastikbespannungen der Bänke ganze Symphonien des
Jammers heulen und die zur bequemeren Aussicht be-
reitgestellten Gartenstühle wie auf einer abschüssigen
Eisbahn über das Plateau schlittern, bis sie ein Draht
hindert, ins Meer zu stürzen.

Von dieser einzigartigen Plattform aus wird man der Stadt wie einer Vision inne. Man möchte sagen, vom Platze des Pharo gesehen begreife man Marseille in seiner Totalität. Die Stadt ist, wie man weiß, von Gebirgen umzogen. Sie stellt geographisch das Bindeglied zwischen der Küste der Etangs, der seichten Lagunen, und jener der Felsen dar. Sie ist zugleich der Auftakt jenes pathetisch-pompösen Landstriches, den wir Côte d'Azur nennen. Weiß Gott, er hebt mit einem Paukenschlag an! Die Landkarten verraten wenig davon, weil die Gebirge um Marseille nicht sonderlich hoch sind. Aber es sind nackte Felsbuckel von außerordentlicher Jähe und Steilheit, und sie umstellen die Stadt derart bizarr, als habe ein Riese unter den Silhouettenschneidern sie in einer kuriosen Laune geschnipselt. Hier also hebt die Calanquenküste an, deren Kennzeichen steil in das Meer abfallende Felsen und kleine, wunderschöne, oft kaum zugängliche Buchten sind. Wo immer das Meer eine Handvoll Sand angeschwemmt hat, sind entzückende Hafen- und Fischerorte wie Cassis gewachsen. Die Calanquenküste reicht ungefähr bis Toulon und wiederholt sich später in opernhafter Steigerung an den roten Felsstürzen des Esterel-Gebirges, gegen dessen Klippen das ultramarinblaue, manchmal türkisgrüne, gelegentlich violettfarbene Meer seine weiße Gischt schleudert.

Die Bucht von Marseille, genauer der Vieux Port, der Alte Hafen, stellt die erste geräumige der Calanquen dar. Sie hat den um 600 vor unserer Zeitrechnung aus dem kleinasiatischen Phokis heransegelnden Griechen einen so bestechenden Eindruck gemacht, daß sie hier alsbald eine Niederlassung, eben Massalia, gründeten. Ihre erste Pflanzstadt auf südfranzösischem Boden. Später haben die Griechen an vielen Stellen Kontore angelegt, die mit der Zeit alle zu römischen Stützpunkten

wurden, darunter auch Arles. Marseille hingegen blieb
sehr lange griechisch oder wenigstens selbständig, was
im Kern dasselbe besagt. Es schloß sich auch dann nicht
vorbehaltlos den Römern an, als die Stunde der Unter-
werfung geschlagen hatte. Noch Caesar mußte der for-
mell längst mit Rom liierten Republik eine regelrechte
Schlacht liefern, weil sie es mit Pompejus, seinem Riva-
len, hielt. Es war die Gelegenheit, in welcher sich die
zweite Legion von Arausio-Orange hervortat. Diesem
dissidentischen Geist, immer eigene Wege zu gehen,
blieb Marseille treu. Vielleicht rührt er von der griechischen Abstammung her. Die Griechen waren weder Er-
oberer noch von Missionsgedanken besessen. Sie waren
und blieben Kaufleute, die außer Handelskontakten auf
Beziehungen zur Urbevölkerung verzichteten. Was diese natürlich nur reizte, von ihrem nahen Zentrum Entremont beim heutigen Aix-en-Provence aus immer wieder Raubzüge gegen die fette Beute verheißende Stadt
zu versuchen.

Von der Höhe des Pharos begreift man sofort, was die
Stadt instandgesetzt hat, so verlockend zu wirken. Man
erfaßt mit einem Blick die erstaunliche Gunst der Lage
und den Vorteil der Berge, welche die Bucht zwar dem
Schirokko überlassen müssen, hingegen die Häfen ausgezeichnet vor dem sehr viel böseren Mistral schützen,
der von Nordwesten heranstürmt.

Man bemerkt mehr; man erkennt in dem grandiosen,
von Bergkulissen umstellten Amphitheater, dem Marseille bei gewissen, die Dimensionen aufhebenden Be-
leuchtungen gleicht, auch das Griechische an dieser Stadt.
Es gibt hier eine Art, hangauf und -ab zu siedeln, als
hielte die dichtgedrängte Phalanx der Häuser ihre Dächer als Schilde gegen die Sonnenpfeile.

Der vom Verkehr umtoste Alte Hafen, durch jüngste

Ausgrabungen als Kernstück der antiken Besiedlung erwiesen, dient heute als Jachthafen und nicht mehr als
Umschlagplatz. Dafür hat man neue, geräumigere Bassins angelegt, ein enormes, sich nach Norden erstrecken-
des System von Wasserflächen, Molen, Docks, Kränen
und Schienen, nicht zu vergessen die mächtigen Lager-
schuppen, an denen die großen Überseeschiffe ihre Ladung löschen. Das populärste dieser Hafenbecken ist die
berühmte ›Joliette‹, auf die man vom Park des Pharo
hinabsieht. Und da ist auch die weite Bucht von Marseille, die vom Cap Couronne bis Les Goudes reicht! Da
sind die Felseneilande, die in dieser Bucht liegen. Da
ist das Château d'If, das Franz I. ausbauen ließ. Lange
Zeit hat es als eines von Frankreichs gefürchteten Staats-
gefängnissen gedient. Der Mann mit der eisernen Maske
schmachtete hier, von dem man nie wissen wird, wer er
eigentlich war; oder der junge Mirabeau und zahllose
andere. Die ›alten Zeiten‹ waren gar nicht so gut.

Dies also sieht, bemerkt, erinnert man alles vom Platz
des Pharo aus . . .

Horch! Ein Hornstoß? Mit unverminderter Stärke
donnert der warme Sturm vom Küstengebirge nieder.
Drunten bugsiert ein Schlepper eine große Segeljacht,
die von Mahagoni und Messing blitzt, aus dem Vieux
Port in die offene Bucht. Das Wasser wird vom Wind
dunkel schraffiert. Staubteilchen, die der Sturm aus den
Bergen heranwirbelt oder in den Gassen aufstöbert, hül-
len das mächtig ansteigende Marseille in ockergelbe
Schleier, die sich wie Gespinste der Mythe ausnehmen.
Selbst der höchste Punkt der riesigen Stadt, Notre-Dame-
de-la-Garde in ihrer sonst so strahlenden Höhe, scheint
umdüstert. Abermals ein Hornsignal. Es flattert von der
Kaserne der Fremdenlegionäre herüber, die auf dem
senkrecht in den Hafen abstürzenden Plateau des Fort

St-Nicolas liegt. Wie die Franzosen das Schmettern der Clairons lieben! Vom Parc du Pharo nimmt sich der Trompetenton aus, als riefe er die Legionäre auf, nach outre-mer, nach Übersee, zu ziehen. Und mit einmal begreift man es fast mit Erschauern; hier oben Überschau zu halten, bedeutet etwas anderes als eine Aussicht zu genießen. Man wird inne, daß man auf geheime Weise im Kernpunkt der Ereignisse steht. Auf der Höhe von Notre-Dame-de-la-Garde ist man entrückt, hier hingegen mitten hineingestellt in das Geschehen der Riesenstadt.

Ah, welch ein Leben in dieser von den Griechen gegründeten Polis, die immerhin entstand, als Rom noch in den allerersten Kinderschuhen steckte! Dieser gewaltige Rhythmus des Lebens im Hafen unten, in dessen Bassins die Dampfer wie Spielzeuge liegen! Genießen wir das zauberhafte Funkeln der Lichter im Abend, wenn Marseille einem Firmament, einer Milchstraße von gleißenden Funken und blitzenden Sternen gleicht! Genießen wir das Aufleuchten des Meeres im Osten, wenn sich der Himmel nach langer, dunkler Nacht rötlich färbt und ein verheißendes Leuchten in den müden Dämmerungsfarben der Dächer aufglimmt. Genießen wir die volle, von frischer Brise durchwehte, nüchterne Helligkeit des Mittags. Zu jeder Stunde des Tages und der Nacht ist Marseille ganz, was es sein will. Es gibt keine Halbheiten, nichts Unentschiedenes, kein Zögern. Wenn der Strenge und Todesbereitschaft des Südens ein um so berauschteres Lebensgefühl entspricht – hier in Marseille besitzt dieser ›élan vital‹ einen unverkennbaren Zug von Morgenfrische, in welche die jubelnden Trompeten und die dröhnenden Schiffshörner ihre erregenden Signale mischen.

Im Umkreis von Aix

Nostradamus in Salon

Um von der Rhône nach Aix zu gelangen, muß man über Salon. Mithin spielt Magie herein. Salon nämlich ist des Nostradamus Stadt.

Beschreiten wir ihn also, den weiten, staubigen Weg, der von den Felsen der Baux über Maussane hinabführt nach Eyguières, das so schön war, bis man in seine gegen den Himmel gebuckelte Bergstirn Tanks eingebaut hat, weiß Gott für welchen törichten Zweck.

Von hier aus verläuft die Straße am Rande einer monoton werdenden Berglandschaft auf Salon zu. Da öffnet sich zur Rechten schon die Ebene, die unterschiedslos in die gewaltige Crau übergehen wird!

Im 16. Jahrhundert hat es in der Provence eine ganze Dynastie von Berühmtheiten gegeben, die sich Nostre-Dame, oder, nach dem Brauch der Humanisten, Nostradamus nannten. Der erste dieser jüdischen Familie vom Stamme Issachar scheint Petrus Nostradamus gewesen, der als Arzt im Dienst des Königs René stand. Sein Sohn Jacques wurde Notar zu St-Remy. Dessen Sohn Michel wiederum, der in Goethes Faust zitierte, 1503 geborene Magier, zeichnete sich gleicherweise als Arzt wie als Astrologe aus.

Um ihn ist es also zu tun. Nachdem er die Humaniora in Avignon, Medizin in Montpellier absolviert hatte, siedelte er sich in Salon an, wo er alsbald zu einem Namen kam. In der Pestepidemie von 1546 rief man ihn nach Aix. Ein Puder seiner Erfindung soll die Seuche sehr eingeengt haben.

Freilich war das ein Erfolg, der den Neid der Kollegen weckte. Verdächtigungen müssen alsbald in Umlauf gelangt sein, denn des Arztes Schriften kamen auf den Index. Er selbst hielt es für geraten, sich aus der Öffentlichkeit zurückzuziehen und ausschließlich der Astrologie zu widmen.

Nostradamus' Prophetien sind später unter dem Titel ›Centuries‹ vereinigt und publiziert worden. Sie machten den Sterndeuter wider seinen Willen zu einem der berühmtesten Menschen seiner Zeit. Heinrich II. und Katharina Medici haben ihn mit Gunstbeweisen überhäuft. Wir besitzen noch andere Schriften von ihm, medizinische Abhandlungen und kleine Gelegenheitstraktate. Sein immer wieder herausgegebenes Hauptwerk bleiben jedoch die ›Centuries‹, eine Sammlung zehnsilbiger Vierzeiler, in der sich alle Weltereignisse bis ans Ende der Tage vorausgesagt finden. Die geheimnisvollen Strophen, durchglüht von der eher dunkel brennenden Flamme vieldeutiger Spekulationen, besitzen eine gewisse Schönheit, allein sie erregen die Neugier mehr, als sie zufriedenstellen. Immerhin haben die Symbole, Allegorien und Vieldeutigkeiten dieser kabbalistischen Dichtung nicht aufgehört, den Scharfsinn ganzer Generationen von Kommentatoren zu beschäftigen. Es wird sogar behauptet, viele historische Ereignisse, beispielsweise das Schicksal Ludwigs XVI., seien eingetroffen.

1566 starb der große Magier, der den Ruhm der Stadt ausmacht, in Salon. Sie haben ihn in der Kirche St-Laurent beigesetzt, wo man in der vierten Kapelle links vom

Chor seine Grabplatte sehen kann. Darauf ist ein bärtiger Mann dargestellt, angetan mit einem pelzverbrämten Rock und einem Krempenhut.

Michel besaß einen Bruder, Jean de Nostre-Dame, der sich durch phantasievolle Biographien der alten provenzalischen Dichter hervorgetan hat; sozusagen auf nämliche Weise rückschauend, wie sein berühmter Bruder in die Zukunft sah. Ein Sohn des Jean wiederum wurde Autor einer Chronik der Provence. Ein zweiter, André, trat bei den Kapuzinern ein und schrieb ›Christliche Stanzen‹.

Das sind sie also, derentwillen man sich den Namen Salons merkt. Was sagt es dagegen schon, daß dieser Ort ein historisches Gemäuer, ein Schloß besitzt, das noch aus der Zeit des ›Empery‹ stammt, den sagenhaften, verblichenen Epochen, da die Stadt zum Heiligen Römischen Reich Deutscher Nation gehörte? Übrigens hat man auch gar keine Zeit mehr, sich damit zu beschäftigen. Die Augen sind fortwährend abgelenkt und gebannt durch die waghalsigen Formationsflüge der Düsenjäger, die im Sturzflug herniederheulen. Unweit von Salon, dort, wo die Crau beginnt, liegt nämlich eine französische Fliegerschule, die so etwas wie das Saumur der Aviatik ist. Schon wahr, Salon ist keine Stadt, in der man verweilt. Alles drängt hinaus, drängt weiter, dem schnurgraden Asphaltband der Straße nach, nach Aix.

Aquae Sextiae

Es ist mir seltsam mit Aix gegangen. Woher ich auch kam, immer empfand ich, daß ich aus einer Landschaft des Leuchtens in schwarze Schluchten hinabtauchte.

Aix, wie man weiß, existiert seit den Zeiten der Römer und erlangte recht bald jene Urbanität, die ihm

heute noch anhaftet. Freilich ganz anders als etwa Nîmes oder Arles. Ist Nîmes eine planvolle Siedlung von
Weitläufigkeit, wie man von der Tour Magne erkennt,
und besitzt Arles etwas eindringlich Tektonisches, so
nicht Aix, das eher Avignon an die Seite zu stellen wäre.
Gleich der Stadt der Päpste spielte es eine bedeutsame
Rolle am Übergang vom Mittelalter zur Neuzeit, besitzt also ganze Straßenzüge von Hausungen des Adels
und des Großbürgertums. Dennoch wirkt Aix auch anders als Avignon. Es ist eine Stadt, in der man sich nach
dem Gesetz einer nicht gleich erkennbaren Geometrie
von Ruhepunkt zu Ruhepunkt bewegt. Von Platz zu
Platz. Das heißt hier zugleich von Brunnen zu Brunnen. In der Tat sind die Brunnen der Plätze das bele-
bende und die Plätze selbst das ausgleichende Element in
der Topographie der engen, tiefen Straßen von Aix.

Als ich das erste Mal kurz nach dem Kriege dort weilte, war die Stadt unterwandert von Nordafrikanern.
Überall sah man sie lungern. Am meisten in den Winkeln der Altstadt. Oft hockten sie auf Hausschwellen
oder in den Winkeln nahe den Bedürfnisanstalten; sie
strichen durch die Schatten der Vorstädte. Manche waren blau vor Alter und Krankheit. Auch viele Neger sah
man darunter, die etwas merkwürdig Blaues hatten. Die
Véroles grassierten grade, die Pocken. Ich weiß nicht,
ob es damit zu tun hatte, aber auf geheime Weise schien
mir Aix eine von merkwürdigen Krankheiten bedrohte
Stadt, in deren Häusern das Siechtum umging. So die
Tage.

Erstaunlicherweise stellte es sich in den Nächten ganz
anders dar. Ich bewohnte eines Freundes Zimmer im
zweiten Stock an einem der Plätze, auf denen die Brunnen rauschen – Brunnen, die strahlig aus einem Obelis-
ken oder aus der spendenden Hand von Figuren oder

aus einer Hauswand rinnen und ›Fontaine des Quatre Dauphins‹ oder ›Fontaine des Prêcheurs‹ heißen. Der größte unter ihnen ist das mächtige Wasserspiel auf der Place de la Libération, wo der Cours Mirabeau, die Prachtstraße von Aix, beginnt. Alle Brunnen von Aix strömen jahrein, jahraus; sie plätschern, rinnen, rauschen Tag und Nacht mit einem silberhellen, erquickenden Strahl, der entweder das Licht der Sonne oder das der Laternen widerspiegelt. Aus diesen Brunnen, schien es mir damals, rinne allnächtlich die Krankheit von Aix in unaufhörlicher Reinigung aus.

Aber was war es für eine Krankheit? Einfach die Erschöpfung des Alters? In der Tat ist diese Stadt von der Vergangenheit schwer gezeichnet, rechnet man das nahe Entremont hinzu. Als 123 v. Chr. der Konsul Sextius dieses Zentrum der Keltoligurer genommen, zerstört und seine Bevölkerung niedergemacht hatte, legte er zum Schutz der gewonnenen Region ein römisches Lager an, aus dem sich die Stadt entwickelte. Ein Lager, das sehr bald auch eine Art Heilbad wurde, denn die Thermen des Sextius waren ob ihrer Wärme und die klaren Quellwässer von Aix ob ihrer Frische berühmt. Man hat im 18. Jahrhundert an Stelle der römischen eine neue Badeanlage geschaffen. Hier, wo einst die römischen Rheumatiker Heilung suchten, kurieren sich die Kranken noch heute. Sie ruhen auf weißen Liegebetten mit roten Polstern hinter der gläsernen Wand einer Halle, und irgendwo, zwei, drei Wände weiter, quillt ununterbrochen der warme Strom aus dem Boden wie vor zwei Jahrtausenden.

Als ich's zum ersten Mal sah, hatte ich eben die Bekanntschaft einiger überseeischer Studenten gemacht; darunter war eine junge Madagassin aus einer eingeborenen Notabelnfamilie, Kind einer weißen Mutter.

Auch der Bruder sollte ganz weiß sein. Das krause
Haar, die schwarze Haut, die dicken Lippen waren des
Mädchens Kummer. Einmal sah ich sie in der Frühe mit
Kommilitoninnen vom Bade kommen. Sie trat hinaus
auf die Gasse, das Haar ganz feucht – so wie vor zweitausend Jahren vielleicht eine Numiderin, die mit den
Römern gekommen war. Sie ahnte nichts von dem fremdartigen Zauber, der über ihr lag, als sie mit ihrem aus-
drucksmächtigen Kopf und den Gliedern einer Gazelle
durch Aix schritt. Da begriff man die unerhörte Weite
der Ausstrahlung, die von dieser Stadt ausgeht. Vielleicht war oder ist sie allzu weit. Wie die Geschichte
von Aix zu schwer und zu groß ist. Denn es ist das
Schicksal dieser Stadt, daß die Geschehnisse der Vergangenheit für sie immer zu gewaltig bemessen waren.

Abermals: Marius

Um diese Rolle genau zu verstehen, muß man nochmals
fragen, was ein Marius ist. Oder auch, warum hierzulande soviel Jungen und Männer den Namen Marius
tragen.

Nur zwei Jahrzehnte waren nach der Zerstörung von
Entremont vergangen, als sich nahe der Stadt ein welt-
geschichtliches Ereignis abspielte. Am Fuße jenes Berges, dessen höchst ausdrucksvolle, gegen Westen steil
abfallende Silhouette Cézanne, der ein Sohn von Aix
war – ein zu großer Sohn, als daß die Stadt ihn begriffen
hätte –, so oft gemalt hat, als sei er der Inbegriff aller
Berge. Am Fuße der Montagne Ste-Victoire also.

Drei Jahre vor dem eben angedeuteten Datum hatte
sich das für Rom fürchterliche Ereignis der Niederlage
von Arausio zugetragen. Dabei waren hunderttausend
römische Soldaten auf dem Schlachtfeld geblieben. Cim-

bern und Teutonen kreisten seither im Bann einer geheimen Macht durch die römischen Provinzen, ohne doch
zum vernichtenden Schlage auszuholen. Sie trennten sich
sogar. Vielleicht war dies der entscheidende Grund des
Umschwungs. Während die Cimbern nach Oberitalien
einfielen, wo sie 101 bei Vercellae aufgerieben wurden,
waren die Teutonen in der Provence verblieben. Der römische Feldherr Marius erwartete sie bei Aquae Sex-
tiae. Sie zogen genauso heran, wie er es berechnet hatte,
und er besaß die Nerven durchzuhalten. Während sechs
Tagen verweigerte er in festem Lager den Kampf und
ließ die hohnlachenden germanischen Horden defilie-
ren, die mit Sack und Pack gezogen kamen. Mit Pferden, Hunden, Beutevieh, mit Karren, Trossen. Mit Wei-
bern und Kindern. Dann teilte Marius seine Armee in
drei Korps, holte den Feind ein und ging zu einem um-
fassenden Angriff über. Die Ergebnisse waren fürchter-
lich. Hunderttausend niedergemetzelte Germanen blieben am Platz, hunderttausend weitere zogen in die Skla-
verei. Die letzte Barrikade verzweifelten Widerstandes
der durchaus tapferen Nordlandbarbaren bildeten die
eilig zusammengeschobenen Wagenburgen. Ihre Wände waren zum Schutz gegen Brand mit Häuten bespannt,
zwischen ihren Rädern fauchten die wütenden Hunde
des Volksstammes hervor, und hoch auf den Karren standen die Frauen, die jedem der Männer, der vor dem
römischen Angriff zurückwich, die Lanze in den Rücken,
den Pfeil ins Genick schossen. Als die römische Flut gegen sie anbrandete und nichts mehr zu retten war, gaben sie sich selbst den Tod. Es war der Untergang eines
ganzen Volkes.

Die Äcker von Aix sind also mit Blut gedüngt. Vor
einigen Jahren, als man begann, die Erde von Entremont aufzugraben und Schicht nach Schicht der Straßen

freizulegen, die dort durch eine Stadt verschollener Jahrhunderte gezogen waren, als man Amphoren, Bildnis-
büsten, Torsen, alte Statuen ans Licht brachte, die unter dem Verdammungsspruch der Römer in den Schutt
gesunken waren, stieg ein anderer Teil der furchtbaren
Dramen, die sich im Verlauf eines Vierteljahrhunderts
in und um Aix zugetragen haben, wieder ans Licht.
Nicht die Vergangenheit der Germanen, die nur als rei-
sige Krieger durchs Land gezogen waren, wohl aber die
Vergangenheit der Urbewohner des Landes, der Keltoligurer, die sich auch Salyer oder Salluvier nannten,
wenigstens in hiesiger Gegend.

Sie hatten sich im Gebiet von Aix zu einer Konföde-
ration zusammengeschlossen, deren Hauptstadt Entremont war, ein sogenanntes ›Oppidum‹ auf einem Hochplateau in der Nähe der Stadt. Ich habe Entremont kurz
nach den großen Funden, die man seit dem Jahre 1946
machte, besucht. Es war Wochenende, der Eingang versperrt. Auch stellte sich zeternd ein altes, halbverrücktes
Weiblein in den Weg. Sie schien noch verschollenen Zeiten anzugehören, mit Fetzen behangen, einen trichter-
förmigen Filz auf dem Kopf. Da aber erschien der Patron schon, polterte ebenfalls los, bis ich mein Anliegen
erklärt hatte und einige Münzen in seine Hand geglitten
waren. Wie durch ein Wunder gingen nun alle Tore auf.

Der Boden war gelbrot, durchpflügt, durchzogen von
Suchgräben, durchwinkelt von Mauern. Man erkannte
genau, wie das hier ausgesehen hatte, ehe die Römer die
Stadt zerstörten; ein höchst geometrisch angelegtes Ge-
bilde mit schnurgraden, sich rechtwinklig kreuzenden
Straßen war diese Stadt gewesen. Dort lag eines Bäk-
kers Haus, hier eines Töpfers Werkstatt, dort der Scher-
benhaufen in seinem Hofwinkel, und hier hatte Gevat-
ter Schmied gesessen. Der Patron, inzwischen beredt ge-

worden und voller Mitteilungsdrang, nickte befriedigt.
Im Grund war alles wie heute. Das verschaffte ihm eine
seltsame Genugtuung. Ich hob einige Tonstücke auf,
einen Amphorenhenkel, die nach mehr als zweitausend
Jahren aus dem Boden tauchten und der Menschenhän-
de formende Spur verrieten. Ein eigentümliches Gefühl
übermannte mich. Nach so viel Zeit des Verschollenseins
klappte das Buch plötzlich wieder auf. Man las die zahllosen Runen, welche das vergangene Leben verrieten.
Eines noch ungeborgen im Boden steckenden Torsos
halbverwitterte Spur, Rillungen, die ein Finger in Ton
gefurcht, eine Winkelbank, auf der vielleicht grade jemand gesessen, als der Todessturm über die Stadt fiel...

Zeichen

Ritzzeichnungen, Gorgonenköpfen, Friesen in Mouriès,
Ollioules, Roquepertouse und Entremont verdanken wir
erste Bekanntschaft mit den Keltoligurern, jenem Ras-
sengemisch aus ligurischer Urbevölkerung und erobernd
eingedrungenen Kelten, das zu neuer Einheit verschmol-
zen von Oberitalien über Südfrankreich nach Spanien
reichte. Der gemeinsame Wurzelboden erklärt die Ver-
wandtschaft der Idiome, die noch heute von Katalonien
entlang der alten ›Straße des Herkules‹ bis in die Lom-
bardei gesprochen werden.
   Die Keltoligurer haben sich einer ganzen Reihe von
Ideogrammen, von Gedankenbildzeichen, bedient, um die
elementaren Ereignisse ihres Daseins, Krieg, Tod und
Beschwörung, ins Bewußtsein zu rücken. Immer wie-
derkehrendes Motiv auf den Funden und Bildwerken
im Raum der Provence ist das Pferd, das den gefalle-
nen Krieger ins Jenseits trägt. Es übernimmt schließlich
selbst die Funktion eines Todessymbols. Die Rolle ist

ähnlich jener, welche später die aus dem orientalischen Vorstellungskreis stammenden, löwengestaltigen, seelenverschlingenden Tarasquen an den Fassaden von Arles oder St-Gilles spielen sollten.

Zwiefache Zeichen für urälteste Geheimnistiefen der Provence! Liegt hier bereits die Wurzel zu jenen gnostischen Geistesströmungen, die der Provence hernach im Mittelalter zum bitteren Schicksal wurden?

Zwar wären da im Musée Granet zu Aix auch die mächtigen Torsen heroisierter, im Kampfe gefallener Krieger aus Entremont zu erwähnen, die aus späteren Epochen der Vorzeit stammen. Angetan mit dem Küraß hocken sie in jener Ruhestellung, in welcher man derzeit die Toten bestattet hat. Der Zuschnitt, das plastische Volumen verraten deutlich das griechische Vorbild. Bedürfte es noch eines Nachweises, wäre auf die ebenfalls in Entremont gefundenen Priapusfiguren zu deuten: im geschürzten Rock Früchte tragend, stellen sie die erregte Mannheit zur Schau, Sendboten eines Fruchtbarkeitskultes, der aus Thessalien nach hier kam.

Hingegen die Todesreiter, die Gorgonenköpfe, die Feengrotten! Bis hin zum Tarasquen von Noves, der aufrecht gleich einem Heros hockt, das Gebiß bleckt, die Tatze auf abgeschlagene Köpfe gestützt, sind die Bildwerke der keltoligurischen Zeit Zeugnisse und Symbole autochthoner Kulte...

Also da hat man es doch, die Berauschung am Bilde des Todes, die Urweltstimme, die noch durch das Heute geistert. Ich kann mich nicht des Gedankens erwehren, daß ein tiefer Zusammenhang zwischen den Todessymbolen der Keltoligurer, der Lebensverneinung der Katharer und dem Opfertod des Stieres in der Tauromachie besteht, der alljährlich von Ostern ab in den Arenen gefeiert wird.

Kommt hier nicht jene andere Lust der Menschheit zum Ausdruck, der wir so erstaunlich oft auf den Friedhöfen des Südens begegnen? Denn was sind diese festlich geschmückten Sarkophage, die sich selbst arme Familien leisten, anderes als eine Glorifizierung des Todes und der Toten? Ob sich des Südens Lebensgefühl darin nicht Denkmäler setzt und seine tiefe Lust am ›Entwerden‹, am Zurücksinken in die anonyme Allgemeinheit bekundet?

Der Gute König

Aix sollte mit dem Beginn des hohen Mittelalters eine besondere Rolle spielen.

Bischofssitz war es bereits seit frühen Zeiten der christlichen Epoche. Mit Ausgang des 12. Jahrhunderts wurde es auch Residenzstadt. Die Grafen der Provence hielten hier Hof, und zwar auf jene kultivierte, den Musen und den Wissenschaften verpflichtete Weise, die wie ein strahlendes Morgendämmern der erwachenden Kultur des Abendlandes wirkt.

Unter diesen Herren, deren Titel eines Grafen der Provence bescheiden genug war, nimmt sich der vorletzte, der ›Gute König René‹, wie eine Gestalt aus dem Märchenbuch aus. Er war der letzte Herzog aus dem Hause Anjou und dem Titel nach sowohl König von Sizilien als auch von Aragon, Ungarn und Jerusalem. Das hätte bereits genügen müssen, so meint man, um ihn sein Leben lang zu beschäftigen.

Man kann diesem Herrscher, der wirklich so etwas wie den Musterfall eines Potentaten darstellt, noch heute begegnen. In der Kathedrale St-Sauveur zu Aix, dem erlauchten, gotischen Bischofsdom. Dort kniet der Bon Roi im berühmten Bilde des Nicolas Froment samt sei-

ner Frau Jeanne de Laval vor dem Wunder des brennenden Dornbuschs, das sich, der Bibel gemäß, vor Moses' Augen zutrug. Man weiß nicht recht, wer wen an
dieser Stelle größer gemacht, der König den Maler oder
der Maler den Guten König, der diesen Beinamen nicht
nur als billiges Epitheton trug, sondern wirklich ein guter Mensch war. Es gibt zahllose Anekdoten über ihn.
Er trieb weder Macht- noch Interessenpolitik, führte
keine Eroberungskriege und kam sich nicht als Halb-
gott vor. Er tat rechtschaffen seine Pflicht für sein Land.
Er hat sich nicht einmal gescheut, in seinem Weingarten Hand anzulegen. Nebenbei, er verstand etwas von
der Sache und führte den Anbau der Muskattraube in
der Provence ein. Man rühmt ihm Einfachheit und Fa-
miliensinn nach. Mag sein. Seine große Schwäche war
es, Volksfeste zu veranstalten. In Tarascon, wo er ein
wunderschönes Schloß baute, das eine spätere Zeit durch
die grausame Tötung von Hugenotten entweihte – in
Tarascon begründete er die Prozession des Tarasquen
von Pfingstmontag, und in Aix richtete er die ›Fêtes de
Dieu‹ ein, Feiern, deren Hauptbestandteil ein riesiger
Festzug war. Es gibt im Alten Museum zu Aix noch
prachtvolle Nachbildungen davon. Alle möglichen Gestalten der Heilsgeschichte und der Bibel, des Volksglau-
bens und der Sage zogen da auf, selbst der Höllenfürst
nebst einem Riesengefolge von Teufeln. Das Fest hat
sich lange in Aix gehalten, und im selben Museum zeigt
man noch heute die Attrappen, deren sich die Darsteller
von Reitergestalten bedienten. Sie trugen Rösser aus
Pappmaché, oder was es denn war, verkleinert natürlich
und unten mit einem die Füße des Tänzers verhüllen-
den Volant versehen, um ihre Hüften. Wie man es heute
noch in baskischen Tänzen sieht.

Das Leben des Guten Königs erschöpfte sich keineswegs darin. Die Münze, die er schlagen ließ, war allerdings verfänglich und besaß nur minimalen Goldwert. Man nannte sie Parpaillotte, ein Wort, das soviel wie schlechter Groschen bedeutet und von den Katholiken einer späteren Zeit auf die Protestanten angewandt wurde.

Wahrscheinlich blieb dem Guten König bei seinen vielen Festen und Bauten gar nichts anderes übrig, als sich auf diese Weise aus der Verlegenheit zu helfen. Geld muß er die schwere Menge gebraucht haben. Es war sozusagen das einzige, das er nicht sammelte, denn sonst trug er zusammen, was gut und kostbar war. Vor allem Bücher, wie bei seinen geistigen Interessen nicht weiter verwunderlich. Verstand er sich doch auf Latein, Griechisch, Italienisch, Hebräisch und Katalanisch. Zudem kannte er sich sehr genau in der Mathematik und Jurisprudenz aus, erstaunlicherweise sogar in der Geologie. Daß er nebenbei Verse machte, musizierte, komponierte und malte, verwundert bei diesem vielseitigen Genie schon nicht mehr. Der Ruf seiner Kunstfertigkeit war denn auch so groß, daß man ihm eine lange Zeit das prachtvolle Bild zuschrieb, auf dem er heute in St-Sauveur mit seiner zweiten Frau zu sehen ist.

Das erste Mal hatte er mit zwölf Jahren geheiratet, und zwar Isabella von Lothringen, die ihm ihr Stammland als Nadelgeld mitbrachte. Als er fünfunddreißig Jahre zählte und schon daran denken konnte, in absehbarer Zeit seine Silberhochzeit zu begehen, starb sie. Zwölf Jahre später heiratete René abermals. Damals war er siebenundvierzig und seine Frau zwanzig. Er lebte mit ihr genau so glücklich wie mit seiner ersten. Wie es scheint, war er überhaupt glücklich. Nur über sein Lebensende fielen einige Schatten. Er mußte ziemlich tatenlos mit ansehen, wie Ludwig XI. von Frankreich die Hand nach seinen Ländern ausstreckte. Er ertrug die Anmaßung von Paris so gut es ging und mit jener philosophischen Würde, die er sich schuldig war. Er schwieg! Aber er zog es doch vor, statt wie bisher seine Zeit zwischen Angers und der Provence zu teilen, nunmehr ganz im Süden und möglichst entfernt von den Gestaden der Seine zu bleiben. 1480 ist er im Alter von zweiundsiebzig Jahren zu Aix gestorben.

Der brennende Dornbusch

In St-Sauveur, der mächtigen Bischofskirche, sieht man ihn also. Das ist ein erstaunlicher Bau. Dem Mittelschiff, das trotz seiner gotischen Herkunft die provenzalische Breite und Gelassenheit besitzt, fügt sich gleichsam als rechtes Seitenschiff eine ältere Kirche an. Steht man am hinteren Ende dieses Teiles, blickt man nach rechts gradewegs in das älteste Stück, die Keimzelle des Domes hinein, ein mit acht römischen Säulen umzogenes, achteckig geformtes Baptisterium, in dem man noch den Platz des Taufbeckens mit Zu- und Abflüssen erkennt. Diese Taufkapelle gehört zu Frankreichs ältesten christlichen Bauten und stammt aus dem 5. Jahrhundert. Gleich nebenan kann man durch eine Tür hinaustreten und betritt den Kreuzgang aus dem 12. Jahrhundert, der klein und sehr hübsch ist. Er verfügt nicht über die Kraft der Aussage wie die nämlichen Anlagen in Arles oder Montmajour, aber er besitzt eine so spielerische Leichtigkeit in den Kapitellen, die sonst in den ernsten romanischen Formen der Provence nicht anzutreffen ist.

St-Sauveur stellt also ein ganzes Kompendium der Stilgeschichte vom 5. bis zum 16. Jahrhundert dar; von den merowingischen Formen bis zum Flamboyant-Stil.

Zudem birgt es das Grab des heiligen Mitrius, und wie
die nahe der Place du Palais gelegene Magdalenenkir-
che eine berühmte, von seltsamer Dämonie umgeisterte
Verkündigung eines französischen Zeitgenossen des Konrad Witz birgt, verfügt St-Sauveur über ein weiteres
Kapitalstück provenzalischer Malerei, über des Nicolas
Froment ›Buisson Ardent‹. Der Meister ist um 1435
in Uzès geboren und vier Jahre nach König René, der
sein großer Mäzen und dessen Hofmaler wiederum er
war, in Avignon gestorben. Von seinen Bildern hat sich
nicht viel erhalten. Als bedeutendes Werk nur noch eine
Auferweckung des Lazarus, die 1461 entstand; sie hängt
in den Uffizien zu Florenz. Die Kathedrale St-Sauveur
birgt daher des Froment gewiß größtes Werk, das eines
jener wunderbaren Bilder ist, die man nicht mehr vergißt. Es wird in seinem Mittelteile bestimmt von kühlen
Grün- und Grautönen. Im Vordergrund kniet Moses,
umlagert von seiner Schafherde. Im Mittelgrund steht
wie ein kleiner Hortus animae, viel mehr Hain als Dornenstrauch, der Dornbusch, aus dem es ganz mild von
Flammen züngelt. Wie nach der Bibel der Dornenstrauch
vor des Moses Augen brannte, ohne von der Lohe ver-
zehrt zu werden, so hat die Gottesmutter ihre Jungfräu-
lichkeit bewahrt, will das Bild sagen. Daher erscheint
über dem Busch die Jungfrau mit dem Kinde. Die Landschaft im Hintergrund ist natürlich provenzalisch, und
die Stifter, die auf den vorwiegend rot gehaltenen Flügeln zu seiten des wunderbar kühlen Mittelbildes knien,
sind der letzte Graf der Provence und seine Frau, René
und Jeanne.

Da hat man ihn also. Gar nicht wie erwartet. Erstaunlicherweise weiß man sofort, daß er es ist und kein
anderer, obwohl dieser schlichte Mann mit dem kleinen
Knollennäschen gar nicht wie ein Hochgelehrter aus-

Montagne Sainte-Victoire
Ausschnitt aus einem Gemälde von Paul Cézanne
(Museum Baltimore)

sieht, der er doch war. Nichts von geistiger Blässe. Nichts, was auf eine Attitüde schließen ließe. Ein prachtvoller, aufrechter, alter Mann, der alles wußte, was seine Zeit zu wissen verstand. Kein Staatsgenie, aber ein humaner, von lauterem Wohlwollen erfüllter Mensch, in dessen Brust eine anima candida sang.

Häuser einer Straße

Die Stadt Aix, wie gesagt, hat unter ihm, der 1475 bis 1476 das Bild des Froment malen und in einer Kapelle der Karmeliter aufhängen ließ, wo er auch begraben wurde, ihre große Zeit gehabt; nicht hingegen ihre reiche. Gewiß setzte schon im 16. Jahrhundert das flutende Gesellschaftsleben des provenzalischen Adels ein, seit man von Paris aus – seit 1486 gehört die Provence zu Frankreich – ein Parlament eingerichtet hatte, das, nebenbei gesagt, kaum Befugnisse besaß. Immerhin entstand nun eine große Zahl von Adelshotels, deren Besitzer als Mitglieder und Räte dieser Standesvertretung und als hohe Regierungsbeamte fungierten, oder aber als Präsident der Tribunale oder gar Statthalter der französischen Krone eine bedeutende Rolle spielten.

Solche Hotels sind in vielen Straßenzügen von Aix zu finden. Greift man nur einen, freilich den berühmtesten Häusertrakt heraus, den Cours Mirabeau, leuchtet eine schier unerschöpfliche Fülle von Titeln, Namen und Schicksalen auf.

Im sogenannten Hôtel des Princes, das Ende des 18. Jahrhunderts erbaut wurde und längere Zeit das bedeutsamste Haus der Stadt war, wohnten nacheinander der Sultan von Maïssour, Tippou Sahib geheißen, darauf Bonaparte nach seiner Rückkehr von Ägypten; im Abstand von zwanzig Jahren folgte Papst Pius VII. und endlich 1840 die Exkönigin Maria Christina von Spanien, nach welcher der Infant Don Carlos kommen sollte. Ein paar Nummern weiter liegt das Hôtel d'Arbaud-Jouques, das einem Parlamentspräsidenten gehört hat. Hier logierte zeitweilig die königliche Familie von Spanien, der König von Etrurien und der Herzog von Angoulême. Das Hôtel de Nibles nebenan war im Besitz eines Barons von Vitrolles, der in der Restauration unter den Bourbonen eine Rolle spielte und Staatsminister unter Ludwig XVIII. wurde. Wiederum daneben reiht sich das Hôtel de Mazenod in die Front der Häuser, Eigentum eines Präsidenten der Rechnungskammer und Elternhaus des Fortuné de Mazenod, der vierzehn Jahre Bischof von Marseille war, sowie seines Neffen Eugen, der ihm auf dem Stuhl von Marseille folgte, nachdem er 1816 die Kongregation der Missionare der Provence, der späteren Oblaten der Maria Immaculata, gegründet. Seine Kanonisation wird zur Stunde in Rom noch betrieben. Es kommt das Haus der Coriolis, deren erster großer Vertreter Parlamentspräsident war; seine Tochter heiratete 1581 den Dichter Malherbe, einen der glanzvollsten Wegbereiter der französischen Sprache, während des Parlamentspräsidenten Sohn, ebenfalls Haupt der Ständevertretung, in die Wirren seiner Epoche verwikkelt ward, vor Gericht kam und im Gefängnis starb; erst dessen Sohn, Honoré, konnte die Rehabilitation der Familie erreichen; gleichwohl war die große Zeit der Coriolis vorbei.

Schon wird offenbar, wieviel Erinnerung und Schicksal hinter den Häuserfassaden im Schatten der gewaltigen Platanen dieser Straße gespeichert sind, welche die Bürger von Aix für die schönste der Welt halten. Allein, es ist unerläßlich, das Überwältigende dieser Fülle zu zeigen. Bleiben wir also der Reihenfolge treu. Danach

folgt Nr. 67, im 15.Jahrhundert dem Nicolas de Brancas, Bischof von Marseille zu eigen, der bei der Hebung
der Gebeine der heiligen Marien in Saintes-Maries zu-
gegen war und seit 1460 eine Rolle als Großpräsident
des Rechnungshofes spielte. Zwanzig Jahre nach seinem
Tode sollte die Witwe des Guten Königs René, Jeanne
de Laval, einige Zeit darin wohnen. Nr. 69 gehörte seit
1469 dem Palamède de Forbin, Seigneur von Solliès,
Ministerpräsident des Bon Roi René. Nicht ganz so be-
namt ist das Hôtel de Perrin, das sich ein reich gewor-
dener Kaufmann errichtete, der sich das Amt eines Se-
kretärs des Königs erhandelte und neunzehn Kinder
besaß. Immerhin, einem seiner Nachkommen schreibt
man die erste Veröffentlichung der Briefe der Madame
de Sévigné zu. Nur wenig weiter das Hôtel de Maurel-
Volone, das ›la Grande Mademoiselle‹, das Fräulein von
Montpensier, bewohnt hat, die Cousine Ludwigs XIV.
Nach ihr zog ihre Schwester ein, die mit dem Großher-
zog von Toskana vermählt war. Wiederum später der
Infant Don Philipp von Spanien, Sohn Philipps V. Aber
was sollen uns die großen Namen, der weltliche Ruhm?
Gleich nebenan im Haus des Advokaten Noel Gaillard
wehte ein anderer Atem. Aus ihm stammt jener Honoré
Gaillard, der als Fastenprediger unter Ludwig XIV. und
Ludwig XV. auftrat. Madame de Sévigné hat mit hoher
Achtung von ihm gesprochen. Als Haus hoher Staatsbe-
amter diente das Hôtel de Gueidan; ebenso das Hôtel de
Forbin-la-Barben, von dessen Besitzern der Graf Augu-
ste de Forbin abstammte, Maler und Schriftsteller seines
Zeichens und lange Zeit Vorstand der königlichen Mu-
seen, der die Venus von Milo für Frankreich erwarb.
Oder das Hôtel de Raousset-Boulbon, das Hôtel de Mira-
beau, zahllose andere Hotels ... Aber lassen wir es genug sein!

Nur um zu zeigen, daß nicht alles bei diesem Adel der Provence eitel Glück war, sondern sich auch Unheil einstellte, sei noch das Hôtel d'Entrecasteaux genannt, unter dessen Besitzern einer ganz Frankreich durch ein gräßliches Verbrechen in Erregung versetzt hat. Hier nämlich brachte der sechsundzwanzigjährige Parlamentspräsident Jean-Paul d'Entrecasteaux 1782 seine Frau, die Mutter seiner drei kleinen Töchter um, indem er ihr mit dem Rasiermesser die Kehle durchschnitt, um seine Maitresse heiraten zu können. Das Haus gelangte darauf in die Hände des späteren Kardinals d'Isoard, der als Auditeur an der Rota des päpstlichen Hofes zu Rom wirkte und, zum Herzog und Pair von Frankreich erhoben, 1839 als Erzbischof von Lyon starb.

Mirabeau

Da greift man's doch, das volle Leben. Soviel Häuser, soviel Geschick. Warten wir ab. Aix hat noch manche Überraschung bereit. Gleich die Parallelstraße war der Schauplatz einer zwar keineswegs so schlimmen und dennoch fast berüchtigteren Episode. Es ist die Rue Mazarine, in welcher die Familie de Covet-Marignane ihr Hotel besaß. Der junge, schon seiner Affären wegen übel beleumdete Graf Mirabeau aus der Familie Riquetti-Mirabeau, der überschäumende, vulkanische Mirabeau, dessen hinreißende Reden wie nichts anderes die große Revolution im Süden Frankreichs vorbereiteten — Mirabeau erzwang hier die Heirat mit der jungen Emilie de Covet-Marignane, deren Vermögen ihn lockte. Man hatte ihn gar nicht erst vorgelassen, um seine Bewerbung vorzubringen. Zudem, Emilie war so gut wie verlobt. Aber Mirabeau, der ein ›unmöglich‹ nicht gelten ließ, war keineswegs entmutigt, sondern

vielmehr erst richtig angereizt, und er fand einen Weg,
diese Verlobung unmöglich zu machen. Er ließ sich mit
einem Zimmermädchen ein, gelangte auf diese Weise
eines guten Morgens in das Haus, placierte sich sodann
in Unterhosen und mit offenem Hemdkragen am Fenster des Treppenhauses und gab allen Passanten zu erkennen, was wirkliche Liebhaber gewöhnlich verschwei-
gen. Der Skandal war offenkundig. Was sollte der Schwie-
gervater, was sollte das kompromittierte junge Mädchen schon tun? Mirabeaus Rechnung ging nur zu gut
auf. Er bekam das Jawort, sogar ohne groß gebeten
zu haben.

Ich habe in der Kirche St-Esprit an der Rue Espariat
gesessen, einem um 1700 entstandenen Bauwerk, in dem
die Eheschließung vor sich gegangen ist, die für die
junge Braut nichts als Leiden bringen sollte. In der
Apsis hinter der Vierungskuppel erhebt sich wie eh und
je der aus strengen Säulen geformte Hochaltar, auf den
damals der Hochzeitszug losgezogen ist. Mir war, als
könnte ich in dem breiten Mittelgang, an dem ich im
Dämmerdunkel der Kirche saß, noch jenen Menschen
fassen, der da vor genau einhundertneunundneunzig
Jahren vorübergeschritten war, den skandalumwitter-
ten, häßlichen, faunischen, in allen Feuern der Leidenschaft und der Niedrigkeit geglühten und doch auch von
ehrlichen Impulsen durchströmten Grafen Mirabeau. Da
war er geschritten; dort, an der Stelle, wohin ich die
Hand hinaushielt.

Aix hat rühmlichere Episoden gesehen, wenn auch
kaum bedeutendere Männer. Da gab es den hochgebil-
deten Marquis von Méjanes, welcher der Stadt seine einzigartige Bibliothek hinterließ. Man findet sie heute im
Rathaus aufgestellt, dreihunderttausend Bände, untergebracht in einem großen Saal des ersten Stockes. Geht

man mit dem Auge nahe an die Buchreihen heran, er-
öffnen sich gradezu unendliche Perspektiven wundervoll
geprägter Lederrücken mit zarter Goldschrift, den Kostbarkeiten der französischen Literatur...

Doch da ist auch noch von einer anderen Episode zu
sprechen, von einer Liebe, einem Mann und vor allem
einer Frau ohnegleichen.

Die Schöne von Canet

...Sie war so schön, daß den Leuten von Aix-en-Provence die Tränen in die Augen traten, wenn sie ihr Gesicht
sahen. Das war übrigens nicht leicht. Gewöhnlich husch-
te sie, von der Hand eines Lakaien gestützt, leichtfüßig
und flink aus ihrer Sänfte, tief in schwarze Schleier gehüllt, und verschwand im Hause des Herzogs. Höchstens,
daß den neugierig stehengebliebenen Passanten ein Auf-
blick aus den wundervollen Augen des gemmenförmi-
gen Kopfes zuteil geworden war. Indessen hatten jene
nur wenigen geschenkten Sekunden genügt, alle diese
enthusiastischen Bewohner der Stadt, gleich ob Mann
oder Frau, alt oder jung, in einen Begeisterungstaumel
zu versetzen. »La Belle du Canet«, die Schöne von Canet,
flüsterten, seufzten, schwärmten sie. Canet ist dabei als
Eigenname und das ›von‹ als Adelsprädikat zu verstehen. Wegen der dichten Schleier, in die sie gehüllt ging,
sprachen die Leute in ihrem provenzalischen Idiom von
ihr auch als »La maschotto dou lou Duc«. Das Maskott-
chen unseres Herzogs. Selbst die menschliche Häkelsucht
und Nachrederei wagte sich nicht an dieses Paar: ob
der Schönheit der jungen Frau und weil man den Herzog liebte. Noch mehr vielleicht als die Schöne selbst.
Ihn natürlich um anderer Eigenschaften willen...

Verläßt man das Zentrum von Aix in westlicher Rich-

tung, kommt man in den Faubourg des Cordeliers, die
Vorstadt der Franziskaner. Hier liegt nahe der Rue Cé-
lony jenes Bauwerk, das die Erinnerung an die zarteste
Episode in der Vergangenheit von Aix wachhält.

Man muß an einer großen Holztür läuten, passiert
sodann einen langen Gang und tritt schließlich durch
die Verlassenheit einiger Höfe auf einen grünen Rasen-
platz hinaus, der von breiten Wegen umsäumt und
durchquert, sowie von einer Balustrade flankiert wird.
Im Blickfang des Hintergrundes präsentiert sich edel
und mit den blinkenden Scheiben hoher Fenster, drei
Stockwerk aufstrebend, der Pavillon von Vendôme.

Seit 1652 gebot Louis von Vendôme, Herzog von Mer-
coeur, Beaufort, Penthièvres und Etampes, Prinz von
Martigues und Anet, Pair von Frankreich, Enkel Heinrichs IV. und der Gabrielle d'Estrées und Vetter Ludwigs XIV. über die französischen Streitkräfte in der Provence. Ein liebenswürdiger, milder Mann, Feind der
üblichen Hofkabalen und der Unordnung. Der Sonnen-
könig in Versailles hielt viel von ihm. In der Tat glückte
es Vendôme, dem unruhigen und durch mancherlei Übel-
stände aufgeregten Land Frieden zu geben. Seine Erfolge, sein menschliches Vorgehen hatten ihn so beliebt gemacht, daß ihn Ludwig XIV. auf ausdrückliches Bitten
der Notabeln von Aix 1654 zum Gouverneur der Provence ernannte. Um ihm ein würdiges Quartier zu bieten, entschloß sich damals das Parlament von Aix, dem
Herzog die Summe von zwanzigtausend Livres anzubie-
ten, damit er sich innerhalb der Stadtmauern ein Haus
baute. Der Herzog schien indessen eine Natur vom Schlage
des Guten Königs René. Er zog es vor, sich in der Vorstadt der Franziskaner ein Grundstück zu kaufen, ›un
enclos de vigne et jardin‹, und ein Landhaus zu errichten.

Allerdings, es handelte sich nicht um jene schäferliche

Gesinnung, die derzeit in Mode kam — der Herzog hatte sich ganz einfach verliebt. In die schönste Person der Provence. Damals war seine Frau, Laura Mancini, bereits gestorben, und der Mann der Dame seines Herzens, ein Henri de Rascas, Seigneur du Canet, ebenfalls. Von dieser Seite stand ihrer Verbindung also nichts im Wege!

Die Schöne hieß mit ihrem Mädchennamen Lucresse de Forbin-Solliès, allgemein bekannt als ›La Belle du Canet‹. In gewisser Beziehung erinnerte auch sie an den Bon Roi; Lucresse war eine Nachfahrin jenes Palamède von Forbin, der vor Menschengedenken als Premierminister des Guten Königs gewaltet hatte. Weiß Gott, sie stammte aus gutem Hause. Der Herzog liebte sie denn auch nicht in der damals üblichen Weise. Er suchte keine Amour, keine Liaison und schon gar keine Libertinage. Er gedachte sie, welch unerhörte Neuerung, regelrecht zur Frau zu nehmen. Dies allerdings war das einzige, das ihm das Schicksal verwehrte. Der Widerstand, der dem Liebesbund in gewisser Beziehung zur Tragik wurde, aber dem Pavillon de Vendôme zu seiner Entstehung verhalf, kam aus einer Richtung, in der niemand eine Gefahr vermutet hatte, von Versailles. Ludwig XIV. war der Ansicht, dieser Eheschluß bedeute für seinen Cousin, der immerhin königlichem Blut entstammte, eine Mesalliance. Der Gedankenfaden, den er spann, um die Heirat zu unterbinden, ohne sie verbieten zu müssen und seinem Vetter die Dame des Herzens gleichwohl, wenn auch in lockererer Bindung zu lassen, war eigenartig, ja delikat, indessen nicht einmal ungewöhnlich. Der französische König ging Papst Alexander VII. um den Kardinalshut für Louis von Vendôme an. Das war eine Würde, die man derzeit dutzendfach an Personen nicht klerikalen Standes verlieh. Immerhin, sie setzte Ehelosigkeit voraus.

Was sollte der so unfreiwillig zum Kirchenfürst erhobene Herzog schon tun? Sein ganzes Leben stand im Bannkreis des Hofes, er konnte dem König nicht den Gehorsam verweigern. Noch weniger wollte er mit der schönen Lucresse brechen. Bitteren Herzens, aber selbstverständlich mit dem Gesicht, das man von ihm erwartete, ließ er die feierliche Zeremonie über sich ergehen, in welcher ihm der Chevalier de Crillon das Kardinalsbarett überreichte. Das war am Gründonnerstag 1667. Die kirchliche Inthronisierungsfeier folgte am 20. April des Jahres in der Kathedrale St-Sauveur in Gegenwart des Kardinals Grimaldi, Erzbischof von Aix.

Seither konnte der Herzog seine Geliebte nicht mehr in seinem Hotel in der Rue de Verrerie empfangen, darin die gemalten Pfeiler zwischen den Zimmerfenstern unter Anspielung auf die Leidenschaft seines Lebens von Cephalus und Prokris, von Endymion und Diane erzählten. Die beiden Liebenden konnten sich nur noch im Pavillon sehen, dessen Hauptteil 1668 vollendet war. Eben begannen die Maler und Stukkateure mit der Arbeit. Sie pinselten und spachtelten an der Ausschmückung des Treppenhauses in diesem leichten Zelt einer beinahe unwirklichen Zuneigung; sie modellierten die schweren Atlanten des Portales, als sollte es solchergestalt an den Boden gekettet werden. Sie schufen auch jenes anmutige Detail, das einem mit Lächeln unternommenen Achselzucken gleicht und doch ein Bekenntnis ist; unter dem Wappen des Herzogs nämlich, umwallt von den Schnüren und Quasten des Kardinalshutes, der das ganze Arrangement bekrönt, blickt ein Frauenkopf auf des Hauses Schwelle nieder. Ein Bildnis vom Ebenmaß und der Schönheit einer antiken Gemme. Das Porträt der Lucresse von Forbin-Solliès, der Schönen von Canet...

Wie bestürzend, daß diese über alle Widerstände erhabene und getreue Liebe so bald in Trauer endete! Am 10. August 1669 starb der Herzog plötzlich. Alle Leute des Faubourg des Cordeliers hatten ihm zugeblinzelt, alle Bürger von Aix hatten ihn geliebt. Und in einer doppelten Anspielung auf die schwarzen Schleier der Lucresse du Canet und das Brüchige allen irdischen Glücks sagten sie: »La maschotto a tua lou Duc.«

Sie überlebte ihn nicht lange. Zwei Jahre später starb auch sie. Das Haus, das der Liebe der beiden gebaut war, das Haus mit den entzückenden, geschweiften Treppen und den graziösen Salons, geriet in fremde Hände. Bis in unseren Tagen ein Museum daraus wurde, das die Erinnerung an die beiden wachhält.

Noch heute schwärmen die Leute in Aix von ihr, der Schönen. »Monsieur«, sagte der klapprige Invalide, der mir die Eintrittskarte in die Hand drückte und sodann auf den Frauenkopf wies, während sein Auge mich mit dem redlichen Ingrimm eines schwadronierenden Veteranen anblickte, »ein Wort unter uns Männern. Sehen Sie selbst, wie es einem durch die Knochen fährt, wenn man sie nur anblickt, diese ›Belle du Canet‹«.

Mittägliches Zwischenspiel

Mittagszeit. Man sitzt vor den Lokalen im Häuserwinkel nahe der Place de la Libération mit ihren sprudelnden Wasserspielen; überall klatschen die Wagenschläge, und sie steigen heraus – Französinnen mit ihrem Hund, einem neugekauften Kanarienvogel, die unbedingt eine Schale mit Wasser haben müssen; gar keine Frage, man bringt sie ihnen sofort, noch ehe die Speisekarte auf dem Tische liegt. Daneben Ausländer die schwere Menge, junge Leute, alte Leute, Engländer, Schweizer, seltener schon Amerikaner. Die fangen mit Aix nicht viel an ...

In all dem Gewirr eine französische Familie auf Reisen. Die Mutter puppenhaft zurechtgemacht, ein Gesicht aus Puder und verwelkter Süße. Der schlanke, gut aussehende Vater mit den silbernen Schläfen und die beiden Töchter. Das Haar der älteren, die auf den Vater hinauskommt, ist hochgeschlagen, gibt einen schlanken Hals frei, der einen schmalen blütenhaften Kopf trägt. Der Zuschnitt des Gesichtes besitzt etwas unverkennbar Ägyptisches. Die jüngere Schwester hingegen ist das genaue Gegenteil. Sie hat den wirren Strubbelkopf der Colette und ist, man muß es schon sagen, bemerkenswert schlecht angezogen für dieses Land. Ein sommersprossiges, häßliches Entlein, das nicht einmal Sympathien auslöst. Das Gesichtchen verrät Erbitterung. Irgendeine Erregung spannt ununterbrochen zwischen ihr, den Eltern und der Schwester die Fäden, wenn sie auch aneinander vorbeiblicken und so tun, als ob gar nichts wäre. Bis sich die Flamme der Empörung nicht mehr unterdrücken läßt. Oh, man spürt, wie die jüngere sich unaufhörlich zurückgedrängt fühlen muß. Kommt sie nicht in allem zu kurz? Heftig geflüsterte Worte flackern auf, erregte Dispute. Zugegeben, ganz unfranzösisch. Sie erfüllen die ältere Schwester denn auch mit tödlicher Scham, während der Vater unentwegt tut, als fände gar nichts statt, und die Mutter mit den jäh aufgerissenen Augen und den bebenden Nasenflügeln niederschlagenden Zeigefingers flüsternd zu dozieren beginnt. Völlig nutzlos. Das kleine Untier ist besessen von der Idee, daß ihm Unrecht geschieht. Es genügt bereits, daß der älteren Schwester ganz zufällig zuerst das Essen serviert wird, um sie in Harnisch zu bringen. Sofort lodert der Kampf wieder auf. Er hält während des ganzen Mittagessens an, bricht aus, wird erstickt, glüht weiter. Ach

Gott, dafür sitzen sie nun hier, während sich das zärtliche Licht des Frühlings mit den bunten Farben der Blumen vermählt, und verderben sich den Tag. Aber ich fürchte, die andern, die ihr Antlitz so genießerisch der Sonne hinhalten, sind auch nicht viel besser. Vertrödeln sie nicht ebenfalls ihren Aufenthalt? Werden sie hinauswandern, dahin, wo ... Ich glaube, sie kennen nicht einmal seinen Namen, und wenn, läßt er sie herzlich kalt. Dabei müßte das doch eigentlich ein Mekka sein, sein Sterbehaus, sein Atelier...

Der Einsame von der Rue Boulegan

Es ist ein halbes Jahrhundert nach seinem Tod noch immer einsam um ihn, wieviel Kapital die Kunstgeschichte auch aus ihm schlägt. Nicht seinetwegen kommen die Fremden, der doch in dieser Stadt geboren wurde und 1907 in einer der ältesten Straßen, der Rue Boulegan ganz im Norden und nahe dem alten Bischofssitz, seinen letzten Atemzug tat. Eingestanden, es ist nichts Besonderes an diesem Häusertrakt, und was tut es schon, daß einer darin zur ewigen Ruhe kam? Das Sterben ist so alltäglich in den alten Straßen wie das Leben und viel weniger vergnüglich.

Schon besser, von St-Sauveur nach Norden zu aus der Stadt zu gehen, eine ganze Weile über Bordschwellen und Vorplätze von Etablissements zu stolpern, bis sich der staubige Weg zu einer Höhe hinanhebt. Man kann sich doch wenigstens sagen, hier ist er gegangen. Damals war freilich noch der Blick in die Landschaft frei. Der Ausblick zur blauen Silhouette der Montagne Ste-Victoire lag offen. Heute ziehen sich große Wohntrakte über die Höhen. Plötzlich ein Stück Mauer. Daran eine kleine Marmorplatte und auf ihr der Name, den die

Aura der Unsterblichkeit umgibt. Cézanne. Nichts sonst.
Sein Atelier. In einem hoch ummauerten Garten voller
Abgeschiedenheit, in dem schon jetzt, Ende März, die
Rosen blühen. Hoch ragen die Wipfel der Zypressen und
durchsetzen das verschwebende Blühen des üppig wuchernden Gebüsches mit sonorem Klang. Da fällt es zum
ersten Mal über den Besucher her: aber das ist ja Natur,
was der Meister gemalt hat, viel weniger bewußter Aufbau oder gestelltes Problem als erwartet. Man sieht das
in der Provence übrigens immer wieder, die eine der
Wiegen der neuen Kunst war. Es ist alles da, was sie
malten, vom Meister von Aix bis zu Derain. Selbst die
Formenspiele der Kubisten finden sich.

Zu dem großen Atelier, das sich Cézanne 1902 im ersten
Stock errichten ließ, steigt man auf einer Treppe hinan.
Es ist vielleicht acht zu sechs Meter groß, sehr hoch. Die
Wände grau in grau gestrichen. Die Farbe sollte auf der
Staffelei durch nichts gestört sein. Eine mächtige Glas-
wand öffnet sich nach Norden. Man macht abermals
eine Feststellung, aus der hervorgeht, daß man in Malers Lande gehen muß, um den Maler zu verstehen. Ich
habe sehr gescheite Abhandlungen über Cézannes Farbe gelesen, besonders über seine Licht- und Schatten-
töne. Hier draußen ist das alles Wirklichkeit. Künstler
sind allemal Realisten, was ihre Erfahrungen angeht.
Gewiß, es ist eine Außenwelt, die Cézanne zum Innen-
bild umgeschaffen hat oder gar aus ihren Zusammenhängen löste und in einen neuen Zusammenhang trans-
ponierte. Jemand hat von der römischen Tradition des
Meisters gesprochen, welche die Natur nicht als gegebe-
nes Malmotiv, sondern als Menschenwelt und Träger
metaphysischer Bedeutungen empfindet. Das trifft zu.
Aber die Natur, die Cézanne vor sich sah, hat ihm nicht

nur die Hinweise dazu geliefert, sondern auch das Gesetz. Es ist Cézannesche Natur, oder besser: die Natur der
Provence besitzt von Haus aus diese erstaunliche, geistige Ordnung und Transparenz. Cézanne hat weniger
verwandelt als erkannt.

Da steht in seinem Atelier auf einer kleinen Estrade
die Staffelei, ein farbenbekleckster Hocker und seine
Palette nebst einem Tischchen. An der Wand zwei kleine
Originale, die jemand hierhin geschenkt hat. Die Stadt
Aix selbst besitzt fast nichts von ihrem großen Sohn.
Unter dem Fenster Glasvitrinen mit Fotos: Cézanne in
seinem Garten, Cézanne bei der Arbeit, Cézanne mit
dem Tornister auf, den er für seine Ausflüge in die
Landschaft benötigte und der seine Malutensilien barg.
In der Tat, dort in der Ecke hängt der treue Begleiter
noch. Auch die Jagdtasche ist da, die Cézanne immer mit
sich trug, zudem der Rosenkranz, den er auf dem Bilde
der betenden alten Frau gemalt hat, das in London
hängt. Selbst die leere Flasche und das Weinglas, aus
dem er zuletzt noch getrunken, finden sich.

Es ist nicht viel, aber es ist von einer bestürzenden
Gegenwärtigkeit, weil die wenigen Requisiten so uner-
hört still und voll des Meisters sind, der sie benutzte,
wie die im Schrank hängenden Kleider eines Menschen,
der eben gestorben ist. Es scheint gar nicht wahr, daß
er von der Erde ging, sondern nimmt sich aus, als wäre
jede Sekunde auf der Treppe sein Schritt zu vernehmen
und er träte nun ein – bärtig und schlank mit wohlwol-
lender Miene, aber strengen Auges, der Meister, der Aix
so in das Bewußtsein der Menschen eingegraben hat,
wie nicht einmal der Gute König René und sein großer
Hofmaler Nicolas Froment.

Ach, sie schweigen, die Wände, schweigen wie die
Landschaft draußen, schweigen wie seine Bilder. Das

Schweigen wird ihn immer umgeben. Gottlob, daß er
noch immer nicht in Mode kam und die Leute mit ihm
nichts anfangen können.

In der Crau

Im Winkel zwischen der Straße von Arles nach Salon
und Aix und der großen Rhône liegt das alte Mündungs-
gebiet der Durance, die sich heute bei Avignon mit der
Rhône vereinigt, die Crau. Sie stellt in der an Gegensätzen so reichen Provence das Nichts, das absolute Ne-
gativum einer Landschaft dar. Sie bildet eine vollkommene Leere von einigen hundert Hektar, durch welche
eine einzige Straße, die von Arles nach Fos-sur-Mer,
einen schnurgraden Strich zieht – eine Ebene, bedeckt
mit zahllosen Kieseln bis zur Größe eines kleinen Brot-
laibes. Man gewahrt nichts. Nichts außer etlichen flachen, in der Weite verlorenen Schafställen und der Krümmung der Erde. Das macht, die Durance, dieser Sendbote der Hoch-Provence, an deren Flußbett man noch
heute sehen kann, wieviel Geröll und Sand sie mit sich
schleppt, hat in diesem Landstrich den Schutt der Berge
abgeladen. Bis zur Tiefe von fünfzehn Metern reicht
die Packlage von Kieseln.

Nicht Baum, nicht Strauch gedeihen. Das einzige, was
neben einer dünnen Grasnarbe aushält, sind Maßlieb-
chen, rührende, törichte Gänseblümchen einer erstaunlich großen Art.

Die Crau ist das Gelobte Land der Herden während
des Winters und der genaue Gegensatz zu der benachbarten Camargue. Wird jene immer wieder ein Opfer
des Wassers, so die Crau eines der Trockenheit und der
Winde.

Seit zwei Stunden ging es von Norden, von den Rand-
gefilden her, die den immer wiederholten Kultivierungs-
versuchen nachgegeben und sich in üppiges Bauernland
verwandelt haben, durch brettflache Einöde. Es wanderte sich abseits der Straße beschwerlich zwischen den
Steinen. Unser Ziel, der Stall von Maître Chastet, wurde zwar in der Ferne sichtbar, was aber gleichwohl bedeutete, daß wir noch lange zu laufen hatten. In der
Crau sind alle Entfernungen größer als geschätzt. Maître
Chastet freilich, an den ich eine Empfehlung besaß, kam
uns schon weit eher entgegen. Das heißt, wir stießen
auf solch einen Alten, dem die eng gewordene Baskenmütze über dem quellenden Weißhaar saß. Seine Herde
weidete im weiten Bogen, nahm plötzlich Witterung,
stob in panischer Flucht davon. Das war keine gute
Legitimation für uns. Aber seine Hunde machten es
wett, ließen sich freudig wedelnd streicheln.

Maître Chastet, eingehüllt in den Hirtenmantel der
Provenzalen, erwies sich als großer Schweiger. Er antwortete zumeist, indem er mit der Hand zeigte oder
winkte. Natürlich konnten wir zur Nacht bei seinen
Schafen im Stall bleiben, nur – seine Hand stieß gegen
den Himmel. Da stand zu lesen, daß der Mistral kam.
Was der Mistral, den wir doch bereits gut zu kennen
glaubten, bedeuten kann, haben wir in dieser Nacht ge-
merkt. Er brüllte, tobte, heulte vor Wut, rüttelte, durch
nichts aufgehalten, mit eines Giganten Fäusten an diesem einsamen Stall, in dem sich die Schafe ergeben zu-
sammendrängten, während im Lichtkreis der Stallaterne
– dort, wo mittels Gattern ein gesonderter Winkel geschaffen war – einige Schafe lammten und das ganz dünne Plärren der eben Geborenen ertönte.

Land um Arles
Herzland der Provence

Remigiustag in St-Remy

An einem hellen Morgen hielten wir Einzug in das Herz
der Provence. Sie bereitete uns einen Empfang voller
Glorie. In Cavaillon, das abermals zu queren war, fand,
wie seit langen Zeiten üblich, Markt statt; auf den breiten Bürgersteigen unter den Platanen standen Schauti-
sche, vollgestapelt mit Schuhen, Gummigaloschen und
Pantoffeln – hochbegehrte Fußbekleidungen des Alltags
– zudem Bürsten und Hausrat, während sich nahebei
leuchtende Berge von Obst, Melonen, Paprika und Ge-
müsen türmten. Wagen schoben sich dicht zusammen,
tausend Stimmen riefen durcheinander. Am Ausgang
des Ortes lagen vor einer Kelterei ganze Berge säuerlich
riechender Traubentreber.

Herbst der Ernte, Herbst der Feste! In dieser Zeit
sind die Provenzalen unter sich, und das Feiern hebt an,
von dem sie in ihres Herzens Begeisterung nicht genug
bekommen können. Arg zerzaust war unsere reizende
junge Bedienerin im Hotel, die am Abend mit ihrem
Freunde davongefahren, morgens heimgekehrt. Die Liebe gehört für die jungen Menschen dazu, ist ein Teil
Leben und Lebenserfahrung; vielleicht gehen sie darum so ungezwungen miteinander um. Man sieht selten
schwüle Heimlichkeiten. Kurz, des Jahres berauschende
Festeszeit war angebrochen, die für des Sommers Hitze

entschädigt, mit prickelnder Morgenkühle labt und zum Tanzen ermuntert. Leidenschaftliche Fröhlichkeit erfüllte die letzte Kneipe.

Richtig, in St-Remy gerieten wir sogleich in ein Volksfest. Es war 1. Oktober, Remigiustag, der Tag San Roumiers, wie der Heilige provenzalisch heißt. Eine endlose Kette von Rössern – bei Numero fünfzig hörte ich endgültig zu zählen auf – zog eins hinter das andere gespannt zwischen zwei Seilen dahin. Das Kopfzeug mit goldroten Fähnchen, den Farben der Provence, geschmückt, angetan mit silberbeschlagenem Geschirr und von Quasten umtanzt. Peitschenknallende junge Leute in weißem Hemd, blauer Hose, roter Leibbinde nebst schärpenartig herniederhängenden Enden geleiteten sie. Endlich ließ sich fernes Trommelspiel vernehmen. Ein Peitschenschwinger wirbelte unterdessen im Sattel stehend sein Knallinstrument mit der Geschicklichkeit eines Akrobaten im Kreise. Dicht an dicht standen die Leute an den Ecken der Straße, oder sie saßen im Bogen vor ihren Haustüren. Das hatte nichts mit dem üblichen Zuschauen und Gaffen zu tun. Vielmehr geschah es, daß sich drei, vier, einmal gar zwanzig Menschen, die zufällig nebeneinander standen, bei den Händen ergriffen, einerlei ob jung oder alt, und eine Farandole zu tanzen begannen. Rufe flogen zu den Rosseführern hinüber, wurden unter schallendem Gelächter beantwortet. Endlich näherte sich des Umzugs wichtigstes Requisit, der von den Gäulen gezogene Wagen, vollbesetzt mit Trommlern, Querpfeifern und hübschen Frauen in der Landestracht. Es war jene enorm nach hinten ausladende, zweirädrige Karre der Provence, auf deren Plattform man einen ganzen Hausrat transportieren kann. Die Borde mit Gittern von Geflecht umzäunt und mit bunten Blumen in Gelb und Rot geschmückt. An den Seiten waren von

Früchten überquellende Kästen getürmt; auf der waagerecht herabgelassenen Rückklappe prangten mächtige Kürbisse. Denn der Remigiustag ist in St-Remy gleichbedeutend mit dem Erntefest.

Die Instrumente erhoben dazu ein mächtiges Geplärr. Wie einleuchtet, geht es weder bei Trommel noch Querpfeife um die Erzeugung wohllautender Klänge, vielmehr um den Rhythmus. Es geht darum, die Beine in Takt zu bringen und den äußeren Anlaß zum Tanzen zu liefern. Es haftet Pfeife und Kalbfell sogar etwas gradezu Dürres und Kindliches an. In Arles erlebte ich eine Musikbande von acht Tambourinisten und zwei Querpfeifern, die einer Gruppe bildschöner Tänzerinnen aufspielte, wozu die Mädchen naive Volkslieder von seltsamer Befangenheit sangen. Manchmal war es ein Trällern, meist ein Singsang, gelegentlich ein gefühlvolles Klagen. Selbst den Weihnachtsgesängen der Hirtinnen in den Baux haftet dieser naive Zug an, der die Romantiker aller Zeiten entzückt hat. Für mein Teil gestehe ich, daß ich mich sehr daran gewöhnen mußte, und ganz ohne Gêne ging das Zuhören bei mir nie ab.

Doch ob auch Kalbfell und piepende Querpfeife ein dünnblütiges »Freut euch des Lebens« erschallen ließen – wirklich, es war diese recht strapazierte Melodie, die man aufspielte, und vielleicht war sie hier gar zuhause –, einerlei! Das Licht stahl sich sanft und mild durch die Platanen, spielte über die Kopftücher der alten Weiber, die weißen Hemden der Burschen und über die hübschen Gesichter der Mädchen hin, und alles war eitel Farbe, Lachen, Gesprüh und Leuchten.

Nur wenige Kilometer seitab von St-Remy liegt Maillane. Maillane, wo Frédéric Mistral zur Welt kam, gelebt hat und starb. Die Welt San Roumiers ist die seine, dies ist sein Land, dies sein Volk.

Frédéric Mistral aus Maillane

Mistral ist der bedeutendste unter den Wiedererweckern des Provenzalischen, dieses merkwürdig tönenden, kaum Nasallaute kennenden Idioms, das zwar keineswegs untergegangen war, sondern im Munde der Landleute fortlebte – ohne freilich noch die Kraft und die Fähigkeit zu künstlerischer Gestaltung zu besitzen. Es ist kein Dialekt des Französischen, vielmehr eine autonome Sprache, lateinisch fundiert und sowohl dem Italienischen wie dem Katalanischen verwandt. Zu Zeiten der Jugend Mistrals war viel echte Begeisterung am Werke, Land und Leute mittels der Sprache, nach Epochen der Entfremdung, wieder mit Heimat, Brauchtum und der angestammten Sitte vertraut zu machen. Diesem provenzalischen Rinascimento ist zudem nachzurühmen, daß es sich weder separatistisch gebärdet hat noch das Rad der Geschichte zurückdrehen wollte. Wenn auch ein gewisser Protest gegen den überhand nehmenden französischen Zentralismus beteiligt gewesen sein mag, der um die Mitte des 19. Jahrhunderts in der ganzen Provence aufloderte. Vor allem wird man zugeben müssen, daß es hier etwas wiederzuerwecken gab; die Neubelebung hatte nichts mit einer faden Heimattümelei zu tun. Das Provenzalische ist die Sprache einer versunkenen Kultur hohen Ranges, es ist die der Troubadours. Das alles nimmt sehr für die Gruppe junger Dichter ein, die sich um die Mitte des Jahrhunderts sonntags in Avignon, Maillane, St-Remy, Fontségune oder Châteauneuf-du-Pape zu keineswegs immer üppigen, aber stets begeisterten Zusammenkünften einfand.

Es hat auch anderwärts in der Provence Bestrebungen zu einer Wiederbelebung der angestammten Sprache gegeben. Sie kamen nicht recht in Fluß. So beschlossen

die jungen Dichter, unter denen die Namen Aubanel und
Roumanille eine gewisse Rolle spielen, eine eigene Gruppe zu bilden, die sich, höchst romantisch, nach den sieben ›Gesetzesfélibres‹ eines alten Volksliedes, das will
sagen, nach jenen Schriftgelehrten benannten, mit denen
Jesus im Tempel disputiert hat. Mistral hat in seinen
Erinnerungen sehr hübsch darüber berichtet.

Von dem Namen ›Félibres‹, wie sich die Poeten provenzalischer Zunge hinfort nannten, leitete man eine
ganze Reihe Bezeichnungen her. Beispielsweise sollte
›félibriser‹ künftig bedeuten, daß man sich im Geist der
Félibres zusammenfand, ›Félibresses‹ wurden mitwir-
kende Damen genannt, und ›Félibrige‹ bezeichnete Werk
und Verbrüderung der provenzalischen Dichter. So von
den Félibres beschlossen im ›Bel An de Dieu‹ 1854, am
21. Mai. Angesichts ihres geistigen Anspruches wirkt das
wie Escamotage, und das war und blieb es denn auch.
Immerhin ist einiges dabei herausgekommen.

Frédéric Mistral, der sich bald als überragende Kraft
der Félibres erweisen sollte, zählte damals noch nicht
ganz vierundzwanzig Jahre. Er war als Sohn eines pa-
triarchalischen Bauern oder Gutsherrn nahe Maillane
auf dem Mas du Juge geboren, blieb zeitlebens im Bannkreis des kleinen Ortes am Rande der überaus fruchtbaren Petite Crau zu Füßen der Alpilles beheimatet und
starb hier 1914 nach einem Leben triumphaler Erfolge.
1904 war ihm sogar der Nobelpreis zuteil geworden.

Der Abend sank schon, als wir endlich zwischen hohen
Wänden von Bambus und grabesdunklen Schatten mächtiger Zypressenhecken Maillane entgegenzogen. Ein
grauer Bilderbuchesel suchte sich am Straßenrand seine
Abendmahlzeit zusammen; der Weg schwang herum,
wir waren da. Das heißt am Friedhof beim Grabe des

Dichters, weil es sich grade so ergab. Nirgendwo stand
zwar Mistrals Name, aber das war ganz klar, er konnte
nur dort unter dem Pavillon ruhen. Tatsächlich war
später zu erfahren, daß er sich ihn nach dem Vorbild
jenes der Reine Jeanne in den Baux als Grabmonument
hat setzen lassen. Nur ein Spruch darauf. Sonst nichts,
kein Name, kein Hinweis. Das Grab nahm mich abermals für ihn ein; er kehrte in die Erde zurück, aus der
er stammte, und löschte sich aus mit der Klugheit dessen, der da weiß, daß die Erinnerung an Name und Gestalt wenig bedeutet.

Ringsum zog sich ein richtiges Dorf aus Sarkophagen,
mächtige Monumente mit Kreuzen darauf, belegt mit
Kunstblumen aus Porzellan und Kränzen aus Perlen
und oft genug dekoriert mit den Bildnissen der Toten
und dem immer wiederkehrenden Spruch »Regret eter-
nel«. In der Mitte des Friedhofes standen einige Le-
bensbäume, die rote Früchte trugen, und draußen rauschte der sanfte Wind des Abends durch die Blätterwimpel
des Bambus an den Gräben.

Wir haben dann eine lange, friedliche Provence-Nacht
in einem nahen Gasthof verlebt, bis die Stunde gekommen war, Mistrals Wohnhaus, die Bleibe seiner Reife-
jahre, zu besuchen.

Es ist eines dieser herrlichen provenzalischen Häuser,
die nach wenig aussehen und von erstaunlicher Weitläufigkeit sind. Unten befindet sich zur Rechten ein großes
Zimmer mit einem schmalen Schreibtischchen darin, der
Arbeitsraum Mistrals. Der Dichter hatte für sein Werk
keinen großen Arbeitstisch nötig wie unsereins. Er mußte nicht soviel Scharteken wälzen. Was er brauchte, war
alles in ihm, kam von innen. Links ein eleganter Salon.
Seit Lamartine Mistral bekannt gemacht und in Paris
durchgesetzt hatte, kamen viele Besucher. Viel schöner

Landschaft bei Montmajour
Rohrfederzeichnung von Vincent van Gogh

aber die große Salle à manger, das Speisezimmer mit dem mächtigen Kamin und dem köstlichen provenzalischen Mobiliar, dem geschnitzten, an der Wand hängenden Brotkäfig, in dem man das Backwerk für die ganze Woche bewahrte, und den Schränkchen für Zucker und Salz. Ein Trident fand sich mit einem Lasso daran, wie ihn die Gardians der Camargue brauchen. Wunderschöne, kleine Flaschen mit langem Ausguß standen herum. Von der Decke herab hing ein Öllämpchen. Alles atmete Behaglichkeit.

Betritt man als Nachlebender solch ein Haus, das eines langen Lebens Ringen verdeutlicht, merkt man erst, was es heißt, daß jemand tot ist. Die Gegenstände, die ihm gehört haben, die Bilder, die ihn zeigen, die geschriebenen Schriften stehen, hängen, liegen merkwürdig im Stich gelassen herum. »Nun tunkt doch mal ein, dann ist alles wieder in Ordnung!«, begehrt das Tintenfaß auf; die Feder seufzt »schreibt mich doch«, und irgendwo scheint dann alles nicht wahr. Natürlich stimmt es auch gar nicht, daß Frédéric Mistral gestorben ist. Wo man im Lande umherfährt, spürt man die Verse von ›Calendau‹, spürt man die Gegenwart dieses Mannes mit den leuchtenden Augen und dem griechischen Profil, der für seine Landsleute ein Abgott war. Nur zu verständlich. In Mistral verkörperten sich die sehnsüchtigen, ehrgeizigen Träume einer Nation, die unter den großen französischen Königen um alles gebracht worden war, was sie besessen hatte, um ihre friedliche Selbständigkeit, ihre Ritterlichkeit und ihre Vergangenheit.

In der Tat, das Auftreten Mistrals verwirklichte einen Traum der Provenzalen. Betrachtet man sein Leben unter dem Aspekt der einzigartigen Auswirkung, die ihm beschieden war, sind allerdings Einschränkungen zu machen.

Natürlich ist es unerläßlich, Mistral zu lesen, um ihn, seine Zeit und sein Volk zu verstehen. Anfangs, so oft die Klänge des provenzalischen Idioms aufrauschten, als dessen Wiedererwecker Mistral vor allem gilt, weil er nach eigenem Eingeständnis zwanzig Jahre seines Lebens darangesetzt hat, den ›Trésor dou Félibrige‹, das Wörterbuch des Provenzalischen, zu schaffen — anfangs verspann ich mich tief in das geheimnisvolle Fluten dieser Sprache, die gelegentlich mit einem Minimum an Konsonanten auskommt und deren Modulation im feierlichen Parlando einer Hirtenrede, im Zwitschern eines Frauengesprächs oder den rhetorischen Kadenzen einer Kirchenpredigt zu vernehmen zu den großen Eindrükken in diesem Lande gehört. Die Sprache ersetzt den Provenzalen nicht nur die Musik; das Sprechen ist nicht nur Mitteilung und auch nicht nur klangvolles Rhapsodieren; es ist eine Brücke in die Schächte der Vergangenheit.

Trotz solcher vor allem poetischen Qualität meine ich, das Provenzalische sei eine versunkene Sprache. Es besitzt kaum Neuerwerbungen. Allenfalls, daß sich die Leute ein französisches Lehnwort zurechtreden, was gelegentlich dazu führt, daß Unwissende das Provenzalische mit einem Dialekt verwechseln. Die Kehrseite der künstlichen Wiederbelebung durch eine Handvoll Poeten ist eben, daß die schöpferische Auseinandersetzung mit der Welt der Dinge und Gedanken fehlt. Befragt man die Dichtungen der Félibres danach, wird diese Erkenntnis sogar bedrückend. Sie haben eine Sprache wiederentdeckt, aber die Leitgedanken, welche diese Dichter über den Weg der Sprache stellten, waren allzu verschwärmt. Sie lauteten Minne, Ritterlichkeit, Brauchtum. Es hat an der künstlerischen Bewältigung der Wirklichkeit gefehlt. Selbst der Sprachgewalt des in sei-

ner Weise genialen Mistral entspricht keine ebenbürtige Gestaltungskraft. Seine Epen bleiben breite Gemälde voller hübscher Details, bleiben Museen. Sicher-
lich ist Tragik im Spiele, die in der Sache begründet
liegt. Das Provenzalische war nicht mehr ausreichend
geübt, einen Menschen des 19. und 20. Jahrhunderts zu
gestalten. Es reichte höchstens dazu, historische, alter-
tümliche Existenzen von einer Simplizität der Lebens-
bezüge hervorzubringen, die uns an die Nazarener erinnert, und man kommt zu dem Schluß, daß eben jenes
historische Interesse, dem die Wiedererweckung des Provenzalischen zu danken ist, der Sprache selbst zum Verhängnis wurde. Daran trägt zu einem guten Teil die
entwaffnende Harmlosigkeit der Félibres schuld. Auch
die Themenstellung von Mistrals Lyrik bildet keine
Ausnahme davon. Sein berühmtes ›O Magali, ma tant
amado‹, das so klingend anhebt, büßt den Reiz seiner
Musikalität sofort ein, sobald man der Landläufigkeit
des Wortsinnes inne wird, dessen man nicht entraten
kann, da die Félibres ihre Sprache nicht nur als Klang-
mittel, sondern als ebenbürtigen Gedankenträger verstanden wissen wollten. Das Unglück der provenzalischen Wiedererneuerung liegt also auch darin begründet, daß sie in der Zeit eines französischen Biedermeiers
anhob. Wirkliche Menschen der Provence hat derzeit
lediglich Daudet gestaltet, der französisch schrieb; und
auch er nur dort, wo er sich kritisch mit der Provence
auseinandersetzte. Im ›Numa Roumestan‹ beispielsweise. Natürlich, der Provenzale ist mehr und anders. Die
Auskunft darüber, wie er eigentlich lebt, fühlt und
denkt, haben einige Neuere vom Range Boscos viel besser gegeben. Nicht aber die Geschichten und Anekdötchen der Félibres bis hin zu den schönen und lesenswer-
ten Erinnerungen Mistrals. Selbst Daudets ›Lettres de

mon moulin‹ sind im Grunde Verniedlichungen einer
europäischen Urlandschaft, deren Boden von Sage und
Botschaft schwer ist.

Man hat das zu Mistrals Zeiten anders empfunden als
wir, denen die Worte ›Brauchtum‹ und ›Folklore‹ etwas verdächtig geworden sind. Den Dichter selbst trug
die Liebe seiner Landsleute wie eine Woge empor; durch
sein ganzes Leben. Es gibt im Museon Arlaten ein Bild des
Titels ›Mistral betritt die Arena zu Arles‹. Man erblickt
den Poeten darauf in fast herrscherlicher Pose vor einem
Meer von Begeisterten. Ich gestehe meine Skepsis vor
soviel frenetischem Jubel bei des Barden Auftritt. Bilder
– Zeichnungen wie Fotos –, die eine ähnliche schöne At-
titude verraten, finden sich auch im Salon von Maillane.
Von Daudet wissen wir, daß die edle Pose der Félibres
eine gelebte Haltung war, und wiewohl er anläßlich
seines Besuches beim jungen Mistral voller Liebe und
Herzlichkeit davon spricht, muß er doch eine gewisse
Unaufrichtigkeit in dem Lebensstil der provenzalischen
Dichter empfunden haben. Sonst hätte er später kaum
die Gestalt des Tambourinisten Valmajour zu einem Inbegriff der Gespreiztheit gemacht.

Aber natürlich, das sind Schönheitsfehler. Niemand
braucht die Félibres für mehr nehmen als sie sind. Es
bleibt genug übrig. Das behagliche, großzügige Milieu
des Landhauses von Maillane paßt nicht übel zu dem
Dichter der ›Mirèio‹, und den Geschmack, den Mistral
als Sechsundvierzigjähriger bei der Wahl seiner derzeit
neunzehnjährigen Frau bewies, kann man nur bewundern.

Die brave Person, die uns führte, besaß leider einen
allzu fanatischen Hang zum Knoblauch. Die erklären-
den Worte taumelten aus der Atemwolke ganz benom-

men an unsere Ohren. Gleichwohl hielten wir freudig
aus, wenn auch in gebührender Distanz. Nicht nur ob
des provenzalischen Milieus, der hübschen Gerätschaf-
ten, Geschirre, oder weil der Hund ›Panperdu‹ gerufen
worden, auch nicht, weil Namenszüge und Briefe, sei es
von Victor Hugo oder George Sand, den ebenbürtigen
Umgang mit der großen Welt des 19. Jahrhunderts verrieten – es wehte wirklich etwas vom Genius der Größe
durch dieses Haus. Vollends oben im Schlafzimmer, wo
Mistral gestorben ist. Dort nämlich ist alles ganz einfach, fast bescheiden. Dunkles Bett, Kerze, Nachtkasten,
leere Wand. Hier spürt man plötzlich ganz greifbar,
daß in diesem Gedankenraum unendlich vieles gelebt
hat. Es schien mir nötig, mir den Dichter hier, allein,
ohne Publikum, ja sterbend vorzustellen, um zu erkennen, was es mit ihm wirklich auf sich hatte. Sein langes
Ringen und Werden, sein hingegebenes Feilen an den
Strophen seiner Epen, die unendliche Liebe zu dem
Land seiner Geburt, die ihn durchströmt haben muß –
alles empfand man mit einem Male.

St-Michel-de-Frigolet

Da es nun einmal unsere Schwäche war, sehr unsyste-
matisch zu Werke zu gehn, und uns das Kreisen zudem
als eindringlichste Form der Annäherung erschien, wanderten wir von Maillane noch einmal nach Nordwesten
hinaus. Dorthin, wo Daudet die stolzen Jäger von
Tarascon nach ihren hochgeworfenen Mützen knallen
ließ. In die Montagnette.

Ist man lange genug im Lande, spürt man es eines
Tages, wieviel Gewicht dergleichen besitzt: in der Provence werden Ebenen und Täler nicht nur in regel-
mäßigen Intervallen von Höhenzügen unterbrochen,

vielmehr ist jeder dieser Quertrakte zugleich grund-
verschieden vom anderen. Das gibt dem Lande einen
göttlichen Überfluß an Formen. Der Majestät des Ventoux respondiert die schroffe Steilheit der Dentelles de
Montmirail. Der mächtigen Scholle des Plateaus von
Vaucluse mit ihren verschwimmenden Konturen der
präzis ansetzende, wallartige Luberon. Den phantastischen, bizarren Hochgebirgsformen der Alpilles die
sanft gerundeten Kuppen der Montagnette südlich von
Tarascon.

Dieses kleine Gebirge ist in einer Beziehung noch erstaunlicher als die blauen Alpilles. Seine Berge besitzen
kaum Bewuchs außer Rosmarin und einigen anderen
kniehohen Gestrüppen. Die Montagnette wirkt daher
unverhältnismäßig hoch, weil kein Baum, kein Strauch
ihre Dimensionen in die gewohnten Maße rückt. Es
gibt hier Hochtälchen, von denen man anzunehmen geneigt ist, noch keines Menschen Fuß habe sie je gequert.
Und doch ist man inmitten der provenzalischen Herz-
landschaft, schaut direkt auf die Fruchtebene der Kleinen Crau mit ihren Birnen, Pfirsichen und Auberginen.
Vor allem, dieses Gebirge duftet. Es haucht, atmet,
wölkt von tausend Aromen, es besitzt Seele.

Lange, endlos lange ging es hinan. Schließlich tauchte
denn doch die Silhouette von St-Michel-de-Frigolet auf.
Mönche von Montmajour bei Arles haben dieses Kloster im 10. Jahrhundert gegründet, um sich von den
Fiebern erholen zu können, die ihnen die Trocken-
legung der Sümpfe bescherte. Allein von dieser ursprünglichen Anlage sieht man nichts mehr. Vielmehr,
Kirche, Klausur, Wirtschaftsgebäude des Klosters von
heute drängen sich einträchtig am Eingang zusammen,
worauf eine lange Zeile von Internatsbauten beiderseits

eines breiten Stationsweges aus Holpersteinen folgt. Zudem, die Abteikirche, in einer etwas dubiösen Gotik des
19. Jahrhunderts aufgeführt, die Türme schlank wie
Minarette und, weiß der Kuckuck warum, genauso
orientalisch wirkend – dieses allzu üppig in Rot und
Gold ausgemalte Gotteshaus erstickt alles mit seinem
Überschwang. Die Kapelle von Notre-Dame-du-Bon-
Remède, Keimzelle des Klosters und berühmter Wall-
fahrtsort, zu dem Anne d'Autriche um die gesunde Geburt eines Thronfolgers pilgerte, worauf Ludwig xiv.
zur Welt kam – diese Kapelle ist leider als Apsis des
linken Seitenschiffes in benannter Kirche aufgegangen.
Die kostbaren, vergoldeten Täfelungen, welche Anne
d'Autriche einst zum Dank geschenkt, haben, abermals
leider, sehr darüber verloren.

Dies also der Ort, an den Daudet die kleine, entzückende Geschichte vom Père Gaucher verlegte, der
den berühmten Likör erfand, mit dem die arme Abtei
zu Wohlstand gelangte, während der unselige Pater,
vom Abt des Gemeinwohls willen sogar ermuntert,
überm Probieren immer tiefer in die Verstrickungen des
heimlichen Trunkes geriet, wie sehr er sich auch sträubte.
Dort drüben ist er nächtlich ganz einsam und schwankend umhergegangen, indessen die Brüder fromm in den
Betten lagen, ein Opfer wohltätiger Sünde; dort im
Kapitelsaal sann er über das Geheimnis des Elixiers der
Tante Begon nach; dort in der Destillerie sang er, daß
man's bis in die Kirche vernahm, wo die Brüder eben
die Köpfe unter den Schauern des Gebetes senkten –
dort also sang er in abendlicher Berauschung den skan-
dalösen Kantus: »In Paris ein weißer Vater, tiralla,
tiralla, ließ kleine Nönnchen tanzen . . .«

Die weißen Väter gibt es noch immer, und es gibt
den Likör noch immer. Um zu wissen, wie es Père

Gaucher dabei zumute gewesen, habe ich ihn gleich hinter der Klostermauer probiert. Er brannte als lohendes Feuer in den Magen hinunter und war doch sanft, wärmend und heilsam wie Septembersonne. Ganz sicher diente als eines seiner Hauptbestandteile ein Extrakt aus jenem Rosmarin, der ringsum wächst.

Frigolet nämlich verbirgt sich vor der Welt in einem langen, vielleicht hundertfünfzig Meter breiten Hochtal, umzogen von den Kuppen der Montagnette. Einige steinige Fußsteige laufen von Höhe zu Höhe, bergauf, bergab. Mal liegen kleine Felsschroffen im Weg. Dann müssen die Weglein, hoppla!, einen Sprung zur Seite machen. Mal schwingen sie ungehemmt durch Paradiese der tanzenden Gestirne – denn natürlich muß man dies abends sehen und so lange zur Milchstraße emporstarren, bis sich alles zu drehen beginnt! Ringsum nichts als eine wogende Höhenwelt in einem dichten, kurzen, duftenden Bewuchs, dessen vorherrschender Geruch der des Rosmarins bleibt.

Diese Montagnette ist, wenn nicht grade Wallfahrt stattfindet, ein Gestade völliger Verlassenheit. Nicht Tier, nicht Mensch, nicht Vogel, nur die schwingenden Täler und Hügel ringsum und gelegentlich das graue Haupt eines verwundert aus der Erdengruft lugenden Felsens. Rückwärts in der Mulde das phantastische Kloster mit seinen dubiösen Minarettürmen und jenseits der Berge, so weit man hinaussehen kann, die fruchtbare Ebene vor den Alpilles. Man hat alles vor sich, was das Herz der Provence ausmacht: die Rhône, die nach Arles hinausfließt, fern im Osten den Luberon und im Süden wie eine einzige Mauer die Alpilles-Kette.

Es war sehr töricht und doch ganz unvermeidlich, ich riß die Arme auseinander und lief über die Höhen dem Winde entgegen.

Zieht, wandert man so durchs Mittagsland, hat man nicht mehr acht auf Datum und Stunde. Man treibt wie auf einem Floße dahin. Indessen ohne die Bangnis, die den Schiffbrüchigen nach Rettung ausschauen läßt. Lediglich um des Treibens willen. Man begreift das Glück der Fahrenden nunmehr auf tiefere Weise und erkennt, daß es darin besteht, aus der Zeit zu fallen. Wie ist alles auf einmal gut, wohlgeraten, brüderlich und zugetan! Der Sternenhimmel der Nacht will, daß man nichts anderes mehr leiste, als ihn anzuschauen: er ist voll verzehrender Liebe. Die Platanenalleen wünschen, daß man sie erwandere, das Quellchen, daß man es trinke, die Fruchtgärten, daß man in ihnen pflücke, der Ölbaum in seiner vollkommenen Demut, daß man ihm seinen rauhen Stamm und den geringen Schatten vergebe. Selbst der Maquis ist nicht feindlich, man muß ihn verstehen und wird ihm gewogen sein. Er ist der Natur mönchische Stunde. Sie legt ihn sich auf, geißelt sich solchergestalt, damit sich an der schmerzvollen Ekstase die Einsicht entzünde. Denn wer wollte wohl zweifeln, daß die Natur dieses Mittagslandes ein körperfaßliches Wesen nebst einer Seele voll Weisheit besitzt. Das ist es ja, die Landschaft bleibt nicht mehr dinglich, sondern wird Person. So wie die Götter der Alten Personifizierungen und ganz gewiß nicht zuletzt der Landschaft waren.

Das Altertum! Da sprang es uns wieder an. Gleich hinter St-Remy, einen Kilometer nach Süden, ein Plateau, leicht über die fruchtbaren Ebenen hinausgehoben, so daß man weit, weit nach Norden bis zum Ventoux sehen kann. Auf dieser Schwelle am Fuß der Alpilles: Les Antiques und ein eben der Erde entrissenes Ruinen-

städtchen, Glanum genannt. Am antiken Wege gelegen,
der von Arles nach Mailand durchs Durancetal ging. Eine
ganze gallo-romanische Stadt, im 3. Jahrhundert zerstört. Man gräbt noch immer daran herum. Durch die
Mitte, das kann man schon lange sehen, lief der große,
bedeckte Kanal, zur Linken lagen die Thermen, weiter
dahinter das Sanktuarium, zur Rechten Häuser griechischen Typs. Im äußersten Süden dieses Grabungsfeldes
entspringt die ›heilige Quelle‹, die den Ursprung von
allem gebildet. Man kann die Funde, die in Glanum zutage kamen, am besten im Hôtel de Sade zu St-Remy
besehen, kostbare Keramiken, Bronzen, Münzen und
Kleinode.

Aber die Ruinen sind es selbstverständlich nicht, die
diesem Platz einen so großen Ruhm eingebracht haben,
daß man dahin eine breite Straße für die Besucher gebaut hat. Vielmehr, es erhebt sich nahebei ein Triumphbogen mit mächtig gewölbtem Durchlaß, ein Stadttor
vielleicht, der unzweifelhaft einen der ältesten der Gallia
narbonnensis darstellt. Nur als Fragment erhalten, wie
sich versteht, beiderseits des Couronnements ziemlich
beschädigt und mit Ziegeln abgedeckt, damit selbst die
wenigen Himmelsregen nichts schaden können. Die einzige Arkade wird in der Innenwölbung mit Kassetten
geschmückt, außen zeigt sie eine Girlande von Früchten und Blättern. Zu seiten dieses Durchgangs zwei
Säulen, zwischen denen man Reliefs mit der Darstellung gefesselter Gefangener sehen kann. Also war's
denn doch wohl weniger Stadttor als Siegeszeichen.

Aber auch das ist es nicht. Indessen, nur wenige Schritt
nebenan steht es, das berühmte ›Mausoleum‹, das ohne
Zweifel eines der schönsten Monumente der römischen
Welt ist. Auf einem Sockel von sechs Meter fünfzig Sei-
tenfläche erhebt sich ein eleganter Turmbau von rund

zwanzig Metern an Höhe; über zwei quadratischen Etagen ragt ein drittes Geschoß empor, gebildet von zehn
in der Runde gestellten korinthischen Säulen, überwölbt
von einer kleinen Kuppel. Zwei Figuren stehen darin.
Die mittlere Etage, an jeder Seite von einer Arkade
durchbrochen, zeigt auf ihren Friesen Gruppen von Tri-
tonen und Meerungeheuern. Die unterste Etage schmük-
ken vier Basreliefs, deren Technik die in der Gallia narbonnensis übliche des Steinschnittes ist, insbesondere,
was den Umriß der Figuren anlangt. Zu Häupten dieser
Reliefs schwingen sich Girlanden über die Fläche, dekoriert mit abgeschlagenen Barbarenköpfen und von drei
Genien gehalten.

Man hat dieses Monument lange Zeit für das Grab-
denkmal eines Patriziers von Glanum angesehen. Erst
in neuerer Zeit kam einer der Ausgräber zu einer Hypo-
these, die einiges für sich hat. Danach handelt es sich
bei dem Mausoleum um ein Kenotaph zu Ehren zweier
Enkel des Augustus, des Caius, der in Germanien und
Armenien kämpfte, wo er im Jahre 4 vor unserer Zeitrechnung meuchlings zu Tode kam, und des Lucius, der
mit neunzehn Jahren starb, als er nach Spanien reiste.
Der tiefe Schmerz des Augustus über den vorfrühen Tod
der Prinzen hat sich in Italien in der Errichtung einer
ganzen Reihe von Erinnerungsmonumenten mani-
festiert. Warum sollte nicht auch Glanum eines davon
besitzen, wenn sich doch bereits in Nîmes ein Tempel
zu Ehren der Toten fand, das Maison Carrée? Über-
dies, besitzt das Mausoleum von Glanum, einmal an der
Peripherie der Stadt errichtet, nicht zwei Figuren unter
seiner Kuppel, die niemand anderes als die Gestalten
der jungen Prinzen sein können? Bedeuten die vier
Reliefs, in einer Anleihe aus der griechischen Mythologie, nicht eine Art symbolischer Schicksalserzählung?

Schildern sie doch den Streit der Griechen und Trojaner um den Leichnam des Patroklus, Achilles, der Penthesilea mordet, den Untergang der Töchter der Niobe und den Tod des Adonis. Vollends gibt es da eine Inschrift, die diese Meinung unterstreicht; sie befindet sich auf dem Architraph der ersten Etage des Turmes an der Nordseite und besagt: »Sextus, Lucius, Marcus, die Julier, Söhne des Caius haben dieses Monument ihren Vorfahren errichtet.«

Wie dem auch sei! Man muß dieses Monument im Scheine der Abendsonne sehen, wenn die Schatten des Steines mit einem Hauch von Grün getönt sind, während sich seine gelbe Haut vom Feuer des Abends rötet. Dann steht dieses erlauchte, unversehrt erhaltene Monument in seinem erlesenen Maß wie eine Erscheinung über dem wieder der Vergessenheit entrissenen Plateau am Fuß der Alpilles, ein Denkmal der römischen Zeit, dem nichts von Gewalt anhaftet. Vielmehr strahlt es dann wirklich eine hoheitsvolle Trauer aus, die endlich einmal etwas von jener edlen Einfalt und stillen Größe besitzt, die Goethe an der Antike bewunderte.

Nahebei verbrachte ich in einem Olivenhain einen langen Mittag an den Stamm eines Ölbaumes gelehnt, während die Zikaden ihre unerschöpflichen Chöre erschallen ließen. Freund Stettner lag neben mir im trunkenen Schlaf, den eine halbe Flasche Rosé, des Morgens lange Wanderung und des Mittags Wärme verursacht hatten. Es war eine Stunde inmitten der Landschaft Pans. Die Blätter der Oliven, die selten ganz ruhig sind, sondern immer ein wenig erzählen müssen, schwiegen. Wärme wölkte duftend durch den Hain. Durch einen Ausschnitt zwischen den Stämmen vermochte ich hüben die Spitze des Mausoleums, drüben den Turm von St-Paul-de-Mausole mit seiner sehr kleinen romanischen Kirche vom Ende des 12. Jahrhunderts zu sehen, die ein genaues Abbild der großen provenzalichen Bauten der Romanik ist. Alles im Umkreis der Alpilles befindet sich eben im Zustand der Verkleinerung, die Berge, das Mausoleum, die Kirche von St-Paul und selbst der Kreuzgang des alten Konventes. Das bewirkt der Genius loci.

Es ist das Kloster, in das Vincent van Gogh im Mai 1889 eingewiesen wurde. Er hauste im Zimmer gleich neben der Eingangstür, damit er für sich sein und ungestört von den anderen Geisteskranken, die hier saßen, malen konnte, so oft er dazu in der Lage war. Vor allem, damit er das Leid vergaß, das die letzte Zeit in Arles über ihn gebracht hatte: die Entfremdung von Gauguin, die zweifellos einer Blasphemie seiner gehetzten Gedanken entsprang, der Verfolgungswahn, der ihn zuweilen befiel, seit eine Rotte von Straßenpöbel vor seinem Fenster geheult: Fou-roux, Fou-roux! Das war jene unselige Epoche, in der er alles so seltsam wörtlich nahm, und der ›Brünetten‹ in Madame Choses ›Maison de Récréation‹ das abgeschnittene Ohr geschickt hatte, weil sie sich's lachend zu Sylvester gewünscht, als er ihr das Hundertsous-Stück nicht zahlen konnte.

In St-Paul-de-Mausole vermochte Vincent über seine Krankheit nachzudenken. Er schöpfte Hoffnung, hielt sich nicht für sehr krank, gedachte dieser dummen Attacken Herr zu werden, die ihn zu schreien zwangen. Er las Shakespeares Königsdramen, die er sich von Bruder Theo in der englischen Ausgabe kommen ließ, malte auch – gewiß, weniger als früher, aber nicht eines Nachlassens seiner Schöpferkraft wegen, sondern weil er um jeden Preis gelassener werden wollte. Aber es war schon sehr seltsam, was aus dieser bewußten, gewollten Ruhe entsprang: Landschaften, die von Erregung zu taumeln schienen. Alles war Gekräusel, Welle, Fluß; wie Wogen brandeten die Hügel, wie Flammen züngelten die Zypressen. Es ist einzugestehen, er hielt sich sehr ruhig, durfte nach einiger Zeit sogar wieder ins Freie. Plötzlich aber ein Anfall, schlimmer als je zuvor. Er war in Arles gewesen, hatte die alte Umgebung wiedergesehen. Nur sehr langsam begann er sich zu beschwichtigen. Gottlob, es kamen doch Tage, da ließen sie ihn wieder allein in die Berge gehen, oder er konnte Ölbäume bei St-Remy malen. Bis abermals dieses gepeinigte Tier in ihm aufsprang und zu schreien anhob. Hoffnungslos wie ein gestürzter Vogel saß er nachher wochenlang vor dem Gitter seines Fensters, von dem man hinausblickt auf einen Abfluß des Klosters. Hatte es Sinn, länger hier zu bleiben und Motive nach Rembrandt oder Delacroix zu malen, die ihm durch das Gedächtnis spukten? Manchmal lief sein Pinsel allein über die Leinwand.

Damals war die Schule des Südens bereits in Mode gekommen; Vincent begann Aufsehen zu erregen, seit der ›Mercure de France‹ den Boden für ihn bereitet hatte. Aber er fühlte sich keineswegs richtig verstanden, nein, ganz und gar nicht, schrieb an den Verfasser . . ., es war eine spukhafte Zeit, unterbrochen von langen Wochen des Stillsitzens, in denen man ihm das Malen verbot und er genauso hinvegetierte wie die anderen, die man gelegentlich in den Irrenhausgarten hinausließ, wenn sie ihre guten Tage hatten, um sie in ihren Zimmern einzuschließen, so oft es in ihnen schäumte und tobte . . .

Es war uns sehr beklommen zumute! Im Fortwandern hielten wir noch einmal inne, blickten lange zurück. Dort also hatte er ein ganzes Jahr zugebracht, dieser rothaarige Barbar aus dem flandrischen Norden, ehe er

über Tarascon, wohin ihn der Wärter begleitete, durch
eine lange Nacht der Einsamkeit nach Paris und in die
Arme des Bruders Theo fuhr. Damals. Am 17. Mai 1890.
Vor genau, laß sehen, wieviel Jahrzehnten ...?

Durch die Alpilles

Dann aber ging's wieder bergan, der Straße in die Alpilles nach. Längst war rechts die ›Tour du Cardinal‹
liegen geblieben, ein Landhaus des 16. Jahrhunderts,
ganz aus edlem Haustein gefügt; Turm, Friese und ein
hübscher Altan im ersten Stock. So hat also die adelige
Welt der Renaissance auf dem Lande gehaust! Ringsum Felder, von Bambus und Zypressenhecken eingehegt.
Darin große Beete mit Paprika und Sträuchern, an
denen rosafarbene Blüten und die dunkel-violetten
Früchte der Auberginen schwollen. Das Durchschnittene
gibt den untersten Hängen der Alpilles etwas Heimliches, Unüberschaubares und ihren Häusern willkom-
mene Verstecke. Das Leben vollzieht sich hinter Mauern
von Grün.

Einmal aber war es mit der Gartenherrlichkeit doch
vorüber. Die Landschaft wurde zwar offen, indessen zugleich sehr arm. Auf dem von Hitze glühenden Stra-
ßenschotter eine plattgefahrene Smaragdeidechse – nichts
mehr als säuberlich ausgespannte Haut. Weiter oben,
bereits im tiefsten Maquis, fand sich im Grunde neben
der heißen Straße eine Quelle; Bäume bildeten einen
schattigen Hain ringsum. Der silberne Born sprudelte
in ein mit Steinen gefaßtes Becken im Boden. Es war
ein richtiges Bibelwunder. Nur Rebekka fehlte, die
Wasser zu schöpfen heranschritt. Aber da kam sie schon,
eines nahen Schafbauern Kind, rot und blau gewandet,
die Haut von Fuß, Hand, Gesicht eher blaß, die Haare

pechschwarz; ganz, wie sich's gehörte. Schön sind sie hier ohnehin alle.

Schließlich stiegen die Felsen der Alpilles, die man in der halben Provence sieht, als zerklüftetes Gewände gleich neben uns hoch. Letzte Ölbäume an ihren Füßen begrünten sich wieder – es war kurz nach dem Todeswinter der Oliven. Die phantastische Landschaft der grauen Scherben und Täler voll Geröll und Maquis ganz einsam, ohne Fremde. Wir schenkten uns nichts, wanderten Stunde um Stunde kreuz und quer, wollten einfach ›darin‹ sein. Später erwies sich, daß doch ein Plan zugrunde lag, denn wir zogen anfangs nach Osten, dann nach Süden und schließlich nach Westen. Die Straße wand sich endlos, endlos durch Glut. Einer Pinie Schatten zählte schon zu den Kostbarkeiten. Ein Bachbett, tief in den Felsen geschliffen, brach plötzlich neben dem Weg als sogleich erstickte Hoffnung auf – Wasser führte es keineswegs.

Abseits der großen Fremdenstraße findet sich in den Alpilles nicht Haus, nicht Dorf. Wo denn auch in diesem wilden Aufbegehren und Hexensabbat der Steine? An Bewuchs nichts als der Kermeseiche Gestrüpp mit ilexartigen Blättern, das Eicheln mit stacheligen Näpfchen im Übermaß trägt. Dazu Gerölle, Placken von Kraut, stürzende Hänge. Höchstens der Pinien helles Herbstgrün lugte gelegentlich übers Graugestein. Schroffe Wände, Klippen stiegen himmelan. Es sah aus, als habe man zwischen Sockel und Gipfel eines Gebirges einfach zwei-, dreitausend Meter herausgeschnitten und die Kuppen direkt auf die Ebene gesetzt. Abermals ein Wunder der Provence, Spiegelung des Gewaltigen, Überirdischen in kleineres Maß, ins Diminutiv der Liebe, doch so, daß man nichts davon bemerkt, sondern sich freut, wie hübsch faßlich das Erhabene sein kann.

Nach langen Stunden endlich Aureille, ein winziger Weiler. Wie üblich ging es einzig den Katzen gut. Hinter den Häusern fanden sich allerdings einige Ölbaumhänge. Davon lebten die Dörfler.

Hier also ging's, mir unbewußt, wieder nach Westen. Die Alpilles sind anders als die Montagnette. Abgesehen von ihrer Größe, ihren bizarren Formen, finden sich Oliven- und Obstkulturen an ihren südlichen Hängen und in etlichen Tälern. Mücken sirrten fortwährend heran, fielen uns hungrig an. Ein Warmblüter, das war für sie ein Ereignis; es hatte die ganze Gegend alarmiert.

Schließlich lag Fontvieille, das ersehnte, denn doch friedlich voraus in der Ebene. Die Uhr zeigte fünf. Die Zikaden konzertierten wie je. Also war immer noch Mittag. Gleich ging's zur Mühle Daudets, in der die ›Lettres de mon moulin‹ spielen. Dort standen sie schon, die kleinen, runden Mauertürmchen; wahrhaftig, das mußten sie sein, die Klappermühlen, von denen eine die von Jemappes war. Eine prachtvolle Pinienallee nahm uns auf, in der ganze Wolken von Harzduft einhertrieben. Aber dann stimmte es mit der Lage nicht. Da ich den Text fast wörtlich im Kopfe trug und ein sehr genaues Bild der Örtlichkeit besaß – es konnte einfach nicht richtig sein. Ungeachtet dessen natürlich, daß Daudet gar nicht hier, sondern in Paris seine Geschichten schrieb. Die Mühle da hinten, gewiß, die hätte es zu sein vermocht, vor der die Lapins ihre Pfoten im Mondlicht gewärmt. Aber das ist ein Punkt, in dem die Franzosen kein Pardon gewähren! Man hatte der besseren Anfahrt wegen die am bequemsten gelegene zur Mühle von Jemappes erklärt, gleich ein ganzes Museum darunter errichtet, basta! Eintritt einhundert Francs damaliger Währung.

Daudet mit langem Bart, langem Haar war im Betonunterstand in allen photographischen Posen zu sehen, die man ihm billigerweise hatte abnötigen können, als nach dem ›Klick‹ des Auslösers noch anderthalb Minuten Stillhalten vonnöten waren, um ein Bild auf die Platte zu zaubern – er saß fortwährend auf einem Stuhl im Grünen. Ungeniert wies der Wärter eine nagelneue Kaffeemühle als des Dichters heimliche Muse vor. Den Hinweis auf die Neuheit des Fabrikates tat er mit flammender Entrüstung ab. »Ça? – Ah, bah!« Die Hand wischte diese infame Unterstellung mit soviel Verve fort, daß mich Gewissensbisse befielen, ob das mit meinen Gedanken über die Lage nicht ebenfalls eine ›ça? – Ah, bah‹-Handbewegung verdiente.

Aber ich hatte doch recht. Ein listiger Fuchs, solch ein Einheimischer, der dem Wärter gern eins ausgewischt hätte, bestätigte es mir später mit Augenblinzeln, »mais taisez-vous!« Er blickte vorsichtig in die Runde. Dann stahl sich sein Finger hervor, zeigte: »ça!« Richtig, die vorhin schon ausersehene war Daudets wahre Mühle! Sie lag allerdings unbequemer und bestand nur noch aus der Gemäuer Stumpf. Ein Krauthang mit zerbröckeltem Fels zog sich herum. Machte nichts, daß Daudet hier gar nicht gehaust, sondern in der Pariser Mansarde geschrieben. Hier war's gewesen, wo ihn der Flügel gestreift. Denn daß Genie bei diesem Erstling im Spiele war, durch den der Provence ganzer Atem weht, ließ sich doch nicht bezweifeln. Ich legte mich lang ins Kraut und alles wurde Wirklichkeit – Meister Cornille, der seiner Mühle Sack um Sack voll Gips zu mahlen gab, weil er's nicht eingestehen wollte, daß ihm die neue Dampfmühle die Kunden wegstahl; der wackere Pfarrer von Cucugnan, der im Traum alle unbußfertigen Sünder seiner Gemeinde im Fegefeuer gesehen; die vor-

witzige Ziege des Herrn Seguin, die mit dem Wolf
kämpfte; und die zwanzig kleinen Lapins, die im Ab-
springen ihre weißen Hintern zeigten.

Montmajour

Wenig weiter auf Arles zu liegt die Ruine der Abtei von
Montmajour, die eine der ältesten hierzulande gewesen
ist, errichtet auf einem Hügel aus Felsklippen, der früher über eine Umgebung der Lagunen und Sümpfe ragte.

Im 10. Jahrhundert hatte das Kapitel der Kathedrale
von Arles hier eine Totenstadt angelegt, zu deren Ob-
sorge 949 eine Gruppe von Eremiten gekommen zu sein
scheint. Tragisch-erhabenes Bild, wenn man sich die
Boote und Flöße vorstellt, die mit den verhüllten Lei-
chen am Kopfende auf der blinkenden Seenfläche heran-
stakten, über der sich der wundervolle Himmel des Südens wölbte; erwartet von schweigsamen Gestalten an
der heute ganz verborgen gelegenen, 950 entstandenen
Kapelle St-Pierre. Man erreicht sie nur über Treppen;
vielleicht war sie einmal eines Einsiedlers Klause und
von allem der Anfang. Jedenfalls aber diente sie als Lan-
destelle der Boote.

Das Benediktinerkloster Montmajour, das später so
großen Ruhm besaß, machte nicht, wie üblich, durch
Reliquien sein Glück, sondern indem es seit 1030 einen
Ablaß herausgab, der den Mönchen die zur Trocken-
legung der umliegenden Sümpfe nötigen Gelder einbrachte. Bis zu hundertfünfzigtausend Pilger kamen zu
den religiösen Festen. Wie es der Dinge Lauf will, wuchs
des Klosters Glanz während langer Jahrhunderte, bis,
eigentlich unvermittelt, die Zeit des Abstiegs gekommen
war. Im 17. Jahrhundert zählte die Abtei nur noch zwanzig Mönche, einbegriffen sogenannte ›religieux laïques‹,

Offiziere, die der König nicht mehr brauchte und denen er einen Platz in der Gemeinschaft der Mönche nebst einem Teil ihrer Einkünfte verlieh. Man sah sie jetzt in den Prozessionen neben und zwischen den Kuttenträgern einherschreiten, flotte Burschen in bunten Gewändern, den Degen an der Seite, den Bart gekräuselt; sie sahen gut aus, und die Arlesierinnen machten ihnen schöne Augen. Als die Kongregation der Reform von St-Maur unterworfen wurde, besiedelten neue Mönche das Kloster, freilich erst, als die alten mit Militärgewalt an die Luft gesetzt waren.

Durch einen seltsamen Umstand kam Montmajour übrigens der späteren Auflösung durch die Große Revolution zuvor. Als sein letzter Abt fungierte der Kardinal Prinz Rohan; er war neben dem Abenteurer Cagliostro in den berüchtigten Skandalprozeß um die Halsbandaffäre verwickelt, in der die Königin Marie Antoinette eine zwielichtige Rolle spielte. Goethe schrieb auf Grund dieser Vorgänge sein Schauspiel ›Der Großkophta‹. Ludwig XVI. hob Montmajour seinerzeit auf. Als Bestrafung für den Kardinal. Nach der Revolution wurde die Abtei verkauft. Ihr Inventar ward verschleudert, ihre skulptierten Steine desgleichen; des Klosters ältere Teile verhökerte man schließlich weiter an kleine Leute, die sich im Turm, dem Kreuzgang, der Kirche, dem Refektorium häuslich niederließen. Bis in neuester Zeit die Regierung eingriff und die Restauration der Ruinen begann.

Das Land ringsum, das heute von Reiskulturen überzogen wird, war also früher mit Wasser bedeckt oder Sumpf. Die Kirche liegt daher entsprechend hoch, über einer gewaltigen Krypta mit regelrechten Umgangskapellen, deren schmale, schartenähnliche Fenster sich an

der Außenseite ob des ungeheuer dicken Mauerwerks zu
mächtigen Schalltrichtern öffnen – dorthin, wo der ehe-
malige Friedhof liegt und in schräg getafelte Felsplatten die Gräber der Mönche gemeißelt sind, schmale, in
den Schultern nur wenig breitere Gruben mit einer kleinen Nische für den Kopf. Selbstverständlich, daß selbst
damals, als die Erde noch weniger Menschen trug, die
Felsengrüfte wieder geräumt werden mußten, wenn ihre
verfügbare Zahl besetzt und vergeben war.

Auch jener andere Platz, der Montmajour zu einem
Ereignis macht, besitzt Gräber. Es ist der Kreuzgang,
der an seiner Ostseite nicht nur eine Gruft der Grafen
von der Provence in sich birgt, sondern auch romanische
Kapitelle besitzt. Ein Platz zum Träumen. Es erinnert
alles ein wenig an St-Trophime in Arles. Zudem findet
sich eine Reihe als Masken gebildeter Konsolen, auf denen die Gewölbe des Kreuzganges ruhen: Tierköpfe,
ornamental eingebunden und verschlungen in Gespinste, als wenn sie der germanischen Mythologie entstammten, was doch nicht sein kann; ein Königshaupt, kronen-
tragend und gehörnt; das Antlitz einer Königin, herrlich grobschlächtig, ganz primitiv in der Aussage; eines
Widders Maske mit sorgfältig gelegtem Gelock, wie es
die romanische Zeit liebte; oder ein Ochsenkopf, die
Füße neben den schweren Schädel gestemmt. Aber die
träumerische Stimmung dieses Kreuzganges mit seinen
blühenden Oleandern und seinem Brunnen, dieses vollkommen stillen Winkels im Schutze der Dächer und des
gewaltig aufragenden, eckigen Turmes von 1369 wird
davon nicht beeinträchtigt.

Überhaupt, Montmajour, von dessen Turm man einen
so berauschenden Blick hat, Montmajour, das im Sommer im flimmernden Glast über den Reisfeldern wie die
Fata Morgana einer Gottesburg steht, Montmajour, des-

sen Einsamkeit nur unterbrochen wird, wenn sich eine Schafherde mit den mächtigen Böcken und den aristokratischen Ziegen an der Spitze heranläutet – dieses Kloster, das einmal in der ganzen Provence seine Prioreien besaß, ist der Frieden selbst. Vorausgesetzt, daß nicht grade ein Omnibus heranrollt und seine Besucherladung ausspeit.

Les Baux

Überall ist die Provence vollgestellt mit Zeugnissen jener Vergangenheit, die sowohl Ruhm wie Grabesstaub bedeuten. Des Untergangs größte Rune: Les Baux, gelegen auf einem Berghorst der Alpilles.

Es war schon Abend, als wir zurückwanderten zu den Felsen der Baux. Das heißt, zuerst zogen wir, wohl beraten, dorthin, wo man den eindrücklichsten Blick auf die Felsenstadt genießt, um gleich des Absurden, Ungeheuerlichen und Beispiellosen ihrer Lage inne zu werden. Es ging auf steilen Saumpfaden empor, sodann auf kleinen Pässen zwischen den Klippen, die wie gemuscheltes Fleisch aussahen und übereinander getürmt oder, zum Stürzen und Abspellen bereit, in wilder Verwirrung über die Talschlucht ragten. Stacheliges Gestrüpp drängte heran. Der Maquis war voll beklemmender Enge. Eine gestürzte Pinie lag quer und just dort, wo der Weg nur noch aus steilen Steinpodestchen bestand. Es half nichts, wir mußten hindurch wie die Katze durchs Reisig zum Vogelnest. Ein frischer Abendwind pfiff von den Höhen hernieder. Hinter den Klippen tauchten allemal höhere Klippen auf, bis sich plötzlich ein Schlund, ein ins Riesenhafte vergrößerter Fuchsbau, vor uns öffnete, der in bodenlose Schwärze des Berginneren fiel – jene Grottes des Fées, die Mistral in ›Mirèio‹ gefeiert.

Gleich oberhalb fand sich endlich das gesuchte Plateau.
Es war der Fels, auf dem sich Spuren keltoligurischer
Besiedlung finden lassen. Das Kirchlein der Baux, in dem
wir Weihnachten zu feiern gedachten, schien zum Greifen nahe, und doch klaffte ein abgrundtiefes Tal dazwischen.

Später schauten wir aus dem ›Val d'Enfer‹, durch das
die Straße von Arles hinansteigt, gegen den Rand des
Felsens empor – von dort, wo sich hinter der Mauer
eines Gehöftes der kleine ›Pavillon der Reine Jeanne‹
versteckt, ein entzückendes Bauwerk der Renaissance,
Jeanne de Laval zugeschrieben, der Gattin des Bon Roi
René, in Wirklichkeit aber wohl erst um 1581 von Jeanne de Quiqueran angelegt. Von hier wirkte das Felsen-
nest, dessen wenige Häuser mit ihren Scheiben die Abendsonne spiegelten, wie ein gewaltiger, fester Block, eine
Riesenburg inmitten einer grauen Umwelt phantastischer Zerklüftung.

Aber wir sind, der Vollständigkeit halber, auch durch
das Tal südlich der Baux, entlang der Straße von Arles
nach Maussane, gewandert. Von dort aus gesehen stand
der gewaltige Scherben des ehemaligen Schlosses und seines Donjons samt den leeren Fensterhöhlen wie eine
ungeheure Schattensilhouette gegen das scheidende Licht.

Wie erklärlich, waren die Baux und ihr benachbarter
Felsen schon in vorgeschichtlicher Zeit besiedelt. In mittelalterlichen Epochen trugen sie ein Gewese von sechs-
tausend Einwohnern. Heute befindet sich da oben nur
noch eine Wüstenei von Ruinen, durchfurcht von der Rue
Porte Mage, der Grande Rue und der Rue du Trencat
nebst ein paar Nebensträßchen – Gassen samt und sonders. An ihnen liegt, was die Baux an berühmten Häusern aufzuweisen hat. Es sind Zeugnisse einer bereits zu
Ende gegangenen Zeit, nämlich vom Ausgang des Mit-

telalters. So die Behausung de Montmorency oder das Hôtel de Manville, Sitze adeliger Familien, die hier als zeitweilige Besitzer der Baux oder als Statthalter des Königs bis in die Neuzeit hausten. Heute haben sich da oben ein paar Wirte, ein paar Kunstgewerbler, die ›Santons‹, naive provenzalische Krippenfigürchen, fabrizieren und in künstlerischer Verkleidung einherlaufen, einquartiert und natürlich die Andenkenverkäufer. Aber sonst ist es mit den Baux zu Ende. Ab und an bricht ein Felsstück hinab, verschüttet eine Straße oder stürzt mit einem Rest Gemäuer vollends in die Tiefe. In der Tat wird das große Lied der ›temps perdus‹ nirgends in volleren Chören als in den Baux gespielt. Vielleicht, weil hier gar nichts erst ausgegraben werden mußte, sondern die gewaltigen Trümmer deutlich am Tage liegen. Vielleicht, weil die gegen den Himmel gehaltene Lage die Ruinen von Ort und Burg in hoch auf einem Altartisch dargebrachte Opfer verwandelt. Vielleicht, weil ringsum alles mitspielt, denn die gesamte Umgebung besteht aus Trümmern – es ist ein Bild ohnegleichen, von der Höhe der Baux in die Schluchten, Felsen, Grotten, Wüsteneien der Umgebung zu blicken. Aber ganz gewiß auch, weil die Vergangenheit nirgends so ritterlich und farbig aufklingt wie in den Baux.

Natürlich, was vorher war, das Gewesene, das Erlauchte, da liegt's! Im 10. Jahrhundert, scheint es, hat jene Familie von Feudalherren, die ihre Herrschaft über das Gebiet der unteren Durance sichern wollte, den Namen des Felsens angenommen, auf dem sie eines der großartigsten Schlösser des Mittelalters errichten sollte. Sie nannte sich also Baou oder de Balcio. Wobei sie ihren Stammbaum in jener Freizügigkeit, von der man nicht weiß, ob sie Poesie oder Anmaßung ist, auf Balthasar,

einen der drei Magier, zurückführte und demzufolge den
Stern von Bethlehem in ihr Wappen nahm. Ihr Wahl-
spruch sollte daher lauten ›A l'Asard Bautezar‹, was Mistral später zu den Versen inspirierte »Raço d'eigloun,
jamai vassalo – Geschlecht von Adlern, niemals unter-
tänig«. Für eine Familie regionalen Charakters ein großes Wort, das sachlich jedoch keineswegs zutrifft. Aber
wenn Mistral auch über's Ziel hinausschoß, die Herren
der Baux bildeten in manchem eine Ausnahme.

Liest man einmal in den Archiven über ihre Vergangenheit nach, steigt das frühe Mittelalter mit all dem
Zauber und all der Tragik eines Rittertums herauf, dessen Lebensraum buchstäblich genommen die Küsten des
Mittelmeeres waren. Hier streitet man blutig um Gestade, dort werden die Lanzen spielerisch zum Turnier
eingelegt, von der Klinge eines Sarazenen getroffen sinkt
ein todesmutig um sich schlagender Reitersmann in Spaniens Bergen vom Pferde. Kampf um Inselfestungen,
verdorrende Kehlen im heißen Sand des Heiligen Landes, Gesänge im Abenddämmer einer Kemenate, hochge-
mutes Leben, tapferes Sterben.

Vom ersten dieses Geschlechtes, jenem Leibulfe des
8. Jahrhunderts, über Raymond 1. des Baux, der 1131
neunundsiebzig befestigte Städte, Orte, Schlösser und
Stützpunkte sein eigen nannte, in Palästina gekämpft
und als Befehlshaber der Flotte der Provence die Sarazenen von den Balearen vertrieb, bis zu Hugues des
Baux, der neunzehn Jahre später als Letzter des ersten
Hauses zu Barcelona in der Gefangenschaft starb! Vom
Anbeginn des zweiten Hauses der Baux, das mit dem
ersten blutsmäßig verwandt war, also von Raymond 1.,
zugleich Prinz von Orange, dessen Sohn Guillaume 1226
in die Hände der Häretiker von Avignon geriet und bei
lebendigem Leibe zu Tode geschunden wurde – von die-

sem Raymond i. bis zur Letzten des Geschlechtes, Alix des Baux, die 1426 starb! Welch ein Hinauf und Hinab, bis die Lebenskraft verbraucht war und nichts übrig blieb als Gräber und die Größe der Vergangenheit. In der Tat hatte sich die Familie des Baux im Lauf der Jahrhunderte mit regierenden Familien ganz Europas versippt: mit Provence, Barcelona, Polen, Frankreich, Orange, Savoyen, England und selbst mit zwei deutschen Geschlechtern, nämlich bereits 1234 mit dem Hause Nassau, lange bevor eine andere Deszendenz das Erbe von Orange über Chalon an die Grafen aus dem Lahntal weitergeben sollte, zudem 1376 mit dem Hause Braunschweig. Was allerdings schwerer wiegt, ist jene historische Aufgabe, die das Geschlecht der Baux ganz unwillentlich und aus der Tiefe einer Herzensneigung vollzog, als es zum Träger einer der großen kulturellen Ideen des Abendlandes wurde, die in Katalonien entstand. Die Baux nämlich waren einer jener sagenhaften ›Cours d'Amour‹, von denen eine neue Gesittung und eine Wandlung des Weltbildes ausging.

Um diese Rolle zu verstehen: hier formulierte das Abendland ein neues Ideal des Menschendaseins, in dem die Frau eine bisher unerhörte Rolle spielte. Das ritterliche Leben verschwisterte sich mit Herzensbildung und Courtoisie, Minne, ›diu maße‹, wie Walther von der Vogelweide es nannte, Geschliffenheit der Sprache. Kurz, alles, was später in Italien den ›dolce stil nuovo‹ ausmachen sollte und befruchtend nach Frankreich zurückkehrte, ging von diesen Höfen aus, davon die Baux einer der berühmtesten waren.

Etiennette des Baux, Tochter des Grafen Gilbert von der Provence und die Gattin jenes Raymond, der so viele Städte und Dörfer sein eigen nannte, zudem Schwä-

gerin des Grafen von Barcelona – diese Frau, die ihrem
Mann mehr Ehre eingebracht hatte als seine ganzen
Kriegestaten, war die erste, die dem Cour d'Amour in
den Baux vorsaß. Der Troubadour, Verfasser und Sänger seines eigenen Gedichtes, das die Schönheit, die Herr-
lichkeit, die Tugend einer Dame oder den Ruhm eines
Ritters verherrlichte – dieser Troubadour empfing, sofern sein Poem von der Versammlung anerkannt oder
ausgezeichnet wurde, als Lohn eine Krone aus Pfauen-
federn, Kuß und Glückwünsche, dargeboten von einer
der Damen. Neben Etiennette sind es Adélasie, Vicom-
tesse von Avignon, Laurette de Sade, Jeanne des Baux,
Phanette de Gantelme und Briaude d'Agout gewesen,
die in diesen glänzenden Versammlungen den Ton angaben. Aus allen Gegenden kamen die Troubadours, um
am Liebeshofe der Baux die Schönheit der Damen und
das Verdienst der Ritter zu feiern. Was ihnen keineswegs immer zum Heile ausschlug. Guilhen de Cabestan
– um eine besonders tragische Episode zu nennen, die
nicht Anekdote, sondern echte Überlieferung ist – Guilhen sang für Bérengère des Baux, die ihn fester an sich
zu binden wünschte und ihm einen Liebestrank verab-
reichte, mit dem sie ihn fast vergiftete. Was nun freilich vermuten läßt, es wäre doch nicht alles rein plato-
nisch zugegangen. Von Furcht ergriffen floh der Un-
glückliche, um sein Herz und seine Verse hinfort Tric-
line Carbonnelle darzubieten, der Gattin des Raymond
de Seillans. Dieser cholerische Ehemann aber brachte den
Sänger in einem Anfall von Eifersucht um, riß ihm das
Herz aus der Brust und ließ es seiner Frau auf einer
Platte vorsetzen...

Gottlob, dies war denn doch ein extremes Unglück. In
aller gemessenen Sanftheit durfte dagegen der Troubadour Sordel seine poetischen Ehrungen vor Rambaude

des Baux zelebrieren. Nicht minder Bérard und Rambaud des Baux, selber zum Hause gehörig, die 1232 in graziösen Versen provenzalischer Sprache um die Gunst von Marie de Châteaufort und der Comtesse d'Orgueil warben. Freilich, gelegentlich häkelte doch das Schicksal sein Garn. Fouquet, ein provenzalischer Dichter, besang Adélasie, die Frau des Bérald, Prinzen von Baux. Als sie starb, trat Fouquet aus verzweifelter Trauer bei den Zisterziensern ein, wurde Abt, dann Bischof von Marseille, gar Erzbischof von Toulouse. Die Tränen hatten ihn hochgehoben; er hinterließ zahlreiche Dichtungen. Aber die bedeutendste bleibt doch jene, die er dem Ehemann der Hingeschiedenen in den Mund gelegt, die ›Klage des Bérald‹, ›Las complanchas de Bérald‹.

Nun, die Baux waren an solchen Episodios und Intermedios, oder, wenn Amor denn doch einmal durch die Zäune der Schicklichkeit schlüpfte, wohl auch Preludios nicht arm. Es gab bezaubernde Damen die Fülle, allein aus dem baussenquischen Hause: Cécile, zubenannt Passe-Rose, Alix, Sibylle, Clairette, Baussette – Tochter jenes Hugues, der als Gefangener in Barcelona sterben sollte –, und sie erprobten der Reihe nach die Kunst einer Elite von Troubadours, unter denen sich Gestalten vom Range eines Pierre d'Auvergne, Raymond de Miraval und Roger d'Arles befanden. Wobei die Sänger nicht nur Beifall ernteten. Ganz unmißverständlich klingen die schnippischen Worte Baussettens, mit denen sie des Roger von Arles Sänge beschied: »Io, non m'en cal de tas rimas grossieras.« Auf gut deutsch ungefähr: »Also, mir passen sie nicht, deine groben Reimereien.«

Verhallt süßer Stimme Laut, hoher Künste edle Tiraden! Seit nach dem Tode der Prinzessin Alix des Baux die Herrschaft der Provence einverleibt war, die Provence wiederum an die französische Krone fiel, war es sogar

mit der stolzen Selbständigkeit vorüber. Auf Lebenszeit
wurde die zur Baronie degradierte Seigneurie nunmehr
als Lohn für treue Dienste vergeben. Darunter einmal,
im Jahr 1538, dem Connetable Anne de Montmorency,
der hier König Franz I. empfing. Schließlich überließ
man die Herrschaft der Familie de Manville zur Verwaltung, womit die Baux im Laufe der Zeit ein Zentrum des Protestantismus wurden. Bis Ludwig XIII. die
Umtriebe leid bekam, dem Ort eine Buße von hunderttausend Livres auferlegte, zuzüglich der Zerstörungsko-
sten für Château und Mauer. Er hatte ganz einfach
einen Maurermeister aus Tarascon beauftragt, die Be-
festigungen zu schleifen, was der Brave sehr gründlich
besorgte. Seither liegt also das Schloß in Trümmern;
Keller, Kapelle, Pferdeställe sind eingestürzt, die Holz-
balken vermorscht, während das riesige, aufgebrochene
Taubenhaus seine leeren, in den Stein gehöhlten Nist-
plätze dem Mistral darbietet.

Später wurde noch einmal ein Marquisat für die Gri-
maldi, Prinzen von Monaco, um die Baux eingerichtet.
Hercule de Grimaldi ließ sich auf dem Felsen sogar ein
Schloß errichten, das im Osten des heutigen Dorfes lag.
Auch davon existiert längst nichts mehr. Denn die Große
Revolution hat alles ausgelöscht.

Verwitterungen

Es ist also alles zusammengestürzt, was einmal trug, alles, was einmal getragen war. Nur einige Wände ragen
noch, überzogen von dem moosigen Grün, das der Untergang über das helle Grau und Beige der Steine breitet. Teppiche, die Leben vortäuschen, aber nichts als ein
›Pompe funèbre‹ sind. Ich meine den Efeu. Aber sonst?
Zerschlagene Steine, zerschlagene Mauern, zerschlagene

Tür- und Fensterstürze. Nur noch die Öffnungen sind
da, Münder, die man ihrer Lippen beraubt hat. Auch
buckelige Felsstirnen, tausendfach zerfurcht, über die
herabrinnendes Wasser seine Grauspur zog. Zerschlagene Türme, ein aus Trümmern festgestampfter Boden,
in dem sich plötzlich gähnende Keller öffnen. Ungeachtet des jäh abfallenden Felsrandes. Denn ringsum stürzen die Felsen der Baux beinahe senkrecht bis auf die
Sohle des Tales.

Ich entdeckte in dieser Versammlung ungeheuren Verfalls eine Wand, die gelbbeschienen und makellos quer
im Freien stand. Sie besaß einige Höhlungen wie Nist-
löcher, darin einst Balken gesessen. Zur Rechten ein
Fenster, darüber ein vermauertes Bögelchen in die Fläche gefügt, verloschen und nur noch Spur. Die Quader-
mauer ansonst überzogen mit zahllosen Runenzeichen
der Verwitterung – eine Mischung aus hebräischem,
chinesischem, arabischem Schriftgut, so schien es. Ein
Gemenge von sehr genau skandierter Folge, freilich
ohne jeden greifbaren Sinn, und doch kam eine ganz
klare, unüberhörbare Quintessenz zum Ausdruck – Verfall. Untergegangene Größe. Noch in jeder Quader ließen sich Heroismus, Leidenschaft, stürmisches Lebens-
drängen gewahren. Aber doch, dies eine war unüberhör-
bar: Verfall. Noch im Untergange groß und streng. Was
mich betrifft, ich möchte diese Mauer als den Inbegriff
der Provence bezeichnen. Nicht der Maurermeister aus
Tarascon, der die Baux abtrug, hat ihre Schrift geschrieben, sondern die Zeit, Luft, Sonne, allenfalls Regen.
Quader für Quader ist nun überzogen mit diesen seltsamen Zeichen der Auslaugung, die unentwirrbar und
unlesbar, aber doch völlig klar sind. Gedrängte, kurvige,
einander durchschießende, struppige Bildungen, deren
jede nach einem geheimen Gesetz von Widerstandskraft

Bords du Rhône

Rhônequai in Arles
Zeichnung von Vincent van Gogh

und Verwitterung entstand. Das sind also die Spuren des Ungreifbarsten, der Dauer, die im Grunde doch dasselbe wie der Verfall ist. Völlig dasselbe. Es kommt nur darauf an, wie man die Zeichen liest, ob mutvoll vorausschauend oder nachtrauernd.

Wand von Les Baux! Klagemauer, Runentafel, von den Jahrhunderten beschrifteter Stein. War das nicht die eigentliche Handschrift Gottes, dieses stehengebliebene Härtere innerhalb der ausgewitterten Fläche, war es nicht der Zeiten Verdichtung und Essenz?

Das Glöckchen schlug von der Kirche herüber. Über dem Schreiben war wieder ein Stück Stunde verronnen. Immer weiter, immer mehr, nicht endender Tropfenfall von Minuten, Tagen, Jahren, der die Felsen aushöhlte und in jene Runen des Verfalls verwandelte, die hier immer dasselbe wie die Spuren der Größe bedeuten.

Hirtenweihnacht

In jenem Jahr besaß der Winter etwas ungemein Farbenfrohes. Es war, als seien alle Tönungen leuchtender, das ganze Land bunter geworden. Das machte, der Herbstregen hatte die silbergraue Patina des Sommers und Herbstes schon fortgewaschen, und die Leuchtkraft stieg um so mehr, je öfter die Sonne schien. Es war selbst für die Provence ein ganz ungewöhnliches Jahr. Der Erde Ocker glühte tiefer, der Lavendel strahlte blauer als sonst. Die letzten Rosen blühten noch und die ersten Iris schon.

Einen langen Abend brachte ich damit zu, auf dem kahlen Westteil der Baux, dort, wo der Stumpf einer ehemaligen Windmühle steht, zu hocken, auf das Schwinden des Tages und den Lichtgesang der Sterne zu lauschen. Mein Blick glitt über den Steilrand des Felspla-

teaus ins Ungeheure. Ein fernes Gleißen im Südwesten
war der im letzten Sonnenglanz schimmernde Vaccarès;
darüber abermals ein Flimmerstrich, das Meer. Da die
Luft kühler war, hinderte keine Trübung, kein Glast
den Blick. Das silberne Band, das sich im Westen sehen
ließ, mußte die Rhône sein. Fern im Südosten hingegen
strichen Bergzüge in tintigem Blau entlang. Sogar die
Ste-Victoire bei Aix ließ sich erkennen. Blickte ich hingegen in den Abgrund tief unter mir, brach da, umzogen von einem Rand unwirklich heller, gelegentlich tiefgrün gesprenkelter Randfelsen, der bunte Ocker des breiten Hochtales auf, steigerte sich gar an zwei Stellen zur
Glut reinen Purpurs. Lange Kulturen von Pfirsichen
und Oliven furchten schnurgrade ausgerichtete Perlen-
schnüre von grünen Tupfen hinein. Rauschte ein Wind
hinab, warf er die helle Unterseite der Olivenblätter
hoch und silberne Wogen schauerten durch den Grund.
Ich gedachte, daß der Lawrence der ›Seven Pillars of
Wisdom‹ sich der nämlichen Aussicht mitten im arabi-
schen Aufstand des ersten Weltkrieges einige zwanzig
Meilen nordwärts von Akaba, nahe dem Wadi Rumm,
entsonnen hatte. Das war mir willkommen; wirklich,
es lag ein Urbilderinnern im Anblick des Tales. Dann
verglomm, losch das Licht; die Schatten wuchsen sehr
schnell. Es wurde fast so, wie einst in Saumane. Nur
größer, nur gewaltiger wölbte sich des Himmels Glocke
über den Baux. Eine halbe Stunde später war völlige
Nacht. Seit Sterne hervorkamen, schien das Firmament
gar keine Horizonte mehr einzuhalten. Das machte, ich
blickte nach Arles hinaus, wo jetzt die Lichter ent-
flammten.

So am Tage vor Heiligabend, als wir die einzigen Menschen hier oben waren. Zwar hielt das Wetter an, aber

allein blieben wir nicht. Schon am späten Nachmittag des 24. strichen die ersten Gestalten dem Kirchlein St-Vincent zu, einem kleinen Gotteshaus des 12.Jahrhunderts und so provenzalisch, wie es im Buche steht.

Die ›Fête du Pastrage‹, die Weihnachtsmesse der Baux, vollzieht sich nach uralten und, wie man lesen kann, bacchisch beeinflußten Bräuchen. Als sie begann, war die Kirche längst gedrängt voll. Noch lange aber pochten ungeduldige Fäuste von Menschen ans Tor, die Einlaß begehrten, wo kein Strohhalm mehr Platz fand.

Zugegeben, es hob äußerst naiv an. Ein Lied der Hirtinnen klang auf, endlos, schleppend, ein wenig schrill, bis die Galoubets, die Hirtenflöten der Provenzalen, mit einer hohen, fast orientalischen Weise einfielen. Das wechselte so ab, Lied auf Lied, Passage nach Passage, bis Mitternacht, wobei zuletzt Flöte und Tambourin einzig das Feld beherrschten. Dann erst setzte jene Messe ein, um derentwillen die Leute von weither zusammengeströmt waren – die Mitternachtsmesse, die den Gardians oder den Hirten im Lande gehört, und die man auf gleiche oder ähnliche Weise landauf und landab feiert, von Maillane bis Méjanes.

Ah, wie fremdartig und dennoch faszinierend, wenn bei Introitus und Gloria die Galoubets erklingen! Wie wirklich ergreifend aber, wenn sich beim Offertorium alles erhebt und kleine Engel in weißen Gewändern, einen goldenen Stirnreif mit dem Stern von Bethlehem um den Kopf, zu einer Prozession durch die Kirche antreten, der sich Schäfer und Schäferinnen anschließen: vom Altar wandelt man zum rechten Seitenschiff hinüber, zieht in diesem hinab, und nun durch das Mittelschiff zum Altar zurück. Jetzt freilich nicht mehr allein von den Engeln angeführt, sondern auch von einem zierlich geschnitzten Wagen aus Olivenholzstäben, den ein Schaf-

bock mit mächtig geschweiftem Gehörn zieht. Auf dem
Rücken trägt er eine golden gebordete, mit Sternen be-
setzte, rote Schabracke, in die Löcher geschnitten sind,
damit die aufgebundenen Haarbüschel, Abzeichen und
Stolz der Widder, hervorragen können. Über und über
mit dünnen Kerzen ist dieser kleine Wagen besteckt,
den er zieht; ein rollender Hügel schwankender Flämmchen. Im Fond dieses Gefährts liegt auf Stroh gebettet
ein winziges, weißes, sehnsüchtig plärrendes, neugebore-
nes Lamm.

Vor dem Altar hat unterdessen der Priester Platz genommen, in seinen Händen eine kleine Figur des Chri-
stuskindes. Der schönste Augenblick des Abends hebt an.
Während der älteste der Hirten, angetan mit dem Pele-
rinenmantel, dem Geistlichen in provenzalischer Sprache
und mit gradezu höfischer Grandezza seine Reverenz
entbietet, wird das Lamm aus dem Wagen gehoben und
symbolisch dem Herrn dargebracht, worauf es einer der
Hirten zum anderen weiterreicht. Das geht so: Hirt und
Hirtin, ob jung, ob alt, nehmen das Lamm, verbeugen
sich dankend, eine brennende Kerze in der Linken – die
Männer in ihren meist braunen Pelerinenmänteln, die
Frauen und jungen Mädchen aber in kostbaren Damast-
trachten, über die Schulter ein Spitzentuch gelegt und
den Kopf oder das Haarkrönchen unter der Spitzenhau-
be oder breitem Bordürenband verborgen . . . Einer nach
dem andern, eine nach der andern treten sie vor, verneigen sich zeremoniös vor dem Priester, küssen das Chri-
stuskind, wenden sich, verneigen sich abermals, geben
das Lamm mit dem rosafarbenen Schleifchen weiter,
während der nächste vortritt. Unterdessen ist alles auf-
gestanden, Galoubets und Tambourine fallen ein, und
feierlich ertönt im provenzalischen Idiom das frohlok-
kende »Nun lasset uns anbeten«. In diesem zarten, be-

glückenden Augenblick, in dem alles eine einzige Familie ist, während die Kerzen flimmern und das kleine, weiße Lamm von Hand zu Hand wandert – in dieser Stunde sind die Hirten nicht mehr die wandernden Schäfer der Crau oder der Alpilles, vielmehr Träger und Propheten der erhabenen Botschaft, was gar nicht übel zu ihrem getragenen Wesen paßt. Jener frohen Botschaft, die eine der Hirtinnen, den Engel des Himmels vertretend, zuvor von der Sakristei aus den andern Hirten zugesungen, worauf der älteste Hirt in wundervollem, rhapsodischem Strom des Provenzalischen respondiert hat. Jener frohen Botschaft, die der Priester in den klingenden Kadenzen dieser Sprache verkündet. Im Augenblick der Darbringung des Lammes feiert das Provenzalische seine größte Stunde. Es ist eine greifbare seelische Macht und zudem Sprachleib und Gestalt geworden, eine Wirklichkeit, die für kurze Momente aus den Schlünden des Vergangenen auferstehen durfte.

In der ›Pastrage‹ offenbart sich eine der tiefsten Regungen des Volkes, soweit es noch eine ›Nacioun gardiano‹ ist. Denn vor allem die Hirten bekennen sich zum provenzalischen Erbe. Aber man spürt auch, wie sehr Rom, die große lateinische Mutter der Mittelmeervölker, daran beteiligt war, diesem Volk die Zunge zu lösen; nicht das Rom der Kaiser und Militärs, wohlverstanden, sondern das Rom des Horaz. Das alles läßt sich in der provenzalischen Sprache des Abends vernehmen.

Aber es bleibt zugleich sehr faßlich, daß sich hinter dieser Sprachwerdung lange Vergangenheiten und Erinnerungen verbergen, die bis in keltoligurische Epochen zurückreichen.

Noch in der gleichen Nacht fuhren wir mit einem ganzen Schwarm von Menschen die achtzehn Kilometer nach Arles.

›Réveillon‹ war, die Feier des ›Mitternachtsschmauses‹, die hierzulande in hohem Ansehen steht und mit Tanzen und Spiel bis in den Weihnachtsmorgen verlängert wird. Wochenlang hatten sich die Geschäfte der Stadt darauf vorbereitet. Tagelang baute der Wildbrethändler in den engen Gassen unweit der Place du Forum ein ganzes Rudel von Wildschweinen mit erhobenem Kopf und gespreizten Vorderläufen auf dem Trottoir auf; dazu Hasen, Rehe, Federvieh die schwere Menge. Der Confiseur an der Ecke der Rue Tardieu und Rue Portagnel hatte Berge von Caleçons, einem Mandelgebäck, dazu kandierte Veilchen und glasierte Maronen, im Fenster getürmt, und beim Muschelhändler an der Place Voltaire, bei dem sich allabendlich der Schmierenschauspieler mit dem breitkrempigen provenzalischen Hut einstellte, um sich bewundern zu lassen, wuchsen Berge von Austern verschiedenster Art.

Selbst die Landstreicher fühlten sich angeregt und äugten unruhvoll durch die Scheiben des Weinbeisels in der Rue Amédé Pichot, wo es zwar kaum mehr als Trippes und Andouillettes – diverse Innereien – zu essen gab, aber der Rote nur ein paar Pfennig kostete. Darauf kam es den Vagabunden an. Schon kurz nach zwei Uhr in der Nacht lagen die ersten besiegten Kämpen stocksteif in der Gosse.

Die goldene Zeit hob an, in der allabendlich bis Neujahr in jeder Kneipe Verlosungen stattfanden. Für die Arbeitslosen eigens im Arbeitsamt, damit sie nicht zu kurz kamen. Käfige mit ängstlich gluckerndem Feder-

vieh, das den üblichen Preis bildete, fanden sich zu ganzen Wänden gestapelt. Arles feierte, und wir zogen allabendlich hindurch. Vorbei an der nächtlich dunklen
Fassade von St-Trophime, und noch jetzt schlug es wie
eine Flamme durch den schwärzlichen Stein mit dem
hieratisch im Tympanon thronenden Christus, den Friesen mit den Seligen und Verdammten, den Apostelgestalten zwischen den Säulen, zu denen sich Sankt Tro-
phimus gesellte und der unter Steinwürfen sterbende
Stephanus. Die Gewalt, mit der das ausgehende 12. Jahrhundert hier ganz ähnlich wie in St-Gilles gesprochen,
büßte selbst im Zwielicht matten Lampenscheines nur
wenig ein. Oder wir liefen die Rue de la République
hinab, vorüber an den Lockungen der Schaufenster, an
provenzalischen Stoffen und tiefbraunem Lederzeug, vorbei am Museon Arlaten bis zur Rhônebrücke von Trinquetaille. Ein winziges Fetzchen Licht schwamm hier
oder dort auf dem Strom zu Tal, und wir zogen auf
den langen Steindeichen am Ufer entlang, ließen die
Thermen aus der Zeit des Konstantin ebenso in ihren
schwarzen Schatten ruhen wie den Umriß der Malte-
serkommende, in der jetzt das Musée Réattu untergebracht ist. Auch in uns rumorte es. Auf eine unerklärliche Weise gerieten wir in den Bann dieser Stadt.

Es ist zuzugeben, daß mich in Arles regelmäßig ein tö-
richtes Glücksgefühl durchströmte. Wir wohnten gern
in Nähe des Rhôneufers. Man konnte im Hotelchen nicht
essen. Das bedeutete moralische Freiheit; zudem war
das Zimmer riesenhaft, es ging zum Patio, zum Innenhof,
hinaus und gewährte vollkommene Ruhe.

Ringsum zog sich ein Viertel süßer Gassen, bekrönt
von der gewaltigen, auf mächtiger Freitreppe zu erstei-
genden Arena. Die Rundbögen dieses Schwesterwerkes

von Nîmes standen gleich Schallöchern gegen den Himmel. Eine Zwingburg war dieser Hadriansbau, düsterer Ahnungen voll, bewehrt zudem mit eckigen Türmen, die das Mittelalter hineingebaut, als im weiten Oval der Arena ein Dorf von zweihundert Häusern gewachsen. Das Rudimentäre der nie mehr restaurierten Rundbogen an der obersten Galerie verstärkte den Eindruck einer Festung noch. Nicht nur des Nachts, wenn der Mond über die Arkaden geisterte und tiefe Schlagschatten in ihre Höhlungen warf. Sondern auch tags, wenn sich der Stein angenagt und von der Zeit verwittert zeigte. Demütig und ergeben hingegen schmiegten sich die Häuser darum, an denen gelegentlich ein Karren vorüberzog. Kräuter aus den Alpilles lagen darauf, Majoran, Thymian, Rosmarin, Lorbeer und tausend anderes Blattwerk, das eine alte Frau mit gellender Stimme feilbot.

So also das alte Arles, das von der Kirche Notre-Dame-de-la-Major bekrönt wird, von deren Terrasse man tief hinabsieht in schmale Schluchten zwischen den Häusern.

Das war wieder einer der Plätze, wie ich sie liebe. Er bot ein Aufatmen, einen Blick ins Herz. Wie friedlich ließ sich im kühlen Schatten des Kirchenschiffs ausruhen. Der Bau wurde, wie eine Tafel verkündet, bereits 435 konsekriert. Doch stammte die heutige Kirche erst aus dem 12. Jahrhundert. Ich liebte ihre breite, behäbige Art, saß gerne darin, vor allem ob eines bunt bemalten Holzbildnisses ›Sant Jorge‹, Sankt Georg, den Patron der Gardians, der Stierhirten, darstellend. Einmal war mir ganz besonderes Glück beschieden. Da klang plötzlich die Orgel auf. Eine Stimme hob an zu singen, ein wundervoller, enormer Anschwellungen fähiger Mezzosopran von leicht belegter Klangfarbe, wie das den Französinnen eigen ist. Der Ton füllte den Raum in einer

überaus kraftvollen Weise aus, trug, beglückte. Ich hatte
die Erinnerung daran noch in mir, als mein Fuß längst
durch Gassen hinabgeschritten war, vorbei an auf Haus-
stufen sitzenden Kindern mit zarten, kleinen Affenge-
sichtlein, zuweilen aber auch bildschön geformten Zügen, über denen brennend dunkle Augen standen.

Für jetzt und immer blieb Arles für mich dieses In-
einanderströmen von altersgrauer Gewalt der Geschichte und berückendem Himmelslicht, von Gnadenstimme
und Todesgewalt, die aus der Arena andrang!

Nachtcafé des Vincent van Gogh

Die Dämonie dieser Stadt verleugnete, beschwichtigte
sich im Grunde nie. Wenn sie anfangs auch darin bestand, daß sie tiefe Einsichten in des Lebens Zusammenhänge und Doppelbödigkeit vermittelte. Natürlich,
zweitausend, zweitausendfünfhundert, nein noch mehr
Jahre, das will schließlich gelebt sein. Da gelangt solch
eine Stadt übers Greisenalter plötzlich ins Seherische.
Die Zeitalter, die in Arles versunken waren, glichen
erratischen Blöcken. Die phokäische Epoche des 7., des
6. Jahrhunderts vor Christus – wer weiß denn genau,
wann hier alles begann und was da zuvor gewesen? Die
gewaltige Antike sodann, als zwanzigtausend Menschen
in die Arenen drängten, um den Tod eines Gladiators
zu sehen. Eine tüchtige Epoche freilich, in der ein Aquädukt von fünfundsiebzig Kilometern Länge gesundes
Wasser in Strömen herbeibrachte, das die Fontänen, die
Thermen, die Privathäuser versorgte und sogar die öffentlichen Gelegenheiten in ihrem Prunk aus weißem
Marmor mit Wasserfluten durchschwemmte. So zu des
Konsuls Marius Tagen, der die Stadt durch einen Kanal mit dem Golf von Fos verband. Bis Caesars Sieg

über Massilia gar einen ungeahnten Aufschwung brachte, denn Arles erbte alle Besitzungen der großen Schwe-
sterstadt an der See. Schon drei Jahre nach der vernichtenden Niederlage Marseilles entstand die große Arena
von Arles. Sehr bezeichnend.

Das muß man doch sehen: schon bei des Augustus Regierung war die Stadt erheblich älter als die Vereinigten
Staaten für unser Bewußtsein von heute. Jetzt hob erst
das große Bauen an, Theater, Tempel und was solch
eine Gemeinde an Öffentlichem bedarf, wenn an den
Kais immer neue Schiffe anlegen und man in Ägyptisch,
Syrisch, Griechisch, Hebräisch, Iberisch, Lateinisch, Afri-
kanisch, Gallisch, Germanisch umherschreien hört. Damals zogen sich die Vermögenden vom Hügel von Arles,
darauf Arena, Theater und Forum liegen, zurück und
legten ihre Villen in Trinquetaille an. Selbstverständlich
brachte die Stadt eine ganze Reihe von bedeutenden
Menschen hervor; einiger Namen Ruhm, oder was man
so nennt, hat sich bis heute erhalten. Vom Rhetor Favo-
rinus des zweiten vorchristlichen Jahrhunderts bis zum
heiligen Genès, der um 300 den Märtyrertod starb. Vom
Kaiser Konstantin II. bis zur mutigen Gattin des Seneca,
die eine der bildschönen Arlesierinnen mit dem griechisch geschnittenen Profil war, wie man sie heute noch
sieht.

Erstaunlich genug, es war grade die gallische Zeit, in
der Arles richtig zur Blüte gelangte. Da schrieb jemand
im 5. Jahrhundert – damals zählte die Stadt bereits über
tausend Jahre –, auf ihren Märkten finde man alles, was
der Orient erzeuge, Arabiens Wohlgerüche, Assyriens
luxuriöse Produkte, Afrikas Überfluß, Spaniens, Gal-
liens Früchte, Wollen, Getreide. Fünf Schiffergenossen-
schaften besaß die Stadt derzeit; sie befuhren nicht nur
das Meer, sondern auch die Rhône, die Durance, die

Teiche der Camargue, die sich bis an den Hügel von
Arles erstreckten. Die Etangs natürlich nicht mit Schiffen, sondern mit Flößen, die von aufgeblasenen Schläuchen getragen wurden. Man besaß eine Tuchindustrie,
Arsenale, Goldschmiedewerkstätten und selbst eine kai-
serliche Münze. Provenzalisches Olivenöl wurde expor-
tiert, zudem jener Wein von den Rhônehängen, der
schwarz und tintig war und Pechwein hieß.

Man kann sich gut denken, wie das an der Rhône zuging. Eines Tages Geschrei am Hafen. »Was gibt's?«
tritt einer hinzu. »Nur ein Boot mit numidischen Skla-
ven gekentert.« – »Wem gehörten sie denn?« – »Flavius.« – »Der hat schon ein Pech, erst gestern beim Wa-
genrennen soviel verloren ...!« Dergleichen Snobismus
gab es nämlich auch, dazu eine ganz neue Wichtigkeit,
die der Stadt ein wenig zu Kopfe stieg, seit der Reichtum wuchs. Gegen 400 wurde Arles Präfektursitz für
das ganze Gallien des damaligen Sprachgebrauchs. Das
heißt also für Spanien, Gallien, wie wir es verstehen,
und die Bretagne. Nicht weniger als neun Konzile fanden hernach hier statt.

Plötzlich aber war alles vorbei. Niemand hatte daran
gedacht, daß ausgerechnet die Barbaren, dieser letzte
Abschaum, der sich höchstens am Hafen als Lastträger
oder als Gladiator in der Arena brauchen ließ, eine Gefahr bedeuten konnten. Aber da kamen sie nun – Westgoten, Burgunder, Ostgoten, Franken, schließlich auch Sarazenen. Das große Sterben begann. Arles war nur mehr
ein Schatten von einst, als es um 879 zum Sitz eines Königreiches aufstieg, das Burgund wie die Provence um-
faßte. Ah, selbst einmal, einmal selbst Hauptstadt sein!
Pah, was war das schon gegen früher? Bis aus dem Are-
lat ein Teil des Heiligen Römischen Reiches Deutscher
Nation wurde. 1178 sollte sich Kaiser Friedrich Barba-

rossa in St-Trophime zum König von Arles krönen lassen. »Und ging, das Diadem auf dem Haupte, in der Prozession mit, wobei ihm die Königsinsignien vorangetragen wurden.« Doch endlich genug davon.

Einen gab es, der hat das Dämonische und die Tiefendimension dieser Stadt gespürt. Es rann ihm zusammen in die erregte Farbe, in Oberfläche, natürlich, da er ein Maler war. Es lebte so stark in ihm, daß er sich nie recht in die Mitte von Arles wagte. Wohl dorthin, wo sich über den gewaltigen Treppen die saugenden Schluchten der Arena öffnen. Aber selten an die Place du Forum, diese kostbare Schatulle, zierlich und klein, von Platanen beschattet und umstanden von teuren Hotels – ein fast holländisches Interieur, wäre die Rune des römischen Tempels nicht an der einen Seite gewesen, dieser im Mauerwerk eingelassene Giebel gleich einer Brekzie mit eingebackenem Fossil. Was sollte er da? Dort gingen zuviel hohe Herrschaften herum; Frédéric Mistral, der noch ein Vierteljahrhundert zu leben hatte, samt Gästen, die ausgiebig in den Hotels und Brasserien tafelten. Es war nichts für einen Wilden mit brennendem Blick und verbeulten Leinenhosen. Aber wo hielt er sich auf, hatte er sich versteckt?

Es war der dritte Weihnachtstag 1959. Ich stand an der Stadtmauer nahe der Porte de la Cavalerie, wartete. Von der Arena drangen anfeuernde Schreie heran. Acht Stiere starben den Tod für die Opfer des Dammbruches von Fréjus. Es sah freilich so aus, als ginge es weniger um eine finanzielle Hilfe, vielmehr, als sei dies eine schöne Gelegenheit, die Umgekommenen durch eine Hekatombe von Tieropfern zu feiern.

Plötzlich erblickte ich, was ich lange vergeblich gesucht – mir genau gegenüber lag eins jener beiläufigen

Restaurants, in die nur die Franzosen gehn. Auf seiner nackten Brandmauer angemalt ›Café de la nuit de Vincent van Gogh‹.

Jenes Café, in dem er den Billardspielern zugesehen? Das er in den Farben der Feindseligkeit gemalt hatte, Violett und Giftgrün gegeneinander gesetzt, ein Bild voll gewollter, schneidender Mißtöne, hinter denen sich bittere Kritik, aber auch sein eigenes, umgetriebenes Leben verbarg? Man brauchte nur einzutreten und alles war klar. Durchaus das ›Café de la nuit‹. Der Raum, wie üblich bei van Gogh, in den Farben vollkommen anders. Das stand zu erwarten. In diesem Punkt ließ er sich nicht von seinen Motiven dreinreden. Aber neben der Tür hing noch die Uhr in dem ovalen Kasten.

Das Café nannte sich heute ›de l'Alcazar‹. Hinter der Theke stand ein sympathischer junger Franzose mit randlosen Augengläsern, die nach der Mode leicht grünlich gefärbt waren. Seine Rede ging: »Oui, monsieur!« und »C'est ça, monsieur!«

Hier hatte er also gesessen, jener rotblonde Wilde aus Holland, dessen merkwürdig flackernde Augen verrieten, daß er längst nicht mehr in den Bereichen gesitteter Bürgerlichkeit zu Hause war. Das Haus, in dem er gewohnt hatte und die sonstigen Erinnerungen waren dahin – von Bomben während des letzten Krieges zerstört. Das Café bot sozusagen die letzte authentische Spur seines arlesischen Erdenwallens.

Von der Arena erscholl unterdessen das Beifallsrufen und aufgebrachte Pfeifen, wie das bei Stierkämpfen so üblich ist. Acht iberische Toreros waren mit ihren Mannschaften herübergekommen. Am Hôtel Nord-Pinus an der Place du Forum stand ein Schild zu lesen, wie geehrt sich die Direktion fühlte, die berühmten Kämpfer aus Spanien beherbergen zu dürfen. Die ganze Stadt war

auf den Beinen. Das ganze Land war auf den Beinen.
Von allen Seiten waren sie herbeigeströmt zu diesem
Schaukampfe.

Nein, ich folgte nicht der Verlockung, sondern blieb
und hockte im ›Café de la nuit‹ des Vincent van Gogh,
das gar nichts anderes war als ein einfacher, nüchterner,
kalter Bau jener Art, wie man sie zahllos findet. Jenes
Café, das auf dem Bilde des flämischen Künstlers alle
Verzweiflung seiner Seele spiegelt. Inbegriff einer trost-
losen Öde. Hier also hatte er gesessen, hatte er lange
mit starrem Blick in sein Glas gesehen und nachgedacht,
auf seine Weise ebenso das Opfer eines Kampfes wie
jene Stiere, die in der Arena den Sühnetod für Fréjus
zu sterben hatten.

Tauromachie

Wie man auch dazu steht, es gibt nur noch einen Anlaß,
bei dem die riesigen Arenen zu wirklichem Leben erwachen – wenn sich wieder eine Schleifspur von Blut durch
die kühle Finsternis ihrer stollenartigen Zugänge zieht,
beim Stierkampf nach iberischer Art also, dessen Mit-
wirkende, Kämpfer wie Toros, aus Spanien kommen.

Als ich zum ersten Mal einer Tauromachie beiwohnte,
kam ich aus der Camargue. Die elektrische Bahn nach
Arles war fast leer, die Hitze trotz der geöffneten Fenster erstickend. Die Gardians der Camargue, für die
der Stierkampf das höchste der Feste bedeutet, waren,
soweit abkömmlich, schon früher gefahren, um einen
guten Platz auf der Schattenseite der Arena zu ergattern. Einige, die sich von ihrem Gaul nicht zu trennen
vermochten, hatten den Weg auch zu Pferde gemacht
und ritten mit silberbeschlagenem Sattelzeug über die
Brücke von Trinquetaille. Noch in letzter Minute spreng-

te eine Reiterin in voller Karriere heran. »Ka-klapper, ka-klapper, ka-klapper« ging es über den Asphalt an der Porte de la Cavalerie und die Rue Amédé Pichot hinan, die ich eben herabkam.

Die Arena war bereits vollbesetzt; man hörte die Musik schon die Marseillaise spielen, und die Uhr zeigte drei. Vor dem Eingang der Arena fuhren die Ambulanzwagen auf. Plötzlich erklang der Marsch aus ›Carmen‹; der Einzug der Mitwirkenden bei dieser Oper des Todes hob an. Zuvorderst ritten zwei Schwarzgekleidete, machten Reverenz und galoppierten ab. Dann trat die Cuadrilla auf, drei Matadore zuerst, schlanke, gut aussehende Burschen, von denen jeder an diesem Tage zwei Stiere zu töten hatte. Hinter ihnen trollte sich in lockerem Abstand ein ganzer Schwarm von Picadores, Banderilleros und Capa-Schwenkern.

Zwei Galonierte stießen nunmehr die Pforte auf, über der ›Toril‹ angeschrieben steht. Aber der Stier kam nicht. Sie polterten mit den Fäusten gegen die Planken, er kam immer noch nicht. Endlich erschien er. Er fegte keineswegs heraus, wie das in den Geschichten von Hemingway geschrieben steht, und er ging auch nicht. Er kam mit einem schönen, schlanken Trab, den Kopf erhoben, in den Augen noch die unendliche Weite des Himmels, der sich über den Weiden seiner Herkunft wölbt. Er war sehr allein und lief mit federnden Schritten in dieses schmerzhaft helle Rund, in diese Bucht von grellen Farben und spitzen Schreien, in diese von Musik und Licht dröhnende, von Tumult durchbebte, gewaltige Schale, in deren blendendem Grund er nach festliegendem Ritus zu sterben hatte.

Schon standen die Männer bereit, die ihn mit ihren Capas zu reizen und zu verwirren hatten; die Picadores auf ihren gepanzerten Pferden waren bereit; sie hielten schwere Spieße in den Händen, die sie in seine Schultern bohren würden. Es standen die Banderilleros bereit mit ihren bunten Pflöcken, deren Widerhaken sich tief in sein Fleisch krallen würden, um ihm bei jedem Sprung Qualen zu verursachen, die ihn zur Raserei treiben sollten. Der ganze frisierte, galonierte, geschniegelte Troß des Todes stand bereit, an der Spitze der Matador, der ihm den Degen ins Leben jagen würde. Und auch die Pferde standen bereit, die seinen blutüberströmten Körper aus der Arena schleifen sollten, bunte Federbüschel im Stirnhaar. Es wartete draußen der Lastwagen, der erst seinen Körper, dann den seiner Genossen davonfahren würde – mit klaffenden Wunden bedeckte, graue Massen von Fleisch.

Er wußte von alledem nichts, was ihn erwartete und was ich dachte. Er hatte zu handeln und er würde handeln, bis er zusammenbrach. Er schien mir hier, unter dem hohen Himmel des Südens, vor der grellen Helligkeit des offenen Lichtovals als Verkörperung aller Opfer, welche die Erde gesehen hatte. In ihm starben, jetzt und hier, alle Geschöpfe der Erde noch einmal alle Tode, die sie jemals gestorben waren. Sie starben sie so hoffnungslos und in solcher Verschwendung von Mut, Kraft und Blut, wie alle Opfer gestorben waren. Der Stier war das Sinnbild der Geopferten, er war Antigone und Jedermann, er war die Inkarnation der Milliarden anonymer Tode, von denen die ewig Fleisch vernichtende, Fleisch zeugende Erde lebt. Er war zu nichts anderem erzogen und hierhin geschickt worden, als zu sterben. Er besaß nicht die geringste Chance davonzukommen, und wir alle, die wir auf den Stufen der Arena hockten, in der seit zweitausend Jahren immer neue Tode vorgestorben wurden, wußten, daß er keine Chance besaß. Wir wußten. Wir waren Gott. Wir hielten die

Fäden in der Hand. Jeder von uns war Gott. Wir wußten, wie dieses Spiel auslief, wußten auf die Minute
genau, was jetzt und was jetzt geschehen würde. Es war
traurig für uns, daß wir wußten. Es machte uns mit-
schuldig. Aber fast alle, die hier saßen, die wenigen Neugierigen ausgenommen, wollten schuldig werden und
den Tod sehen. Es war ein rüder Tod, der dem Stier
abverlangt wurde, ein Tod mit einigen Randverzierun-
gen, aber sonst ohne jede Bemäntelung, ein elementares,
umwegloses Fazit, in dem alles geleugnet und zunichte
gemacht wurde, was jemals Gesittung geheißen hatte.

Ich habe nichts gegen den Kampf an sich und nichts
gegen die Tötung an sich. Schließlich, wer das Leben
will, muß den Tod wollen. Eins ist nicht ohne das andere. Aber für mich war der Tod ein Mysterium wie
Geburt und Zeugung. Etwas in mir empörte sich gegen
des Todes schamlose Entblößung. Es wurde mir klar,
daß man zwischen zwei Haltungen wählen konnte – entweder wie ein ›Aficionado‹ das Todesspiel nach der Ein-
haltung der Regeln zu bewerten, um darüber den Einsatz zu vergessen. Oder sich auf die Seite des Stieres zu
stellen.

Ich stellte mich auf die Seite des Stieres.

Er lief noch immer im Kreis, seine Augen glitten über
die buntbetupften Wände der Arena und verstanden
nicht. Über ihm war der Himmel eng, nur noch ein
Ausschnitt. Lärm war da, viel Lärm, von dem er nichts
verstand. Er blieb stehen und starrte. Die Menge brach
in ein Pfeifkonzert aus. Hinter den Bretterverschlägen,
den Burladeros, kam jetzt der Chef der Cuadrilla hervor und schwenkte die Capa vor der Nase des Stieres
hin und her. Es gelang ihm, den Toro zu einigen Attacken zu bewegen. Es war ein mutvoller Stier; aber
er wußte nicht recht, was man von ihm verlangte. Er

Zeichnung von Vincent van Gogh

griff gut, in schlankem Galopp an, während er den
Kopf witternd hinaufhob. Noch keineswegs in den seltsam gebundenen Galoppsprüngen, die sie nachher machen, wenn die Banderillas in ihrem Rücken wühlen.
Aber dann unterbrach er sich und sah verwundert zu

den Rängen hoch. Die Menge pfiff. Er war ohne Zweifel
ein tapferer Stier, aber man hatte das Gefühl, daß ihn
die Sache nichts anging. Ein zweiter arbeitete sich mit
seiner Capa vor, und der Toro griff wieder an; der
Mann hatte alles zu tun, sich hinter den Burladero zu
retten. Der Stier tat sein Werk wie verwundert. Hatte
er angegriffen und mit dem linken Horn nach der Capa
geschlagen, war es ihm offensichtlich genug. Er trabte
zurück. Die Leute pfiffen immer mißvergnügter. Aber
ich wußte wohl, daß diese Gänge nur Finte der Stier-
kämpfer waren. Man wollte vor allem sehen, wie sich
der Toro benahm. Es war seine Galgenfrist.

Inzwischen hatte sich der Picador, die Beine von schwarzen Holzschienen geschützt, auf dickgepanzertem Pferde
aufgebaut. Es war ein rotnackiger, schwerer Kerl, der
wie ein Grobschlächter aussah. Er hatte die Leute nicht
auf seiner Seite; selten besitzen Picadores die Sympathie
der Zuschauer. Die Capa-Schwenker begannen, den Stier
in die Nähe zu bugsieren. Sie zogen ihre roten Tuch-
fetzen kurz vor seiner Nase weg, und es gelang ihnen,
das Tier auf den Reiter zu dirigieren. Endlich hatten
sie ihn so weit, daß er angriff. Er rannte direkt auf
die Breitseite des Gaules zu. Das war schlecht. Der Picador hätte ihn mehr von vorn bekommen müssen, aber
der Stier kümmerte sich nicht um die Probleme des Picadors; er besaß Feuer und griff an. Der Picador hatte
sich bereits zurecht gesetzt, das eine Bein straff in den
Außenbügel gestemmt, um Halt zu haben, die Lanze
unter den Arm geklemmt. Er saß wie ein schwerer,
stummer Klotz da und konzentrierte sich vollkommen
darauf, dem Stier das Eisen zwischen die Schultern zu
bohren. Der Stier war jetzt heran, und der Picador
stemmte seine Lanze in einer leichten Drehung in den
Nackenwulst; er stemmte sich in das Fleisch des Tieres,

und der Stier warf sich mit seinen Hörnern gegen das
Pferd. Es dauerte eine ganze Zeit; die Gruppe stand
unterdessen wie ineinander verwachsen. Es lag daran,
daß der Stier mit seinen Hörnern unter den Leib des
Pferdes gekommen war. Jetzt hob er den Kopf, und alles,
Roß und Reiter, kippte über ihn weg. Es sah nicht sehr
heroisch aus; des dicken Picadors rechtes Bein war unter
den strampelnden Gaul geraten, und die Leute johlten.
Über den Rücken des Stieres rann eine Lache Blut. Er
hatte nicht übel Lust, den Picador anzunehmen, aber
die Capa-Schwenker waren schnell heran und lenkten
ihn ab.

Ein paarmal schlug der Stier nach den bunten Lap-
pen. Währenddessen versuchte das Pferd schwerfällig
sich zu erheben. Es kannte das alles schon ganz genau;
es war ein braves, altes Tier, dessen Kopf zitterte, während es mit den Vorderbeinen Fuß zu fassen versuchte.
Endlich kam es hoch, während die Capa-Schwenker den
Stier müde hetzten. Dann saß der Picador wieder auf,
und das Ganze wiederholte sich. Es hatte den Sinn, den
Stier zum Herunternehmen des Kopfes zu bewegen, weil
der Matador sonst nichts machen kann. Es kam darauf
an, den Toro so weit zu verwunden, daß er nicht zuviel, aber auch nicht zu wenig Kraft besaß; vor allem
sollte er in die richtige Raserei gebracht werden.

Der zweite Terzio verlief sehr schnell. Die Banderilleros kamen an die Reihe. Der Stier stand ruhig inmitten der Arena, nur seine Flanken bebten vor Atemnot.
Er griff die Banderilleros sofort an, als sie kamen. Es
war nicht leicht für sie; sie besitzen keine Capa, um
den Stier von sich ablenken zu können. Sie müssen un-
beweglich stehen bleiben, die Stäbe in den erhobenen
Händen, und den Stier auf sich zukommen lassen. Der
erste der Männer war großartig. Er verharrte vollkom-

men ruhig, als der Stier ihn annahm, und drehte sich
erst in der letzten Sekunde beiseite, während er die
Pflöcke mit den Widerhaken in die Schultern des Toros
schlug. Sie saßen fest. Das Tier bockte in einem verzweifelten Sprung, aber die fürchterlichen, bei jeder Bewegung wühlenden Stäbe gingen nicht aus seinem Rük-
ken, sondern schlugen um ihn herum, um ihn bei jedem
Schritt, jedem Sprung, den er machte, mit Schauern
wütender Schmerzen zu übergießen. Der Stier blieb stehen. Sein Maul öffnete sich, und die dicke, dunkle, he-
chelnde Zunge wurde sichtbar. Es war, als ob er auf
eine stumme und schwere, laut- und wortlose Weise
klagte. Er schloß von nun an das Maul nicht mehr, und
seine Flanken flogen.

Der zweite Banderillero hatte weniger Glück, und dem
dritten erging es ebenso. Die Leute, die anfangs ge-
klatscht hatten, waren wütend und pfiffen. Der Stier
hielt inne und hechelte. Seine Schultern mußten ein einziger, ungeheurer Schmerzensbrand sein.

In diesem Augenblick ertönte ein Hornstoß. Der Matador, der Totmacher betrat den Plan. Er kam mit der
ganzen Grazie der Jugend und einer Überlegenheit, der
etwas Sprödes anhaftete. In der Linken trug er die Muleta, in der Rechten den Degen; wirklich, er sah in seinem betreßten Paraderock und der sich seidig um die
Beine schmiegenden Galahose genauso verführerisch aus,
wie man diese Burschen auf den Bildern südlicher Läden paradieren sieht. Was jetzt kam, war jenes Spiel mit
der Gefahr, das nur Leute als spannungsvoll ansehen,
die Zuschauer sind. Die Gefahr selbst, das Erlebnis der
Gefahr sind für den Beteiligten voll Eintönigkeit. Zweifellos war das Spiel des Matadors von minutiöser Genauigkeit, Grazie, ein Balancieren zwischen Vorsicht
und Berechnung – dieses Schreiten, Abwenden, knieende

Auffangen des Stieres oder das Anlocken mit der Muleta, die in seiner Hand leicht hin und her vibrierte, um eine Attacke herauszufordern.

Der Stier stand jetzt, wie es die Regel gebot, mit den Füßen in gleicher Linie und hielt den Kopf gesenkt. Der Matador hatte sich im Profil vor ihm postiert und kreuzte die Arme, während er mit der Linken die Muleta hielt und mit der Rechten den Degen in Augenhöhe erhob. Er visierte genau an seinem Stahl entlang. Als der Stier angriff, stach er zu. Aber das Tier war ihm zuvorgekommen, hatte den Kopf um den Bruchteil einer Sekunde zu früh gehoben. In einem hohen Bogen sprang der Degen von seinem Nacken ab. Der Matador bekam eine neue Waffe, und das Spiel wiederholte sich. Der Stier stürzte aus seinem erschöpften Stillestehen vor, schlug nach der aufreizend vibrierenden Muleta, und der Stahl sprang abermals ab. Beim dritten Stoß traf der Matador endlich jene einzige Stelle, an welcher der Degen Eingang durch die Wirbel in das Leben des Stieres findet.

Was jetzt kam, war sehr schlimm. Denn der Stier ging, den Degen bis zum Heft in seinem Rücken, umher, als wenn nichts geschehen wäre. Doch wir alle wußten, daß er nur wenige Schritte zu tun hatte und das verräterische Licht vor seinen Augen würde für immer erlöschen. Er war zugrunde gerichtet wie ein Bankrotteur, war fertig. Sie gaben, und das war vielleicht das Schlimmste, kaum noch auf ihn acht. Er war bereits zur erledigten Sache degradiert. Aber er griff noch einmal, ein letztes Mal an, während ihm das Blut in Bächen aus dem Maule troff; griff die verhaßte Muleta an. Nur dies noch gab es in der letzten Minute seines Daseins. Blutend, erschöpft, sterbend schlug er mit dem Kopf nach dem Zeichen der Qual und seines Elends. Sein Maul he-

chelte noch immer. Abermals wandte er sich, um gegen
die Muleta anzurennen, als plötzlich, mitten in der
Schwenkung, die Schwäche des Todes über ihn kam.
Während die Läufe ihm einknickten, drehte er sich
schwer um die eigene Achse und schlug zu Boden. Doch
selbst diesen Tod gönnten sie ihm nicht. Sie waren schon
über ihm, während die Läufe noch zuckten – die Tür
der Arena öffnete sich, das Pferdegespann mit den roten
Büscheln erschien unter Peitschenknallen und schleifte
den Leichnam im Galopp nach draußen. Dies war sein
Ende, das Ende der Freiheit und des Lebens. Das Ende
allen Lebens. Es war das Gleichnis aller Kreatur, die
da starb, und aller Menschen, die da sterben müssen. Es
war der Tod der Antigone und des Jedermann, und ich
wußte jetzt, was mich gegen diesen Kampf einnahm.
Nicht, weil es solcher Umstände bedurft hatte, bis der
Toro am Boden lag. Es ist schon wahr, es gab etwas in
diesem Spiel, das auch mein Blut zum Singen brachte.
Nur dieser öffentlich vorgestorbene Tod! Wie oft hat-
ten die hohen Bögen dieser uralten Arena das gesehen –
Leichname, die man an ihren Beinen herausschleifte.
Nicht nur der Tiere Körper, sondern auch der besiegten
Gladiatoren...

St-Trophime

Schon gut, daß es Tröstliches gab!

Wenngleich die uralte Stadt mit ihrer grauen, müden
Silhouette über dem blinkenden Spiegel der Rhône, mit
ihren Türmen und schützend gegen die Sonne gehaltenen Dächern, die sich nur wenig über die steinernen Dei-
che des Stromes heben, stets eine gewisse Traurigkeit
besaß, wie sie dem Alter eigen ist. Es gab Tage, da schien
Arles wie bestäubt von Schmerz und durchbebt von Leid.

Aber sie waren von jener Art, die erhöhend und intensivierend wirkt.

In solchen Zeiten war es gut, eine Stunde am Boulevard des Lices vor einem der Cafés beim Pernod zu sitzen, der sich unterm Zuguß des Wassers milchig färbte und sowohl sänftigend wie beschwingend durch die Adern rann. Oder hernach im ›Chez Claude‹ ein ›Boeuf à la Gardienne‹ oder einen ›Riz camarguais‹ zu essen, einfache Gerichte gewiß, denn unser Geldbeutel bedingte dieses Lokal. Dafür wurden wir wiederum eines vollen Stromes Volkslebens gewürdigt, dem man in den Quartieren und Restaurants der Fremden nicht begegnet.

Da erschien allabendlich Monsieur Dubois mit zurückgestrichenem Grauhaar und fliehender Stirn, der sein Glas zur Hand nahm, um gestikulierend im Selbstgespräch umherzuwandern, während ihm die langsam verkohlende Zigarette zwischen den Lippen hing. Allabendlich erschien auch das Zigeunerpaar, das zur Aristokratie der Fahrenden gehören mußte. Oder jene Dame mit dem eleganten, gelben Mantel, deren Augen und Teint nebst dem dunkel geratenen Kind verrieten, daß sie Negerblut in den Adern hatte. Oder vom Bahnhof kamen, wie schon Daudet beschrieben, die jungen Männer mit Koffern vom platten Lande vorüber, die in Arles ihr Glück machen wollten. Gäste ließen sich an den Tischen nieder, schwatzten und lachten. Leute strömten herein, Leute zogen hinaus. Denn Arles ist ein Schmelztiegel, in dem Fäden zusammenrinnen und versickern, deren Enden niemand anders als das Schicksal in Händen hält. Hinter der Theke aber stand der dicke, kranke Wirt mit dem traurigen Lächeln um den guten Mund, der nicht mehr lange leben würde, und die blonden, hübschen Kellnerinnen, die für jeden ein freundliches Wort hatten, eilten hin und her.

Noch besser aber, an stillen Morgen in die Schattenkühle von St-Trophime zu flüchten! Nicht einmal in das Innere, wiewohl ich es liebe, in Kirchen zu sitzen und ein Gespräch mit dem anderen zu führen, das man nicht begreifen kann und doch um sich spürt – in dieser Stadt mehr als irgendwo sonst. Ich meine also nicht das helle und ungewöhnlich hohe Schiff der Kirche mit den für die Provence ganz ungewöhnlichen Oberlichtern und dem gotischen Chor. Man war zu sehr abgelenkt. Da gab es gleich Dinge, die gesehen werden wollten, ohne daß man sie immer zu sehen begehrte. Den als Taufstein dienenden Sarkophag mit seinen Figurenfriesen, dem die braungraue Patina des Marmors einen köstlichen Reiz verlieh. Oder den Altar in der Heilig-Grab-Kapelle, der aus einem Sarkophag vom Jahr 400 gebildet ist; einst Ruhestätte eines Beamten namens Geminus, der von Köln nach Arles versetzt und so zu unfreiwilligem Nachruhm gelangt war, da sein Name bis heute erhalten blieb... Aber Sarkophage, von ihnen wird noch genügend zu reden sein!

Vielmehr, wir waren wiedergekommen, der Sommer verging bereits, und ich begehrte nichts mehr als Frieden. Ich denke also des Kreuzgangs von St-Trophime, dieses eher kleinen Quadrats eines Höfchens, mit Oleander und Zypressen, in das die warme Sonne des Herbstes schien. Kenner sagen, es sei einer der schönsten Kreuzgänge der Erde. Schließlich, warum nicht. Mich gehen die Superlative nichts an. Aber Figuren gibt es hier an den Pfeilern des Nordflügels, welcher der älteste ist und aus dem dritten Viertel des 12. Jahrhunderts stammt – Figuren, wundervoll friedlich und still von Alter; sie schienen immer Gräbern entstiegen. Tiefen Ernstes und meist in klagender Gebärde, den Kopf geneigt, schritten sie in ihren Gewändern einher wie mit

Moos behängt. Manchmal, wie die großartige Paulus-
gestalt, in einer Wucht, der die verwitternde Zeit eher
noch mehr Kraft der Aussage verliehen. Johannes, Tro-
phimus, Petrus, getrennt durch zwei Reliefs mit der
Auferstehung und den Spezereien kaufenden Frauen an
der Nordwestecke, und im Nordosten Paulus, Stephanus,
Matthäus, diese durch die Reliefs der Himmelfahrt und
der Steinigung des Stephanus geschieden. Da fühlte man
sich schon im flüchtigen Anblick bestärkt und beglückt.
Das waren die Gegengewichte des Verfalls dieser Stadt.
Das Unwandelbare.

Man mußte nur sehen, wie stark die Anlehnung der
provenzalischen Bildhauer an die Antike spürbar blieb,
um sich der Kontinuität eines Stromes zu freuen, der in
Arles alle Zeitalter verbindet – Antike, Mittelalter, Gegenwart. Alles wirkt wie Streuung aus einer einzigen
Hand, lebt vom nämlichen Wurf und friedlich beisammen.

Oder die Kapitelle des Kreuzgangs, wie sehr gehören
die kaum gewagten Bildwerke noch zur Tiefe des Blok-
kes, wie ist das gebundene Form und grade in dieser
Begrenzung groß – Erweckung des Lazarus, Abrahams
Opfer, Verkündigung, Geburt Christi, Samsons Geschichte. Und wie deutlich diese in romanischen Geist verwandelte antike Sprache in der Heimsuchung der Frauen!
Wie erstaunt und erschreckt wehrt Maria den verkün-
denden Engel ab! Es herrscht eine hohe Kunst des In-
einanderkomponierens, die aus dem Geiste des Steines,
der Bescheidung und der Erfüllung des Möglichen entstand und sofort Reichtum von begnadeter Fülle gewann.

Ruhe und Morgen, zwar ein wenig gestört durch pho-
tographierende Zeitgenossen, die sich überhaupt nichts
mehr ansahen und nur noch die Apparaturen für sich
schnurren ließen, als wär's damit geleistet. Aber ein

Morgen voll jener Friedlichkeit, die der Kreuzgänge
Sinn ist. Hier und dort einer Taube Gurren, eine andere schwang sich mit rauschendem Flügelschlag durch
den Hof mit seinen vergessenen Gräbern, und das war
genau die Musik, die zu diesem Raum gehörte: das Rauschen, das Angewehtwerden von einem Flügel.

*Neuerdings ist der Kreuzgang von St-Trophime nicht mehr
nur ein Brennpunkt historischer Ikonographie und Skulp-
tur, sondern zugleich auch ein Ort der Begegnung mit bedeutenden Werken der Gegenwartskunst. Ambitionierte
und anspruchsvolle Ausstellungen finden regelmäßig in den
Räumen um den Kreuzgang herum statt. Auch sonst ist Arles
in den letzten Jahrzehnten zu einem lebendigen Zentrum
zeitgenössischer Kunst geworden. 1971 schenkte Picasso
dem Musée Réattu ein beachtliches Konvolut seiner in Arles
entstandenen Zeichnungen, und die Jahr für Jahr im Juli
stattfindenden ›Rencontres internationales de la photogra-
phie‹ (Begegnungen der Fotografie) finden weltweit Beachtung.*

Alyscamps

Aber natürlich, an den Sarkophagen kommt man denn
doch nicht vorbei. Das ist, wiewohl sich auf den steinernen Totenschreinen hohe Kunst voll irdischer Schönheit findet, die eigentliche Dämonie von Arles – die
Gräberfelder.

Es zieht sich im Südosten der Stadt eine Nekropole,
die Alyscamps, hin, was dasselbe bedeutet wie Champs
Elysées, Gefilde der Seligen. Gelegen am Eintritt der
alten Via Aurelia in Arles, die schon in heidnischer Zeit
reich mit Grabstätten gesäumt war. Wahrscheinlich stieg
das Ansehen des Friedhofs in christlichen Epochen vor

allem, weil hier das Grab eines Heiligen lag, wie neue
Ausgrabungen um die Kirche St-Honorat wahrscheinlich
machen — das Grab des St-Genès, wie er französisch
heißt, also wohl des Genesius, der ein Gerichtsschreiber
des 3. Jahrhunderts zu Trinquetaille gewesen; man hatte
ihn enthauptet, weil er sich weigerte, ein Verfolgungs-
edikt gegen die Christen auszufertigen.

Dreimal, so läßt sich an den drei Schichten der Grabstätten erkennen, haben die Alyscamps eine bedeutsame
Rolle gespielt, vom 4. zum 5., vom 9. bis 10. und vom
12. ins 13. Jahrhundert. Mit der Renaissance freilich hoben sehr traurige Zeiten an. Die jeweiligen Herren der
Stadt pflegten bevorzugten Gästen einen oder mehrere
der mit kostbaren Reliefs geschmückten Sarkophage zu
schenken. Daß hier Menschen im ewigen Frieden schliefen, hat niemand gestört. Es störte später niemand, als
man einen Abwässerkanal vorbeiführte und einen Teil
der Totenstadt durch die Eisenbahn abschnitt. Was will
man? Die Lebenden bezahlen bar. Die Toten haben kein
Recht. Vor etlichen Jahren trat man in einer Kapelle von
St-Honorat, wo sich hinter Maschendraht das Gebein
eines römischen Mädchens sehen ließ, noch ganz gemütlich auf morschen Menschenknochen herum. Das wenigstens ist nun vorüber.

Es liegt nämlich am Ende der großen Friedhofsallee
die letzte von jenen neunzehn Kirchen und Kapellen,
welche die Alyscamps im 13. Jahrhundert besaßen. Ihr
Name leitet sich von einem Heiligen der Lérin-Inseln
ab, St-Honorat. Freilich ist auch sie schon ein wenig in
Trümmer gesunken. Aber der mächtige Chor, dessen
Gewölbe von ungeheuer dicken Rundpfeilern getragen
wird, und ein niedriger Glockenturm sind noch da.

Sarkophage. Sarkophage überall. An offen liegenden
Grabungsstellen kann man sie in Lagen übereinander

sehen. Oder man geht durch die von hohen Bäumen ge-
säumte Allee – beiderseits Sarkophage. Man denke, Tote
von römischer Zeit bis ins Mittelalter. Immer wieder
Gräber, Gräber, Gräber. Der Boden ist mit zahllosen
Erinnerungen und Vergangenheiten gedüngt, ein Hu-
mus, der am Jüngsten Tag in gewaltigem Gedränge aufbrechen wird.

Die Höhepunkte der spätrömischen Sarkophagkunst erblickt man freilich erst in den Museen – in der ehemaligen Kollegskirche der Jesuiten finden sich die Zeugnisse der christlichen Epoche und im Musée Lapidaire
gegenüber von St-Trophime die der heidnischen Zeit.
Es muß eingestanden werden, wieviel eleganter, welt-
läufiger die heidnische Grabmalkunst erscheint. Welch
eine Kostbarkeit, dieser herrliche Sarkophag von Phädra
und Hyppolitos, der freilich aus der Camargue stammt
und im 1. Jahrhundert entstanden sein dürfte. Wie ist
das gesehen, dieses Ineinanderversunkensein der Liebenden, diese nach Art der Gemmen geschnittenen Körper!
Es ist die erlesene Kunst eines Zeitalters der Großbür-
ger, die der Lebenskultur eine hohe Rolle in ihrem Dasein zubemaßen. Der heidnische Tod sieht äußerlich
heiter aus. Oder wenigstens sanft. Da sieht man's doch
auf dem Sarkophag der Psyche, die von drei Amoretten
herbeigeführt wird, wobei eine kleine Sitzfigur die Fak-
kel als Zeichen des Todes senkt! »Wie die Alten den Tod
gebildet.« Welch tiefes Wort! Wirklich, sie haben auch
das noch vermocht, man kann es nicht leugnen, verstanden sich darauf, den Knochenmann mit Grazie zu dra-
pieren.

Nebenbei, welch ein Museum! Mosaiken aus Trinquetaille, köstliche Arabesken, von wallenden Gewän-

dern umzogene Frauenleiber – Tänzerinnen aus dem antiken Theater. Abgüsse der ›Venus von Arles‹, deren Original im Louvre steht. Alles wirkt um Grade beschwingter, geistreicher als bei den Zeugnissen der Christen. Aber es ist auch leerer. Es ist eine Welt steinerner Chimären.

Nur in einem wirkt die heidnische, antike Kunst ganz privat, persönlich und innerlich. Da sind die Grabstelen arlesischer Ehepaare. Freilich, sie enttäuschen ein wenig, die Bildnisse, und man kommt ihnen auf die Schliche. Etwas kleinbürgerliche Menschen mit großem Portemonnaie, römische Babbits, die sich mittels gut honorierter Steinmetzen ein bißchen Unsterblichkeit zu sichern hofften.

Grade darum wird man zuinnerst ergriffen von den Bildwerken der späteren christlichen Epoche in der Kollegiatskapelle. Zwar, wie das nicht anders ging, mußten die frühen christlichen Bildhauer sich vorgefundener Ausdrucksweisen bedienen, mußten die heidnische Bildersprache benutzen. Vielleicht ist auf diesem Wege und in der Zeit des 4. und beginnenden 5. Jahrhunderts, der die christlichen Sarkophage von Arles samt und sonders entstammen, die innigste Verschmelzung von Christentum und Romania erfolgt. Dennoch läßt sich eine Entwicklung ablesen. Anfangs sind nur die Attribute christlich. Aber sehr bald regt es sich: da hebt eine schöne Orantin inmitten eines Reliefs in herrlicher Gebärde des Sich-Öffnens anbetend die flach ausgestreckten Hände. Rechts und links davon wird eine Reihe von Wundern aufgezählt, bei denen die Gestalten völlig stereotyp wiederholt sind. Alles Gewicht liegt eben auf der Anbetenden. Neue, nie gekannte Spannungen überziehen die bis-

lang ausschließlich episch empfundenen Reliefs. Auch
das Rhythmische bekommt, ähnlich den Wiederholungen der Lauretanischen Litanei, ein ganz neues Gewicht: auf dem Sarkophag mit der Darstellung Christi,
der die Symbole der Eucharistie, Brot und Fisch, zeigt,
wird jede Figur einzeln skandiert und in eine Nische
gestellt. Die neue Hierarchie der Werte beginnt ihre
Ordnungen zu setzen. Gelegentlich aber strömt die Sprache auch voll und beredt. Dann überziehen gleich zwei
Reliefbänder den Sarkophag und Bildnisse der Verstorbenen werden hinzugefügt, sei es im Muschelornament
oder von einem Kreis umgeben wie auf dem Steinsarg
mit der Jonasdarstellung...

Aber natürlich, man kann das nicht schildern, man
kann es nur andeuten. Wie alles in Arles.

Arles, wieviel Wege müßte man machen, um es ganz
auszuschöpfen!

Es gibt indessen in dieser Stadt einige Punkte, nach
denen es mich unwiderstehlich und wieder und wieder
zieht. Das Museon Arlaten mit der überquellenden Fülle von Dokumenten, Gebrauchsgegenständen, Trachten,
Stoffen, Bildern provenzalischen Lebens. Oder die obere
Galerie der Arena, über deren Bögen der Fuß so königlich schreitet, weil die altersgraue Märchenstadt hinge-
breitet zu Füßen liegt und der Blick über Montmajour
bis zu den Baux schweift. Oder am Rhônekai zu stehen
und nach Trinquetaille hinüberzuschauen, wo sich früher die Römerbrücke spannte. Oder vom Boulevard des
Lices aus in eine der stillen Vorstadtstraßen zu gehen, in
deren Vorgärten um Weihnachten die Rosen blühen –
gleich gegenüber dem Krankenhaus, in dem Vincent van
Gogh einige Zeit lag. Oder auf dem Boulevard des Lices

selbst vor einem der Cafés zu sitzen, dieser herrlichen, breiten Prachtstraße am Rande des alten Arles. Oder im Jardin public ...

All dies ist köstlich. Am schönsten aber erschien es mir, einsam und ganz allein an einem sonnigen Morgen im antiken Theater von Arles auf den Stufen zu hocken und auf das Wachsen des Lichtes zu lauschen.

Arles, die Stadt, die für Leben und Spätwerk des Vincent van Gogh eine so wichtige Rolle gespielt hat, bewahrt – wie gesagt – wenig, was heute noch an seinen Aufenthalt erinnern könnte. Umso bemerkenswerter also, daß das besagte Krankenhaus zu einem ›Espace van Gogh‹ ausgebaut wurde, einem Kulturzentrum, das 1989, hundert Jahre nach dem Aufenthalt des Malers in Arles, mit einer großen Van-Gogh-Ausstellung eröffnet wurde.

Antikes Theater

Vergangenheit,
Komödie ohne Personen

Das Theater von Arles war etwas größer als die von
Vaison-la-Romaine und Orange. Ein Bau, der sich nicht
an einen Hügel lehnte, sondern ganz aus der ebenen
Fläche wuchs, also tragender Konstruktionen bedurfte.
Wahrscheinlich, daß deswegen so wenig erhalten blieb.
Das Mauerwerk der Schaubühne konnte nicht die zyklo-
pische Stärke der Arenen besitzen. Aber die Situation dieser Ruinenstätte, von der nur ein paar Sitzreihen, der
rötlich getönte Estrich der Szene und die Spuren des
technischen Apparates samt zwei Säulen übrig blieben –
die heutige Lage des antiken Theaters gleich im Rücken
von St-Trophime und am Rande des Jardin public ist
schön.

Von der beschaulichen Stille des Morgens verführt,
hatte ich mich dorthin plaziert, wo vor Zeiten vielleicht
der Spaßmacher im Entre-Akt der römischen Komödie
saß, so oft er einige Extempores zum besten zu geben gedachte. Nach vorn sah ich also ins Zuschauerhalbrund
hinaus. In meinem Rücken stand der mächtige Turm
von St-Trophime und schaute über einen Saum von Zypressen. Weiße Pfauen stolzierten über die Rasenflä-
chen zur Seite. Es wurde ein sehr berühmtes Stück aufgeführt: Vergangenheit, Komödie ohne Personen.

Das Thema lag in der Luft. Der alten Sitzbänke ausgelaugte Oberfläche, genarbter Stein – wieviel Vergangenheit man da ermißt! Mit anderen Worten, ich saß und träumte. Ich hatte Abbitte geleistet, vor allem ob meiner lang gehegten Abneigung gegen die römische Provinzkunst – vielmehr, das Maison Carrée von Nîmes, der Pont du Gard, Oranges Theater, das Mausoleum von Glanum im Zauber seiner fast jungfräulichen Schönheit, die Sarkophage oder die Arenen waren eben nicht provinziell, besaßen einen höheren Rang, waren Geschenke des Zeitenschicksals, dessen Gunst sie verschont hatte. Italia verius quam Provincia! Mein Herz klopfte schneller, wenn ich an das dachte, was hinter mir lag, und dessen Ende ich nun für dieses Mal erlebte ... nur für diesmal ein Ende, nur für diesmal, bat inständig eine Stimme in mir, und ich wiederholte beschwichtigend: nur für diesmal, ganz gewiß, wir kehren wieder.

Es war wirklich eine Morgenstunde zum Träumen. Ich träumte mich also ins Römische zurück. Schon tauchten sie auf, um den Rang zu bevölkern – Valerius, Buchhalter bei der Hafenverwaltung, mit dem sorgfältig, freilich nach einer vergangenen Mode frisierten Haar; Priscus, der die etwas bleiche, gelbliche Haut der Stadtmenschen und einen schwarz-dunklen Schopf besaß, was einen Zuschuß griechischen Blutes verriet – er hatte in der Grundstücksabteilung der Munizipalverwaltung zu tun; schließlich etwas ungeschlacht, linkisch, zum Erröten geneigt, ganz eindeutig keltischen Geblütes jener Simo, den sie zuweilen als ›Ursus minor‹ vorstellten, wobei das minor wohl eher auf seine Gutmütigkeit als seine keineswegs geringe Körpergröße anspielte. Manchmal nannten sie ihn aber weit freundlicher ganz einfach Ursulus, Bärchen. Simo trug übrigens eine Toga mit ausgefranstem Rand, weil er sie zu tief über den

Boden schleifen ließ. Das wiederum besaß einen Grund. Er wollte die wirklich auffällig großen Füße verdecken, die ihm nun einmal ›beschieden‹ waren – er brauchte das Wort ›beschieden‹ mit Nachdruck. Ursus minor oder auch Ursulus ›bekannte‹ nämlich. Dieser angehende Pädagoge gehörte zur Christengemeinde. Etwas, das Valerius mit einer Handbewegung des Gewährenlassens quittierte, während Priscus nicht mit spitzigen Bemerkungen sparte. Es war schon sehr merkwürdig, wie diese drei den Freunden von Saumane, Roger, Léon und François-Pierre, glichen.

»Sitzt du bequem, Priscus?« begann ich.

»Ich sitze immer gut«, antwortete er. »Aber wenn du es wissen willst – als dies noch keine Ruine war, besaßen wir ausgezeichnete Sonnensegel für das Theater. Es ist ordinär, eine braune Haut zu haben.« Wobei er beziehungsvoll auf Ursulus blickte, der darüber errötete und seine Hände in den Falten der Toga verbarg.

»Mache anderen Leuten nichts vor«, warf Valerius ein. »Oder erzähle auch von unseren stinkenden Tranfunzeln, bei denen du abends deine Sticheleien schriebst, deine Epigramme und Distichen ... er hielt sich nämlich für einen Dichter«, wandte sich Valerius mir zu.

»Das ist mir neu an ihm«, entgegnete ich.

»Laß gut sein«, winkte Priscus ab, »wiewohl ich vielleicht einen ganz guten Sentenzenpoeten oder Rhetor abgegeben hätte« – er strich sich wie abwesend über das Haar. »Wie gefällt, vielmehr, um präzis zu sein, wie gefiel es dir übrigens hierzulande?«

»Gräber, Gräber, Gräber«, seufzte ich ergeben.

Ursulus, der bislang vor sich hingestarrt hatte, sah auf. »Leben, Leben, Leben«, stieß er plötzlich mit einer merkwürdigen Heftigkeit hervor. »Es kommt nur darauf an, von welchem Ende man es ansieht.«

Priscus machte mit der Hand eine komisch hinweisende Geste zu mir, die besagen sollte, du kennst ihn ja. Aber der Pädagoge schien unbeirrt. »Selbst, wenn du bis zur Verknöcherung Atheist bist, Priscus, was mir gleichgültig ist, nur langweile mich nicht damit...«

Sogar Valerius, der wie gewöhnlich ins Ferne sah, blickte ob dieses unerwarteten Angriffes auf.

»...selbst dann mußt du mir zugeben, daß alles Leben aus Gräbern stammt.«

»Ich gebe nie etwas zu«, lächelte Priscus überlegen.

»... und daß«, fuhr der Bär fort, dieser zum Erröten geneigte Mathematiklehrer, der selbst noch ein halbes Kind war, »...und daß es keine umfassendere Analogie, kein tieferes Symbol des Lebens gibt als die Auferstehung!«

Priscus sprang auf. »Ah, du«, rief er, »du! Immer dasselbe. Verschone mich mit deinen Propagandareden.«

»Leben, Leben, sage ich«, rief der Bär eigensinnig, der einen roten Kopf bekam.

»Die Zahl macht es nicht«, warf ich ob seiner Wiederholungen ein.

»Aber die Fülle«, antwortete er sehr ruhig. »Außerdem, welch ein Leben!«

»Still mit eurem Streit«, rief Valerius und stand auf. »Er hat recht. Sagt selbst, lohnt es sich anderwärts als hier zu leben – anderswo als in diesem fragwürdigen Imperium mit seinen hohen Steuern, anmaßenden Zenturionen, eingebildeten Schauspielern und ewigen Skandalen?«

»Ich habe eine Schwäche für Skandale«, gestand Priscus.

»Ein Imperium gibt es heute nicht mehr«, gab ich zu bedenken. »Manche Dinge wandeln sich eben. Wir nennen es...«

»Gleichgültig«, sagte Valerius. »Namen bedeuten schließlich nichts. Möchtest du den Boden verlassen, über den dieses Imperium gebietet, und zu den Skythen oder Sarmaten gehen?«

»Gott behüte. Nicht einmal in jene Länder, von denen ihr noch gar nichts wißt.«

Priscus saß ganz still. »Terra incomparabilis, Magna Mater«, sagte er...

Ein Pfauenschrei zerriß den Frieden des Morgens, schreckte mich auf. Das Theater war leer, natürlich. Langsam fand ich zurück. Nichts von Valerius, Priscus, Ursulus. Schließlich, es machte nichts. Nur noch einige zerborstene Versatzstücke der Komödie, die ›Vergangenheit‹ hieß, standen herum, und zur Linken erhob sich, wunderbar grün und edel, eine Zeder.

Es machte wirklich nichts, daß Valerius, Priscus, Ursulus fehlten. Was sie gesagt und zu sagen hatten, war alles in mir.

Register

ZU DEN BILDERN

Für die Abbildung auf den Seiten 48–49 erteilte die Genehmigung die Direktion des Rijksmuseum Kröller-Müller in Otterlo, für die Ansicht von Villeneuve-lès-Avignon von Corot auf den Seiten 144–145 die Direktion der Museen in Reims und für das Bild der Montagne-Sainte-Victoire von Cézanne auf den Seiten 320–321 die Direktion des Baltimore-Museum of Art. Hierfür danken Autor und Verlag aufs herzlichste. Die Zeichnungen von Vincent van Gogh wurden nach den Faksimiledrucken der Mappen der Marées-Gesellschaft angefertigt. Für die Überlassung dieser Vorlagen sei der Staatsbibilothek in München, der Bibliothek der Akademie der bildenden Künste in München und der Bibliothek des Zentralinstituts für Kunstgeschichte in München aufrichtiger Dank ausgesprochen, ferner für die Reproduktionsgenehmigung dem Piper-Verlag in München. Die Reproduktion der Sepia-Zeichnungen von Georg von Dillis erfolgte nach den Originalen, die die Staatliche Graphische Sammlung in München bewahrt.

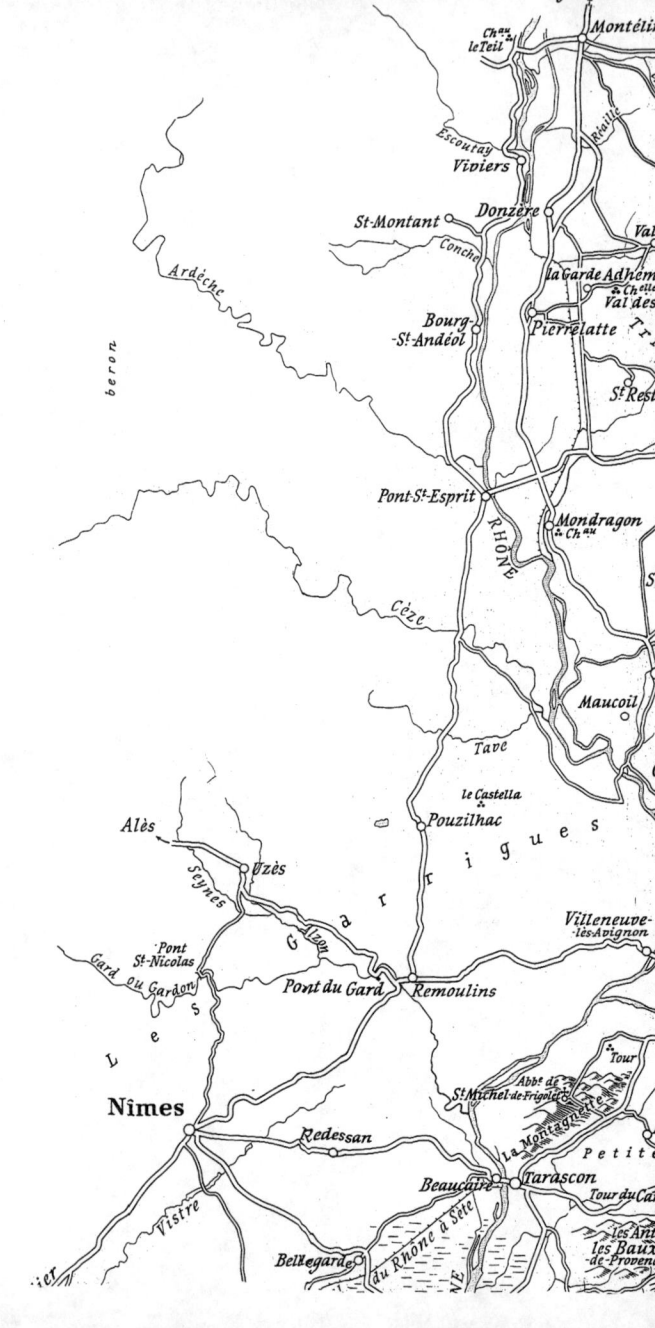

Dieulefit

M^gne de Rachas 899

M^gne de la Lance 1340

Lez

ignan

Valréas

Rieu Sec

Aygues

Eygues

765

Nyons

→ Gap, Sisteron

Col de Perty

Buis-les-Baronnies

Vaison-la-Romaine

1064

M^gne de Bluye

Crestet

Ch^au

Séguret

Toulourenc

Entrechaux

Brantes

Mont Ventoux

Mt Serein

1912

Malaucène

Reilhanette

Montbrun-les-Bains

Ch^au

Ouvèze

Gigondas

Dentelles de Mont^al

Bedoin

le Barroux

Ch^ll N.-D.d'Aubune

Beaumes de Venise

Midi

Venaissin

Gorges de la Nesque

Sault

Carpentras

Nesque

152

Canal de Carpentras

comtat

Venasque

Plateau de Vaucluse

Sorgue

le Thor

Fontaine de Vaucluse

Abb. de Sénanque

l'Isle-sur-la-Sorgue

Gordes

Roussillon

Apt

ves

Coulon

Imergue

Lacoste

Bonnieux

1125

Cavaillon

Oppède-les-Poulivets

Ménerbes

Massif des Cèdres

Montagne du Luberon

Calavon

le Rian

Prou

Alpilles

les Plaines

Lourmarin

ausole

Alpilles

Sénas

← Durance

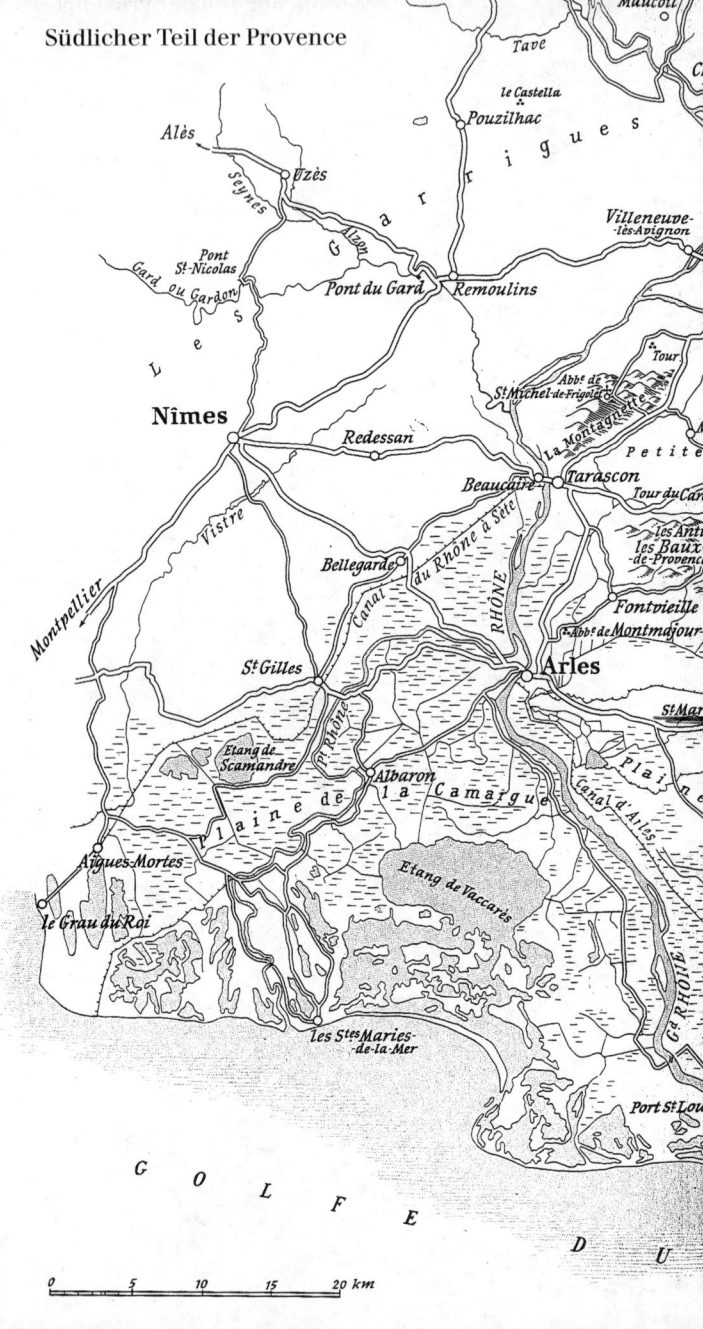

Südlicher Teil der Provence

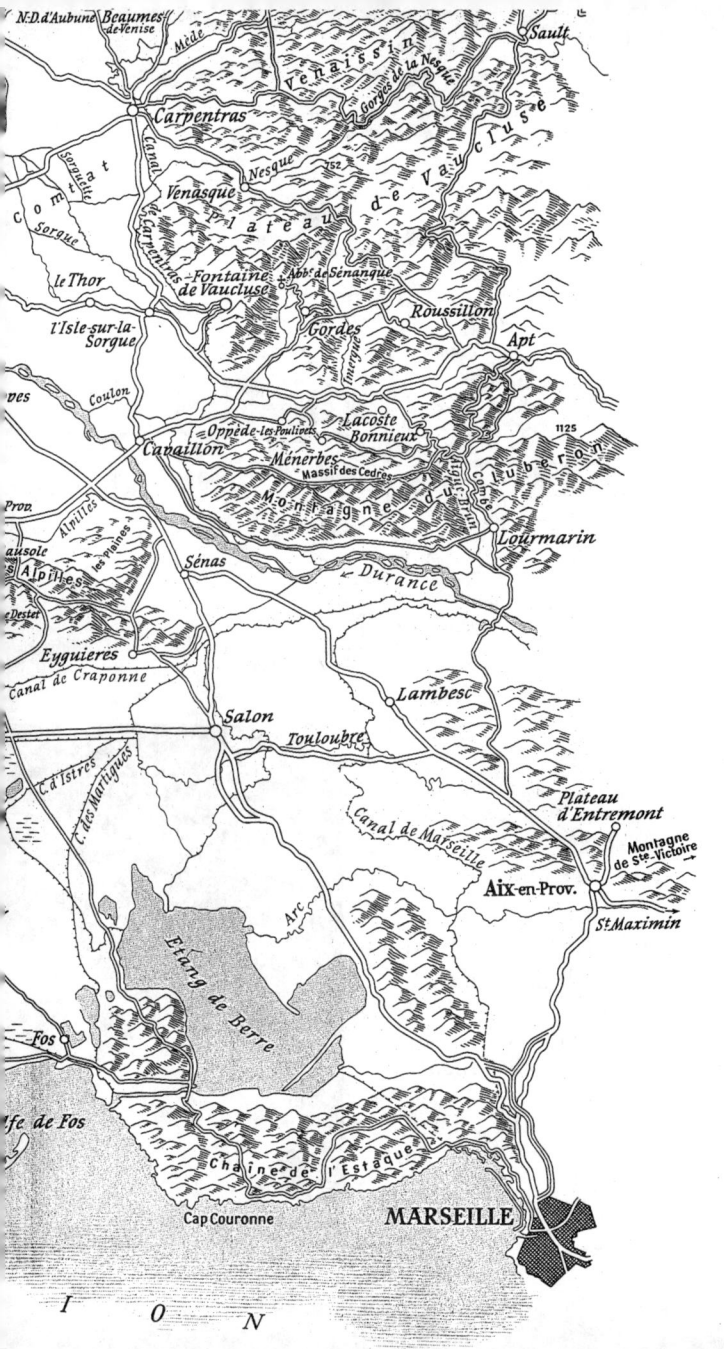

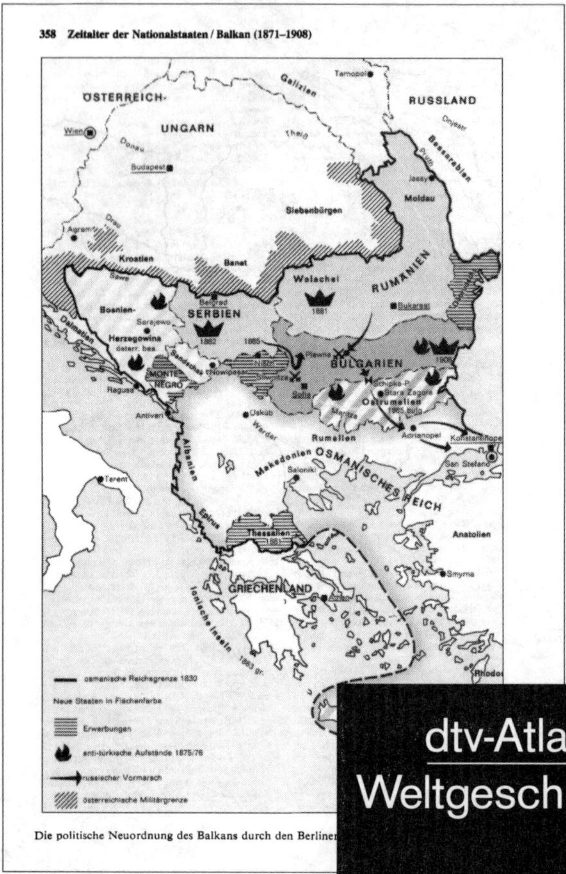

Die politische Neuordnung des Balkans durch den Berliner

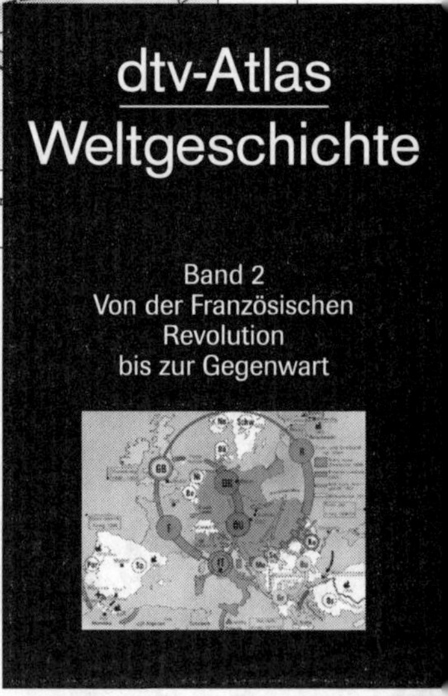

osmanische Reichsgrenze 1830

Neue Staaten in Flächenfarbe

Erwerbungen

anti-türkische Aufstände 1875/76

russischer Vormarsch

österreichische Militärgrenze

dtv-Atlas Weltgeschichte
von W. Hilgemann und
H. Kinder
Band 1: Von den Anfängen
bis zur Französischen
Revolution
Band 2: Von der Französi-
schen Revolution bis zur
Gegenwart
Originalausgabe
dtv 3001 / 3002

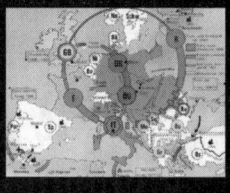

dtv-Atlas
Weltgeschichte

Band 2
Von der Französischen
Revolution
bis zur Gegenwart